D1663211

Fritz Helmedag

Warenproduktion mittels Arbeit

Fritz Helmedag

Warenproduktion mittels Arbeit

Zur Rehabilitation des Wertgesetzes

Dritte, überarbeitete und ergänzte Auflage

Metropolis-Verlag
Marburg 2018

Der Einband zeigt das von Max Klinger geschaffene Wandgemälde „Arbeit = Wohlstand = Schönheit". Die Allegorie schmückt seit 1918 die Stirnseite des Sitzungssaals der Stadtverordneten im Chemnitzer Neuen Rathaus.

Bibliografische Information Der Deutschen Nationalbibliothek
Die Deutsche Nationalbibliothek verzeichnet diese Publikation in der Deutschen Nationalbibliografie; detaillierte bibliografische Daten sind im Internet über <https://portal.dnb.de> abrufbar.

Metropolis-Verlag für Ökonomie, Gesellschaft und Politik GmbH
https://www.metropolis-verlag.de
Copyright: Metropolis-Verlag, Marburg 1992
Dritte, überarbeitete und ergänzte Auflage 2018
Alle Rechte vorbehalten
ISBN 978-3-7316-1326-8

Ridendo dicere verum.

HORAZ

*Here is that great principle which is the
corner-stone of all tenable Political
Economy; which granted or denied, all
Political Economy stands or falls.
Grant me this one principle, with a few
square feet on the sea-shore to draw
my diagrams upon, and I will undertake
to deduce every other truth in the science.*

THOMAS DE QUINCEY

Inhaltsverzeichnis

Vorwort zur dritten Auflage

Dieses Buch erschien erstmals 1992, die zweite Auflage folgte schon zwei Jahre später. In der kurzen Vorbemerkung habe ich damals der Hoffnung auf eine hinreichend kräftige Restnachfrage Ausdruck verliehen, die tatsächlich dafür gesorgt hat, dass die Monographie seit einiger Zeit vergriffen ist. Der fällig gewordene Neudruck eröffnete die Gelegenheit, Schreibfehler auszumerzen, hier und da Formulierungen zu ändern und diesen oder jenen Passus zu ergänzen. Näheres zum Aufbau und dem Inhalt der Untersuchung bietet das anschließende Vorwort zur ersten Auflage.

Die Überarbeitung ermöglichte es ferner, etliche Verweise auf Artikel aus meiner Feder anzubringen, die im vergangenen Vierteljahrhundert entstanden sind. Die Aufsätze, die fast alle über meinen Lehrstuhl (https://www.tu-chemnitz.de/wirtschaft/vwl2/personal/helmedag.php) als PDF-Dateien verfügbar sind, greifen oft Themen auf, welche an die in dieser Studie publizierten Forschungsergebnisse anknüpfen.

Anfangs haben einige Anhänger der Lehre Piero Sraffas versucht, die geübte Fundamentalkritik an dessen 1960 erschienenen Schrift „Production of Commodities by Means of Commodities" zu widerlegen – dazu später mehr. Doch die von diesen ‚Neoricardianern' vorgelegten Rechtfertigungsversuche entpuppten sich als Scheinargumente. Die im Folgenden nachgewiesene Gültigkeit der Arbeitswertlehre unter den Bedingungen ‚freier' Konkurrenz und mit Arbeit als nicht kapitalistisch produziertem menschlichem Primärinput hat allen Anfechtungen Stand gehalten. Das Wertgesetz eignet sich überdies als tragfähige Basis für beschäftigungstheoretische Überlegungen.

Im Übrigen ist unterdessen fraglich, ob man in Sraffa den scharfen Gegenspieler zu Marx sehen darf, wie das manche tun. Denn ab 1994 sind die in der Wren Library am Trinity College Cambridge verwahrten Manuskripte und Skizzen aus Sraffas Nachlass zugänglich und sogar im Internet einsehbar. In dem Material finden sich Stellen, die Bezüge zu den Marxschen Reproduktionsschemata und der Arbeitswerttheorie aufweisen. So heißt es in der Einleitung eines Sammelbandes, der mehrere

Abhandlungen zur Interpretation der schriftlichen Hinterlassenschaft enthält:

> „The role of Marx in the construction of Sraffa's 1960 book turns out to be more profound than could previously have been guessed before the opening of the Sraffa Archive, and Sraffa's reference to Marx's value theory persists even after the publication of the book."[1]

Andere sehen das freilich anders, „…there is no compelling evidence", schreibt kein Geringerer als der ‚General Editor of the unpublished papers and correspondence of Piero Sraffa', „that Sraffa started from Marx's schemes of reproduction or from his labour theory of value."[2] Vielmehr sei es eine besonders begrüßenswerte Leistung, dass die vielfältigen Probleme, denen Sraffa während der langen Ausreifungszeit seiner „Warenproduktion" begegnet ist, dort gar nicht angesprochen werden:

> „The scientific community ought to be grateful to Sraffa that he did not give in to the difficulties he encountered, but eventually mastered the task in spite of all the toil and trouble this involved and the moments of despair he experienced."[3]

Tatsächlich glaubte mancher Abweichler von den ausgetretenen Pfaden – Schreiber dieses ursprünglich ebenfalls –, mit Sraffas „Prelude to a Critique of Economic Theory" eine überzeugende Alternative zum neoklassischen Mainstream in Händen zu halten. Es glückte sogar einigen Neoricardianern, nicht zuletzt im Zuge der 68er Studentenbewegung, auf volkswirtschaftliche Professuren berufen zu werden. Allerdings erwiesen sich Hoffnungen als trügerisch, dass mit Sraffas Gegenentwurf zur herrschenden Lehre schließlich auch einer zielführenden Wirtschaftspolitik, etwa zur Bekämpfung der Massenarbeitslosigkeit, der Weg geebnet werde. Von wegen: Die ‚Offenheit' des Sraffaschen Ansatzes erwies sich als

---

[1] Bellofiore, R., Carter, S., Introduction, in: Towards a New Understanding of Sraffa, Insights from Archival Research, hrsg. v. Bellofiore, R., Carter, S., Palgrave Macmillan 2014, S. 1-8, S. 7.

[2] Kurz, H. D., Don't treat too ill my Piero! Interpreting Sraffa's papers, in: Cambridge Journal of Economics, Bd. 36 (2012), S. 1535-1569, S. 1543. Das gesamte Heft der Zeitschrift ist den „New Perspectives on the Work of Piero Sraffa" gewidmet.

[3] Kurz, H. D., Don't treat …, a.a.O., S. 1553.

gravierendes Manko. Beispielsweise lieferten weder er noch seine Epigonen eine theoretisch fundierte Begründung, wie sich eine Lohnsatzerhöhung auf die Eigenschaften der gewählten Technik konkret auswirkt. Für Neoklassiker ist die Angelegenheit hingegen klar: ‚Kapital' substituiert stets die teurere Arbeit. Ob richtig oder falsch, mit einer solchen Aussage *wird* Politik legitimiert. Stattdessen erlaubt das Sraffa-System quasi alles: Die orthodoxe Sichtweise kann im Prinzip genauso zutreffen wie ihr Gegenteil. Was soll man mit solchen argumentativen Beliebigkeiten im Streit der Meinungen anfangen? Letzten Endes hat der Neoricardianismus die kritische Ökonomik in eine Sackgasse geführt.

Vor diesem Hintergrund wundert es nicht, dass die Jünger Sraffas sich mehr und mehr von der Theorieentwicklung ab- und der Dogmengeschichte zugewandt haben. Dabei sind seit Öffnung der Zettelkästen des Meisters neben den seit Langem üblichen hagiographischen Exzessen zunehmend exegetische Kleinkriege zu beobachten, die manchmal geradezu skurrile Züge aufweisen. In der Sache führt das selbstverständlich nicht weiter.

In Deutschland sind inzwischen die neoricardianischen Professoren kaum noch im aktiven Dienst und ihre Lehrstühle sind durchwegs neoklassisch nachbesetzt worden. In diesem Licht steht die heterodoxe Volkswirtschaftslehre (nicht nur) hierzulande schlechter da als vor 25 Jahren. Dies ist eine traurige Feststellung, denn die etablierte Doktrin leidet unter einer höchst bescheidenen Erklärungskraft, wenn nicht sogar wohlfahrtsschädliche Fehlinformationen propagiert werden.[4] Es wäre demnach dringend erforderlich, dass angesichts der weltweit grassierenden ökonomischen Probleme an den einschlägigen Fakultäten weniger Apologetik und mehr Sachverstand waltete. Hierfür ist das Verständnis der Funktionsweise des modernen Wirtschaftens unabdingbar. Diese Schrift möchte die Erlangung und Verbreitung dieses Wissens befördern, so dass sich eines schönen Tages die Dinge vielleicht doch zum Besseren wenden.

Ein herzlicher Dank geht an die Korrekturleser für ihre beharrliche Bekämpfung des Druckfehlerteufels. Besondere Anerkennung verdient

---

[4] Vgl. als Überblick Ehnts, D. H., Helmedag, F., The Present State of Economics: Errors and Omissions Excepted, in: Feraboli, O., Morelli, C. (Hrsg.), Post-Crash Economics, Plurality and Heterodox Ideas in Teaching and Research, Palgrave Macmillan 2018, S. 149-172.

Frau Marlene Richter, die mit viel Liebe zum Detail und einem ausge-
prägten Interesse an der Klärung von Zweifelsfragen die vorliegende
Fassung des Textes besorgte. Verbliebene Mängel sind allein mir anzukreiden.

Chemnitz, am 5. Mai 2018 F. H.

Vorwort zur ersten Auflage

Richtig: Wie der Untertitel präzisiert, geht es in dieser Schrift *nicht* um die x-te ‚Widerlegung' der Arbeitswertlehre. Im Gegenteil. Es wird zutage gefördert werden, dass *allein* die Aufteilung des gesellschaftlichen Mehrprodukts im Verhältnis zum jeweiligen Arbeitsaufwand in den einzelnen Zweigen der Wirtschaft das Gleichgewicht freier Konkurrenz begründet. Wahrscheinlich ruft diese Aussage bei jenen, die mit der modernen ökonomischen Theorie vertraut sind, zumindest ein Grinsen hervor; selbst bekennende Marxisten zögern seit einigen Jahren nicht mehr, das Versagen der Wertlehre als Produktionspreistheorie zu unterstreichen.

Den zeitgenössischen Bezugspunkt dieses Verdikts liefert Sraffas „Warenproduktion mittels Waren". Bei Existenz eines Überschusses weichen die in diesem System ermittelten Preise von den (Arbeits-)Werten ab. Tatsächlich beruht Sraffas Theorie auf einer unbelegten Hypothese darüber, welchem Bildungsgesetz Preise im Konkurrenzgleichgewicht gehorchen. Bezeichnenderweise hat die ökonomische Forschung bislang auf die Prüfung verzichtet, ob diese Kalkulationsregel überhaupt die *Anforderungen* einer arbeitsteiligen, kapitalistischen Wettbewerbswirtschaft meistert. Nach dem hier durchgeführten Test versteht nur die Wertrechnung ihr Handwerk. Da die Fragestellung rein logischer Natur ist, d. h. weder einen empirischen noch einen normativen Aspekt aufweist, gibt es Anlass zur Hoffnung, einen Beitrag zur endgültigen Klärung dieser zentralen Problematik der ökonomischen Theorie leisten zu können.

Trotzdem ist es wohl unvermeidbar, mit der verfochtenen Position Emotionen zu wecken. Die Wertlehre gilt als Kampftheorie der Arbeiterklasse und ist stark ideologiebefrachtet. Aus dem in dieser Studie versammelten Material ließe sich aber viel eher ableiten, die Wertlehre sei – insofern sie denn als argumentative Unterfütterung sozialer Interessen benutzt wird – eine Theorie der *Leistungsgesellschaft*. In diese Richtung gehende Interpretationen spielen in den nachstehenden Ausführungen freilich keine Rolle: Zunächst kommt es darauf an, mit den Mitteln folgerichtigen Denkens zwischen konkurrierenden Entwürfen abzuwägen, die im gleichen analytischen Rahmen in ihren Ergebnissen divergieren. Eine nach Kräften vorurteilsfreie Untersuchung ist daher angesagt.

Das Buch gliedert sich – wie einst das präcaesarische Gallien – in drei Teile. Der Schwerpunkt des ersten liegt auf erkenntnistheoretischem Gebiet. Erhebt man Wahrheit bzw. Wahrheitsfähigkeit zum Kriterium der Qualität wissenschaftlicher Aussagen, so stellen die dort ausgebreiteten Überlegungen – der Natur der Sache nach – das schwächste Stück der Arbeit dar. Weder der ‚richtige' Gegenstand noch die ‚adäquate' Methode der Wirtschaftstheorie lassen sich definitiv bestimmen.

Allerdings entpuppt sich das gängige Verfahren, das Erkenntnisobjekt der ökonomischen Theorie durch ein *formales* Prinzip zu umreißen, als missglückt. Eine *Konkretisierung* des Wirtschaftlichen tut not: Das empfohlene Kriterium des ökonomischen Tausches verspricht, festeren Halt zu bieten. Dem Geld gebührt in diesem Kontext ein hoher Rang. Darum werden dessen Entwicklung und Wesen erörtert.

Aus der inhaltlichen Spezifikation ergeben sich für die Wirtschaftstheorie sowohl methodische als auch forschungsstrategische Konsequenzen: In den Brennpunkt rückt die Aufdeckung der Struktur einer durch ökonomischen Tausch integrierten, arbeitsteiligen Gesellschaft; ein Thema, das die Klassiker unter der Überschrift ‚Wertlehre' abhandelten. Ihr obliegt es, das *Grundgesetz* der ökonomischen Theorie zu formulieren.

Der zweite Teil ist eher lehrgeschichtlicher Natur. Piero Sraffa gilt mit Recht als einer der scharfsinnigsten Denker der Ökonomik. Sein Einfluss trug dazu bei, dass Wittgenstein, *der* Logiker dieses Jahrhunderts, schließlich seine im „Tractatus" vergebene Position aufgab. Auf den Konstruktionsfehler in Sraffas Lehrgebäude stößt man demgemäß nicht in den höheren Stockwerken, sondern im Fundament. Die ersten Seiten seines ‚epochemachenden' Werkes enthalten die klassischen Maximen der Produktionspreisbildung. Vor diesem Hintergrund wirkt es lohnend, bei den Klassikern nachzuschauen, wann und aus welchen Motiven sie sich von ihrem ursprünglichen Erklärungsmuster, der Arbeitswertlehre, lösten.

Wie ans Licht gebracht wird, lag zu der Kursänderung auf das scheinbar leichtere Gelände der Produktionspreistheorie kein triftiger Grund vor. Vor allem Ricardos Weizenwirtschaft und die Wert-Preis-Transformation, die v. Bortkiewicz bahnbrechend propagiert hat, werden einer schärferen Kontrolle als üblich unterzogen. Beide Male können die in der Literatur anzutreffenden Interpretationen dieser Konzeptionen nicht bestätigt werden. Sogar in der einsektoralen Kornökonomie erlangt die Profitrate keineswegs die Bedeutung, die ihr ansonsten beigemessen wird. Die Produktionspreise, welche v. Bortkiewicz berechnet, tragen ebenfalls Eigenschaften in sich, die den Prämissen ihrer Ableitung widersprechen. Auf diesem Schauplatz demonstrieren Arbeitswerte erstmals ihre Stärke.

Im dritten Teil richtet sich das Interesse hauptsächlich auf die Analyse. Zunächst wird das Sraffasche System durchleuchtet, insbesondere werden seine ‚Eigentümlichkeiten' unter die Lupe genommen. Sraffas Ansatz offenbart sich bereits in der Situation der Einzelproduktion – die selbst von Kritikern der neoricardianischen Theorie als problemlos eingeschätzt wird – als verfehlt. Das Gleiche bewahrheitet sich für die Kuppelproduktion. Dieser Produktionstypus hat nicht zuletzt deshalb Furore gemacht, weil in seinem Rahmen der Werttheorie der letzte Streich versetzt werden sollte: Angeblich sei es unter solchen Verhältnissen denkbar, dass der Mehrwert trotz positiver Preise und einer positiven Profitrate *negativ* werden könne – eine Irrlehre, denn das Wertgesetz trifft generell zu. Abschließend wird angedeutet, inwieweit seine Gültigkeit auf weiterführende Fragen ausstrahlt.

Von den Personen, die mich bei der Erstellung dieser Untersuchung mit Rat und Tat unterstützten, bin ich namentlich Herrn Dr. Helmut Leitzinger zu Dank verpflichtet. Er fertigte nicht nur die Abbildungen an, sondern vermittelte mir darüber hinaus im Verlauf der Jahre die Erfahrung, dass es eine Sache ist, im $\mathbb{R}^n$ Purzelbäume zu schlagen, eine andere hingegen, die harte Landung auf dem $\mathbb{R}^2$ zu vermeiden.

Die Fakultät für Wirtschaftswissenschaften der Rheinisch-Westfälischen Technischen Hochschule Aachen hat eine frühere Fassung dieser Studie als Habilitationsschrift angenommen. Den Berichterstattern, Prof. Dr. Ulrich Brösse, Prof. Dr. Harald Dyckoff und Prof. Dr. Karl Georg Zinn danke ich für zahlreiche wertvolle Hinweise und Kommentare. Ferner gilt mein Dank Joachim Belz, Thomas Jacobi und Jutta Menzenbach, die mit viel Engagement die einzelnen Versionen durchgesehen und verbessert haben. Verbliebene Fehler und Irrtümer gehen zu meinen Lasten.

Aachen, im März 1992 F. H.

1. Teil: Werttheorie als Grundlagenforschung der Ökonomik

1.1 Wirtschaft und Wirtschaften: Eine kritische Würdigung

Erkenntnistheoretische Reflexionen in den Wirtschaftswissenschaften unterliegen konjunkturellen Zyklen: Nach einer Phase der Depression mehren sich die Bemühungen, durch eine Rückbesinnung auf Grundsätzliches Orientierungshilfen zu gewinnen. Bezeichnenderweise haben sich diese Anstrengungen meist auf *methodologische* Probleme konzentriert: In den variantenreich präsentierten Überlegungen geht es darum, *wie* man dem Erkenntnisobjekt ‚Wirtschaft' verlässliche Aussagen abringen könne. Die *vorgelagerte* Frage, wo genau das Forschungsfeld des Faches liege, fand weitaus weniger Aufmerksamkeit, geschweige denn eine überzeugende Antwort.

An die Bestimmung des Gegenstandsbereichs einer Disziplin lassen sich keine Maßstäbe logischer oder faktischer Wahrheit anlegen. Es handelt sich um ein Votum, das sich an seiner *Zweckmäßigkeit* zu bewähren hat. In unserem Fall erweist sich diese vor allem an der forschungsstrategischen *Perspektive*, die durch einen geeigneten Begriff des Wirtschaftens eröffnet wird. Solche Betrachtungen bilden in der ökonomischen Theorie mithin nicht den Beginn wissenschaftlicher Arbeit, sondern sie markieren ein (vorläufiges) Ende.

Deswegen entsteht regelmäßig ein Dilemma, sobald im Rahmen einer akademischen Ausbildung Anfänger mit ausgewählten Kapiteln der Erkenntnistheorie vertraut gemacht werden sollen: Ihnen fehlt das Material, das mittels epistemologischer Verfahren geordnet und eingeschätzt werden kann. Die Ausführungen stoßen daher manchmal auf Unverständnis, und es werden gelegentlich Zweifel am Sinn des Ganzen laut. Zudem wird im Verlauf des weiteren Studiums selten auf die eingangs vorgestellten Prinzipien der Wissensbeurteilung zurückgegriffen. Dies muss beim gegenwärtigen Stand der Dinge nicht unbedingt Anlass zur Klage geben: Gewiss wäre es hie und da eher motivationshemmend, die mit viel

Fleiß erworbenen Lehren strengen erkenntnistheoretischen Belastungs-
proben zu unterwerfen.

Ähnlich verhält es sich mit dem Begriff der Wirtschaft und des Wirtschaftens. In Lehrbüchern und im Lehrbetrieb wird anfangs zumeist ein
Konzept von Wirtschaften unterbreitet, das angeblich das Terrain der
Wirtschaftswissenschaften einzäune. Später wird mehr oder weniger geflissentlich darüber hinweggegangen, ob der vorgetragene Stoff wirklich
den gesetzten Rahmen ausfüllt. Dieses Versäumnis kann als Reflex einer
kognitiven Dissonanz gedeutet werden: Die Formel für Wirtschaft und
Wirtschaften stimmt weder für das ablaufende Lehr- und Forschungsprogramm, noch eignet sie sich, die Spannweite des Wirtschaftens auszu-
rechnen.

Häufig manifestiert sich die Diskrepanz zwischen Anspruch und
Wirklichkeit in einem Appell an die Intuition: Es wird versucht, die
Wirtschaft anhand von Vorgängen und Sachverhalten, die man ,vom
Gefühl her' als wirtschaftlich empfindet, induktiv einzufangen. Diese
Methode ist vielleicht aus didaktischen Gründen angebracht, man darf es
dabei aber nicht belassen. Die Wesensangabe eines Gegenstandes durch
Aufzählung seiner denkbaren Verwendungen oder Erscheinungsformen
bleibt zwangsläufig oberflächlich und unvollkommen. Bei der Erörterung
des Geldes wird sich diese Einsicht bestätigen. Sofern gewisse Phänomene einem ,Urbild' von Wirtschaften zugeordnet werden können, sollte
es durch hinreichend intensives Nach-Denken möglich sein, den Gegenstand der Wirtschaftstheorie, die Wirtschaft, *abstrakt* zu fassen.

> „Wenn man eine Wissenschaft als Erkenntnis darstellen will", hat uns
> Immanuel Kant diesbezüglich ins Stammbuch geschrieben, „so muß
> man zuvor das Unterscheidende, was sie mit keiner anderen gemein hat,
> und was ihr also eigentümlich ist, genau bestimmen können; widrigen-
> falls die Grenzen aller Wissenschaften ineinanderlaufen, und keine der-
> selben, ihrer Natur nach, gründlich abgehandelt werden kann."[1]

Wer als Ökonom diesen klugen Ratschlag beherzigen möchte, kommt an
einer Klärung des Begriffs Wirtschaft nicht vorbei. Der einfachste Weg
hierfür besteht – scheinbar, wie gleich deutlich werden wird – darin, die
Literatur zu konsultieren. Um die Brauchbarkeit der Definitionen oder

---

[1] Kant, I., Prolegomena zu einer jeden künftigen Metaphysik, die als Wissenschaft
wird auftreten können (1783), hrsg. v. Schmid, R., Leipzig 1944, S. 25.

Begriffsbestimmungen einschätzen zu können, werden sie auf ihre *praktische* Tauglichkeit hin geprüft, d. h. wir wenden Lebens- (und Forschungs-)erfahrung an, um ihre Güte zu testen. Aus den aneinandergefügten Elementen wird sich schließlich die *Differentia specifica* des Wirtschaftlichen abzeichnen, die es erlaubt – so die These –, das Operationsgebiet der Ökonomik enger zu umreißen als die üblichen Charakterisierungen.

Wagen wir im ersten Anlauf unser Glück mit der Befragung eines Nachschlagewerkes. Im Deutschen Universalwörterbuch lesen wir unter dem Stichwort Wirtschaft: „Gesamtheit der Einrichtungen und Maßnahmen, die sich auf Produktion und Konsum von Wirtschaftsgütern beziehen ...“[2] Dadurch schreitet man nur spärlich voran. Allerdings lässt sich wenig später erschließen, dass ein Wirtschaftsgut ein Gut ist, „... das der Befriedigung menschlicher Bedürfnisse dient“[3]. Demnach ist die Wirtschaft die Summe aller Institutionen und Aktionen im Zusammenhang mit der Erzeugung und des Verbrauchs von Gütern, die *menschliche Bedürfnisse befriedigen.*

Diese Erläuterung kann für den Laien brauchbar sein, um ihm zu einer ungefähren Vorstellung zu verhelfen, worauf sich der Begriff Wirtschaft erstreckt. Fachleute, also Menschen, die sich länger und intensiv mit der theoretischen Durchdringung der Wirtschaft *ex professo* beschäftigt haben (sollten), werden (gezwungen sein) ein Fragezeichen (zu) setzen.

Schieben wir zunächst einmal den Konsum und die Produktion zur Seite. Der zweite Satzteil macht nach kurzem Grübeln stutzig: Er gibt vor, die ‚Wirtschaft‘ richte sich ausnahmslos auf die Befriedigung menschlicher Bedürfnisse. Zur Wirtschaft gehören jedoch keineswegs die Herstellung und der Genuss all dessen, was Nutzen stiftet.

Das Verfassen einer wissenschaftlichen Abhandlung mag z. B. das Wohlbefinden steigern – und sei es nur beim Autor –, dennoch fällt es nicht in den Gegenstandsbereich der Wirtschaft, wenn das Manuskript schließlich in den Ofen wandert. Bereitet die Mutter dem Sohn eine Geburtstagstorte zu, liegt gleichfalls keine Tätigkeit vor, die dem Gebiet der Wirtschaft zuzuordnen ist. Trotzdem deckt die Umschreibung beide Bei-

---

[2] Duden, Deutsches Universalwörterbuch, hrsg. v. Drosdowski, G., Mannheim / Wien / Zürich 1983, S. 1447, Ziffer 1 (Im Original kursiv und mit Abkürzungen).

[3] Ebenda.

spiele ab. Freilich wäre es unangemessen, von einem Wörterbuch die strenge Präzision zu erwarten, welche die Fachliteratur bieten sollte.

Greifen wir daher zu einem im deutschsprachigen Raum weitverbreiteten wirtschaftswissenschaftlichen Lehrbuch, Günther Wöhes „Einführung in die Allgemeine Betriebswirtschaftslehre". „Wirtschaft", heißt es da, „ist der Inbegriff aller planvollen menschlichen Tätigkeiten, die unter Beachtung des ökonomischen Prinzips (Rationalprinzips) mit dem Zweck erfolgen, die – an den Bedürfnissen der Menschen gemessen – bestehende Knappheit der Güter zu verringern."[4] Unterziehen wir diese Abgrenzung, die sinngemäß in vielen Lehrbüchern auftaucht, einer Musterung.

Wirtschaften äußere sich in jenen ‚rationalen' Handlungen, die planmäßig vonstattengehen und dem ökonomischen Prinzip gehorchen. Dieses präsentiert sich in zwei Ausprägungen. Das *Maximalprinzip* verlangt eine geeignete Kombination gegebener Ressourcen, um einen möglichst großen Erfolg zu garantieren. Laut dem *Minimalprinzip* gilt es, ein bestimmtes Resultat mit dem kleinsten erforderlichen Mitteleinsatz zu erreichen. Eine solche Aktivität impliziert, dass sich das rationale Tun lohnt: Wer aus einem Fluss Wasser zur Reinigung einer Brille schöpft, hat wenig Grund, der Minimierung des Wasserverbrauchs Aufmerksamkeit zu schenken. Das ‚allgemeine Vernunftprinzip' oder ‚Rationalprinzip', demgemäß *jedes* zweckdienliche menschliche Agieren darauf gerichtet sein soll, ein feststehendes Ziel mit dem geringsten Aufwand zu realisieren[5], trifft höchstens *subjektiv* auf alle Lebenssituationen zu. Ebenso wenig maximieren sämtliche Rundfunkgebührenzahler die vor dem Fernsehgerät verbrachten Stunden.

Eine Vorgehensweise nach dem ökonomischen Prinzip setzt *notwendigerweise* Knappheit der Mittel bzw. Verwertbarkeit des Ergebnisses voraus. Zu Ende gedacht besagt die Maxime lediglich, der Vollzug habe *zielorientiert* zu geschehen: Wer einen Berg besteigen möchte, leistet diesem Projekt durch das Graben eines Lochs keinen Vorschub. Natürlich kommen unter Umständen verschiedene Pfade in Betracht, die lichte Höhe zu erklimmen und vielleicht wird die kürzeste und schnellste Aufstiegsroute gewählt, – ist das aber eine ‚ökonomische' Entscheidung?

---

[4] Wöhe, G., Einführung in die Allgemeine Betriebswirtschaftslehre, 21. Aufl., München 2002, S. 2.

[5] Vgl. ebenda, S. 1.

Die von Wöhe gebrachte Definition von Wirtschaft enthält als weiteres konstituierendes Merkmal explizit die Überwindung von Knappheit, die im Grunde genommen bereits im ,ökonomischen Prinzip' angelegt ist. Den Stellenwert der Knappheit hebt eine andere, oft kopierte, traditionelle Kennzeichnung der Wirtschaftswissenschaft hervor: „Economics is the science, which studies human behaviour as a relationship between ends and scarce means which have alternative uses."[6] Diese Charakterisierung verzichtet auf die Annahme irgendeiner spezifischen Rationalität im menschlichen Verhalten – in der Tat weist Robbins solcherlei Auffassungen zurück: „... our economic subjects can be pure egoists, pure altruists, pure ascetics, pure sensualists or – what is more like – mixed bundles of all these impulses."[7]

Bemerkenswerterweise hat Robbins seine Erläuterung der Ökonomik im Jahre 1932 erstmals veröffentlicht – während der Weltwirtschaftskrise. Folgt man seinem Vorschlag, so ist die Große Depression als ein im Kern nicht-ökonomisches Problem zu klassifizieren: Wohl selten waren die Mittel weniger knapp; unfreiwillige Arbeitslosigkeit und brachliegende Kapazitäten geben ,der Wirtschaft' jener Zeit das Gepräge. Nach Robbins' Sprachregelung stellen Konjunkturen und Krisen kein Objekt der ökonomischen Analyse dar – eine Konzeption, die dem Lehr- und Forschungsprogramm der Volkswirtschaftslehre nicht gerecht wird.

Vor diesem Hintergrund erstaunt es nicht, dass seit Längerem Kritik an der gängigen Deutung der Wirtschaft zu hören ist[8] und mittels schlagender Beispiele illustriert wird: „Daß die stillende Mutter über knappe Mittel zum Zwecke der Bedürfnisbefriedigung disponiert", bemerkt Dieter Schneider mit treffendem Sarkasmus, „ist ebenso wenig zu bestreiten wie bei den Überlegungen des Kannibalenhäuptlings, ob er den gefangenen Missionar aufspießen und dörren oder weichkochen lassen will."[9]

---

[6] Robbins, L., An Essay on the Nature and Significance of Economic Science (1932), 2. Aufl., London 1952, S. 16.

[7] Ebenda, S. 95.

[8] Siehe etwa Albert, H., Ökonomische Ideologie und politische Theorie, Göttingen 1954, S. 25.

[9] Schneider, D., Geschichte betriebswirtschaftlicher Theorie, München / Wien 1981, S. 10. In der unter dem Titel „Allgemeine Betriebswirtschaftslehre" erschienenen zweiten Auflage dieses Werkes tritt der Kannibalenhäuptling nicht mehr auf. Vgl. Schneider, D., Allgemeine Betriebswirtschaftslehre, 2. Aufl. der Geschichte betriebswirtschaftlicher Theorie, München / Wien 1985, S. 18.

Möchte die Ökonomik wirklich ‚nur' die Lehre von der Wirtschaft sein, ist sie zwangsläufig überlastet, wenn sie bloß auf ein formales Prinzip rekurriert: Unter der Hand gerät sie zur sozialen All-Wissenschaft. Wegen der großen Streuung des Rationalprinzips rückt das gesamte (halbwegs) bewusste Leben ins Schussfeld, das sich immer ‚irgendwie' als ‚Wahl zwischen Alternativen' oder als ‚Disposition über knappe Mittel zum Zwecke der Bedürfnisbefriedigung' interpretieren lässt. Die eigentliche Wirkungsstätte der Ökonomik bleibt dabei im Dunkeln: Paul ‚wirtschaftet' nicht, falls er Paula statt Pauline zur Betrachtung seiner Briefmarkensammlung einlädt. Und die Auserkorene denkt gleichfalls nicht (immer) in ökonomischen Kategorien, sofern sie ihr Einverständnis signalisiert. Man kommt um eine *materielle* Einfriedung des typisch Wirtschaftlichen nicht herum.

Symptomatisch für die fehlende Umgrenzung der Forschung sind ‚ökonomische' Theorien des Zähneputzens, der Heirat, des Kinderkriegens, der Kriminalität usw.[10]

„Mittlerweile", stellt Stobbe fest, „existieren auch Untersuchungen über die Ökonomik des Kirchenbesuchs, des Scrabble-Spiels, der Geisteskrankheit, der Körperverletzung und der Herabsetzung des Lehrdeputats von Fakultäten; es gibt eine ökonomische Theorie des Schmuggels, des Straßenraubs und des ehelichen Seitensprungs; und die Nachfrage nach Kindern in landwirtschaftlichen Haushalten wurde ebenso erforscht wie die Frage, warum der amerikanische Tourist im Ausland betrogen wird. Die Grenze zur Satire wird dabei manchmal hart gestreift (… the person who dies with a perfect liver may have forgone a number of drinks during the course of his life that could have contributed significantly to his own welfare: a liver in good order is useless if the heart goes first') …"[11]

---

[10] Standardreferenz zu dieser Entwicklung ist McKenzie, R. B., Tullock, G., The New World of Economics – Explorations Into Human Experience, 2. Aufl., Homewood 1978, deutsch: Homo Oeconomicus, Ökonomische Dimensionen des Alltags, Frankfurt a. M. / New York 1984.

[11] Stobbe, A., Volkswirtschaftslehre II, Mikroökonomik, Berlin u. a. 1983, S. 9 Fn. Zur deutschen Übersetzung des englischsprachigen Zitats im Zitat siehe S. 160 der deutschen Ausgabe von McKenzie, R. B., Tullock, G., Homo …, a.a.O.

Mitnichten: Die Grenze zur Satire wird nicht *gestreift*, es handelt sich um (unfreiwillige) Komik.[12] Solche Glasperlenspiele sind Resultat der bewusstlosen Anwendung eines rein formalen, inhaltlich beliebigen Kalküls, mit dem sich alle Entscheidungssituationen des Menschen ohne Rücksicht auf ihre Natur über einen Leisten schlagen lassen. Zwar ist unbestreitbar, dass die vorstehend genannten Beispiele eine wirtschaftliche Dimension aufweisen *können*, allerdings suchen die angeblichen Ökonomen auf einem Terrain, auf dem sie nichts verloren haben und deswegen auch nichts entdecken werden. Das Phänomen des ‚ökonomischen Imperialismus'[13] wird grassieren, solange Wirtschaftswissenschaftler nicht wissen, wo sich ihre angestammte Heimat befindet.

Das Herumirren in der Fremde wäre nicht weiter bedenklich, wenn die Ökonomen dort keine bleibenden Schäden verursachten: Man könnte lediglich beklagen, dass wissenschaftliche Ressourcen – wozu der zur Verfügung stehende Raum in den Fachzeitschriften zählt – vergeudet werden. Freilich vermitteln Ökonomen den sozialwissenschaftlichen Schwesterdisziplinen mitunter den Eindruck, oder versuchen wenigstens, ihn zu erwecken, als besäßen sie die prinzipiell stärkere *Methode*. Selbst die hartnäckigsten Schwierigkeiten ließen sich erfolgreich von ihrer mathematischen Artillerie ins Visier nehmen und durchdringen. Für eine ganze Palette gesellschaftswissenschaftlicher Problemkomplexe werden langersehnte exakte(re) Ergebnisse in Aussicht gestellt. Den Zugriff gewähre ‚der' ökonomische Ansatz, welcher in einer Optimierungsaufgabe unter Nebenbedingungen münde.[14]

Teilweise ist jedoch die anfängliche Euphorie wieder einer nüchternen Betrachtungsweise gewichen. Alle Fortschritte der Optimierungsverfah-

---

[12] Vgl. die glänzende Persiflage zu diesem Komplex von Lehner, H., Meran, G., Möller, J., De Statu Corruptionis, Entscheidungslogische Einübungen in die Höhere Amoralität, Konstanz / Litzelstetten 1980.

[13] Vgl. den Sammelband Radwitzky, G., Bernholz, P. (Hrsg.), Economic Imperialism, The Economic Approach Applied Outside the Field of Economics, New York 1987.

[14] Das Gleichsetzen der Ökonomik mit der Optimierung unter Nebenbedingungen propagierte Samuelson, P. A., Foundations of Economic Analysis (1947), erweiterte Ausgabe, Cambridge (Mass.) / London 1983. In seiner Nobelpreisrede hat er diese Auffassung unterstrichen. Vgl. Samuelson, P. A., Maximum Principles in Analytical Economics, in: Samuelson, P. A., Collected Scientific Papers, Bd. 3, Cambridge (Mass.) 1972, S. 2-17.

ren – so begrüßenswert sie sind – führen nicht weiter, sofern Rätsel gelöst werden, die sich nicht stellen. Zudem erfolgt die Abhandlung häufig in einer dermaßen allgemeinen Form, welche jede praktische Verwertung ausschließt.[15] Der geballte Einsatz an Mathematik hat keineswegs den Erkenntniszuwachs eingebracht, den sich die Mehrzahl der Wirtschaftstheoretiker wechselseitig bescheinigen.

„Contrary to the hopes of its practitioners", schrieb Joan Robinson in ihrer Einleitung zu der von Vivian Walsh und Harvey Gram verfassten (ausgezeichneten) Lehrgeschichte, „the apparent precision of mathematics has generated vagueness. Mathematical operations are performed upon entities that cannot be defined; calculations are made in terms of units that cannot be measured; accounting identities are mistaken for functional relationships; correlations are confused with causal laws; differences are identified with changes; and one-way movements in time are treated like movements to and fro in space. The complexity of models is elaborated merely for display, far and away beyond the possibility of application to reality."[16]

Mit der Wiedergabe dieses Zitats soll keine blinde Attacke gegen die Anwendung der Mathematik geritten werden: Sie ist zweifellos ein unersetzbares Werkzeug für den nach Präzision strebenden Wirtschaftstheoretiker; auch in dieser Schrift kann auf ihren Beistand nicht verzichtet werden. Die Mathematik ist – wie das ökonomische Prinzip – inhaltlich neutral. Ebenso begegnet uns ein Messer zunächst nur als eine mit einem Heft versehene Klinge; ausschlaggebend ist, wozu es ge- oder missbraucht wird.[17]

---

[15] Das Paradebeispiel hierfür sind die in der Entscheidungstheorie zu maximierenden Nutzenfunktionen, die kaum spezifiziert werden, wenn sie überhaupt zu spezifizieren sind. Kritische Bemerkungen zur Nutzenmessung finden sich in Helmedag, F., Fortschrittsillusionen in der Ökonomik: Die Neue Handelstheorie, in: Zur Zukunft des Wettbewerbs, In memoriam Karl Brandt (1923-2010) und Alfred E. Ott (1929-1994), hrsg. v. Enke, H., Wagner, A., Marburg 2012, S. 39-55. Im Übrigen haben viele Zielfunktionen nicht das vom Rationalprinzip angenommene Steigungsverhalten. Vgl. die kompakte Darlegung von Bartels, H. G., Was ist dran am Rationalprinzip?, in: das wirtschaftsstudium (wisu), 17. Jg. (1988), S. 135-137.

[16] Robinson, J., Introduction, in: Walsh, V., Gram, H., Classical and Neoclassical Theories of General Equilibrium New York / Oxford 1980, S. xi-xvi, S. xi.

[17] Hans Peter hat einen ähnlichen Vergleich in Bezug auf ‚die' Theorie gezogen: „Die Theorie ist neutral. Sie wirkt wie eine Lupe, die zu erkennen befähigt, was

Wie eingangs erwähnt, wird gelegentlich versucht, durch eine intuitiv-induktive Stoffsammlung zu konkretisieren, was die Ökonomik inhaltlich bearbeite. So bemüht sich Artur Woll in seinem im deutschsprachigen Raum viel benutzten Lehrbuch der Allgemeinen Volkswirtschaftslehre „... durch eine Beschreibung der Volkswirtschaftslehre ... zu verdeutlichen, worin die wissenschaftliche Beschäftigung des Ökonomen besteht."[18] Anschließend unterbreitet er den auf Euken zurückgehenden Fragenkanon, was, wofür, wann, wie und wo produziert werde.[19] Auf ein ähnliches Vorgehen stößt man in *dem* internationalen Lehrbuch-Bestseller von Samuelson:

> „Jede Gesellschaft – sei es die eines kollektivistischen Staats, die eines Stammes von Südsee-Insulanern, die einer kapitalistischen Industrienation, die einer Schweizer Familie Robinson, die eines Robinson Crusoe oder gar die eines Bienenvolkes – ist mit drei fundamentalen und gegenseitig abhängigen Problemen konfrontiert."[20]

Samuelsons Aufgabenkatalog ist gegenüber Euckens Programm ein wenig ausgedünnt; nun geht es ‚nur' noch darum, was, wie und für wen produziert werde.[21] Jedoch präsentieren alle exemplarisch genannten Autoren früher oder später eine Klammer, die ihre jeweiligen Leitthemen umspannen soll: Eucken etwa erhebt das *Planen* zum hervorstechenden Attribut des Wirtschaftens:

> „Zu allen Zeiten und überall vollzieht sich das menschliche Wirtschaften in Aufstellung und Durchführung von Wirtschaftsplänen. Auf Plänen beruht also alles wirtschaftliche Handeln."[22]

Samuelson hingegen identifiziert im ‚Gesetz der Knappheit' – ähnlich wie schon Robbins – das allüberwölbende Dach der Volkswirtschaftsleh-

---

dem unbewaffneten Auge entgehen muß. Sie ist wie ein Messer; aber es kommt auf die Hand an, die es führt." Peter, H., Einführung in die politische Ökonomie, Stuttgart / Köln 1950, S. XVI.

[18] Woll, A., Volkswirtschaftslehre, 15. Aufl., München 2007, S. 4.

[19] Vgl. Eucken, W., Die Grundlagen der Nationalökonomie, 5. Aufl., Godesberg 1947, S. 5 ff.

[20] Samuelson, P. A., Volkswirtschaftslehre, Bd. 1, 7. Aufl., Köln 1981, S. 33.

[21] Vgl. ebenda, S. 33 f.

[22] Eucken, W., a.a.O., S. 127.

re.[23] Bei Woll erfährt der Leser zu guter Letzt desgleichen, „worin die wissenschaftliche Beschäftigung des Ökonomen besteht", denn: „Wirtschaften heißt, nach bestimmten Kriterien Wahlentscheidungen zu treffen … Wer wirtschaftet, muß entscheiden, worauf er verzichtet."[24]

Es springt ins Auge, dass alle Autoren ihren ‚Eingangsschlenker', die Betonung der *Produktion* als Element des Ökonomischen, ziemlich sang- und klanglos begradigen. Das ist verständlich; Menschen fabrizieren bei näherem Hinsehen manches unter vielerlei Umständen: auch weniger ergiebige Definitionen einer Wissenschaft. Nicht immer sind dies Früchte einer ökonomischen Tätigkeit. In dem Hinweis auf die Erzeugung steckt trotzdem ein guter Teil Wahrheit, der aber ohne nähere Angabe, wann die Produktion ökonomischen Stellenwert erlangt, wenig hilfreich ist. Dasselbe gilt für die Etikettierung der Wirtschaftswissenschaft als Entscheidungslehre schlechthin. Streng genommen lässt sich unter diesem Aspekt, genauso wie aus der Perspektive der Knappheit, das gesamte menschliche Leben sehen.[25]

Die üblichen Umschreibungen des Wirtschaftens hinterlassen einen noch blasseren Eindruck, sofern man bedenkt, dass es weitere Wissenschaften gibt, welche die Zieltauglichkeit der Mittel studieren. Beispielsweise untersucht die Technik die praktische Verwertbarkeit der Erkenntnisse anderer Disziplinen, namentlich die der Naturwissenschaften. Schon Lionel Robbins hat diese Überlappungsmöglichkeit der allgemeinen Charakterisierung von Wirtschaft und Technik erkannt, freilich glaubte er, ihr entrinnen zu können. Die technische Problematik tauche auf, falls *ein* Ziel mit verschiedenen Mitteln erreicht werden könne, die wirtschaftliche dann, wenn *mehrere* Ziele und mehrere Mittel miteinander konkurrierten.[26]

---

[23] Vgl. Samuelson, P. A., Volkswirtschaftslehre, a.a.O., S. 36.

[24] Woll, A., a.a.O., S. 28.

[25] Von systemtheoretischer Warte wurde die These vertreten, Knappheit sei kein Verhältnis zu Sachen. Stattdessen gestatte es diese systeminterne Formel, Bedürfnisse ohne Rücksicht auf eine besondere Situation auszudrücken und zu erörtern. Die Knappheit nehme durch Steigerung der wirtschaftlichen Leistungsfähigkeit nicht ab, sondern zu. Vgl. Luhmann, N., Knappheit, Geld und die bürgerliche Gesellschaft, in: Jahrbuch für Sozialwissenschaft, Bd. 23 (1972), S. 186-210.

[26] Vgl. Robbins, L., a.a.O., S. 35.

So elegant diese Auflösung *prima facie* wirkt, Unzufriedenheit stellt sich ein, sobald man sie auf praktische Fälle anwenden möchte. In einer Kiesgrube eröffnen sich eine Reihe von Möglichkeiten – von der Schubkarre bis zum Fließband – das Gestein zu transportieren. Obwohl das Ziel eindeutig feststeht, wird zwischen den technischen Alternativen anhand *ökonomischer* Kriterien gewählt. Gelegentlich wird das wirtschaftliche Prinzip sogar zur Maxime sakraler Handlungen erklärt:

> „Wenn der römische Bauer der Kaiserzeit dem Gott der Saaten, Saturnus, und den anderen Göttern opferte und im übrigen an der altüberkommenen primitiven Technik festhielt, so handelt er doch ganz nach dem wirtschaftlichen Prinzip. Er erwartet von den Göttern die Gegenleistung, das Opfer geschah als Teil der wirtschaftlichen Aufwendungen."[27]

Gewiss ist es nicht völlig abwegig, das Verhalten mancher Gläubigen als Vorleistung (im Diesseits) in der Erwartung eines satten Zinses (im Jenseits) zu interpretieren – ökonomische Theorien des Himmels und der Hölle lassen grüßen. Es wäre aber prinzipiell zu kurz gegriffen, die Daseinsbewältigung überhaupt, einschließlich des metaphysischen Moments menschlicher Existenz als Quelle normativer Regeln, über alle Zeiten hinweg als einen Anwendungsfall des *wirtschaftlichen* Prinzips zu betrachten.[28]

Hiermit sollen Verbindungen zwischen Ökonomik und Metaphysik keineswegs bestritten werden.[29] Dieser facettenreiche Zusammenhang lässt sich jedoch nicht lediglich mit dem Rationalprinzip erschließen, das überdies auf das wirtschaftliche Prinzip eingeengt wird. Die Opfergaben

---

[27] Eucken, W., a.a.O., S. 329.

[28] Im Übrigen ist es bemerkenswert, dass Eucken bei seiner Erläuterung des wirtschaftlichen Prinzips auf die von ihm in den Vordergrund gerückten *Wirtschaftspläne* rekurriert: „Stets nämlich und überall", lautet seine im Original durchgehend gesperrt gedruckte Formulierung, „suchen die Menschen in ihren wirtschaftlichen Plänen und damit in ihren Handlungen einen bestimmten Zweck mit einem möglichst geringen Aufwand an Werten zu erreichen." Eucken, W., a.a.O., S. 328. Freilich kennzeichnen sich wirtschaftliche Pläne gerade durch das wirtschaftliche Prinzip.

[29] Vgl. dazu Zinn, K. G., Politische Ökonomie, Apologien und Kritiken des Kapitalismus, Opladen 1987, S. 34 ff.

des römischen Bauern sperren sich einer rein ökonomischen Deutung. Sie sind Teil eines *Gabenverkehrs*, dessen Vorschriften von denen des Tausches abweichen. Selbst wenn man das Opfer nicht als eine Abgabe auslegt, einen Tribut des Menschen an die Gottheit, sondern zwischen Mensch und Gott ein wechselseitiges Leistungsverhältnis erblickt, bleibt das Opfer stets einem *Ritus* unterworfen; einem Regelwerk, das diktiert, wann welche Opfer und wie darzubringen sind. – Die Angelegenheit wird uns noch beschäftigen.

Die gängigen Ausführungen lassen offen, welche Merkmale das Erkenntnisobjekt der Wirtschaftswissenschaft von den Gegenstandsbereichen der Nachbarfächer abheben. Sogar ‚große' Ökonomen scheinen sich dessen nicht bewusst (gewesen) zu sein.[30] Unter dieser Vagheit leiden auch jene Disziplinen, die sich in ihrem Titel mit der Beifügung Wirtschaft dekorieren: *Cum grano salis* bewegt sich die Wirtschaftsgeschichte ohne ökonomische Uhr durch die Zeit, die Wirtschaftsgeographie ohne ökonomischen Kompass über den Raum und die Wirtschaftsinformatik ohne ökonomische Nachricht an zahlreiche einschlägige Lehrstühle.

> „Auf diesem Wege", stellt Landshut zutreffend fest, „kommt dann etwa die Wirtschaftsgeschichte dazu, mit ihren der Theorie entliehenen Leitbegriffen ohne jede Klärung ihres spezifischen Bedeutungsgehaltes überall ein besonderes ‚Wirtschaftsleben' ausfindig zu machen und wie Faust Helena in jedem Weibe, so ‚Kapital' und ‚Unternehmungen' überall wiederzufinden."[31]

Um nicht die unscharfe Idee zu reproduzieren, die im Allgemeinen mit dem Wort Wirtschaft einhergeht, wird zunächst seine *konkrete* Bedeutung im Wandel der Epochen porträtiert. Dies schafft die Grundlage, welche die *abstrakte* Bestimmung des Begriffs Wirtschaft trägt.

---

[30] „Vielleicht liegt aber ein Problem strenger ökonomischer Wissenschaft darin, daß bedeutende Ökonomen sich nicht über die Grenzen des Gültigkeitsbereichs ihrer Theorie im klaren waren ..." Faber, M., Manstetten, R., Der Ursprung der Volkswirtschaftslehre als Bestimmung und Begrenzung ihrer Erkenntnisperspektive, in: Schweizerische Zeitschrift für Volkswirtschaft und Statistik, 124. Jg. (1988), S. 97-121, S. 115.

[31] Landshut, S., Historische Analyse des Begriffs des „Ökonomischen" (1969), in: Wehler, H.-U. (Hrsg.), Geschichte und Ökonomie, Köln 1973, S. 40-53, S. 51.

1.2 Zum Bedeutungswandel des Wortes Wirtschaft

Lehrgeschichtliche Darstellungen der Volkswirtschaftslehre erwecken meist den Eindruck, die Geschichte dieser Wissenschaft sei eine Aneinanderreihung von Irrtümern.[1] Es wird so getan, als hätten die ökonomischen Denker, ausgehend von der Antike bis in die Gegenwart, stets ein und dasselbe Sujet bearbeitet. Wissenschaftlicher Fortschritt äußere sich darin, im Zuge fortgesetzter begrifflicher Verfeinerungen und der Benutzung ausgefeilterer formaler Verfahren immer bessere Antworten auf eine seit den Anfängen vorhandene Problematik zu erhalten. Diese ‚absolutistische‘[2] Attitüde nimmt eine Konstanz und Kontinuität des Erkenntnisobjekts Wirtschaft an, ohne jemals aufzudecken, nach welchen Kriterien der Erkenntnisfortschritt beurteilt wird.

Das Verfahren verleitet dazu, partielle ‚wirtschaftliche‘ Aussagen eines Autors aus dem Kontext herauszutrennen und ihn zu einem ‚Vorläufer‘ der modernen Wirtschaftslehre zu stempeln, der ‚natürlich‘ noch nicht ganz so weit war, wie wir heute – angeblich – sind. Eine solche Anschauung unterstellt eine kumulative Wissensvermehrung; folglich wäre es nur eine Frage der Zeit und des Schweißes, bis alle ökonomischen ‚Geheimnisse‘ entschlüsselt seien.

In Wirklichkeit hat der Begriff Wirtschaft eine gravierende Bedeutungsveränderung durchgemacht, die beachtet werden muss, wenn man die Leistungen der Altvordern würdigt. Es ist nicht legitim, ihr Denken unmodifiziert mit unseren heutigen Vorstellungen von Wirtschaft zu konfrontieren. Sie lebten in Phasen, in denen der Gehalt des Wortes Wirtschaft ein anderer war als der, den wir heute mit ihm verknüpfen.

Diese Akzentverschiebung korrespondiert mit den beiden Revolutionen, welche die menschliche Produktionsweise (bisher) prägen: die neolithische und die Industrielle. In einer Wildbeutergesellschaft kann nicht von einer Wirtschaft die Rede sein, die, wenn auch nur in entfernter Weise, das vereinigt, was wir heute darunter verstehen. Der ökonomische Aspekt menschlicher Lebensbewältigung gewinnt erst viel später merklichen Einfluss und Eigengesetzlichkeit. Dies besagt keineswegs, das

---

[1] Vgl. Landshut, S., a.a.O., S. 50.

[2] Vgl. Winch, D., Das Aufkommen der Volkswirtschaftslehre als Wissenschaft 1750-1870, in: Cipolla, C. M., Borchardt, K. (Hrsg.), Europäische Wirtschaftsgeschichte, Bd. 3, Die Industrielle Revolution, Stuttgart / New York 1985, S. 335-377, S. 355.

Studium der Jäger- und Sammlergesellschaften wäre für den Wirtschaftswissenschaftler unergiebig – im Gegenteil.[3]

Es geht im Anschluss nicht darum, auf wenigen Seiten einen ungefähr zehntausendjährigen Zeitraum wirtschafts- und sozialgeschichtlich zu sezieren.[4] Die nachstehenden Ausführungen sollen vielmehr einige Schlaglichter auf Phänomene werfen, welche für die hier zu sondierenden Zusammenhänge wichtig erscheinen. Dazu werden zwei große Epochen geschieden: Die Zeit von der neolithischen bis zur Industriellen Revolution, der Kürze halber ,traditionelle' Ära genannt, und die ,moderne' Periode, d. h. der Zeitraum ab der Industriellen Revolution bis zur Gegenwart.

1.2.1 Wirtschaften im traditionellen Sinn

Im Althochdeutschen hatte das Wort Wirtschaft die Bedeutung ,Bewirtung, Gastmahl'. Seit dem 16. Jahrhundert gebraucht man es für die Gastwirtschaft, etwa seit dem 17. Jahrhundert für die gesamte Hauswirtschaft.[5] Wirtschaft leitet sich von ,Wirt' ab, was ursprünglich so viel wie ,Pfleger' heißt. Diese Vokabel meint den sich für jemanden einsetzenden, Schutz gewährenden, sorgenden Inhaber des Hauses: den Hausvater.[6]

An diesen Personenkreis adressiert Xenophon (um 430-354 v. Chr.) sein Werk „Oikonomikos". Darin unterbreitet er Ratschläge, welche Maßnahmen geeignet seien, das Hauswesen zu fördern. Xenophon ordnet Mann und Frau bestimmte Rollen zu und gibt Hinweise für den Ackerbau und die Viehzucht.[7] Des Weiteren hebt Xenophon die Vorteile der

---

[3] Vgl. mit zahlreichen Literaturangaben Schaaff, H., Kritik der eindimensionalen Wirtschaftstheorie: Zur Begründung einer ökologischen Glücksökonomie, Thun / Frankfurt a. M. 1991, S. 122 ff.

[4] Eine solche Tour d'horizon bieten Helmedag, F., Weber, U., Entwicklungslinien und Schwankungen des Sozialprodukts im Überblick, in: Wirtschaftswissenschaftliches Studium (WiSt), 33. Jg. (2004), S. 80-87.

[5] Vgl. Stoltenberg, H. L., Zur Geschichte des Wortes Wirtschaft, in: Jahrbücher für Nationalökonomie und Statistik, Bd. 148 (1938), S. 555-561.

[6] Vgl. Brunner, O., Die alteuropäische „Ökonomik", in: Zeitschrift für Nationalökonomie, Bd. 13 (1950), S. 114-139, S. 117 f.

[7] Vgl. Xenophon, Die sokratischen Schriften, Stuttgart 1956, S. 238 ff. (Die Hauswirtschaftslehre); vgl. zudem Vogel, G., Die Ökonomik des Xenophon, eine Vorar-

Arbeitsteilung hervor, wobei er, wie Marx kommentiert, „... mit seinem charakteristisch bürgerlichen Instinkt schon der Teilung der Arbeit innerhalb einer Werkstatt näherrückt."[8] Hier ist nicht beabsichtigt, das Werk von Xenophon zu würdigen und ihn als (vielleicht ersten) Verkünder der produktivitätsfördernden Arbeitsteilung zu feiern.[9] Stattdessen soll belegt werden, dass die antiken Vorläufer andere Aufgaben lösen wollten und wir daher nicht berechtigt sind, an ihre Antworten die Maßstäbe anzulegen, die an unseren Problemen geeicht sind.

Das Gesamtsystem der Philosophie im antiken, mittelalterlichen und frühneuzeitlichen Sinn umfasste Logik, Metaphysik, Physik und Ethik. Die Ethik gipfelte in einer Tugendlehre des Menschen, Hausherrn und Staatsmannes; dementsprechend verzweigte sie sich in eine Lehre von Einzelmenschen – von den Scholastikern als Monastik bezeichnet –, ferner in die Ökonomik als die Lehre vom *ganzen* Hause sowie schließlich in die Lehre von der Polis, die Politik.[10]

In der Ökonomik werden nicht nur die Tätigkeiten im Hause und die hierzu gerechneten in der Landwirtschaft thematisiert, sondern auch die zwischenmenschlichen Beziehungen, das Verhältnis zwischen Mann und Frau, Eltern und Kindern, Herrn und Gesinde.[11] Insbesondere Aristoteles betont das herrschaftliche Element in der Hausführung; das Familien-

---

beit für die Geschichte der griechischen Ökonomik, Erlangen 1895 und Singer, K., Oikonomia: An Inquiry Into Beginnings of Economic Thought and Language, in: Kyklos, Bd. 11 (1958), S. 29-57. Bemerkenswerterweise stammt vom ältesten bekannten ökonomischen Autor ebenfalls eine Denkschrift mit dem bezeichnenden Titel „Mittel und Wege, dem Staat Geld zu verschaffen". Vgl. Xenophon, Ökonomische Schriften, Berlin 1992, S. 140 ff. Zur Beseitigung der Finanzmisere schlug der Grieche vor, den Silberbergbau und damit die Geldproduktion zu verstaatlichen. Zur aktuellen Diskussion der öffentlichen Verschuldung siehe Helmedag, F., Mit der Schuldenbremse zum Systemcrash, in: Perspektiven der Wirtschaftswissenschaften, hrsg. v. Gesmann-Nuissl, D., Hartz, R., Dittrich, M., Wiesbaden 2014, S. 123-137.

[8] Marx, K., Das Kapital, 1. Bd., Der Produktionsprozeß des Kapitals (1867), in: Marx Engels Werke, Bd. 23, Berlin 1977, S. 388.

[9] Immerhin dürfte Schumpeters Bemerkung, auf Xenophon nicht einzugehen, da dessen Werk ausschließlich zu den Abhandlungen über Hauswirtschaftsführung gehöre, dem Autor nicht gerecht werden. Vgl. Schumpeter, J. A., Geschichte der ökonomischen Analyse, Bd. 1, Göttingen 1956, S. 93 Fn.

[10] Brunner, O., Die alteuropäische ..., a.a.O., S. 123.

[11] Vgl. Brunner, O., Hausväterliteratur, in: Handwörterbuch der Staatswissenschaften, Bd. 5, Stuttgart / Tübingen / Göttingen 1956, S. 92 f.

oberhaupt steht im Zentrum, im ‚Oikos' waltet Ungleichheit.[12] Insoweit ist – trotz aller grundlegenden Unterschiede sonst – eine Ähnlichkeit zum modernen Betrieb vorhanden, der nach innen ebenfalls hierarchisch strukturiert ist.

Die Ökonomik befasst sich hauptsächlich mit dem ‚guten Leben' in der privaten Welt; nur am Rande gehören zu ihr Überlegungen, Reichtum durch Tausch zu erwerben: die Chrematistik. Dort, nicht in der Ökonomik, finden sich Ausführungen über den Preis, das Geldwesen, den Zins und die Rente. Aber der Wunsch nach Reichtum entfaltete seinerzeit keine eigenständige Dynamik, es wurde ausschließlich als Mittel zum Zweck, dem guten Leben im Hause, toleriert und gutgeheißen.[13] Sobald das Reichtumsstreben nicht mehr lediglich der Ergänzung der Autarkie des Hauses dient, sondern zum Selbstzweck zu werden droht, d. h. auf Gelderwerb durch Handel abzielt, gilt es als verwerflich.[14] Die Chrematistik erörtert mithin die Frage, inwieweit der Handel in den von Ethik und Politik gesetzten Schranken gestattet ist. In der Antike lässt sich zwar ein nennenswerter Markttausch beobachten, doch er übt keinen merklichen Einfluss auf die Sozialstruktur aus.[15] Die ökonomische Aktivität, wie man heutzutage formulieren würde, war ethisch-moralisch begrenzt. Die Scholastik hat später gleichermaßen unter einem metaphysischen Vorzeichen ‚wirtschaftliche' Probleme beleuchtet, z. B. den ‚gerechten' Preis.

Die skizzierte antike Bedeutung von Wirtschaft lebt heute noch fort: Spricht im ländlichen Bereich der Bauer von seiner ‚Wirtschaft', meint er

---

[12] Vgl. Hüther, M., Die „Sattelzeitgerechte" Entstehung der Nationalökonomie, Ein Beitrag zur Dogmengeschichte, in: Jahrbücher für Nationalökonomie und Statistik, Bd. 205 (1988), S. 150-162, S. 152 f.

[13] Vgl. Faber, M., Manstetten, R., a.a.O., S. 105.

[14] Vgl. Brunner, O., Die alteuropäische ..., a.a.O., S. 116.

[15] „Trotz intensiver Handelstätigkeit und einer ziemlich entwickelten Verwendung von Geld befand sich das griechische Geschäftsleben insgesamt zur Zeit des Aristoteles noch in den allerersten Anfängen des Markthandels." Polanyi, K., Ökonomie und Gesellschaft, Frankfurt a. M. 1979, S. 150. Zum Stellenwert von Märkten in antiker Zeit siehe Belshaw, C. S., Traditional Exchange and Modern Markets, Englewood Cliffs 1965; Herskovits, M. J., Economic Anthropology – A Study in Comparative Economics, New York 1952; Polanyi, K., Arensberg, L. M., Pearson, H. W. (Hrsg.), Trade and Market in the Early Empires, Glencoe 1957 und North, D. C., Structure and Change in Economic History, New York / London 1981.

„... den Gesamtkomplex seiner haus- und landwirtschaftlichen Tätigkeit, den Oikos, der ohne die darin wohnenden Menschen, die Hausfrau, die mitarbeitenden Familienangehörigen, das Gesinde nicht denkbar ist."[16] In diesem Sinn war der Begriff Wirtschaft bis etwa zur Mitte des 18. Jahrhunderts besetzt. Bis dahin trat die Ökonomie als ein eigenständiger, autonomer Bereich menschlicher Daseinsbewältigung nicht in Erscheinung. Um diese Zeit jedoch

> „... kommt ein Prozeß zum Abschluß und wird in seinen Auswirkungen allseitig erkennbar, der in seinen Wurzeln allerdings viel weiter zurückreicht. Es handelt sich um nichts weniger als um den Zerfall des von den Griechen geschaffenen Welt- und Menschenbildes, das bis in diese Zeit geherrscht hatte, um den Zerfall des ‚Kosmosgedankens' ..."[17]

Äußerliches Zeichen ist das größer werdende Gewicht der Aufspaltung von Haushalt und Betrieb:

> „Der Problembereich, den die Hausväterliteratur so extensiv behandelte, bestand nun nicht mehr, er wurde ausgelagert in den Freiraum der Gesellschaft. So wie allgemein die Aufklärung den Aufbruch der bürgerlichen Intelligenz aus dem privaten Lebensbereich beschreibt, genauso wurde die Frage der wirtschaftlichen Bedürfnisbefriedigung aus der privaten Sphäre in die gesamtgesellschaftliche überwiesen. Der Begriff Ökonomik verlor seinen Inhalt, weil dieser nicht mehr existierte, er wurde überflüssig und damit zugleich frei für eine Neubesetzung."[18]

In dieser Zeit erhält das Wort ‚wirtschaftlich' den Beigeschmack von sparsam, haushälterisch, erst später – etwa zu Beginn des 20. Jahrhunderts – sollte es den Gehalt von ‚rentabel' erlangen.[19] Dazwischen liegt eine Veränderung der ‚wirtschaftlichen' Aktivität von vorher nicht da gewesenem Ausmaß, denn während des 18. Jahrhunderts steigt die reale Produktion der Industrie auf das Vierfache: „Dieses Wachstum und die zunehmende bürgerliche Umwelt, in der es stattfand, macht das Wesen

---

[16] Brunner, O., Die alteuropäische ..., a.a.O., S. 117.

[17] Ebenda, S. 127.

[18] Hüther, M., a.a.O., S. 154.

[19] Brunner, O., Die alteuropäische ..., a.a.O., S. 118.

der Industriellen Revolution aus."[20] In diese Zeit fällt die Geburtsstunde der Politischen Ökonomie als akademische Disziplin. Die neue Wirtschaft und die Wandlung des Begriffs Wirtschaft gehen Hand in Hand mit der Herausbildung einer *Volkswirtschaft*, d. h. des Bewusstwerdens einer Vernetzung der Einzelwirtschaften. Wenden wir uns dieser Periode näher zu.

1.2.2 Wirtschaft in ihrer modernen Bedeutung

Gelegentlich wird die Auffassung verfochten, die Nationalökonomie habe sich als *Nebenwirkung* der Industriellen Revolution etabliert. „Für so unterschiedliche Betrachter der Geschichte der Wirtschaftswissenschaften wie Alfred Marshall und Karl Marx", stellt Winch fest, „war die Entwicklung der Volkswirtschaftslehre ein Nebenprodukt der Abfolge von Agrar- und industriellen Revolutionen, die ab 1750 über ganz Europa hinwegzogen."[21] Eine solche weitreichende These – unabhängig davon, ob sie von Marx und Marshall wirklich geteilt wurde[22] – verdient eine nähere Prüfung. Stünden industrielle Revolution und Entstehung der Volkswirtschaftslehre in diesem eindeutigen Ursache-Wirkungsverhältnis, ließe sich daraus auf eine Eigenständigkeit der Industriellen Revolution von geistesgeschichtlichen Strömungen schließen. Dies ist in der Tat eine oft anzutreffende Meinung. Darf man ihren Anhängern glauben, lautet die einfache Gleichung: Bevölkerungswachstum plus Dampfmaschine gleich Industrielle Revolution. In Wahrheit ist die Formel komplizierter.

Die Bezeichnung *Industrielle* Revolution suggeriert, die Umstürzung und die Expansion der gewerblichen Produktion hätten die moderne Wirtschaftsweise angekurbelt. Demnach überflutete die erste Welle der ökonomischen und sozialen Transformation vor allem den industriellen Sektor.

---

[20] Lilley, S., Technischer Fortschritt und die Industrielle Revolution 1700-1914, in: Cipolla, C. M., Borchardt, K. (Hrsg.), a.a.O., S. 119-163, S. 137.

[21] Winch, D., a.a.O., S. 333. Auch Hüther teilt diese Ansicht. Vgl. Hüther, M., a.a.O., S. 156.

[22] So lassen sich die von Hüther angegebenen Stellen nicht ohne Weiteres in dem von ihm genannten Sinn interpretieren. Vgl. ebenda.

Mit einer solchen Einlassung wird verschüttet, dass der Industriellen eine *agrarische* Revolution vorausgegangen ist.[23] Noch zu Beginn des 18. Jahrhunderts waren 75-80 % der Arbeitskräfte in der Landwirtschaft beschäftigt. Die Nahrung seinerzeit war hauptsächlich pflanzlichen Ursprungs. Man brauchte rund acht pflanzliche Kalorien, um eine tierische zu erzeugen. In Deutschland vollzog sich die agrarische Revolution ungefähr von 1790-1800, circa 100 Jahre nach der in England, das die Vorreiterrolle übernahm.[24] Dort herrschte einerseits eine günstige Ausgangskonstellation wegen des fehlenden Zunftzwanges[25], andererseits verfügte England über ergiebige Kohlevorkommen, die etwa Holland fehlten, das gleichfalls um die Jahrhundertwende als potenzieller Kandidat in Betracht kam, der Industriellen Revolution die Bresche zu schlagen.

Die agrarische Revolution, d. h. die Rodung zusätzlicher Flächen, der Einsatz neuer Geräte, die Verwendung von Pferden als Zugtiere und die Aufgabe des zweijährigen Fruchtwechsels, war in mehrerlei Hinsicht *Vorbedingung* für die Industrielle Revolution: Die rasch steigende Produktivität in der Landwirtschaft lieferte nicht nur die nötigen Nahrungsmittel, um eine wachsende Bevölkerung zu versorgen, sondern setzte auch Arbeiter frei, die sich nun der gewerblichen Wirtschaft andienten. Die Bevölkerungsexplosion in jener Zeit rechtfertigt das Etikett einer *demographischen* Revolution, welche die agrarische begleitete.

Ein Großteil der Unternehmer sowie des investierten Geldkapitals – das allerdings pro Kopf gerechnet im sekundären Sektor anfänglich erheblich geringer war als in der Landwirtschaft – entstammte dem ländlichen Bereich.[26] Die Umwälzungen in der Agrikultur waren denen der Industrie mindestens ebenbürtig; jedenfalls stellten jene eine unabdingbare Voraussetzung für diese dar. Zudem wird des Öfteren die Dimension der technischen Veränderungen zu Beginn der Industriellen Revolution übertrieben.

---

[23] Vgl. Bairoch, P., Die Landwirtschaft und die Industrielle Revolution 1700-1914, in: Cipolla, C. M., Borchardt, K. (Hrsg.), a.a.O., S. 297-332.

[24] Vgl. ebenda, S. 302.

[25] Vgl. Kromphardt, J., Analysen und Leitbilder des Kapitalismus von Adam Smith bis zum Finanzmarktkapitalismus, Marburg 2015, S. 59.

[26] Vgl. Bairoch, P., a.a.O., S. 328.

Tatsächlich lässt sich keine so plötzliche und tiefgreifende Umkrempelung der technischen Verfahren registrieren, wie der Name Industrielle *Revolution* nahelegt. Vielmehr wurden zunächst zum Teil schon relativ alte Methoden benutzt, die allerdings fortwährend verfeinert wurden. Es ist zwar richtig, dass andere Energiequellen menschliche und tierische Muskelkraft zu substituieren begannen, aber es wäre verfehlt, dabei vor allem an die Dampfkraft zu denken: „Die ersten Fabriken hatten ein Menschenalter hinter sich gebracht, ehe Dampf in großem Ausmaß nutzbar gemacht wurde."[27] *Wasserkraft* drehte die Achsen, und der Bau solcher Antriebe hatte ein hohes Niveau erreicht.[28]

Im Übrigen war die 1712 patentierte, durch James Watt umgestaltete ‚Feuermaschine' von Thomas Newcomen erst 1784 in der Lage, eine Kreisbewegung abzugeben. Und es ist die große Frage, wann Dampfmaschinen in nennenswertem Maße befeuert worden wären, hätte nicht der fünfte – ‚böse' – Lord Byron einem Fabrikbesitzer den Wasserzufluss willkürlich gestört. Deswegen suchte dieser – Not macht erfinderisch! – im Jahre 1786 sein Heil in der Dampfmaschine.[29]

---

[27] Lilley, S., a.a.O., S. 121.

[28] In diesem Zusammenhang ist es aus wissenschaftsgeschichtlicher Sicht lehrreich, die Leistung von John Smeaton zu erwähnen, dem es durch experimentelle Bestimmung des Wirkungsgrades alternativer Bauformen von Wasserrädern gelang, die Behauptung der Mathematiker zu entkräften, wonach unterschlächtige Wasserräder oberschlächtigen überlegen seien. Vgl. Paulinyi, A., Die industrielle Revolution, in: Troitzsch, U., Weber, W. (Hrsg.), Die Technik, Stuttgart 1987, S. 232-281, S. 255 f.

[29] Vgl. Lilley, S., a.a.O., S. 121. Ebenso zeigt die exemplarische Erforschung der Technikgenese weiterer Schlüsselprodukte, dass das technische Potenzial nicht so rasch ausgeschöpft wurde, wie das zuweilen geglaubt wird. Vielmehr mussten sich z. B. der Dieselmotor und die Schreibmaschine gegen konservative Unternehmer, die gelegentlich fast schon als Bremser auftraten, und gegen eine abwartende Nachfrage behaupten. Vgl. Knie, A., Das Konservative des technischen Fortschritts – Zur Bedeutung von Konstruktionstraditionen, Forschungs- und Konstruktionsstilen in der Technikgenese, Wissenschaftszentrum Berlin 1989 (FS II 89-101). Überdies wirkten sich die umfassenden, bis 1800 geltenden Patentrechte Watts doppelt hinderlich auf die zügige Diffusion der Dampfmaschine aus: Erstens waren die zu zahlenden Prämien beachtlich, zweitens hatte sich Watt praktisch alle weiteren Nutzungs- und Einsatzmöglichkeiten in seine Patentrechte aufnehmen lassen, ohne sie zu realisieren. Vgl. Paulinyi, A., a.a.O., S. 263.

Die Karriere der Dampfmaschine illustriert eindrucksvoll die These, wonach die Industrielle Revolution anfänglich keineswegs allein durch technische Neuerungen auf den Weg gebracht wurde.

> „Der Industriekapitalismus setzte sich nicht über Nacht durch. Es handelte sich um einen unregelmäßigen und schrittweisen Prozeß ... Die dampfbetriebene Fabrik bescherte uns nicht den Kapitalisten; der Kapitalist bescherte uns die dampfbetriebene Fabrik."[30]

Die Innovationen wurden in Angriff genommen, als die Verhältnisse dafür reif waren.[31] „Es ist keine Beleidigung für Newcomen, wenn man sagt, daß der Stand des technischen Wissens um die Jahrhundertwende derartig war, daß, sobald der Bedarf dringend genug wurde, sobald die Leute anfingen zu versuchen, Dampf zum Pumpen nutzbar zu machen, *irgend jemand* Erfolg haben mußte."[32] Grundlegende Erfindungen schlummerten zum Teil Jahrhunderte, ehe sie in größerem Stil hervorgeholt und verbessert wurden. So stößt man in den Notizbüchern Leonardo da Vincis auf Skizzen einer Drehbank und die Seidenzwirnmaschine war etwa in Italien schon gut hundert Jahre in Gebrauch, bis T. Lombe sie erstmals 1709 in einer englischen Fabrik einsetzte.[33]

---

[30] Marglin, S., Was tun die Vorgesetzten? Ursprünge und Funktionen der Hierarchie in der kapitalistischen Produktion, in: Duve, F. (Hrsg.), Technologie und Politik, Bd. 8, Die Zukunft der Arbeit 1, Reinbeck bei Hamburg 1977, S. 148-203, S. 186.

[31] Ähnlich resümiert Marx: „Daher stellt sich die Menschheit immer nur Aufgaben, die sie lösen kann, denn genauer betrachtet wird sich stets finden, dass die Aufgabe selbst nur entspringt, wo die materiellen Bedingungen ihrer Lösung schon vorhanden sind oder wenigstens im Prozeß ihres Werdens begriffen sind." Marx, K., Zur Kritik der Politischen Ökonomie (1859), in: Marx Engels Werke, Bd. 13, Berlin 1978, S. 1-160, S. 9 (Vorwort).

[32] Lilley, S., a.a.O., S. 135. Was die Dampfmaschine anbelangt, hatte Denis Papin 1690 den labormäßigen Nachweis erbracht, dass sie funktioniert, und er fuhr 1707 auf seinem ersten Dampfschiff von Kassel nach Münden. Eine ausführliche Geschichte der Dampfmaschine mit zahlreichen technischen Details liefert Matschoss, C., Die Entwicklung der Dampfmaschine, 2 Bände, Berlin 1908.

[33] Vgl. Mathias, P., Wer entfesselte Prometheus?, Naturwissenschaft und technischer Wandel von 1600-1800, in: Industrielle Revolution, hrsg. v. Braun, R. u. a., Köln 1972, S. 121-138, S. 129.

Die *mittelalterliche* Technik hingegen kann nicht als Fortschreibung prinzipiell bereits bekannter Verfahren angesehen werden: „Der echte Bruch in der Entwicklung der Technik fand zu Beginn des Mittelalters statt, nicht im 18. Jahrhundert."[34] Ortscheit und Kummet, das Ruder der Schiffe, der Kompass – mittelalterliche Kreationen, die jedoch erst erheblich später auf breiter Front im Produktionsniveau zum Tragen kamen. Der teilweise außerordentlich hohe Stand technischer Kunstfertigkeit äußerte sich vor der Industriellen Revolution im Bau von Musikdosen, automatischen Schachspielern und sonstigem ergötzlichen Zeitvertreib[35] – niemand dachte daran, die Produktionsweise umzustürzen.

Das Beispiel Chinas belegt desgleichen, dass eine hochentwickelte Technik eine zwar notwendige, aber keine hinreichende Voraussetzung für eine industrielle Revolution abgibt. Angesichts der wissenschaftlichen und kulturellen Leistungen der Chinesen erhebt sich die Frage, warum die industrielle Revolution zu ihrem Siegeszug nicht vom Ostchina des späten europäischen Mittelalters aus angetreten ist. Handel und Gewerbe standen dort in hoher Blüte, um 600 gelang der Buchdruck – rund 900 Jahre vor dem schöpferischen Einfall Gutenbergs – kurz darauf wurde Pulver gemischt.[36] Bereits im 11. Jahrhundert brannte man in manufakturähnlichen kaiserlichen Betrieben Porzellan, die chinesische Seeschifffahrt orientierte sich am Kompass, 1290 war der mit 1300 km Länge bis heute längste Kanal der Erde von Peking nach Hangtschou gegraben – und: Die Chinesen führten vor 1300 die erste Papiergeldwährung der

---

[34] Lilley, S., a.a.O., S. 122. Zu Beginn der Neuzeit wurde in Europa die Feuerwaffe konzipiert, worauf sich die militärische Übermacht Europas gründete. Insofern besteht eine enge Wechselwirkung zwischen Perfektionierung der Kriegstechnik und Verbreitung des Kapitalismus. Vgl. dazu Zinn, K. G., Kanonen und Pest, Über die Ursprünge der Neuzeit im 14. und 15. Jahrhundert, Opladen 1989. Dieses Werk birgt auch reichlich Material zum Stand der mittelalterlichen Technik.

[35] Vgl. Siegenthaler, H., Industrielle Revolution, in: Handwörterbuch der Wirtschaftswissenschaft, Bd. 4., Stuttgart / Tübingen / Göttingen 1978, S. 142-159, S. 158. Eine tabellarische Übersicht der Erfindungen bringt Mathes, M. (Hrsg.), Geschichte der Technik, Düsseldorf 1983.

[36] Die Araber nannten das Pulver ‚chinesischer Schnee', es darf nicht mit dem Schwarzpulver verwechselt werden. Vgl. Zinn, K. G., Kanonen ..., a.a.O., S. 122 f.

Welt ein.[37] Dennoch lösten die Errungenschaften keine Umstülpung der Produktionsverhältnisse aus:

> „Die Antwort auf die Frage, warum der scheinbar nahe Durchbruch zur Industrialisierung in China ausblieb, scheint weniger bei der starren Einseitigkeit der agrarischen Bodennutzung für Reisbau und bei dem Rückstand des Ferneigenhandels zu liegen, als vielmehr in sozialen und psychologischen Bedingungen. Der Buddhismus pries die weltflüchtige Beschaulichkeit und der sich durchsetzende Neukonfuzianismus wirkte durch seine Betonung der Familiengemeinschaft als Hemmnis des Fortschritts."[38]

Die Steigerung der technischen Fähigkeiten, die Beherrschung der Natur und ihrer Gesetze lief nicht parallel zu einem gesellschaftlichen Wandel und beschwor schon gar keine Revolution herauf.

Wer die Industrielle Revolution schlüssig erklären will, kommt nicht umhin, auf ihre *hinreichende* Bedingung zu verweisen: die Platz greifende Emanzipation der Menschen von den traditionellen, metaphysischen, insbesondere religiösen Leitbildern. Die Aufklärung, der Siegeszug von Reformation und Rationalismus, die Veränderung in den Köpfen, setzte jetzt ein Handeln in rosiges Licht, dem bislang der Ruch der Verwerflichkeit anhaftete. Das konnte nur auf der Grundlage eines neuen, jedoch ebenfalls ethisch abgestützten Verhaltenskodex gelingen.

Die Aufklärung sensibilisierte für die Ungerechtigkeit auf dieser Welt und unterminierte ihre althergebrachte Begründung. Die Leibnizsche Theodizee büßte an Glaubwürdigkeit ein, Gott hatte eine schlechte Presse: „Die gnadenlose Anklage gegen Gott hatte zugleich dem christlichen Dogma die Überzeugungskraft genommen, so dass das Gebot der Nächstenliebe den Eigennutz nicht mehr moralisch zu desavouieren vermochte."[39]

---

[37] Vgl. Zorn, W., Wirtschaftsgeschichte, in: Handwörterbuch der Wirtschaftswissenschaft, Bd. 9, Stuttgart / Tübingen / Göttingen 1980, S. 55-82, S. 72 f. Vgl. zur Eigenart und zum Rang der chinesischen Wissenschaft das maßgebliche Werk von Needham, J., Science and Civilization in China, 7 Bände, Cambridge 1954 ff. (Reprint 1972 ff.).

[38] Zorn, W., a.a.O., S. 73.

[39] Hüther, M., a.a.O., S. 159.

Dem Vergewisserung suchenden Menschen wurde eine Alternative geboten, die seinen individuell-ökonomischen Ehrgeiz rechtfertigte: der Utilitarismus. Künftig gilt es als legitim, auf einen Mechanismus zu vertrauen, dem die attraktive Eigenschaft innewohnen soll, durch die Vorteilsgier jedes Einzelnen den Wohlstand – vielleicht nicht aller, so doch der größten Zahl – zu fördern. Der Einzelne darf die alten, verbrauchten ethisch-moralischen Kategorien abstreifen; er handelt fortan nicht mehr schuldhaft, sofern er ausschließlich seinem privaten, materiellen Vermögen frönt und diesen Neigungen nachgibt. Im Brennpunkt der Wirtschaftsgesinnung steht anstatt der mittelalterlichen, natürlich begrenzten „Idee der Nahrung"[40] der Besitz von – *Geld*:

> „Erobern heißt hier im Gebiete des materiellen Strebens erwerben: eine Geldsumme vergrößern. Und nirgends findet das Unendlichkeitsstreben, findet das Machtstreben ein seinem innersten Wesen so sehr gemäßes Feld der Betätigung wie in dem Jagen nach dem Gelde, diesem völlig abstrakten, aller organisch-natürlichen Begrenztheit enthobenen Wertsymbole, dessen Besitz dann immer mehr auch als Machtsymbol erscheint."[41]

Das Ökonomische gewinnt eine neue Qualität. Endlich fügt sich das immer schon latent vorhandene, jedoch bislang als unmoralisch verachtete individuelle Trachten nach Eigentumsmehrung, ohne anzuecken, in den Entwurf der aufkeimenden Wirtschaftsgesellschaft:

> „Der Gedanke, daß unsere rationalistische und kapitalistische Gegenwart einen stärkeren Erwerbstrieb besitzt als andere Epochen, ist eine kindliche Vorstellung ... Wenn der Erwerbstrieb an sich universell ist, so fragt es sich, unter welchen Verhältnissen er legitimierbar und rational temperierbar ist, derart, daß er rationale Gebilde schafft, wie sie kapitalistische Unternehmungen sind."[42]

Die traditionelle Welt war ständisch: Sowohl das gute Leben im Hause in der Antike als auch die zünftige Existenz im Mittelalter erzeugten eine für das Individuum kaum überwindbare Schranke der wirtschaftlichen

---

[40] Vgl. Sombart, W., Der moderne Kapitalismus, Bd. 1, 2. Aufl., München / Leipzig 1916, S. 34.

[41] Sombart, W., a.a.O., S. 328.

[42] Weber, M., Wirtschaftsgeschichte, München / Leipzig 1923, S. 303.

Aktivität. Jetzt entfaltet das Ökonomische eine eigene Dynamik, der Prozess kennt aus Sicht des Einzelnen kein in sich liegendes Ende: Gewinnstreben, Akkumulation abstrakten Reichtums – das Wirtschaftliche verdrängt das Gesellschaftlich-Politische mehr und mehr von Platz eins des sozialen Lebens. Der ökonomische Erfolg im Diesseits wird sogar zu seinem Garanten im Jenseits erhöht.[43] Wirtschaften wächst über die bloße Bereitstellung der Mittel zu einem vorgegebenen Zweck hinaus und rückt in das Zentrum der Daseinsbewältigung; der Wirtschaftende schickt den Gebrauchswert in die Kulisse und ruft den Tauschwert an die Rampe:

> „Auf der einen Seite emanzipiert sich das Ökonomische als etwas Besonderes vom Prozeß der Herstellung und der Erarbeitung, d. h. von allem ‚Technischen' ... Ob die Arbeit eine ergiebige war, ob sie produktiv war, darüber wird erst auf dem Markt entschieden ... Und zweitens wird das Ökonomische frei von aller Haushaltung ... der Haushalt als solcher, die private Einteilung der Bedarfsdeckung fällt außerhalb des Bereichs der Ökonomie."[44]

Wirtschaften erlangt eine vorher nicht gekannte Wichtigkeit, es wird eigenständiges Motiv, es bestimmt zunehmend das Handeln der Menschen; Menschen, die sich nicht länger metaphysisch an die Kandare gelegt fühlen, sondern erwerbswirtschaftlich geleitet und orientiert sind – und das mit gutem Gewissen. *Diese* Energiequelle schob die Industrielle Revolution an und brachte sie in Schwung.[45] Die Durchzählung vermeintlich einander ablösender industrieller Revolutionen – nach der ersten folgte eine zweite, jetzt erleben wir angeblich sogar die vierte ... – demonstriert die Unterschätzung dieses Moments. Jenen, die im Zug der Zeit einen vorderen Fensterplatz beanspruchen (möchten), bleibt der Blick auf die treibende Kraft der Industriellen Revolution verborgen. In

---

[43] Vgl. die bahnbrechende Arbeit von Weber, M., Die protestantische Ethik und der Geist des Kapitalismus (1904/05), in: Die protestantische Ethik I, hrsg. v. Winckelmann, J., 4. Aufl., Hamburg 1975, S. 27-277.

[44] Landshut, S., a.a.O., S. 48.

[45] Den Übergang von ‚integrierten Gesellschaften', in denen die wirtschaftlichen Tätigkeiten Teil eines übergreifenden gesellschaftlichen Zusammenhangs waren, zu kapitalistischen Marktwirtschaften, deren Eigentümlichkeit die Verselbständigung des Ökonomischen ausmacht, nennt Polanyi ‚Great Transformation'. Vgl. Polanyi, K., The Great Transformation, New York / Toronto 1944.

Wahrheit wird die Lokomotive keineswegs gewechselt – wir stecken mitten in (oder gar am Anfang?) der Industriellen Revolution!

Das gemeinsame Merkmal der eingangs referierten Versuche, das Wesen der Wirtschaft zu fassen, besteht darin, dass in ihnen die beiden auseinanderklaffenden historischen Bedeutungen von Wirtschaft, die bis heute in dieser Vokabel mitschwingen, vermengt und nicht voneinander geschieden werden. Somit verstreicht die Gelegenheit, einen für die Ökonomik zweckmäßigen Begriff des Wirtschaftens zu erarbeiten. Ehe wir diese Aufgabe in Angriff nehmen, erscheint es lohnend, darüber nachzudenken, welcher Status wirtschaftstheoretischen Aussagen beizumessen ist.

1.3 Der Charakter ökonomischer Gesetze

Die Verquickung der beiden Dimensionen von Wirtschaft, die dieses Wort im Laufe seiner Geschichte mit unterschiedlichem Gewicht aufweist, spiegelt sich in der ursprünglichen Bezeichnung der Volkswirtschaftslehre: Politische Ökonomie.[1] Hier klingt die antike Auffassung der Disziplin nach; allerdings werden die ‚Grundsätze des guten Lebens im Hause' nun auf die Organisation des gesellschaftlichen Beziehungsgefüges ausgedehnt. Dementsprechend erhalten die Hauptwerke von Adam Smith und David Ricardo ausführliche Erörterungen staatlichen Handelns. „Für die Klassiker und ihre Kritiker ist Politische Ökonomie *Gesellschaftstheorie*, umgreift also die Totalität sozialökonomischer Zusammenhänge, bis hin zu den mentalen (ideologischen) Komponenten der Politik."[2]

Mit dem Niedergang der klassischen Schule verschob sich das Wissenschaftsverständnis: Einer der Vorkämpfer der Grenznutzenrevolution, William Stanley Jevons, propagierte in der zweiten Auflage seines Hauptwerkes energisch die Substitution der überkommenen ‚Political Economy' durch ‚Economics': „I cannot help thinking that it would be well to discard, as quickly as possible, the old troublesome double-worded name of our Science."[3] Die neue, exakt auftretende und mathematisch formulierte Wissenschaft sollte sich von der alten mit ihren philosophischen und politischen Einschlüssen schon vom Namen her abheben.[4]

Als einer der ersten versuchte Marshall, das Programm in die Tat umzusetzen.[5] Das Motto seiner „Principles", *„Natura non facit saltum"*, deutet darauf hin, dass sein Verfasser eine Architektur der Volkswirtschaftslehre gemäß Spinozas Formel *More geometrico* plante. Gleich-

---

[1] Vgl. zu den Wurzeln des Begriffs Stollberg, G., Zur Geschichte des Begriffs „Politische Ökonomie", in: Jahrbücher für Nationalökonomie und Statistik, Bd. 192 (1977/78), S. 1-35.

[2] Zinn, K. G., Politische ..., a.a.O., S. 26. Zinn macht zu Recht darauf aufmerksam, dass Stollbergs Behauptung, das Adjektiv ‚politisch' im klassischen Namen sei lediglich ein *Epitheton ornans*, einem verengten Politikbegriff geschuldet ist. Vgl. ebenda, S. 209 f. Fn.

[3] Jevons, W. St., The Theory of Political Economy, 2. Aufl., London 1879, S. xiv.

[4] Vgl. Winch, D., a.a.O., S. 373.

[5] Vgl. Marshall, A., Principles of Economics (1890), 8. Aufl., London 1952.

wohl war Marshall letztlich vor allem an praktischen Fragen interessiert.[6] Obschon von der Ausbildung her Mathematiker, ging er deswegen nicht mit der methodischen Rigorosität ans Werk, die ein solcher Ansatz eigentlich erfordert hätte. Er beurteilte vielmehr die Möglichkeit skeptisch, die Wirtschaftstheorie ‚naturwissenschaftlich' zu errichten:

> „Attempts have indeed been made to construct an abstract science with regard of an 'economic man' who is under no ethical influences and who pursues pecuniary gain warily and energetically, but mechanically and selfishly. But they have not been successful, nor even thoroughly carried out."[7]

Stattdessen sei die Ökonomik

> „… a study of mankind in the ordinary business of life; it examines that part of individual and social action which is most closely connected with the attainment and with the use of the material requisites of well-being."[8]

Es erübrigt sich, die Marshallsche Erläuterung im Einzelnen zu beurteilen; sie teilt die unzulängliche Präzision der zu Beginn exemplarisch zitierten Definitionen. Aber es steckt mehr als ein Körnchen Wahrheit in Marshalls Bemerkung, die ökonomische Theorie als Teil der Sozialwissenschaften ziele darauf ab, ausgewählte Aspekte des individuellen und sozialen Handelns zu beleuchten. Das konkrete menschliche Agieren ist jedoch, wie schon bemerkt, stets von einem Bündel an Motiven bestimmt, die nicht sämtlich der Wirtschaftswissenschaft zugerechnet werden können und sollten – auch wenn sie angeblich „closely connected with the attainment and with the use of the material requisites of well-being" sind. Diese grundsätzliche Problematik der Sozialwissenschaften entsteht, weil das Thema ‚Individuum und Gesellschaft' außerordentlich vielschichtig und verwickelt ist, ja der Wissenschaftler ist selbst Element der Gesellschaft, und seine Erkenntnisbemühungen wirken mehr oder

---

[6] Die deutsche Ausgabe seiner „Principles" heißt „Handbuch der Volkswirtschaftslehre" und bringt dieses Anliegen treffender zum Ausdruck als der englische Titel, für den wohl traditionelle Gesichtspunkte ausschlaggebend waren. Vgl. Marshall, A., Handbuch der Volkswirtschaftslehre, Stuttgart / Berlin 1905.

[7] Vgl. Marshall, A., Principles …, a.a.O., S. v.

[8] Ebenda, S. 1.

weniger gestaltend auf das Untersuchungsobjekt zurück.[9] Die großen und beeindruckenden Erfolge der Naturwissenschaften sind der Tatsache zu verdanken, dass ihr Erkenntnisobjekt (lange) vom Menschen zu abstrahieren erlaubt(e).[10] Die Gesetze der Naturerscheinungen sind geschichtslos, jedenfalls in dem Rahmen, in dem Menschen Geschichte zu reflektieren gewohnt sind.

Neben Jevons hat ein anderer führender Kopf der Grenznutzenschule das Forschungskonzept der ‚neuen' Wissenschaft vertieft studiert. In einer speziellen methodologischen Schrift plädiert Carl Menger nachdrücklich für die Anwendung der „abstracten Methode" in der Ökonomik.

> „Das Ziel dieser Richtung, welche wir in Zukunft die *exacte* nennen werden, ein Ziel, welches die Forschung gleicher Weise auf allen Gebieten der Erscheinungswelt verfolgt, ist die Feststellung von strengen Gesetzen der Erscheinungen, von Regelmässigkeiten in der Aufeinanderfolge der Phänomene, welche sich uns nicht nur als ausnahmslos darstellen, sondern mit Rücksicht auf die Erkenntniswege, auf welchen wir zu denselben gelangen, geradezu die Bürgschaft der Ausnahmslosig-

---

[9] Nicht umsonst spricht Keynes am Ende seines Hauptwerkes den Einfluss ökonomischer Theorien auf die Praxis an: „… the ideas of economists and political philosophers, both when they are right and when they are wrong, are more powerful than is commonly understood. Indeed the world is ruled by little else. Practical men, who believe themselves to be quite exempt from any intellectual influences, are usually the slave of some defunct economist. Madmen in authority, who hear voices in the air, are distilling their frenzy from some academic scribbler of a few years back. I am sure that the power of vested interests is vastly exaggerated compared with the gradual encroachment of ideas … But, soon or late, it is ideas, not vested interests, which are dangerous for good or evil." Keynes, J. M., The General Theory of Employment, Interest and Money (1936), in: The Collected Writings of John Maynard Keynes, Bd. VII, Cambridge 1978, S. 383 f. Zum Immanenzproblem siehe Zinn, K. G., Politische …, a.a.O., S. 28 ff.

[10] Heute ist z. B. die Physik in Grenzbereiche vorgestoßen, in denen die Ergebnisse des Experiments vom Menschen und seinen kognitiven Fähigkeiten abzuhängen scheinen. Standardbeispiel hierfür ist der Korpuskel-Welle-Dualismus, demzufolge die Elementarteilchen sowohl Teilchen-, d. h. Korpuskel-, als auch Welleneigenschaften, also Frequenz und Amplitude, aufweisen. Überhaupt stehen die modernen Naturwissenschaften vor dem Phänomen, dass klassische Grenzlinien zwischen den Disziplinen ins Wanken geraten sind. So wurde etwa 1971 in Göttingen ein Max-Planck-Institut für „Biophysikalische Chemie" eröffnet; eine Bezeichnung, die unterdessen öfter anzutreffen ist.

keit in sich tragen, von Gesetzen der Erscheinungen, welche gemeinig-
lich ‚Naturgesetze‘ genannt werden, viel richtiger indess mit dem Aus-
drucke: ‚*exacte Gesetze*‘ bezeichnet werden würden.“[11]

Menger tritt für ein methodisches Vorgehen ein, das sich in den ‚harten‘
Wissenschaften als besonders fruchtbar erwiesen hat, und er widerspricht
der Identifikation von Naturgesetzen und exakten Gesetzen:

> „Es giebt Naturwissenschaften, welche keine exacten sind (z. B. die
> Physiologie, die Meteorologie u.s.f.), und umgekehrt exacte Wissen-
> schaften, die keine Naturwissenschaften sind (z. B. die reine National-
> ökonomie) … Eben so falsch ist es endlich, von der *naturwissenschaft-*
> *lichen* Methode in den Socialwissenschaften überhaupt und der theore-
> tischen Nationalökonomie insbesondere zu sprechen. Die Methode der
> letzteren kann entweder die empirische oder die exacte, niemals aber in
> Wahrheit eine ‚naturwissenschaftliche‘ sein.“[12]

Es ist ferner nicht die Aufgabe der exakten Wissenschaft, die Realität auf
das Regelmäßige bestimmter Erscheinungen abzuklopfen, „… sie untersucht vielmehr, wie aus … den einfachsten, zum Theile geradezu unempirischen Elementen der realen Welt in ihrer (gleichfalls unempirischen)
Isolierung von allen sonstigen Einflüssen sich compliciertere Phänomene
entwickeln …“[13] Die korrekte Methode ist demnach axiomatisch-deduk-
tiv, wobei die Ausgangssätze nicht ‚realistisch‘ sein müssen – ja nicht
einmal sein sollen, sondern *gesetzt* werden.[14]

---

[11] Menger, C., Untersuchungen über die Methode der Socialwissenschaften und der
Poltischen Ökonomie insbesondere (1883), in: Gesammelte Werke, hrsg. v. Hayek,
F. A. v., Bd. 2, Tübingen 1969, S. 38.

[12] Ebenda, S. 39 Fn.

[13] Ebenda, S. 41 f. In jüngerer Vergangenheit wurde im Rahmen der ‚assumptions-
controversy‘, an der sich Friedman, Machlup und Samuelson beteiligten, die gleiche
Problematik aufgeworfen. Eine ausführliche Darstellung dieser Diskussion bietet
Arni, J.-L., Die Kontroverse um die Realitätsnähe der Annahmen in der Oekonomie, Grüsch 1989.

[14] Auch empirischen Erhebungen bleibt die Abstraktion von als ‚belanglos‘ erachteten Momenten der Realität nicht erspart: „Das wissenschaftliche Erkennen hat
jedoch niemals die Aufgabe, ein Abbild der Wirklichkeit zu liefern; es muß jede
empirische Wissenschaft aus der Wirklichkeit das Wesentliche auswählen, sie also
in ihrer Unmittelbarkeit verlassen …“ Hartfield, G., Wissenschaftliche und soziale
Rationalität, Stuttgart 1968, S. 35. Vor diesem Hintergrund ist der Streit Induktion

Das schließt die Praxisverwertbarkeit der Ergebnisse nicht aus: Die Instrumentalisierung exakter Wissenschaften, etwa die Anwendung der Mathematik auf Naturerscheinungen, hat sich auf zahlreichen Gebieten ausgezahlt. So baut die Landvermessung auf einer Geometrie auf, die im handgreiflichen Sinn von ‚falschen' Axiomen ausgeht, nämlich einem Punkt ohne Ausdehnung und einer Geraden ohne Breite. Und das zum Spielball des Herbstwindes gewordene Blatt widerlegt keinesfalls die Gültigkeit der Fallgesetze; ein Beispiel, das seit De Quincey von Ökonomen bemüht wird.[15]

In einer geeignet *konstruierten* Welt lassen sich Strukturen aufdecken und Zusammenhänge erschließen, d. h. es wird möglich, Kausalitäten freizulegen, was wegen der Mannigfaltigkeit, Interdependenz und Zirkularität der realen Abläufe sonst nur unzureichend gelingen *kann*.

„Wie ist eine Zurechnung eines konkreten ‚Erfolges' zu einer einzelnen ‚Ursache' überhaupt prinzipiell *möglich* und vollziehbar", hat Max Weber gefragt, „angesichts dessen, daß in Wahrheit stets eine *Unendlichkeit* von ursächlichen Momenten das Zustandekommen des einzelnen ‚Vorgangs' bedingt hat, und daß für das Zustandekommen des Erfolges in seiner konkreten Gestalt ja schlechthin *alle* jene einzelnen ursächlichen Momente unentbehrlich waren?"[16]

Die Tatsachen sprechen eine verschlüsselte Sprache, und die Wiedergabe dessen, was man zu hören glaubte, kann, je nach Standort, recht andersartig ausfallen. ‚Die' empirische Evidenz, welche von Wirtschaftswissenschaftlern gern ins Spiel gebracht wird, fächert sich mit einer beträchtlichen Spannweite auf – man denke nur an die erheblich divergierenden Ergebnisse einschlägiger Studien, die im Rahmen der Monetarismus-

---

versus Deduktion nur eine Frage der Gewichtung und kommt letztlich einer Spiegelfechterei gleich. Die Reduktion des sog. Ersten Methodenstreits auf diese angebliche Grundsatzentscheidung stellt jedenfalls einen Etikettenschwindel dar. Vgl. zur Methodologie Mengers Boos, M., Die Wissenschaftstheorie Carl Mengers, Graz / Wien 1986.

[15] Vgl. De Quincey, Th., Dialogues of Three Templars on Political Economy (1824), in: De Quincey's Collected Writings, Bd. IX, London 1897, S. 37-112, S. 96.

[16] Weber, M., Kritische Studien auf dem Gebiet der kulturwissenschaftlichen Logik (1906), in: Weber, M., Gesammelte Aufsätze zur Wissenschaftslehre, hrsg. v. Winckelmann, J., 3. Aufl., Tübingen 1968, S. 215-290, S. 271.

Fiskalismus-Debatte veröffentlicht worden sind. Exakte Gesetze lassen sich nicht durch die bloße Anschauung der Realität extrahieren.

Menger, der Grenznutzenrevolutionär, hatte auf methodischem Gebiet einen Vorläufer, und zwar keinen Geringeren als den ‚Vollender' des klassischen Systems, wie er häufig tituliert wird: Ein halbes Jahrhundert vor Menger hatte sich John Stuart Mill in einer Essay-Sammlung mit Definitions- und Forschungsfragen der Politischen Ökonomie beschäftigt.[17] In diesem Bändchen, das, wie Marx urteilt, im Kontrast zu Mills „starkleibigem Kompendium", alle seine originellen Ideen enthalte[18], empfiehlt Mill bereits eine in der Konsequenz auf Mengers „exacten" Ansatz hinauslaufende Methode der „abstrakten Spekulation"[19]. Begründet wird dieser Ansatz ebenfalls mit der außerordentlichen Verwobenheit der Beziehungen und Zusammenhänge im sozialen Leben:

> „Da es also ein hoffnungsloses Unterfangen ist anzunehmen, daß wir in der politischen Ökonomie oder in irgendeinem anderen Bereich der Sozialwissenschaft die Wahrheit finden, indem wir die konkreten Tatsachen in all ihrer Komplexität, mit der die Natur sie umgeben hat, betrachten und uns bemühen, durch ein induktives Verfahren aus einem Vergleich von Einzelheiten ein allgemeingültiges Gesetz abzuleiten, bleibt uns keine andere Wahl als die a-priori-Methode oder die Methode der ‚abstrakten Spekulation'."[20]

---

[17] Mill beendete seine „Essays on Some Unsettled Questions of Political Economy" 1830; er fand allerdings erst nach dem Erfolg seines Werkes „System of Logic" einen Verleger, der jene Schrift 1844 publizierte. In Deutsch wurde sie erst 1976 zugänglich: Mill, J. St., Einige ungelöste Probleme der politischen Ökonomie, hrsg. v. Nutzinger, H. G., Frankfurt a. M. 1976 (Neuauflage Marburg 2008).

[18] Vgl. Marx, K., Theorien über den Mehrwert, 3. Teil, in: Marx Engels Werke, Bd. 26.3, Berlin 1976, S. 190. Vgl. ferner Marx, K., Das Kapital, 1. Bd., a.a.O., S. 138 Fn.

[19] Menger kritisiert zwar Mills methodologische Position in dessen „System of Logic", zitiert jedoch außerdem die 1844 erschienene Aufsatzsammlung von Mill, ohne den dort ausgebreiteten methodologischen Standpunkt mit seinem zu vergleichen. Vgl. Menger, C., Untersuchungen ..., a.a.O., S. 124 Fn. und S. 256 Fn.

[20] Mill, J. St., Über die Definition der politischen Ökonomie und die ihr angemessene Forschungsmethode, in: Mill, J. St., Einige ..., a.a.O., S. 146-184, S. 171. In diesem Licht muss unklar bleiben, wie v. Wiese Mill als Logiker zu denen rechnet, die die Induktion vor die Deduktion stellen und ihn als Philosoph zu den Empiri-

Ganz in diesem Sinne richtete Johann Heinrich von Thünen in seiner Vorrede zu seinem „Isolierten Staat" 1842 an die Leser die Bitte, „... sich durch die im Anfang gemachten, von der Wirklichkeit abweichenden Voraussetzungen nicht abschrecken zu lassen ..."[21]; ja, er betrachtete diese Form der Anschauung als das Wichtigste in seinem Werk, um so die „... Einwirkung einer bestimmten Potenz ... für sich darzustellen und zum Erkennen zu bringen."[22] Und der mehrfach erwähnte, in seiner Wirkung auf die Lehre kaum zu überschätzende Marshall bekennt sich – obwohl seine Hervorhebung ‚realistischer‘ Annahmen dem entgegenzustehen scheint – durch seine Betonung der ceteris-paribus-Klausel streng genommen auch als Anhänger der ‚exakten Spekulation‘:

> „It is true that we do treat variables *provisionally* as constants. But it is also true that this is the only method by which science has ever made any great progress in dealing with complex and changeful matter, whether in the physical or moral world."[23]

Man sieht, an namhaften Verfechtern der analytisch-deduktiven Methode herrscht kein Mangel[24] – trotz aller Originalität im Einzelnen. Es sind vor allem zwei Punkte, welche hier besonders interessieren und die daher etwas näher beleuchtet werden sollen: Zum einen sind wir neugierig darauf, welcher Stellenwert der Empirie jeweils zugebilligt wird, und zum anderen wollen wir wissen, wie die Axiome lauten, auf die sich die logische Deduktion stützt.

In der Frage des Stellenwerts der Empirie vertritt Menger die Extremposition:

> „Den Prüfstein für die Bürgschaften der exacten Gesetze der Volkswirthschaft in ihrer Congruenz mit den empirischen Gesetzen der letz-

---

kern zählt. Vgl. Wiese, L. v., Mill, John Stuart, in: Handwörterbuch der Staatswissenschaften, Bd. 7, Stuttgart / Tübingen / Göttingen 1961, S. 343-346, S. 344.

[21] Thünen, J. H. v., Der isolierte Staat in Beziehung auf Landwirtschaft und Nationalökonomie (1842), 3. Aufl., Berlin 1875, neu hrsg. v. Breuer, W., Gerhardt, E., Darmstadt 1966, S. XVI.

[22] Ebenda, S. XVI f.

[23] Marshall, A., Principles ..., a.a.O., S. 315 Fn.

[24] Dieser Ansatz wird zudem in der klassischen Linie Ricardo – Marx – Sraffa verfolgt. Vgl. Kurz, H. D., Zur neoricardianischen Theorie des Allgemeinen Gleichgewichts der Produktion und Zirkulation, Berlin 1977, S. 21 ff.

teren suchen zu wollen, bedeutet die Verkennung der elementarsten Grundsätze wissenschaftlicher Methodik. Ein solcher Vorgang wäre jenem eines Naturforschers vergleichbar, welcher an den empirischen Gesetzen der Naturerscheinungen die Gesetze der Physik, der Chemie und der Mechanik, oder gar an den in ihrer Art jedenfalls höchst nützlichen Bauernregeln ... die Ergebnisse der exacten Forschung eines Newton, Lavoisier oder Helmholtz prüfen und berichtigen wollte!"[25]

Selbst wenn die Tatsachen durch den Einfluss besonderer Umstände den logisch gewonnenen a priori-Aussagen widersprechen sollten, zeitigt das keine Konsequenzen: „Was beweist dies aber anders, als dass Ergebnisse der exacten Forschung an der Erfahrung ... eben nicht ihren Prüfstein finden?"[26] So abgedroschen es sein mag: Das im Herbstwind treibende Blatt entkräftet die Fallgesetze nicht; logisch korrekte Sätze *können* nicht empirisch umgekippt werden. Die Empirie sagt uns aber etwas über die *Relevanz* der Modelle, ihrer Axiome und den in ihnen zum Ausdruck kommenden Abstraktionen – darin liegt ihre Bedeutung.

In der von Menger propagierten puristischen Haltung wurzelt der der neoklassischen Analyse immer wieder beredt vorgehaltene ‚Modellplatonismus'. Namentlich Vertreter des kritischen Rationalismus haben die neoklassischen Theoretiker des Öfteren gezieren, ausschließlich Sandkastenspiele zu veranstalten und ihre Resultate keinen Falsifikationsversuchen auszusetzen – falls das überhaupt möglich sei. Dies hat gewiss in neuerer Zeit vermehrt dazu beigetragen – vor allem seit der massenhaften Verbreitung von rechnergestützten Statistikpaketen –, dass den die ‚führenden' Fachzeitschriften füllenden, neoklassischem Duktus gehorchenden 08/15-Aufsätzen häufig ein empirischer Test angeschnallt ist; wenn man so will, eine späte Rache der Historischen Schule.

Hierher gehört indes weder eine Beurteilung des Für und Wider der von Karl Raimund Popper gutgeheißenen Bevorzugung der Elimination des Falschen vor der Suche nach Wahrheit, noch eine Würdigung der Methode des Falsifikationismus selbst.[27] Stattdessen erscheint es angebracht, zwei recht populären Vorurteilen entgegenzutreten.

---

[25] Menger, C., Untersuchungen ..., a.a.O., S. 59.

[26] Ebenda, S. 57.

[27] Zur Abwägung der logischen Mängel des Falsifikationismus gegenüber seinen pragmatischen Vorteilen siehe Zinn, K. G., Wirtschaft und Wissenschaftstheorie, Herne / Berlin 1976, S. 51 ff.

Zum einen ist dem Glauben eine Absage zu erteilen, die mathemati-schen, auf Vereinbarungen aufbauenden Ableitungen seien eigentlich ohne Informationsgehalt. Aus solchen Systemen lasse sich nur herausfil-tern, was vorher beigemengt worden sei: „Man merkt nicht", konstatiert Eucken stellvertretend für viele, „daß durch Deduktionen aus Definitio-nen nur Erkenntnisse gewinnbar sind, die vorher in die Definition hinein-gelegt wurden."[28] Diese Auffassung missachtet all jene Einsichten, die von der *Verknüpfung* einzelner Aussagen herrühren:

„Aus *einem* Satze kann nicht mehr folgen, als schon darin liegt, d. h. als er selbst, für das erschöpfende Verständniß seines Sinnes, besagt: aber aus *zwei* Sätzen kann, wenn sie syllogistisch zu Prämissen verbun-den werden, mehr folgen, als in jedem derselben, einzeln genommen, liegt; – wie ein chemisch zusammengesetzter Körper Eigenschaften zeigt, die keinem seiner Bestandtheile für sich zukommen. Hierauf be-ruht der Werth der Schlüsse."[29]

Für das Individuum besteht eben ein wichtiger Unterschied zwischen einer objektiven Wahrheit und der subjektiven Gewissheit. Ein konsisten-tes Gleichungssystem mit mehreren Unbekannten enthält seine Lösung; sie ist jedoch versteckt, und es bedarf einer streng geregelten Analyse, um sie herauszuholen.

Zum anderen, wenngleich in engem Zusammenhang dazu, ist die Meinung im Schwange, die ‚Modellschreinerei' habe keinerlei praktische Relevanz und diene quasi als Beschäftigungstherapie sonst brotloser Mathematiker. Diese Anschauung bleibt der Oberfläche verhaftet. Sie verkennt die ideologiebildende und handlungsleitende Funktion der Ver-heißungen formaler Systeme. Die Allgemeine Gleichgewichtstheorie z. B. beschreibt nicht die wirkliche Welt, aber indem sie zu belegen ver-sucht, dass die Teamarbeit von Angebot und Nachfrage in einem *Modell* vollständigen Wettbewerbs positiv bewertete Stabilitäts- und Optimali-tätseigenschaften hervorbringe, erlangt sie normative Anziehungskraft: In der ‚perfekten' Konkurrenz seien die Leistungen des Preismechanismus unschlagbar, er dürfe in seiner segensreichen Wirkung nicht behindert

---

[28] Eucken, W., a.a.O., S. 47.

[29] Schopenhauer, A., Parerga und Paralipomena (1851), 2. Bd., 1. Teilband, Zürich 1977, S. 29 (§ 24).

werden.[30] Mit einem solchen Ideal vor Augen *wird* unabhängig vom logischen oder empirischen Wahrheitsgehalt Politik begründet:

> „Ob eine Theorie ‚richtig' oder ‚falsch' ist, spielt hierbei nicht die bestimmende Rolle, sondern *gesellschaftlich* bedeutungsvoll ist, ob die Lehre geglaubt wird, zum *verbindlichen* Wissen der Menschen zählt: Ptolemäus – nicht Aristarch von Samos – vertrat in den Augen der antiken Welt und des Mittelalters die *richtige* Kosmologie."[31]

Daher ist es notwendig, diese scheinbar empirisch belanglosen Modelle kritisch zu durchforsten und ihre eventuelle Verwendung als Apologie aufzuzeigen. Sollte gar der Beweis gelingen, dass die Leitbilder an *logischen* Defekten leiden, beschwört dies die schwerste Beschädigung der nun als definitiv ‚falsch' abstempelbaren Gedankengebilde herauf. Solche Anstrengungen sind deshalb nicht nur aus wissenschaftsimmanenter Sicht als verdienstvoll einzustufen.

Ein Anhänger der exakten Methode, der beabsichtigt, ökonomische Gesetze aufzustellen und zu testen, muss keineswegs an der Realität mit geschlossenen Augen vorbeigehen. Neben der logischen Wahrheit ist Platz für die faktische. Mill als Verfechter der *a priori*-Methode hat auf diese zusätzliche Erkenntnisquelle mit Nachdruck hingewiesen:

> „Die Diskrepanz zwischen unseren Vorausschätzungen und der Realität ist häufig das einzige, was unsere Aufmerksamkeit auf einen wichtigen Störfaktor richtet, den wir übersehen haben. Ja, sie enthüllt uns oft gedankliche Fehler, die noch ernster zu nehmen sind als die Außerachtlassung einer Ursache …"[32]

Ein pragmatisch gehandhabter Falsifikationismus *hat* seine Meriten. So wird es möglich zu prüfen, ob die Axiome, die als Stützpfeiler die exakten ökonomischen Gesetze tragen, ‚korrekt' gewählt sind, d. h. ob auf ihnen ein Gebäude errichtet wurde, das einen relevanten Ausschnitt der

---

[30] Eine Auseinandersetzung mit der Allgemeinen Gleichgewichtstheorie bietet Helmedag, F., Ohne Werte und kreislaufschwach: Zum Status der Allgemeinen Gleichgewichtstheorie, in: Helmedag, F., Reuter, N. (Hrsg.), Der Wohlstand der Personen, Festschrift zum 60. Geburtstag von Karl Georg Zinn, Marburg 1999, S. 43-68.

[31] Zinn, K. G., Politische …, a.a.O., S. 69.

[32] Mill, J. St., Über …, a.a.O., S. 176.

sozialen Totalität beherbergt. Dabei wird nie eine hundertprozentige Übereinstimmung zwischen den Prognosen der exakten Gesetze und dem empirischen Befund zu erreichen sein: An einer Konvention innerhalb der *scientific community*, inwieweit Abweichungen noch tolerierbar sind, führt kein Weg vorbei.

Die exakten ökonomischen Gesetze, die logisch stets wahr sein müssen und faktisch nicht falsch sein dürfen, gewinnen als Regeln der empirischen Wirklichkeit den Status von ,Mustervoraussagen' oder ,Erklärungen des Prinzips'[33]. Sie instruieren über die *Tendenz* des wirtschaftlichen Prozesses in der Praxis; die Mendelschen Gesetze informieren auch nicht im Einzelfall darüber, welche Erbanlagen eine Blume konkret zur Entfaltung bringen wird. Exakte ökonomische Gesetze geben zwar, wie bei einem Fluss, keinen Aufschluss über die Bewegung jedes einzelnen Wasserteilchens, doch die Richtung und vielleicht sogar die Stärke der Strömung lassen sich herausfinden. Dann bietet sich die Chance, das Flussbett – um im Bilde zu bleiben – so zu gestalten, dass das Risiko von Überschwemmungen gemindert wird.

Die Kongruenz zwischen theoretischer Voraussage und tatsächlichem Befund hängt davon ab, welchen Einfluss die ökonomischen Triebfedern, deren Auswirkungen analytisch-deduktiv studiert werden, um sie zu ökonomischen Gesetzen zu kondensieren, auf das beobachtbare Handeln der Menschen ausüben. Wirtschaftstheorie als exakte Wissenschaft ist nur in dem Maße eine empirische Disziplin, wie man die Empirie zur Diagnose braucht, ob und in welchem Grad das konstruierte, axiomatisch aufgebaute ökonomische System in der wirklichen sozialen Welt anzutreffen ist. Die Frage lautet mithin, welcher Stellenwert dem spezifisch Ökonomischen, das der Wirtschaftslehre (mehr oder weniger reflektiert) unterlegt wird, in der Realität zukommt. – Allerdings ist nach wie vor unbekannt, worin der Kern des Fachs besteht. Zum Abschluss dieses Abschnitts soll nicht versäumt werden, einen Blick auf die Vorschläge der Protagonisten der abstrakten Methode, Mill und Menger, zu werfen. Vielleicht können sie uns bei diesem Problem ebenfalls weiterhelfen.

Beginnen wir mit Menger: „Unter *Wirthschaft* verstehen wir die auf die Deckung ihres Güterbedarfs gerichtete vorsorgliche Thätigkeit der

---

[33] Diese Formulierungen kennzeichnen die Methodik v. Hayeks. Siehe dazu Graf, H. G., „Muster-Voraussagen" und „Erklärungen des Prinzips" bei F. A. von Hayek, Tübingen 1978.

Menschen, unter *Volkswirthschaft* die gesellschaftliche Form derselben."[34] Mit dieser Definition von Wirtschaften reiht sich Menger in die
Gruppe von Ökonomen, welche die Wirtschaft nicht durch ein ausladen-
des formales Prinzip umrändern, sondern dinglich fassen wollen. Gemäß
seiner Vorstellung von Wirtschaften als vorsorglicher Tätigkeit der Menschen zur Deckung ihres Güterbedarfs spielt in Mengers Werk die Lehre
von den Bedürfnissen eine herausragende Rolle. Sie bildet den Ausgangspunkt und zugleich das Zentrum seiner Betrachtungen.[35] Es wurde
bereits bemerkt, dass dieser Ansatz zu global ist und weit mehr abdeckt,
als in Wahrheit bearbeitet wird. Von daher erscheint Mengers Schilde-
rung der Wirtschaft kaum überzeugend; schon gar nicht, wenn man eine
exakte Wissenschaft in dem von ihm gewollten Sinn anstrebt. Allerdings
wird sein Hinweis auf die gesellschaftliche Organisation der Befriedigung der Güternachfrage noch aufzugreifen sein.

Blicken wir vorher auf Mill. Konsequenter als Menger ruft Mill eine
mit der ‚exakten Spekulation' korrespondierende Idealfigur des Wirtschaftens ins Leben. Da eine abstrakte Wissenschaft prinzipiell als *Konstruktion* einer Welt zu begreifen ist, sind auch ihre Bewohner künstliche
Kreaturen:

> „Die Geometrie setzt eine willkürliche Definition einer Geraden voraus,
> nämlich ‚das, was eine Länge, aber keine Breite hat'. Ganz genauso geht
> die politische Ökonomie von einer willkürlichen Definition des Men-
> schen aus als eines Wesens, das beständig das tut, was ihm die bei gege-
> benem Wissensstand erreichbare größte Menge an notwendigen Gütern,
> Annehmlichkeiten und Luxus unter Einsatz der geringsten Menge an
> Arbeit und physischer Selbstverleugnung verschafft."[36]

Mill verbindet demnach eine inhaltliche Präzisierung, die Bedürfnisbefriedigung, mit einem Optimierungsverhalten: Nutzenmaximierung.
Der so aus der Taufe gehobene *Homo oeconomicus* sollte fortan – zwar
oft geschmäht, aber nie ins Exil getrieben – die Charaktermaske des wirtschaftlich handelnden Subjekts verkörpern. Er hat heute sogar einen

---

[34] Menger, C., Untersuchungen …, a.a.O., S. 44.

[35] Vgl. Menger, C., Grundsätze der Volkswirtschaftslehre (1871), 2. Aufl., hrsg. v.
Menger, K., Wien / Leipzig 1923.

[36] Mill, J. St., Über …, a.a.O., S. 167.

Nachfahren, den *resourceful, evaluative, maximizing man*: REMM[37].
Doch mit der Einführung dieses nutzenmaximierenden Homunkulus ist
materiell wenig gewonnen: Solange das Ökonomische nicht von anderen
gesellschaftlichen Subsystemen abgegrenzt wird, kann jedes Handeln
‚irgendwie' als Nutzenmaximierung interpretiert werden, es bleibt ein
Muster ohne Wert.

> „Sogar die reine Zerstörung von Reichtümern entspricht nicht jener voll-
> ständigen Entsagung", heißt es in der anthropologischen Studie von
> Mauss, „die man darin zu finden meint. Auch diese Akte sind nicht frei
> von Eigennutz. Die verschwenderische, fast immer übertriebene und oft
> rein zerstörerische Form der Konsumtion vor allem beim Potlatsch, wo
> beträchtliche und lange angehäufte Güter auf einen Schlag wegge-
> geben oder zerstört werden, verleiht dieser Institution den Anschein von
> reinen Vergeudungsausgaben und kindlicher Verschwendungssucht ...
> Doch das Motiv dieser übertriebenen Gaben und dieser rücksichtslosen
> Konsumtion, dieser unsinnigen Verluste und Eigentumszerstörungen ist
> in keiner Weise uneigennützig ..."[38]

Die Beliebigkeit der Nutzenmaximierung im Einzelfall treibt zuweilen
seltsame Blüten. Beispielsweise stellt Woll zum einen (mit Recht) fest,
das ökonomische Prinzip als Information über die Konsumentenaktivitä-
ten sei eine Leerformel, zum anderen erfahren wir auf der nächsten Seite:
„Man hat über die Vorstellung des homo oeconomicus viel gespottet. Das
ihm zugrundeliegende Prinzip ist jedoch eine sinnvolle Richtschnur
des Handelns."[39] Woll traut den Lesern seines Werkes zu, die Brauchbarkeit einer Leerformel als Leitlinie des Verhaltens selbständig einzuschätzen.

Hinter dem Ganzen steckt die Unterlassung der modernen Wirtschaftslehre, das *Wesen* ökonomischer Handlungen aus dem gesamten
Spektrum menschlichen Tuns auszusondern. Obwohl der Ansatz Charme
ausstrahlt, Wirtschaftstheorie als exakte Wissenschaft zu konstituieren,
die auf einer abstrakten *a priori*-Konstruktion eines *Homo oeconomicus*

---

[37] Vgl. Kaufmann, F.-X., Wirtschaftssoziologie I: Allgemeine, in: Handwörterbuch
der Wirtschaftswissenschaft, Bd. 9, Stuttgart / Tübingen / Göttingen 1982, S. 239-
267, S. 244.

[38] Mauss, M., Die Gabe (französisch 1923/24), 2. Aufl., Frankfurt a. M. 1984, S. 170.

[39] Woll, A., a.a.O., S. 31.

aufbaut, der als typischer Repräsentant wirtschaftlicher Tätigkeiten agiert, wird diesem Bemühen kein Erfolg beschieden sein, bis geklärt ist, was das Wirtschaftliche eigentlich ist. Dazu jetzt.

1.4 Das Kernelement des Wirtschaftens:
Der ökonomische Tausch

Soweit die bislang vorgestellten Definitionen der Wirtschaft überhaupt Aussagen zur Tragweite dieses Begriffs machten, wurde immer – wenn auch verschieden pointiert – die Vernetzung von Produktion, Verteilung und Konsumtion des gesellschaftlichen Reichtums angesprochen. Zum Teil wird in diesem Zusammenhang der gemeinsame Bezugspunkt und der Gegenstand der ökonomischen Theorie schlechthin gesehen.[1]

Allerdings ist die Art und Weise, wie die Erzeugung und die Verteilung gesellschaftlich geregelt werden, historisch mannigfaltig geraten. Der Wirtschaftsanthropologe Karl Polanyi hat drei ‚reine‘ Verteilungsmodi herausgearbeitet: Reziprozität, Redistribution und Tausch.[2]

Reziprozität bedeutet, „... abwechselnd Bürden zu übernehmen und miteinander zu teilen."[3] Ein sozialer Verhaltenskodex schreibt gewisse gegenseitige Verpflichtungen vor, namentlich zur Hilfeleistung und zum Austausch von Geschenken.[4] Unter *Redistribution* wird die (obligatorische) Leistung an ein Allokationszentrum (König, Priester, Planbehörde)[5] verstanden, von wo aus eine Umverteilung erfolgt. „Redistribution liegt in einer Gruppe insoweit vor, als die Güterverteilung in einer Hand liegt und gemäß Brauch, Gesetz oder jeweiliger Zentralentscheidung vorgenommen wird."[6] Beim *Tausch* vollzieht sich die Verteilung über Angebot und Nachfrage; erforderlich hierfür sind entsprechende Eigentums- und Verfügungsrechte.

---

[1] Vgl. z. B. Krüger, St., Allgemeine Theorie der Kapitalakkumulation, Hamburg 1986, S. 14.

[2] Vgl. Polanyi, K., The Economy as Instituted Process, in: Polanyi, K., Arensberg, C. M., Pearson, H. W. (Hrsg.), Trade ..., a.a.O., S. 243-270, vor allem S. 250-256, deutsch in: Polanyi, K., Ökonomie ..., a.a.O., S. 219-227. Eine etwas abweichende Übersetzung unter dem Titel „Reziprozität, Redistribution und Tausch" findet sich in: Schlicht, E. (Hrsg.), Einführung in die Verteilungstheorie, Reinbek bei Hamburg 1976, S. 66-72.

[3] Polanyi, K., Ökonomie ..., a.a.O., S. 166.

[4] Zur Bedeutung des Geschenks in archaischen Gesellschaften siehe Mauss, M., a.a.O.

[5] Vgl. Schlicht, E., Einleitung, in: Schlicht, E. (Hrsg.), a.a.O., S. 12-64, S. 15.

[6] Polanyi, K., Reziprozität ..., a.a.O., S. 69.

Diese drei typischen Distributionsverfahren decken die *erlaubten* Möglichkeiten der Güterverteilung ab: „Übertragungen und Transaktionen, die nicht unter diesen Kategorien miterfasst werden können, gelten in der Gesellschaft ... als illegitim und ungerecht."[7] Den genannten Verteilungsmodi kommen je nach Zeit und Ort verschiedene Gewichte zu; neben dem dominierenden Modus, der das tägliche Leben hauptsächlich bestimmt, finden sich die anderen mehr oder weniger ausgeprägt. Wir erleben gleichfalls alljährlich zur Weihnachtszeit den kollektiven *Zwang zu Geschenken*, über deren Angemessenheit vielfach recht klare Vorstellungen existieren. „Die nicht erwiderte Gabe erniedrigt auch heute noch denjenigen, der sie angenommen hat, vor allem, wenn er sie ohne den Gedanken an eine Erwiderung annimmt."[8]

Nach Polanyi korrespondieren die Integrationsformen, also die Gestaltungsweisen der Gesellschaft nach sozialen, politischen und ökonomischen Motiven und Leitbildern, zwar mit den Verteilungsmodi Reziprozität, Redistribution und Tausch, sie ergeben sich aber nicht durch eine einfache Aggregation des jeweiligen persönlichen Verhaltens.[9] Reziprozität setzt entsprechende symmetrische Strukturen voraus, etwa Großfamilien. Redistribution bedarf der Existenz eines Allokationszentrums, wobei die Organisation der Güterverteilung in solchen Gesellschaften ohne Geld denkbar ist.[10] Der Tausch als vorherrschender Verteilungsmodus kann sich ausschließlich in einem *Marktsystem* entfalten. „Tauschakte auf persönlicher Ebene führen nur dann zu Preisen, wenn sie in einem System preisbildender Märkte vor sich gehen, einer Institution, die nirgends durch bloß zufälliges Tauschen entsteht."[11]

---

[7] Codere, H., Verteilungsmodus und Gesellschaftsform, in: Schlicht, E. (Hrsg.), a.a.O., S. 73-84, S. 73 f.

[8] Mauss, M., a.a.O., S. 157.

[9] Polanyi, D., Reziprozität ..., a.a.O., S. 67.

[10] Als Beispiele solcher Sozietäten lassen sich der Jesuitenstaat in Paraguay während des 16. und 17. Jahrhunderts und das Inkareich vor der spanischen Eroberung nennen. In dieser Wirtschaft waren alle überschüssigen Güter an den Staat abzuliefern; gelegentlich wurden sogar die für nicht notwendig erachteten Vorräte eingezogen. Der Staat hat die so in seinen Besitz gelangten Güter nach Bedarf neu verteilt. Vgl. Baudin, L., Der sozialistische Staat der Inka, Reinbek bei Hamburg 1956.

[11] Polanyi, D., Reziprozität ..., a.a.O., S. 67. Ähnlich liest man bei Andreae: „Aus seltenem Tausch bei zufälligem Wechsel von Überfluß und Mangel kann sich aber noch weniger ein sinnvoller Preis ergeben ... Denn bei zufälligem Überfluß haben

Es rentiert sich, die Arbeit Polanyis zur Abgrenzung des Wirtschaftlichen und damit des Gegenstandes der Wirtschaftstheorie auszuwerten. Ihr lässt sich entnehmen, dass die globale Rede von Produktion, Verteilung und Konsumtion des gesellschaftlichen Reichtums den Inhalt der Ökonomik nicht eng genug umschließt: Ökonomen studieren nicht vorrangig das Wesen und die Triebfedern von Reziprozität und Redistribution, obwohl diese Momente ergänzend zu berücksichtigen sind. Überdies thematisieren eine Reihe anderer Wissenschaften, von den technischen Disziplinen bis zur Psychologie, Aspekte der Produktion, der Verteilung und des Konsums.

Demgegenüber steht der *Tausch* im Vordergrund der Tätigkeit von Wirtschaftstheoretikern. Aus dieser Blickrichtung wirkt es verständlich, die Ökonomik schlechthin als die Wissenschaft vom Tausch zu begreifen: Katallaktik.[12] Ganz in diesem Sinn erläutert Buchanan: „Economics, the science of market and exchange institutions ...“[13] Markt und Tausch sind aber recht alte Einrichtungen, und die Determinanten der Tauschverhältnisse waren in der Antike andere als in späterer Zeit. Diese Differenz darf, bei aller äußerer Ähnlichkeit, nicht übergangen werden, sofern wir das Wirtschaften in seiner modernen Bedeutung identifizieren wollen.

überflüssige, leicht verderbliche Güter für den Verkäufer gar keinen Wert, während der mangelleidende Käufer sie um jeden Preis erwerben muß. Wie soll da ein Preis sich bilden?" Andreae, W., Geld und Geldschöpfung, Stuttgart / Wien 1953, S. 17 f.

[12] Der Vorschlag geht auf Whately zurück. „The name I should have preferred as the most descriptive, and on the whole least objectionable, is that of CATALLACTICS, or the 'Science of *Exchange*'." Whately, R., Introductory Lectures on Political Economy, London 1831, S. 6. Vgl. dazu Schumpeter, J. A., Geschichte ..., a.a.O., S. 655 Fn. Schon in seinem Erstlingswerk hatte Schumpeter den Tausch als „... die Klammer, welche das ökonomische System zusammenhält ..." bezeichnet. Vgl. Schumpeter, J. A., Wesen und Hauptinhalt der theoretischen Nationalökonomie (1908), Neudruck Berlin 1970, S. 50.

[13] Buchanan, J. M., The Limits of Liberty, Between Anarchy and Leviathan, Chicago 1975, S. 19. In einer Fußnote weist Buchanan darauf hin, seine Auffassung der Ökonomik entferne sich von der üblichen. Vgl. ebenda, Fn. Ebenso regt v. Hayek an, die Begriffe Kapitalismus und Marktwirtschaft durch „extended order" oder Katallaktik zu ersetzen. Vgl. Hayek, F. A. v., The Fatal Conceit, The Errors of Socialism, in: The Collected Works of F. A. Hayek, Bd. 1, hrsg. v. Bartley III, W. W., London 1988, S. 6.

„Der Begriff des Ökonomischen, wie er für die Nationalökonomie oder
die Volkswirtschaftslehre konstitutiv wurde, bezieht sich ja auf ein Phänomen, das selbst erst in einer ganz bestimmten Zeit in Erscheinung zu
treten begann ... Es ist die allseitige Marktwirtschaft, in die mehr und
mehr alle Arten des tätigen Lebens einbezogen werden ... Jedes Wirtschaftssubjekt, sofern es am Markte teilnimmt, sei es darbietend (Angebot), sei es begehrend (Nachfrage), hat zum Richtpunkt seiner Möglichkeiten und Entscheidungen jene Zahlen, die als Preise das Verhältnis
aller Waren zueinander anzeigen. Indem es sich an ihnen orientiert,
beginnt es zu wirtschaften."[14]

Mit der Hervorhebung von Märkten und Preisbildungsvorgängen scheint
endlich eine inhaltliche Konkretisierung des Ökonomischen näher zu
rücken; Dieter Schneider glaubt gleichfalls, dort des Rätsels Lösung zu
finden: Wirtschaftstheorie kann seiner Meinung nach

„... als Kürzel benutzt werden für die Lehre von Bestimmungsgründen
der Tauschverhältnisse zwischen Sachen und Diensten und den Anwen-
dungsmöglichkeiten von Tauschverhältnissen bei der Verteilung von
Rechten und Pflichten."[15]

Bei näherem Hinsehen wird deutlich, dass die Auslegung der Wirtschaftstheorie als die mit dem Tausch befasste Wissenschaft ergänzungs-
bedürftig ist. Schon Polanyis drei Formen des Verteilungsmodus lassen
sich ‚irgendwie‘ alle als Tausch deuten. Die Reziprozität *fordert* nicht
nur ein Präsent, sondern *sichert* auch ein Gegengeschenk; die Redistribution verspricht Schutz bzw. eine religiöse oder kulturelle Leistung gegen
Abgaben: Das *gesamte* soziale Leben kann in irgendeiner Weise als
Tausch interpretiert werden. Dies entspricht z. B. dem soziologischen
Konzept von Homans: „... interactions between persons is an exchange
of goods, material or nonmaterial."[16] Einen ähnlichen Ansatz vertritt

---

[14] Landshut, S., a.a.O., S. 48.

[15] Schneider, D., Allgemeine ..., a.a.O., S. 19.

[16] Homans, G. C., Social Behavior as Exchange, in: Homans, G. C., Sentiments and
Activities, London 1962, S. 278-293, S. 279. Vgl. auch Homans, G. C., Elementarformen sozialen Handelns, Köln / Opladen 1968. Im Übrigen stellen mehrere soziologische Schulen den Tausch ins Zentrum. So schichtet sich nach Lévi-Strauss jede
Gesellschaft in einen auf drei Ebenen stattfindenden Tauschverkehr: den Austausch
von Frauen, von Gütern und Diensten sowie von Mitteilungen. Vgl. als Überblick

Belshaw: „... all enduring social relations involve transactions, which have an exchange aspect."[17] Es ist sogar denkbar, wenn es denn sein muss, der Definition von Wirtschaften als Wahl unter Alternativen das Tauschparadigma überzustülpen: Der Einzelne tauscht sozusagen mit sich selbst oder mit der Natur.

Zwar ist damit die Schlacht noch nicht geschlagen, wir haben aber immerhin einen Fingerzeig erhalten, in welcher Richtung mit Hoffnung auf Erfolg gesucht werden darf: Was kennzeichnet den *ökonomischen* Tausch? – Das Naheliegende wäre, die großen Handwörterbücher des Faches zu Rate zu ziehen, doch weder im Handwörterbuch der Sozialwissenschaften noch im Handwörterbuch der Wirtschaftswissenschaften begegnet man dem Stichwort ‚Tausch‘. Überhaupt fällt auf, dass zu diesem Problemkreis in der wirtschaftstheoretischen Literatur nur versprengte Bemerkungen anzutreffen sind.

Mit größerer Akribie und Sorgfalt als es sonst üblich ist, hat sich Dieter Schneider mit dieser Frage auseinandergesetzt. Er spezifiziert seine Charakterisierung der Ökonomik als Kürzel für die Lehre von den Determinanten der Tauschverhältnisse durch eine nähere Bestimmung des Gegenstands: „ ‚Wirtschaften‘ wird hier mit dem ‚Einkommensaspekt‘ menschlicher Tätigkeit gleichgesetzt."[18] Zur Einkommenserzielung und -verwendung bietet sich ein weites Spektrum sehr verschiedener Tätigkeiten:

> „Musizieren und Wettlaufen, Beten und Morden können ebenso mit der Anwendung von Tauschverhältnissen verknüpft sein, also ‚Warencharakter‘ annehmen, wie Kraftwerksbau, Schweine mästen oder Gemälde sammeln."[19]

In dieser Lesart bilden die beliebten Robinsonaden der Grenznutzentheorie, in welchen die Gesetze der kapitalistischen Marktwirtschaft aus der

---

mit weiteren Literaturangaben Morel, J. u. a., Soziologische Theorie, Abriß der Ansätze ihrer Hauptvertreter, München / Wien 1989, S. 107 ff.

[17] Belshaw, C. S., a.a.O., S. 4.

[18] Schneider, D., Allgemeine ..., a.a.O., S. 19.

[19] Ebenda, S. 20.

„Psychologie des Einsiedlertums" abgeleitet werden[20], ein ungeeignetes Experimentierfeld ökonomischer Analysen. Die Selbstversorgungswirtschaft eines Robinson Crusoe kennt das Spezifikum einer so konzipierten Wirtschaftstheorie gerade nicht – auf seiner Insel kommt kein Tausch und somit kein Preissystem vor: „... Robinson Crusoe is in a situation of which Political Economy takes no cognizance ..."[21] Wirtschaften bedarf eines besonderen Miteinander-in-Verkehr-Tretens der Mitglieder arbeitsteilig produzierender Gesellschaften.

Selbst wenn Freitag zu Robinson stößt, ‚wirtschaften' die beiden nicht; sie wenden (in welcher Form auch immer) das Rationalprinzip an, aber sie machen keine an ökonomischen Kriterien bewerteten Geschäfte miteinander, die von einem egoistischen Vorteilsstreben geprägt sind.[22] Beide produzieren voraussichtlich arbeitsteilig – Robinson kocht vielleicht besser, und Freitag fängt möglicherweise leichter Fische –, sie konstituieren jedoch einen *Haushalt*, eine Gemeinschaft mit außerökonomischen Innenbeziehungen, die nicht auf den Gesetzmäßigkeiten von Tauschverhältnissen beruhen.[23] Das Zusammenleben der beiden Insulaner ähnelt daher viel eher einem ‚Betrieb'[24], denn einem Marktgeschehen.

Inspizieren wir die Überlegungen Dieter Schneiders etwas genauer. Gelingt es mit seinem Entwurf, die Mängel der vorher betrachteten auszumerzen? Sofern die Hauptelemente des Wirtschaftens in der Einkommenserzielung durch menschliches Handeln und in der Einkommensverwendung bei menschlichem Handeln gesehen werden, drängt sich die Frage auf, was ‚Einkommen' bedeutet. Die Antwort Schneiders fällt etwas dürftig aus: „... ‚Einkommen' (wird) im alltäglichen Sinn als Geld- oder

---

[20] Vgl. Eckstein, G., Die vierfache Wurzel des Satzes vom unzureichenden Grunde der Grenznutzentheorie. Eine Robinsonade, in: Die neue Zeit, XX. Jg. (1902), Bd. II, S. 810-816, S. 810 (Neudruck Glashütten 1973).

[21] Whately, R., a.a.O., S. 7.

[22] Vgl. zum Verhältnis zwischen den zwei Personen Hymer, S., Robinson Crusoe and the secret of primitive accumulation, in: Monthly Review, Bd. 23 (1971), S. 11-36, wieder abgedruckt in: Grapard, U., Hewitson, G. (Hrsg.), Robinson Crusoe's Economic Man, A construction and deconstruction, London / New York 2011, S. 42-61.

[23] Vgl. Schneider, D., Allgemeine ..., a.a.O., S. 20.

[24] Vgl. ebenda, S. 22.

Güterzufluß über Märkte verstanden ..., nicht im Sinne irgendeiner ausgeklügelten theoretischen Definition ..."[25]

Diese Erläuterung verlagert das Problem lediglich; zu klären ist jetzt, was ,Märkte' sind – wiederum keine leichte Aufgabe.[26] Obwohl Pauls Einladung an Pauline, mit ihm ein bekanntes Feinschmeckerlokal zu beehren, unter die Rubrik einer Einkommensverwendung auf Märkten fällt, lässt sich vermuten, das ökonomische Kalkül spiele hierbei eine untergeordnete Rolle. Schneider setzt ausdrücklich *nicht* voraus, die Einkommenserzielung und -verwendung geschehe ,rational'.[27] Zugleich unterlässt er es, das ,Ökonomische des Ökonomischen' zu nennen. Daher bleibt seine Inhaltsbestimmung letztlich vage. Schneider manövriert sich zwar nicht in die Sackgasse, rein formal zu argumentieren, doch mit der Zuflucht in das empirische Phänomen ,Einkommenserzielung und -verwendung' schießt er übers Ziel hinaus: Es existieren eine Reihe von Tätigkeiten, die der Einkommenserzielung oder -verwendung gewidmet sind, ohne dass sie ökonomisch motiviert und somit Gegenstand der Wirtschaftstheorie wären.

Die von Schneider mit Recht in den Vordergrund gerückte Betonung der Tauschvorgänge für das Wirtschaften hätte besser mit einer Analyse des Tausches fortgesetzt werden sollen. Nun tauschen Menschen Vieles und Verschiedenes: Autoreifen gegen Anzüge, Briefmarken gegen Bierdeckel; aber auch Plätze, Zimmer, Adressen. Selbst der Waffentausch der Germanen war zweifelsohne ein Tausch, jedoch nicht im ökonomischen Sinn: „... es ist vielmehr ein gegenseitiges Bürgschaft geben, ein äußeres Symbol des freundschaftlichen Verhältnisses."[28] Und sogar der nachstehende abgeschlossene Kurzroman dreht sich ums Tauschen: Sie tauschten Blicke, dann Zärtlichkeiten – schließlich den Partner. Es liegt auf der Hand, dass nicht alle der aufgezählten Tauschakte zum Wirtschaften gehören. Was gibt dem *ökonomischen* Tausch das Gepräge?

Zwei Momente verleihen einem Tauschvorgang ökonomische Qualität. Zunächst ist der ökonomische Tausch *freiwillig*, es werden von keiner Seite Zwangsmittel aufgeboten. Die Androhung von Gewalt oder gar

---

[25] Ebenda, S. 18 f.

[26] Vgl. ebenda, S. 42 und passim.

[27] Vgl. ebenda, S. 19.

[28] Laum, B., Heiliges Geld, Eine historische Untersuchung über den sakralen Ursprung des Geldes, Tübingen 1924, S. 60.

deren Anwendung, mit der ein Tauschpartner auf den anderen einzuwirken sucht, fehlt. „Geld oder Leben", begleitet von einer Präsentation eines Stiletts als Entscheidungshilfe, ist keine Offerte eines ökonomischen Tausches. Die herrschende Lehre hätte indes keine Schwierigkeiten, diese Situation als eine Maximierungsaufgabe unter Nebenbedingungen aufzufassen, mithin als ein in ihren Augen ökonomisches Problem.

Hebt man die beiderseitige Freiwilligkeit der Transaktion als ein Charakteristikum eines ökonomischen Tausches hervor, fallen Definitionen wie „Wirtschaften bedeutet die Beschaffung von Dingen, die einen Wert haben"[29] durch das Sieb; unser Dolchbesitzer will genau das tun, dennoch *wirtschaftet* er nicht. Von einem ökonomischen Tausch profitieren *beide* Partner, sie schätzen ihre Situation nach der Transaktion günstiger ein als vor Eröffnung der Geschäftsgelegenheit. Der freiwillige oder autonome Tausch ist für keinen der beiden mit der Aussicht verbunden, dass er durch den Besitzwechsel Nutzen einbüßt. Im Kontrast hierzu verliert der vor die Alternative „Geld oder Leben" Gestellte, sobald ihm die Klinge die Kehle kitzelt, das eine oder andere – vielleicht beides.[30]

Als Prüfstein, um herauszubekommen, ob ein Handel freiwillig erfolgte oder nicht, dient die fehlende Bereitschaft zum *Rücktausch*. Weder Hinz noch Kunz werden gewillt sein, nachdem Speck und Bibel überreicht wurden, das Erlangte gegen das Ausgehändigte wieder zurückzugeben – abgesehen von Täuschung oder Irrtum über die Qualität des erworbenen Guts.[31] Der vom Messer Bedrohte würde hingegen gerne der Alternative zustimmen, sowohl sein Geld als auch sein Leben zu behalten. Mit der Zahl der *ökonomischen* Tauschakte steigt somit *zwangsläufig* die Wohlfahrt der Beteiligten. Die durch Güterzu- und -abnahmen geänderte Allokation der Ausgangsbestände ist irreversibel; ein einmal vollzogener ökonomischer Tausch zwischen zwei Personen wird nicht noch einmal in umgekehrter Richtung zu beobachten sein, da mindestens ein Beteiligter gewinnt und der Partner sich wenigstens nicht schlechter stellt. Diese schwache ‚Pareto-Verbesserung' wird zu einer starken, wenn beide Akteure profitieren.

---

[29] Ott, A. E., Wirtschaftstheorie, Eine erste Einführung, Göttingen 1989, S. 16.

[30] Siehe zu diesem Komplex Kirsch, G., Zwang, Tausch und Geschenk, in: das wirtschaftsstudium (wisu), 17. Jg. (1988), S. 221-226, der allerdings Polanyi nicht erwähnt.

[31] Bezeichnenderweise geht ‚tauschen' etymologisch auf ‚täuschen' zurück.

Die Freiwilligkeit des Tausches trägt zuweilen zynische Züge: Die Eltern, welche in der Frühphase der Industriellen Revolution ihre Kinder in die Fabriken und Bergwerke schickten, wurden dazu nicht durch unmittelbare körperliche Gewalt gepresst, sondern durch eiserne wirtschaftliche Zwänge – nur so war die Familie durchzubringen. Trotzdem kam die Vereinbarung freiwillig zustande, das kärglichste Mahl rangiert vor dem Darben: „… niemand würde für einen Hungerlohn arbeiten, wenn er nicht in der Lage, in der er sich tatsächlich befindet, diesen Lohn eben dem Nichtarbeiten vorzöge."[32]

Das Gegenteil gilt ebenfalls. Mit der Bekundung: „Ich möchte mit niemandem tauschen", wird signalisiert, es gehe einem gut, man sei mit dem Stand der Dinge zufrieden. Dies verdeutlicht, wie wichtig die in den Datenkranz der neoklassischen Allgemeinen Gleichgewichtstheorie verbannten ‚Erstausstattungen' sind. Ein ökonomischer Tausch erhöht zwar notwendigerweise die Lebensqualität der direkt Beteiligten, der daraus resultierende Vorteil mag aber höchst ungleichmäßig verteilt sein. Während beim Armen die bescheidenste Aussicht auf Verbesserung seines kümmerlichen Daseins umgehend Abschlussbereitschaft herbeiführt, kann sich der Reiche den Luxus erlauben, auf bessere Gelegenheiten zu warten.

Nicht alle freiwilligen Transaktionen lassen sich als wirtschaftliche klassifizieren. Von der Menge aller autonomen Vorgänge des Gebens und Nehmens sind jene auszusondern, die maßgeblich durch den konkreten Gegenüber beeinflusst sind. Bei einem ökonomischen Tausch wird persönlichen Präferenzen jedoch keine Bedeutung beigemessen, denn er wird zu den gleichen Bedingungen mit *jedem* beliebigen Handelspartner abgewickelt. Für einen Zahnpastaproduzenten ist es unerheblich, ob ein Christ, Mohammedaner oder Atheist seine Ware erwirbt. Der Vater hingegen, der dem Sohn wegen dessen regelmäßiger Mundpflege ein Fahrrad kauft, schlösse diesen *Deal* nicht mit irgendeinem braven Zähneputzer ab. Persönliche Beziehungen spielen im ‚Wirtschaftsleben' eine beachtliche Rolle. Nicht ohne Grund versucht man häufig, ein solches Verhältnis zum ‚Geschäftsfreund' aufzubauen. Höfliches Auftreten, gemein-

---

[32] Simmel, G., Philosophie des Geldes (1907), 5. Aufl., München / Leipzig 1930, S. 52. Allerdings lassen sich solche Zwangslagen als Formen ‚struktureller' Gewalt deuten. Vgl. Galtung, J., Violence, Peace and Peace Research, in: Journal of Peace Research, Bd. 6 (1969), S. 167-191.

same Essen und Geschenke knüpfen Bande, die Verdienstmöglichkeiten eröffnen oder ihre Dauerhaftigkeit sichern (sollen). In gewissem Umfang wird wegen solcher Kontakte getauscht, wenngleich man aus rein wirtschaftlicher Sicht ein anderes Angebot bevorzugt.

> „In my purchase of bread", teilt uns Robbins mit, „I may be interested solely in the comparison between the bread and the other things in the circle of exchange on which I might have spent the money. But I may be interested too in the happiness of my baker. There may exist between us certain liens which make it preferable for me to buy bread from him, rather than procure it from his competitor who is willing to sell it a little cheaper."[33]

Der Tausch an sich ist noch kein hinreichendes Indiz für eine ökonomische Situation. Gesellt sich Freitag zu Robinson, werden beide wahrscheinlich sowohl empfangen als auch abtreten, und jeder hat bestimmte Rechte und Pflichten; trotzdem ist diese Beziehung nicht wirtschaftlicher Natur: Sie wird durch das zwischenmenschliche Verhältnis geprägt – wie sollte es auf dem Eiland auch anders sein. Hieran lässt sich aus ökonomischer Sicht das Wesen eines Haushalts festmachen: Die Tauschakte im Innenverhältnis stellen immer auf das andere *Individuum* ab, ob freiwillig oder nicht. Im Haushalt beruhen die wechselseitigen Leistungen auf Reziprozität und Redistribution, also durchaus auf einem *do ut des*-Denken, das allerdings nicht auf Geldeinheiten dimensioniert ist.

Anders in der Unternehmung oder im Betrieb, ohne in die Abgründe hinabsteigen zu wollen, die sich in der betriebswirtschaftlichen Literatur zu diesem Thema auftun. Durch die Unterzeichnung eines *Arbeitskontrakts* verkauft eine Person ihre Arbeitskraft mit der Auflage, sich in eine Hierarchie einzugliedern. Die Gegenseite erwirbt ein *nach innen* gerichtetes Weisungsrecht; sie darf eine durch Sitte und Gesetz beschränkte Herrschaft ausüben. In einer Produktionseinrichtung können sich ebenfalls auf Reziprozität, Redistribution, Solidarität, Zuneigung usw. gründende Verbindungen anbahnen; nicht umsonst spricht man gelegentlich – früher mehr als heute – von der Betriebs*familie*. Der Zweck des Gewerbes als Gewinnmaximierungseinheit, d. h. als Unternehmung im hier gemeinten Sinn, wird jedoch *nach außen* über den ökonomischen Tausch angestrebt, so dass, anders als im Haushalt, dieser zum Kriterium der

---

[33] Robbins, L., a.a.O., S. 95.

Leistung des Beschäftigten wird. – Die Gründe, warum es Unternehmen gibt, werden am Ende dieser Schrift vertieft.

Unter einem ökonomischen Tausch ist, so lässt sich zusammenfassen, die zwanglose, wechselseitige Übertragung von Gütern, Diensten, Rechten und Pflichten zu verstehen, die ohne Rücksicht auf die Person des Geschäftspartners stattfindet. Akzeptiert man den autonomen, anonymen Tausch als das spezifisch Ökonomische, dann sind die *Wirtschaftssubjekte* jene Menschen oder Institutionen, die bei einer solchen Transaktion mit von der Partie sind. Als *Wirtschaftsobjekte* gelten all die Güter, Dienste, Rechte und Pflichten, die den Gegenstand eines ökonomischen Tausches bilden.

Das ökonomische Miteinander-in-Verkehr-Treten ist kein isoliertes Phänomen, das sich bloß auf die Wohlfahrt der unmittelbar Beteiligten auswirkt. Vielmehr können auch Dritte von der wirschaftlichen Aktivität anderer betroffen sein: Angesprochen sind positive oder negative externe Effekte. Vor allem die Problematik negativer externer Kosten hat in der Wohlfahrtsökonomik großes Gewicht. Nach der traditionellen, auf Pigou zurückgehenden Richtung[34] obliegt es in solchen Fällen dem *Staat*, für die *gesamtwirtschaftlich* optimale Allokation der Ressourcen zu sorgen. Das Maximum an sozialer Wohlfahrt erfordere obrigkeitliche Eingriffe in die Privatökonomie. Schadenersatz, Besteuerung oder Verbot seien die geeigneten Instrumente.[35]

---

[34] Vgl. Pigou, A. C., The Economics of Welfare (1920), 4. Aufl., London 1952.

[35] Der Bedarf an wirtschaftspolitischen Maßnahmen bei Vorliegen von externen Effekten ist in der Fachwelt umstritten. Das sog. Coase-Theorem behauptet diesbezüglich, bei eindeutiger Zuordnung von Eigentumsrechten und ohne Berücksichtigung von Transaktionskosten würden negative externe Effekte durch Verhandlungen internalisiert werden. Damit sei die optimale Allokation der Ressourcen garantiert. Ferner beeinflusse die Rechtsgestaltung die optimale Allokation nicht. Bei positiven Transaktionskosten hänge es allerdings vom Einzelfall ab, ob eine Schadenshaftung gesamtwirtschaftlich bessere Ergebnisse bringe oder nicht. Coase widerspricht daher der Auffassung, den physischen Verursacher eines externen Effekts in jedem Fall zum Schadenersatz zu verpflichten. Vgl. Coase, R., The Problem of Social Cost, in: The Journal of Law and Economics, Bd. 3 (1960), S. 1-44. Eine kritische Würdigung bietet Helmedag, F., Zur Vermarktung des Rechts: Anmerkungen zum Coase-Theorem, in: Wolf, D., Reiner, S., Eicker-Wolf, K. (Hrsg.), Auf der Suche nach dem Kompaß, Politische Ökonomie als Bahnsteigkarte fürs 21. Jahrhundert, Köln 1999, S. 53-71.

Wirtschaftspolitik ist nur normativ begründbar: Es kommt darauf an, Spannungsverhältnisse zwischen individueller und kollektiver Rationalität abzubauen. Im parlamentarischen Willensbildungsprozess einer Demokratie entscheidet die Mehrheit der Stimmen, die Minderheit muss sich *nolens volens* fügen. In der privatwirtschaftlichen Sphäre wird indes die Einstimmigkeitsregel angewandt: Die Freiwilligkeit des ökonomischen Tausches gewährt dem Einzelnen quasi ein Vetorecht; es schließt mit einem Gleichgestellten keinen Handel wider Willen ab. Im Unterschied dazu ist die Bevölkerung dem Staat gegenüber zur Zwangsabgabe verpflichtet: Der ‚Wohlfahrtsstaat' greift eben auch in die Taschen vieler Bürger. Jene, die sich über Gebühr zu seiner Finanzierung herangezogen fühlen, sehen in ihm deshalb einen Kostgänger der Steuerpflichtigen. Das Konzept des ökonomischen Tausches erleichtert den Blick auf solche Zusammenhänge.

Vor diesem Hintergrund erwachsen für die Wirtschaftstheorie im Wesentlichen zwei Aufgaben, die jedoch in einem hierarchischen Verhältnis zueinander stehen. Zunächst sind die Anstrengungen darauf zu lenken, die *Struktur* einer durch ökonomischen Tausch geprägten Wirtschaft zu enthüllen: Es geht um die Freilegung der ökonomischen Gesetze, welche die *Arbeitsteilung* in erwerbswirtschaftlich orientierten Gesellschaften regeln. In einem zweiten Schritt ist die Frage aufzugreifen, welche Faktoren das *Niveau* der ökonomischen Aktivität, d. h. das Volumen der ökonomischen Tauschakte, determinieren. Die ökonomische Theorie hat demnach zunächst die Klippe zu überwinden, die Funktionsweise sich selbst überlassener kapitalistischer Marktwirtschaften zu ermitteln. Glückt dies, lässt sich der Zustand, auf den sie sich hinbewegen, und dessen Eigenschaften beschreiben. Zugleich sind damit die Stellschrauben identifiziert, an denen zu drehen ist, um Wohlfahrtsverbesserungen zu realisieren. Es liegt auf der Hand, dass dies meist zu Interessenkollisionen führt, da Wirtschaftspolitik nur ausnahmsweise aus Pareto-Verbesserungen besteht.

Das Thema ‚Wirtschaft und Gesellschaft' erschöpft sich nicht in der ökonomischen Rolle des Staates. Bezeichnenderweise legt man an den Erfolg wirtschaftlichen Handelns in den seltensten Fällen eine individuelle Messlatte an. Stattdessen dominiert ein gesellschaftliches Kriterium: das *Geld*. Ehe das Programm ökonomischer Grundlagenforschung ausführlicher erläutert wird, soll vorher der Nachweis erbracht werden, dass der *Nervus Rerum* dem ökonomischen Tausch eine besondere Qualität verleiht: Es stellt *Voraussetzung und Motiv* der ökonomischen Aktivität in konkurrenzkapitalistischen Gesellschaften dar. Außerdem reflektiert die Geschichte des Geldes die Ausformung des ökonomischen Tausches und somit die des *Homo oeconomicus*.

1.5 Die Entfaltung des *Homo oeconomicus* oder Die Entwicklung und das Wesen des Geldes

Die Entscheidung für den ökonomischen Tausch als Kennzeichen des Wirtschaftlichen läuft auf eine Absage an den absolutistischen Ansatz in der Volkswirtschaftslehre hinaus. ‚Das‘ Wirtschaftliche als epochenüber-greifendes Moment menschlichen Zusammenlebens gibt es nicht. Der *ökonomische* Tausch als *wesentliches* Element des wirtschaftlichen Ge-schehens ist vielmehr ein recht junges Phänomen – wie die Ökonomik auch. Dies steht im Kontrast zu der zentralen anthropologischen Prämisse der Begründer des Fachs. Die Klassiker meinten, die Menschen hätten eine ‚natürliche‘ Neigung, „… to truck, barter, and exchange one thing for another."[1]

Der Handel wurde sogar zur *Differentia specifica* zwischen Mensch und Tier überhaupt erhöht: „Nobody ever saw a dog made a fair and de-liberate exchange of one bone for another with another dog."[2] Und die Ökonomen führten lange – und tun es zum großen Teil heute noch – die Ursprünge des Geldes auf die Ineffizienz des Naturaltausches zurück. Die anthropologische Forschung hat diese Sichtweise widerlegt[3]; Güter-verkehr *und* Geld sind älter als der Tausch:

> „Nun aber hat uns die Völkerkunde längst gelehrt, und Wirtschafts-geschichte und Sozialökonomie haben diese Lehre annehmen und be-stätigen können, daß es zwar undenklich lange Zeiträume gegeben hat, in denen der Mensch ohne Tausch gelebt hat, aber nicht ohne jeden Güterverkehr. Wo immer sich ein Güterverkehr entwickelt – Geschenk, Gabe, Buße, Opfer auf der einen, Bewirtung und Verteilung auf der anderen Seite –, da sind die Voraussetzungen für die Entstehung des

---

[1] Smith, A., An Inquiry Into the Nature and Causes of the Wealth of Nations (1776), Bd. I, Indianapolis 1981, S. 25.

[2] Ebenda, S. 26. Ähnlich der schon erwähnte Whately: „Man might be defined, ‘An animal that makes *Exchanges*:’ no other, even of those animals which in other points make the nearest approach to rationality, having, to all appearance, the least notion of bartering, or in any way exchanging one thing for another. And it is in this view alone that Man is contemplated by Political Economy." Whately, R., a.a.O., S. 6.

[3] Vgl. als Übersicht Hart, K., barter, in: The New Palgrave, Bd. 1, London / New York / Tokyo 1987, S. 196-198. Wir gehen auf diesen Punkt gleich ausführlich ein.

Geldes gegeben, d. h. eines Gutes, das den Charakter eines allgemein geschätzten und beliebten Entgeltmittels gewinnt."[4]

Freilich sollte man die Ansicht der Klassiker vor ihrer forschungsstrategischen Perspektive würdigen, um ihnen gerecht zu werden. Sie siedelten den Tausch vielleicht deshalb so hoch an, weil sie der damals weit verbreiteten Anschauung zu widersprechen suchten, der Besitzwechsel sei gleichsam ein Nullsummenspiel: Des einen Gewinn sei notwendigerweise des anderen Verlust.

„Die Idee, daß der Tausch für alle Beteiligten vorteilhaft ist, hat erst mit den Arbeiten der Klassiker der Nationalökonomie Eingang in das allgemeine Bewußtsein gefunden. Noch im 18. Jahrhundert waren die vom Merkantilismus geprägten Schriftsteller und Politiker der Auffassung, daß durch Handel stets nur das gewonnen werden kann, was ein anderer verliert. Aus dieser Auffassung wurde mit verhängnisvoller Logik geschlossen, daß der Handel nur eine andere Form des Krieges sei."[5]

Johann Joachim Becher formulierte diese Meinung als dritte seiner „merkantilistischen Regeln und Axiomata", nämlich, „... daß es allezeit besser sei, Waren anderen zu verkaufen als Waren von anderen zu kaufen, denn jenes bringe einen gewissen Nutzen und dieses ohnfehlbaren Schaden."[6] Die Merkantilisten orteten die Quelle des Reichtums, der in ihren Augen mit Edelmetallbeständen gleichgesetzt wurde, in der Zirkulation. Bei als gegeben angenommener Gesamtmenge von Gold und Silber bedeutet eine Zunahme hier zwangsläufig eine Abnahme dort.[7] Das wandelte sich fühlbar erst, als im 16. Jahrhundert beträchtliche Edelmetallzuflüsse, hauptsächlich Silber, aus der Neuen Welt nach Spanien einsetzten. Da Spanien damals etwa 70 % seiner öffentlichen Einnahmen für militärische Zwecke verwandte[8], gelangte dieser Reichtum in Umlauf und lieferte die stoffliche Basis für den sich verbreitenden Kaufmannskapitalis-

---

[4] Gerloff, W., Die Entstehung des Geldes und die Anfänge des Geldwesens, 3. Aufl., Frankfurt a. M. 1947, S. 26.

[5] Neumann, M., Theoretische Volkswirtschaftslehre II, Produktion, Nachfrage und Allokation, München 1982, S. 155.

[6] Zitiert nach Heckscher, E. F., Der Merkantilismus, Bd. 2, Jena 1932, S. 102.

[7] Vgl. Blaich, F., Die Epoche des Merkantilismus, Wiesbaden 1973, S. 80.

[8] Vgl. Weber, M., Wirtschaftsgeschichte, a.a.O., S. 265.

mus. Soweit Maßnahmen zur Hebung der Wirtschaftskraft ergriffen wurden, waren sie darauf ausgerichtet, einen möglichst hohen Aktivsaldo in der Handelsbilanz zu erzielen, um so die Schatzkammer des absolutistischen Herrschers zu füllen.[9] Neben der Finanzierung von Luxuserzeugnissen diente die Verfügungsgewalt über Edelmetall vor allem zur Unterhaltung eines stehenden Heeres und zur Kriegsführung.

Der merkantilistischen Doktrin vom Tausch als Nullsummenspiel stellten die Klassiker ihre Freihandelslehre gegenüber. Ricardo versuchte mit dem später so genannten ‚Theorem der komparativen Kostenvorteile‘ zu zeigen, dass vom grenzüberschreitenden Warenverkehr beide beteiligten Nationen profitieren können, selbst wenn ein Land alle Güter teurer herstellt.[10] Die Freiwilligkeit als konstituierendes Element des ökonomischen Tausches resultiert aus der Besserstellung wenigstens eines Geschäftspartners; er ist deshalb ein Positivsummenspiel.

Mit dem Wirtschaften veränderte der ökonomische Tausch im Lauf der Zeit sein Erscheinungsbild. An ihm lassen sich historisch und analytisch Verschiedenheiten beobachten, die wirtschaftstheoretisch bedeutsam sind. Diese Abweichungen spiegeln sich in den Funktionen des Geldes wider, das – zumindest im Alltagsbewusstsein unserer Zeit – untrennbar ‚ökonomischen‘ Tatbeständen anhaftet. Sowenig ein Tausch schlechthin Merkmal einer im modernen Sinn wirtschaftlichen Situation ist, ebenso wenig lässt sich das Wesen des Geldes allein aus der Betrachtung der Gegenwart begreifen. In Wahrheit schlagen sich in der Entwicklung des Entgeltmittels und seiner Funktionen Umschwünge nieder, die den Weg zur *Wirtschaftsgesellschaft* säumen:

„… diese geistig-seelischen Wandlungen sind besonders ausgeprägt mit dem Funktionswandel des Geldes verbunden, ja sie lassen sich nir-

---

[9] Vgl. zur Verzahnung von Wirtschaft, Wissenschaft und Technik bei den Merkantilisten Troitzsch, U., Ansätze technologischen Denkens bei den Kameralisten des 17. und 18. Jahrhunderts, Berlin 1966.

[10] Allerdings unterstellt Ricardo eine vollbeschäftigte Wirtschaft, in der eine zusätzliche Produktion auch auf Nachfrage trifft. Bei stagnierendem Absatz und Arbeitslosigkeit kommt es auf die absoluten Kostenunterschiede an, die Handelskriege und Wohlfahrtsschmälerungen heraufbeschwören können. Vgl. Helmedag, F., Komparative Kostenvorteile, fairer Handel und Beschäftigung, in: Die Krise der europäischen Integration aus keynesianischer Sicht, hrsg. v. Hagemann, H., Kromphardt, J., Schriften der Keynes-Gesellschaft, Bd. 10, Marburg 2017, S. 167-183.

gends so deutlich verfolgen wie im Geldgebrauch und den Wandlungen der Geldfunktionen, mit denen sie in enger Wechselwirkung stehen."[11]

Wie die Geschichte des Wirtschaftens wird der Werdegang des Geldes unterstreichen, dass die zunehmende Ökonomisierung aller Lebensbereiche diesen Kategorien erst ihren modernen Sinn gegeben hat. Von heutiger Warte aus wird gerne so getan, als hätten diese Begriffe seit jeher dieser Sphäre angehört.

Zeitgenössische Darstellungen schenken den Anfängen des Geldes und seiner Natur kaum Aufmerksamkeit. In einem 1988 erstmals erschienenen Lehrbuch heißt es in dieser Hinsicht kurz und bündig:

„Man befaßt sich in den Wirtschaftswissenschaften gar nicht weiter mit den Ursachen der Geltung und des Wertes von Geld. Geld ist da, und man interessiert sich mehr für die Höhe seines Wertes und dessen Veränderungen."[12]

Das war nicht immer so. Gerade im deutschsprachigen Schrifttum wurde die Frage nach dem Wesen des Geldes häufig angeschnitten. Allerdings handelt es sich anscheinend um eine dermaßen vertrackte Angelegenheit, dass es trotz aller Anstrengungen bisher nicht gelungen ist, eine allgemein akzeptierte Definition der universalen Gegengabe vorzulegen. Selbst ein so tief schürfender Autor wie Polanyi bewertet die vielen Versuche, das Wesen des Geldes zu bestimmen, als fruchtlos.[13] Stattdessen behilft man sich heute damit, das zu Kennzeichnende anhand seiner Funktionen zu charakterisieren.

„War die ältere Theorie durch unterschiedliche Deutungen des Geldwesens charakterisiert, so herrscht in der modernen Geldfunktionslehre Einheitlichkeit: Von Geld wird gesprochen, wenn eine Sache Recheneinheit, Tauschmedium und Wertaufbewahrungsmittel ist."[14]

Demgemäß ist die Lehre des Geldes, was diesen Punkt betrifft, wieder dort angelangt, wo sie sich bereits vor etwa zweieinhalbtausend Jahren

---

[11] Schmölders, G., Geldpolitik, 2. Aufl., Tübingen / Zürich 1968, S. 30.

[12] Wagner, A., Mikroökonomik, 5. Aufl., Marburg 2009, S. 178.

[13] Vgl. Polanyi, K., Ökonomie ..., a.a.O., S. 317.

[14] Woll, A., a.a.O., S. 481.

befand. Schon Platon und Aristoteles glaubten, die Entstehung des Geldes gehe auf den Tauschverkehr zurück. Im achten und neunten Kapitel des ersten Buches der „Politik" erklärt Aristoteles die Einführung des Geldes aus der Umständlichkeit des Naturaltausches, in der Nikomachischen Ethik wird das Geld darüber hinaus als Wertmesser gewürdigt.[15] Nach Schumpeter kannte Aristoteles sogar die Verwendung als Wertaufbewahrungsmittel.[16]

War mithin der Aufwand so zahlreicher Autoren, dem Inbegriff des Geldes näher zu rücken, völlig vergebens? Selbstverständlich wäre dieser vermeintlich überflüssige Produktionsumweg aus heutiger Sicht leichter zu verkraften, wenn die gängige Lehre der Geldfunktionen nach einer näheren Musterung als tauglich eingestuft werden könnte. Das ist jedoch nicht der Fall.

Eine genauere Literaturdurchsicht ergibt, dass die in den Lehrbüchern dominierenden drei Dimensionen des Geldes, Recheneinheit, Tauschmedium und Wertaufbewahrungsmittel, keineswegs unumschränkt akzeptiert werden. Schilcher zählt „unter Weglassung ungewöhnlicher Formulierungen einzelner Autoren" *dreizehn* mögliche Funktionen des Geldes auf.[17] Es lohnt sich freilich nicht, diesen Katalog – der mit etwas Fleiß sicher verlängerbar ist – zu reproduzieren, denn eine noch so üppige Umschreibung mittels konkreter Gebrauchsweisen darf niemals das letzte Wort sein, es wird immer Stückwerk bleiben. Ähnlich wie beim Wirtschaften, das durch gewisse, als ‚wirtschaftlich' empfundene Phänomene erläutert werden sollte, setzt die Bestimmung des Geldes anhand seiner Funktionen voraus, der Angesprochene habe ein zumindest intuitives Wissen, was das Geld eigentlich sei. Infolgedessen muss es möglich sein, die *Differentia specifica* aufzuspüren und die unscharfe Vorstellung zu präzisieren.

Vor diesem Hintergrund erstaunt es nicht, dass die herrschende ‚Drei-Funktionenlehre des Geldes' an der Aufnahmeprüfung scheitert: Wie gleich näher belegt wird, stehen die drei genannten Aspekte weder gleichrangig noch isoliert nebeneinander. Mit Recht hatten sich die älteren Autoren bemüht, das Wesen des Geldes zu entdecken. Das miss-

---

[15] Vgl. Gerloff, W., Geld und Gesellschaft, Frankfurt a. M. 1952, S. 31 f.

[16] Vgl. Schumpeter, J. A., Geschichte …, a.a.O., S. 103.

[17] Vgl. Schilcher, R., Geldfunktionen und Buchgeldschöpfung, 2. Aufl., Berlin 1973, S. 44 f.

glückt, sofern man bloß aneinanderzureihen beginnt, was man mit ihm machen könne.

Als in Italien vor Einführung des Euro klein gestückelte Münzen fast völlig aus dem Verkehr kamen, weil sie zu Knöpfen weiterverarbeitet wurden, hätte eine Funktionslehre des Geldes, welche die Knopfalternative mit aufzählt, gewiss keine breite Zustimmung erfahren. Und der verirrte Skifahrer, von dem zu lesen war, der ein Bündel Dollar-Noten verbrannte, um die klammen Finger zu wärmen, ließe sich wohl kaum als Indiz zitieren, im Heizwert der Währung eine weitere wesensstiftende Geldfunktion zu erspähen.

Gegen die Exempel mag vorgebracht werden, sie seien nicht relevant, da solche Einsatzgebiete des Zahlungsmittels keine ‚ökonomischen' seien. Gerade mit diesem Argument hätte die herrschende Lehre ihre Schwierigkeiten: Ohne Zweifel handelt es sich bei den in den Beispielen genannten Verwendungen des Geldes um Dispositionen über knappe Mittel zum Zwecke der Bedürfnisbefriedigung. Der andere Ausgang der Zwickmühle ist ebenfalls versperrt: Die italienische Lira war und der US-amerikanische Dollar ist Geld.

Indes schlummert im soeben angesprochenen Protest ein wahrer Kern: Die als Knopfrohlinge benutzten Münzen und die verheizten Banknoten sind aus einem Zusammenhang herausgelöst, der für ihren Geldcharakter konstituierend ist. Beide Male übertrifft der stoffliche Gebrauchswert ihren jeweiligen Gebrauchswert als Tauschwert. Für den verirrten Skifahrer ist die Kaufkraft der mitgeführten Dollar-Noten sogar null: Er ist aus dem *gesellschaftlichen* Verbund ausgeschieden, der irgendwelchen Geldfunktionen notwendigerweise vorausgesetzt werden muss. Ein Verständnis des ‚allgemeinen Äquivalents' und seiner Aufgaben gedeiht nur, wenn die sozialen Bedingungen, unter denen Geld Geltung erlangt, herausgemeißelt werden.

Dieses Projekt darf nicht auf der Prämisse aufbauen, das Aufkommen des Geldes sei ein rationalistischer, konstruktiver Akt:

„Die Aufzeigung der Vorteile des Geldgebrauchs oder um ein anderes Beispiel zu geben, der Nützlichkeit der Arbeitsteilung, die sich auf den geläufigen Vollzug des Vorgangs stützt, kann niemals zur Erklärung der Entstehung dieser Einrichtungen herangezogen werden; denn diese sind, wie die meisten sozialen Einrichtungen, unabhängig von jener

Zweckanpassung und Zwecksetzung entstanden, denen sie schließlich zugeführt worden sind."[18]

Das Geld ist ebenso wenig aufgrund einer Vereinbarung geschaffen worden, wie die Gesellschaft, die Sprache und der Staat aus einer Konvention der Menschen untereinander hervorgegangen sind. Die Behauptung v. Wiesers, die Ursprünge des Geldes beruhten auf einer Kreation „findiger Wirte"[19], schlägt den realen Gang der Dinge in den Wind.

Die Antwort, wann das Geld das Licht der Welt erblickt habe, hängt selbstverständlich von seiner Definition ab: Je nachdem, was als Geld bezeichnet wird, ist der erste Gebrauch früher oder später zu datieren. Es gibt in der Geschichte des Geldes, wie in der Geschichte überhaupt, keine Stunde null. Daher wäre es unzweckmäßig, von einer modernen, systematischen Vorstellung ausgehend, die in der Vergangenheit liegenden Wurzeln freilegen zu wollen.[20] Ein solcher Ansatz setzte den verfehlten Glauben an eine Kontinuität gewisser Phänomene trotz lange während dem Wandel voraus. „Man kann Begriffe, die von Erscheinungen einer späteren Entwicklungsstufe abstrahiert sind, nicht auf die Erscheinungen einer früheren ausdehnen."[21]

Das muss nicht darin enden, den jeweiligen Epochen der monetären Geschichte spezifische Ausprägungen des Geldes zuzuordnen.[22] Für unsere Zielsetzung genügt eine Arbeitshypothese, um den Spuren des Geldes im Zeitablauf zu folgen. Unter Geld fällt zunächst ‚alles, was gilt'. Geld werden jene Güter genannt, die sich *allgemeiner* Wertschätzung

---

[18] Gerloff, W., Geld ..., a.a.O., S. 33 f.

[19] Vgl. Wieser, F. v., Geld (Theorie des Geldes), in: Handwörterbuch der Staatswissenschaften, Bd. IV, 4. Aufl., Jena 1927, S. 681-717, S. 683. In der dritten Auflage des Lexikons hatte Menger (voreilig) registriert: „Der naheliegende, seit *Platon* und *Aristoteles* herrschend gewordene Irrtum, daß das Geld das Produkt einer allgemeinen Uebereinkunft oder positiver Gesetzgebung ... sei, kann als überwunden bezeichnet werden ..." Menger, C., Geld, in: Handwörterbuch der Staatswissenschaften, Bd. IV, 3. Aufl., Jena 1909, S. 555-610, S. 562 Fn.

[20] Anders Forstmann: „Als *Geld im volkswirtschaftlichen Sinne* kann immer nur das angesehen werden, was wirtschaftliche und zwar *alle* wirtschaftlich relevanten Funktionen des Geldes erfüllt." Forstmann, A., Geld und Kredit, I. Teil, Göttingen 1952, S. 31.

[21] Laum, B., a.a.O., S. 3 f. Vgl. auch Andreae, W., a.a.O., S. 10.

[22] So die Vorgehensweise von Gerloff, W., Geld ..., a.a.O., S. 99.

erfreuen und welche die jeweilige Wertordnung strukturieren. Wir tragen demnach, ganz analog zum Prozedere bei der Ermittlung der Bedeutung von Wirtschaft und Wirtschaften, zuerst den konkreten Sinn des Wortes Geld im Lauf der Historie zusammen. Anschließend schwenkt die Aufmerksamkeit auf seinen analytisch-systematischen Inhalt.

1.5.1 Ursprünge und Erscheinungsformen des Geldes

Die Entwicklung des Geldes ist kein kontinuierlicher, geradliniger Prozess, dessen Anfang an einem konkreten Ereignis eindeutig festgemacht werden kann: Die Ausformung eines allgemeinen Standards unterscheidet sich in einzelnen Kulturen sowohl hinsichtlich der Gegenstände, denen Geldstatus zuzuerkennen ist, als auch in Bezug auf die Motive, aus denen ein Geldbedürfnis erwächst. Allerdings lässt sich konstatieren, dass lange vor der gesellschaftlichen Arbeitsteilung, der Staatenbildung und der Schaffung einer Rechtsordnung generell respektierte Wertsymbole existiert haben.[23]

In weiten Teilen der Literatur wird der Eindruck erweckt, die Laufbahn des Geldes beginne mit der Karriere der Münze. In Wirklichkeit muss man viel weiter zurückschreiten, um sich den Anfängen des Geldes zu nähern. Es ist an dieser Stelle nicht geboten, einen Überblick über die zahlreichen Varianten der frühen und fremden Entgeltmittel zu geben. Zu diesem Themenkomplex ist ein verlässliches Schrifttum vorhanden.[24] Rarer gesät sind dagegen Arbeiten, die über das Stadium der Beschreibung hinaus eine *Erklärung* beabsichtigen, weshalb sich monetäre Institutionen herausgebildet haben.

Um eine *Theorie* der Entfaltung des Geldwesens haben sich vor allem zwei Forscher verdient gemacht. Die weiter ausholende Konzeption stammt von Wilhelm Gerloff, der die Anfänge des Geldes aus den menschlichen Trieben als Ursache bestimmter Bedürfnisse ableitet. Die ältere und speziellere Untersuchung wurde von Bernhard Laum vorgelegt. Er zeigt für den Kulturkreis des homerischen Griechenlands, dass

---

[23] Vgl. Schmölders, G., a.a.O., S. 14.

[24] Außergewöhnlich umfassend und systematisch ist die Darstellung von Einzig, P., Primitive Money, Its Ethnological, Historical and Economic Aspects, 2. Aufl., Oxford u. a. 1966. Siehe überdies Quiggin, A. H., A Survey of Primitive Money, The Beginning of Currency (1949), New York / London 1970.

das Geld sakraler Herkunft ist, es entspringt aus der einer Gottheit zu entrichtenden Abgabe, dem Opfer. – Beginnen wir mit dem allgemeineren Entwurf Gerloffs.

Als die zentralen Motive, welche die Verbreitung eines Geldes nach sich ziehen, nennt Gerloff den Herden- oder Geselligkeitstrieb, den Auszeichnungs- oder Geltungstrieb sowie den Aneignungs- oder Sammeltrieb.[25] Während der Herdentrieb überhaupt erst *zu* einer Gesellschaft führt, ist der Auszeichnungstrieb das stärkste *in* der Gesellschaft wirkende Verlangen. Typischerweise wird dieses, das soziale Leben beherrschende Streben durch die *Hortung* besonderer Dinge befriedigt:

> „In der Widmung gewisser Güter zu solchen Zwecken ist der Ursprung des Geldes zu suchen. Das ursprüngliche Geldgut ist in der Reihe jener Hortungsgüter zu finden, mit denen die Menschheit ihren Besitz an sachlichen Kulturgütern begründet."[26]

Welche Objekte das im Einzelnen sind, hängt vom jeweiligen kulturellen Zusammenhang ab; meist sind es allgemein ersehnte Schmuckgegenstände, beispielsweise Ringe.[27] Der Ehrenname des freigiebigen germanischen Fürsten lautet ‚Ringverteiler'[28]: Mit der Sache wird die Freundschaft des ehemaligen Besitzers übertragen. Auch ‚Protzgüter', wie Pauke, Gong, Krug, Schüssel, Teller und Schild[29] sind Geld, sofern sie zur *Erfüllung sozialer Verpflichtungen* gebraucht werden.

Hortgeld, sei es als Prunk- oder als Kleinodgeld, dient vornehmlich dem Wert*ausdruck*. Es gestattet den „neiderfüllten Vergleich", der nach Thorstein Veblen originären Grundlage des Privateigentums.[30] „Geldzurschaustellung, Geldverteilung und Geldvernichtung, diese ursprünglichen Gebrauchsweisen des Geldes, sind Ausdrucksformen sozialer Verhältnisse und sozialer Tatbestände und damit Aussagen über soziale Sachverhal-

---

[25] Vgl. Gerloff, W., Geld …, a.a.O., S. 23 ff.

[26] Gerloff, W., Die Entstehung …, a.a.O., S. 29 (im Original kursiv).

[27] Bis in die Gegenwart liefert das Wiener Münzamt silberne Maria-Theresia-Taler nach Afrika, die dort hauptsächlich als Hortgeld nachgefragt werden. Besonders die abessinischen Frauen begehren die Taler als Schmuck. Vgl. Veit, O., Reale Theorie des Geldes, Tübingen 1966, S. 26.

[28] Vgl. Gerloff, W., Geld …, a.a.O., S. 52.

[29] Vgl. dazu im Einzelnen Gerloff, W., Die Entstehung …, a.a.O., S. 35 ff.

[30] Vgl. Veblen, Th., Theorie der feinen Leute (amerikanisch 1899), München 1971.

te."[31] Diese Gegenstände erlangen Geldqualität, sobald sie zu bedeutsamen Anlässen verschwenderisch verteilt werden.[32]

Vielfach werden mit Hortgeld besondere Geschäfte abgewickelt; mit ihm werden Frauen und Bundesgenossen gekauft oder Bußen und Tribute entrichtet. Namentlich der Erwerb einer Frau kann in solchen Kulturkreisen beachtliche Verbindlichkeiten mit sich bringen, denn das Heiratsgeld bemisst sich nicht selten an ihrer Arbeitskraft. In der sich über viele Jahre erstreckenden ratenweisen Begleichung liegen erste Ansätze der Buchführung: Auf Holztafeln werden die im Lauf der Zeit bereits erbrachten Zahlungen eingeschnitzt, so dass sich im Zweifel der Stand der Schuldtilgung dokumentieren lässt.[33]

Ein in unseren Augen jede Vorstellung sprengendes – und daher zur Erweiterung des Horizonts hervorragend geeignetes – Geldwesen hat sich einst auf der Südseeinsel Yap etabliert. Das von den Einheimischen ‚Fä' genannte Geld besteht aus durchbohrten Kalkstein- oder Aragonitscheiben, deren Größen von wenigen Dezimetern bis zu mehreren Metern reichen. Diese Steine stammen von der etwa 400 Seemeilen entfernten Insel Palau; dort fungierten Glasperlen als Entgeltmittel. Man begegnet ihnen desgleichen auf Yap, wo sie aber nicht als Geld in Erscheinung treten.[34] Bemerkenswerterweise durften die Hörigen auf Yap kein Steingeld mit mehr als vier Spannen Durchmesser besitzen[35], ein Indiz für einen schichtspezifischen Gebrauch archaischen Geldes.

---

[31] Gerloff, W., Die Entstehung …, a.a.O., S. 274.

[32] Vgl. Gerloff, W., Die Entstehung …, a.a.O., S. 53.

[33] Vgl. ebenda, S. 30 ff.

[34] Vgl. Polanyi, Ökonomie …, a.a.O., S. 341. Wegen des hohen Gewichts der Steine wurde durch das Loch ein Baumstamm gesteckt, an dem mehrere Träger anpacken konnten. Bisweilen hat das Fä zwei Löcher. Die Stücke, die einen über mannshohen Durchmesser aufweisen, stammen aus der Zeit nach 1872. Damals schwang sich der Ire Dean O'Keefe zum unumschränkten Herrn Yaps auf, weil seine Schiffe in der Lage waren, Steine mit zwei bis drei Metern Durchmesser zu transportieren, was mit den herkömmlichen Flößen der Yaper unmöglich war. In der Folge kam es zu einer regelrechten Inflation. Im Verlauf des Pazifikkrieges wurde etwa die Hälfte der Steinscheiben zum Bau von Befestigungsanlagen benutzt. Vgl. Köhler, M., Akkulturation in der Südsee, Die Kolonialgeschichte der Karolinen-Inseln im pazifischen Ozean und der Wandel ihrer sozialen Organisation, Frankfurt a. M. / Bern 1982, S. 243 und S. 434.

[35] Vgl. Gerloff, W., Geld …, a.a.O., S. 90 ff.

Die Bootsreise nach Palau und die beschwerliche Arbeit im Steinbruch war eine beachtliche Leistung. Dementsprechend stiegen die oft
erst nach einem Jahr zurückkehrenden jungen Männer und ihre Angehö-
rigen erheblich im Ansehen der Daheimgebliebenen.[36] Das Dorf nahm
die Steine in Empfang und stellte die schönsten Exemplare öffentlich aus.
Im Rahmen großer Feste, den sog. Mitmits, tauschten zwei Gruppen,
z. B. anlässlich einer Heirat oder einer Geburt, Geschenke in Gestalt eines
Wettstreits aus. Als Sieger galt, wer die andere Gemeinschaft reicher zu
beschenken vermochte.[37] Selbst bei Eigentümerwechsel wurden die großen Steine nicht von der Stelle bewegt; entscheidend war, dass man
wusste, wem der Stein gehört. Die physische Verfügbarkeit über das
Geld konnte sogar fehlen. Bereits die Zurechnung zu einer Person verlieh
Solvenz:

> „Als einmal ein großer Stein auf der Fahrt von Palau nach Yap über
> Bord fiel und seine Hebung unmöglich war", schreibt Schmölders,
> „minderte das den Reichtum seines Besitzers nicht im geringsten; noch
> Generationen später konnte Eigentum an diesem Stein erworben und
> übertragen werden, als handele es sich um Goldbarren im Tresor einer
> Bank."[38]

Das frühe Geld beschränkt sich nicht nur auf gewisse gesellschaftliche
Kreise, es existiert außerdem geschlechtlich differenziertes Geld; unter

---

[36] Wenn man möchte, lässt sich der Wert des Fä ‚arbeitswerttheoretisch' erklären.
Denn er gründet sich „… allein auf die Schwierigkeiten, die seine Gewinnung verursacht; er beruht also auf der Arbeitskraft, Zeit und Gefahr, die das Brechen, Be-
hauen und Verschiffen beansprucht. Sobald das Herbeibringen erleichtert wurde,
sank der Wert." Helmreich, Th., Das Geldwesen in den deutschen Schutzgebieten,
2. Teil, Mikronesien, Fürth 1913, S. 104.

[37] Vgl. Köhler, M., a.a.O., S. 93.

[38] Schmölders, G., a.a.O., S. 32. Erstmals berichtet wird diese Begebenheit von
Furness, W. H., The Island of Stone Money: Uap of the Carolines, Philadelphia /
London 1910, S. 97. Siehe auch Robertson, D. H., Das Geld, Berlin 1924, S. 109.
Als die Yaper sich weigerten, die Landstraßen ihrer Insel so auszubauen, wie es
ihnen die deutschen Kolonialherren aufgegeben hatten, wurden die Rebellen bestraft,
indem auf ihr Fä mit schwarzer Farbe die Buchstaben B. A. (als Abkürzung für
Bezirksamt) gemalt wurden. Um ihr auf diese Weise beschlagnahmtes Geld wieder
auszulösen, gehorchten die Aufrührer und richteten die Wege her. Daraufhin wurde
der ‚Kuckuck' durchgestrichen. Vgl. Helmreich, Th., Das Geldwesen …, 2. Teil,
a.a.O., S. 105 f.

Männern gilt dann eine andere Währung als unter Frauen. Überdies kommen Formen ‚geistigen Eigentums' vor, die übertragbar sind. Bei den Eskimos, denen Privateigentum an Sachen fremd ist, werden Zaubersprüche gehandelt, die besonderes Glück bei der Jagd verheißen. Wirksam soll der Zauber freilich nur sein, falls zuvor gezahlt worden ist.[39]

Ferner gibt es bestimmte Güter, deren Erwerb ein besonderes Geld erfordert; nirgendwo konnte man eine Frau gegen Muscheln kaufen, während für tagtägliche Geschäfte die Muschel durchaus als Entgeltmittel zirkulierte.[40] Der Tausch diente meist lediglich zur Ergänzung des Konsums, da in älteren Kulturen der ‚Grobbedarf' durch Selbstversorgung gedeckt wird. Diese autarken Personenkreise kennen hauptsächlich nur Arbeitsteilung im Inneren, so dass das Angebot auf den frühen Märkten in erster Linie vom klimatisch bestimmten Überschuss abhängt. In guten Zeiten ist das Angebot bei geringer Nachfrage reichlich, in schlechten Zeiten kehrt sich dieses Verhältnis um. Deswegen muss das Marktvolumen bescheiden bleiben, auch wenn die Preise stark schwanken. Der Handel begrenzt sich in der Regel auf die Veräußerung der im Krieg angeeigneten Güter, insbesondere das Sklavenangebot erfolgt meist in dem Bemühen, eine sonst nur schwer verwertbare, weil widerspenstige Beute zu versilbern.[41]

Der Gabentausch in den durch Reziprozität integrierten Völkern ist anfangs ein wesentlich emotional gefärbter Prozess, bei dem das Gegengeschenk erst allmählich obligatorisch wird. Schritt für Schritt verfestigt sich die Vorstellung, die Dedikationen hätten einander zu entsprechen. „Meinungsverschiedenheiten über die Fragen der Gleichwertigkeit der getauschten Gaben führen bei diesen Völkern oft zu erbitterten Streitigkeiten."[42]

Da die Präsente naturgemäß qualitativ divergieren, bedarf es eines quantitativen Vergleichsmaßstabs, um die Äquivalenz der Aushändigungen abzuschätzen. Das heißt noch lange nicht, die Einheit des Gutes, das im Tauschhandel überwiegend die vermittelnde Rolle spielt, wie etwa Getreide, werde zum Maßstab der Verpflichtungen im Gabenverkehr.

---

[39] Vgl. Gerloff, W., Geld ..., a.a.O., S. 82. Auf dem gleichen Prinzip basierte der Ablasshandel der katholischen Kirche im späten Mittelalter.

[40] Vgl. Weber, M., Wirtschaftsgeschichte, a.a.O., S. 209.

[41] Vgl. Laum, B., a.a.O., S. 13.

[42] Ebenda, S. 54.

Gleichwohl beruht das Gewichtssystem, mit dem auch Edelmetall gemessen wird, vielfach auf dem Getreidekorn. In Afrika bildete der getrocknete Samen des Johannisbrotbaumes das Gegengewicht zu Gold, in Ostindien wurde er gegen Diamanten aufgewogen. Die noch heute gebräuchliche Einheit ‚Karat' geht darauf zurück. Bei allen Besonderheiten im Konkreten kristallisiert sich in den Kulturen nach und nach ein zunehmender Hang zur Rechenhaftigkeit heraus, welche die Skalierung der gesellschaftlichen Wertordnung zulässt.[43]

Es wäre voreilig, daraus zu folgern, die Zähleinheit werde ‚automatisch' zum Tauschmittel. Das physische Äquivalent entsteht öfters eigenständig[44]; schon aus praktischen Gründen ist dafür in der Regel das Hort- und Prunkgeld ungeeignet. Die Auslese eines Gutes zum allgemeinen Standard ist ein sukzessiver Vorgang, und es ist keineswegs gesagt, dass sich am Ende ein einziges Tauschmedium etabliert. So andersartig die Hergänge jeweils sein mögen, das Gut wird ursprünglich nicht bewusst ausgewählt, um für alle Zeit und allein dieser Funktion zu genügen, sondern man gebraucht es zunächst bloß hie und da zur Übertragung von Werten:

> „Es gibt ja anfänglich nur wenige Tauschakte, und sie kommen in zeitlich oft großen Abständen vor. In der Zwischenzeit liegt aber das Vermittlungsgut keineswegs brach, etwa auf seine Verwendung als Geld wartend, sondern es dient anderen Zwecken (etwa dem Schmuckbedürfnis), um bei Bedarf, wenn es inzwischen nicht konsumiert worden ist, als Tauschgut wieder eingesetzt zu werden."[45]

Häufig ist die universelle Gegenleistung eine Ware; eine Tatsache, die sich in den Kolonien gut studieren lässt, da „… diese in einem Zeitraum von rund 300 Jahren wesentliche Stufen der Geldentwicklung durchlaufen haben."[46] Dort wird in etlichen Fällen die überwiegend produzierte Ware zur Währung, z. B. Tabak in Virginia oder das Mahagoniholz in Britisch-Honduras. Selbstverständlich zirkulierte das Holz im Gegensatz zum Tabak nicht als Tauschmittel, doch es fungierte als Wertmesser im

---

[43] Siehe beispielsweise die von Forstmann zusammengestellten relativen Preise, die bei Indianern des Missourigebiets anzutreffen sind. Vgl. Forstmann, a.a.O., S. 51.

[44] Vgl. Gerloff, W., Die Entstehung …, a.a.O., S. 63.

[45] Gerloff, W., Geld …, a.a.O., S. 79.

[46] Gerloff, W., Die Entstehung …, a.a.O., S. 57.

Handel. Abgaben und Geldstrafen wurden in einer Menge Holz festgesetzt, und es brachte die Buchhaltung sowie Verträge auf einen Nenner.[47]

Die geschilderten Geschehnisse bezeugen, dass das Geld einer Akzentverlagerung unterworfen war, in der die gefühlsmäßige, soziale Komponente in wachsendem Maße durch eine rechenhaft-wirtschaftliche verdrängt wurde. Stets ist das Geld ein „Verständigungsmittel wie die Sprache"[48], „... ein gesellschaftliches Gut ..., das nur in der Gesellschaft und durch die Gesellschaft zur Geltung gelangt."[49] Mit Geld *organisieren* sich Personenverbände; das gilt sowohl für die durch ökonomischen Tausch geprägten Gemeinschaften als auch für solche, in denen Gabenverkehr vorherrscht. In diesem Prozess wandelt sich mit den sozialen Beziehungen die Natur des Geldes, und jene ändern sich mit diesem.

> „Trieb, Gewohnheit und Verstand", fasst Gerloff zusammen, „die Ursprungskräfte aller kulturellen Schöpfungen haben bei der Schaffung des Geldes zusammengewirkt. Sie haben in dieser Reihenfolge die Ausbildung des Geldes bestimmt und deuten damit drei verschiedene Ebenen oder Stufen der Geldentwicklung an. Die Urtriebe, der Trieb nach Auszeichnung und der Sammeltrieb, führen zum Hortgeld. Die Gewohnheit des Gebrauches als Hortgeld läßt dieses Geld zum Zahlgeld (Bußgeld, Fehdegeld, Brautgeld) werden. Die Rationalisierung macht es (ohne daß damit eine kontinuierliche Entwicklung behauptet werden soll) zum Tauschgeld und weiter zum allgemeinen Verkehrsgeld."[50]

Die oben schon genannte, speziellere, weil geographisch und kulturell auf das alte Griechenland beschränkte Arbeit von Laum widerlegt ebenfalls die Auffassung, das generelle Äquivalent sei ein Geschöpf der Erdenbürger, um den Tausch möglichst reibungslos abzuwickeln. Der Werdegang des Geldes im homerischen Griechenland bestätigt zudem den noch aufzugreifenden Gesichtspunkt, dass das Wertmaß in verschiedenen Wertträgern zum Ausdruck kommen kann.

Ein – wenn nicht der – Urgrund jeder Religion ist die Angst:

---

[47] Vgl. ebenda, S. 58 ff.

[48] Gerloff, W., Geld ..., a.a.O., S. 273.

[49] Ebenda, S. 108.

[50] Ebenda, S. 258.

„Dem primitiven Menschen fehlt die Einsicht in die ihn umgebende Natur; er erkennt die kausale Verknüpfung ihrer Kräfte noch nicht. Er sieht nur die Wirkungen, und von den Wirkungen machen die den stärksten Eindruck auf ihn, welche seine Existenz bedrohen. Er beobachtet, wie Hagelschlag oder Sonnenbrand die wachsende Saat vernichtet, wie eine Krankheit seine Herden schlägt, wie er selbst von Krankheit ergriffen wird und daran zugrunde geht. Ueberall und immer fühlt sich der Mensch von Gefahr umgeben. Er lebt in dauernder Furcht, und diese Furcht ist ‚Anfang und Grund aller Gottesverehrung'."[51]

Als erstes versucht der Mensch, Schaden abzuwenden; Zauber und Magie erscheinen als die hierfür geeigneten Methoden. Auf einer späteren Stufe hofft er, Einfluss auf den Urheber der sein Dasein bedrohenden Kräfte zu gewinnen: Die Gottheit soll milde gestimmt werden.

„Das göttliche Wesen gestaltet der Mensch nach seinem eigenen Ebenbilde … Es ist nun eine einfache Folge dieses Anthropomorphismus, daß der Mensch der Gottheit gegenüber dasselbe Mittel anwendet, das er bei seinen Nebenmenschen benutzt, um ihren Zorn zu besänftigen oder ihre Gunst zu erwerben: Er bringt ihnen Gaben dar. So entsteht das Opfer."[52]

Etymologisch geht Geld aus der germanischen Wortsippe ‚gelten' hervor, deren Grundbedeutung ‚etwas erstatten, entrichten' ist und besonders auf religiöse Opfer bezogen wurde. Die Zünfte des Mittelalters, die Gilden, leiten ihren Namen aus der gleichen Wurzel ab; der originäre Sinn ist ‚Opfergemeinschaft'.[53] Auch das englische Wort ‚guilt', die Schuld, hat diesen Ursprung.

„Das Opfer heißt ‚gelt'. Als Opfer gilt ein Gut von bestimmter Art und Qualität. Dies aus der Menge der übrigen Güter hervorgehobene Gut dient als Lösungsmittel, bzw. Zahlungsmittel, wenn man das Verhältnis zwischen Gott und Mensch als ein Schuldverhältnis faßt; es dient als Tauschmittel, wenn das Opfer ein Tauschakt ist."[54]

---

[51] Laum, B., a.a.O., S. 19.

[52] Ebenda, S. 20.

[53] Vgl. ebenda, S. 39.

[54] Ebenda, S. 40.

Laum zeigt in seiner Studie, dass das im alten Griechenland heilige Rind als vornehmstes Opfertier zum *Wertmesser* wird. Das Rind gilt als Inkarnation der obersten Gottheiten; sein Opfer kann allen Göttern, die im Staatskult verehrt werden, dargebracht werden. Laum sieht in der Auswahl des geeigneten Opfertiers „den ersten Akt wirtschaftlichen Denkens". Das Vieh musste einer Norm genügen, damit es sich als Opfer eignete: „*... im Kultus, nicht im Handel, der keinerlei Typisierung kennt, sondern rein individuell ist, (hat) die Güterwertung ihren Anfang genommen.*"[55]

An dieses ‚Standardrind' denken die Achäer, wenn sie andere Güter mit ihm abschätzen. Die Quellen berichten von einem ‚zwölfrinderigen' Dreifuß oder von einem ‚vierrinderigen' Weib.[56] Das bedeutet nicht, dass die Rinder tatsächlich im Tausch für einen Dreifuß ausgehändigt wurden; stattdessen übergab der Käufer Gegenstände im *Wert* von zwölf Rindern. Insoweit untermauert die Studie Laums die vorher referierten Ergebnisse Gerloffs: Das Tauschmittel setzt ein Wertmaß voraus. Diese Erkenntnis wird im anschließenden Abschnitt aus systematischer Sicht erhärtet.

Die Arbeit Laums birgt reichliches Material, das die vorangegangene Darstellung der Bedeutungsverschiebung des Wortes Wirtschaft illustriert. Der Akt des Opferns schafft nicht nur ein Wertmaß, sondern im Wandel der Sitten und Gebräuche seines Vollzugs finden sich überdies Spuren gewisser ‚ökonomischer' Phänomene.

Zunächst lässt sich eine durch den Gottesdienst bedingte Arbeitsteilung nachzeichnen. Ist die Durchführung des Opfers anfänglich eine Pri-

---

[55] Ebenda, S. 27. Auch in anderen Kulturkreisen fungieren oft magisch-rituell bedeutsame Güter als Geld. So sind die Bewohner Neubritanniens ihr ganzes Leben bestrebt, möglichst viel ihrer aus einer Seeschnecke gefertigten Tambuwährung anzuhäufen. Sie zirkuliert nicht nur als Zahlungsmittel für die Güter des täglichen Bedarfs und als Sühnegeld, sondern sie erfüllt außerdem wichtige soziale und religiöse Funktionen. Der gesellschaftliche Aufstieg verlangt stets einen entsprechenden Besitz an Tambu. Nach dem Tod des Eigentümers wird sein gesamtes Tambu der Trauergemeinde vermacht. Sollte es dem Verblichenen während seines Lebens nicht gelungen sein, genügend Tambu für die Totenfeier anzusammeln, finde seine Seele keinen Frieden und sei dazu verdammt, im Wald umherzuirren. Vgl. Schneider, O., Muschelgeld-Studien, Dresden 1905, S. 13 ff. Siehe ferner Helmreich, Th., Das Geldwesen in den deutschen Schutzgebieten, 1. Teil, Neu-Guinea, Fürth 1912, S. 37 f.

[56] Vgl. Laum, B., a.a.O., S. 10 und S. 15.

vatangelegenheit, so erwächst allmählich einigen Gesellschaftsmitgliedern eine besondere Kompetenz in der Erledigung des Opfervorgangs: Ein Priestertum etabliert sich. Schließlich konnte kein Opfer mehr ohne Priester bereitet werden, „… weil nur er den Ritus so kannte, wie es notwendig war, um den Erfolg zu sichern. Der Priester ist unentbehrlich für den Verkehr der Menschen mit der Gottheit."[57] Es liegt nicht fern, das Entgeltmittel für die Tätigkeiten des Priesters zu identifizieren: das Rind. „Und zwar ist das Rind *Opferlohn für die Priester, weil es Opfergabe für die Götter war.*"[58] Aber diese ‚Währung' blieb nicht dem sakralen Bereich vorbehalten:

> „Das für uns wichtige Ergebnis ist", folgert Laum, „daß … die für den kultischen Verkehr geschaffene Norm in den privaten Verkehr übergeht. Das Gut, das im Kult als Entgeltungsmittel dient, wird auch im privaten Verkehr als solches anerkannt und verwendet."[59]

Das Rind ist zwar ein akzeptierter Wertträger, doch es wird nicht mit dem Vielfachen eines Tieres gezahlt und gerechnet. Die im Verhältnis zu dem wirtschaftlichen Potenzial relativ große Einheit ‚Rind' wird zerlegt, um die Vergütung je nach Leistung abstufen zu können.[60] Beim Opfer bringt man dem Gott nur gewisse, meist minderwertige Stücke dar, bestimmte Teile erhält der Priester und andere winken entweder als ‚Preisgeld' bei Wettkämpfen[61], oder sie werden als Entlohnung einer Arbeit für den Staat gemeinsam verspeist.[62]

Die Bedürfnisse des Priesters beschränken sich natürlich nicht auf das für ihn vorgesehene Fleisch des Opfertieres. Vielmehr bemüht er sich, mit dem Überschuss die anderen Güter zu erlangen, welche in seinen Begehrkreis fallen. Am Tempel *muss* ein Gütertausch entspringen: „Das Heiligtum wird mit Naturnotwendigkeit eine Keimzelle des Tauschhan-

---

[57] Ebenda, S. 41. Die Gründe für die Ausbreitung dieser Arbeitsteilung sind demnach völlig verschieden von jenen, die in modernen Gesellschaften wirken. Darauf gehen wir noch ausführlich ein.

[58] Ebenda, S. 43.

[59] Ebenda.

[60] Vgl. ebenda, S. 50.

[61] Vgl. ebenda, S. 57.

[62] Vgl. ebenda, S. 49.

dels und die Priesterschaft das erste Handelskollegium."[63] Selbst wenn die Gesellschaft durch relativ autarke Hauswirtschaften charakterisiert ist, deutet die Existenz eines Tempels stets auf Tausch hin. Weil seine Einnahmen stofflich immer gleich sind, lassen sich die insgesamt benötigten Lebensmittel nur durch Handel besorgen. Somit wird verständlich, warum das Geld als Tauschmedium zuerst in der Tempelwirtschaft auftritt.[64]

Das klassische Tauschmittel ist die Münze. Aber sie ist, wie das Geld überhaupt, nicht aus ökonomischen Überlegungen hervorgegangen. Ihr Entstehen rührt aus einer veränderten Haltung des Menschen zur Gottheit her. Gott wird nun als *ewiges, geistiges* Wesen gedeutet, dessen Gnade nicht länger durch kurzlebige, materielle Gaben zu gewinnen ist: „Das in natura gegebene Opfer wird abgelöst durch eine Nachbildung aus Edelmetall."[65] Der Übergang vom Inhalt zur Form beginnt, die Substanzverflüchtigung des Geldes setzt ein, es fängt an, bloßes Zeichen zu werden. Das Opfertier selbst wird durch die Münze symbolisiert, der Kopf steht künftig als *Pars pro toto*. Doch die ‚Kaufkraft' überträgt sich:

> „So lange der Glaube lebendig ist, mit Hingabe dieses Bildes die Schuld gegen die Götter ablösen zu können, so lange werden dagegen Güter hergegeben ... Der Tempel erhält für diese Idole andere Güter, sie sind also für ihn Tauschmittel ..."[66]

Aus *dieser* Sphäre kommt die eigentliche Bedeutung des Münzstempels. Er hat zunächst nicht den Zweck, Nachahmungen zu erschweren, sondern er ist eine magische Eigentumsmarkierung. Da der Tempel das Metall ausleiht, muss gewährleistet sein, dass das der Gottheit Gehörende in gleicher Menge und Qualität wieder zurückfließt. Deswegen drückt man das Bild des Gottes auf.[67] Die Prägung ist eine heilige Signatur; eine Münzfälschung gilt demgemäß als Sakrileg, und das Vergehen wird mit

---

[63] Ebenda, S. 101.

[64] Vgl. ebenda, S. 103. Auch später ist die Kirche ein Ort, an dem viel getauscht wird. „Wir bezeichnen heute die großen Organisationen des Warenverkaufs als Messen; der Name stammt von der religiös-kirchlichen Handlung. Messe und Markt fanden zu gleicher Zeit und am selben Ort statt." Ebenda, S. 99.

[65] Ebenda, S. 91.

[66] Ebenda, S. 95.

[67] Vgl. ebenda, S. 142.

dem Tode bestraft. Hierdurch wandelt sich der Stempel tatsächlich zu einer Art Qualitätssiegel. Seine Anerkennung beruht auf dem Respekt vor dem heiligen Emblem. Das an sich kaum wertvolle Eisengeld der Spartaner verdankt seine Gültigkeit ebenfalls dieser Ehrfurcht. Als diese nachließ, musste der Staat zu Zwang greifen.[68] In der Ära der ungebrochenen religiösen Autorität der Münze zählt jede Stück für Stück, unabhängig von Größe und Gewicht. Herodot berichtet von der zwangsweisen Tempelprostitution in Babylon, dort dürfe die Silbermünze nicht abgelehnt werden, einerlei, wie groß sie sei, denn man erachte sie als heilig.[69]

Für die römische Münze lässt sich der sakrale Ursprung nur rudimentär belegen, sie ist viel eher eine Kreation der staatlichen Rechtsordnung.[70] Infolgedessen steht die Vergleichbarkeit des Wertes der einzelnen Münzen im Vordergrund. Dennoch bleibt das Verhältnis von Gold zu Silber lange mystischen Ursprungs. Bis zur Neuzeit beträgt es etwa $1:13^{1}/_{3}$. Die Tauschrelation zwischen den beiden Edelmetallen richtete sich freilich nicht nach Angebot und Nachfrage, wie man meinen mag, sondern orientierte sich an den Umlaufzeiten der Gestirne: Die Sonne repräsentierte das Gold, der Mond versinnbildlichte das Silber.[71]

Die Skizze der Laufbahn des Geldes zeigt, dass sein Werden, ohne ein von vornherein zielgerichteter Prozess zu sein, durch eine schwindende Emotionalität, eine nachlassende Magie, eine zunehmende Säkularisierung und Demokratisierung und schließlich durch eine (heute praktisch perfekte) Entstofflichung geprägt ist. Gleichwohl datiert das reine Zeichengeld früher als die moderne Buchgeldschöpfung. Am Kongo benutzen manche Völker Strohmatten oder Grastücher als universelle Gegenleistung, die ursprünglich quadratisch sind, später aber nur aus einem Gewirr von Heu bestehen. In Teilen des westlichen Sudans zirkulieren Streifen aus blauem Stoff, die nach und nach zu bloßen Fetzen werden.[72]

---

[68] Vgl. ebenda, S. 155. Ein Argument für die Beibehaltung des Eisengeldes in Sparta lautete, es unterbinde die Korruption, denn mit ihm werde die Anhäufung größerer Schätze im Geheimen erschwert.

[69] Vgl. Polanyi, K., Ökonomie ..., a.a.O., S. 318.

[70] Vgl. Laum, B., a.a.O., S. 155. Diesen Aspekt betont Knapp, G. F., Staatliche Theorie des Geldes (1905), 3. Aufl., München / Leipzig 1921.

[71] Vgl. Laum, B. a.a.O., S. 128 f.

[72] Vgl. Polanyi, K., Ökonomie ..., a.a.O., S. 318.

Stets ist das Geld jedoch eine soziale Einrichtung, ein Werkzeug zur Organisation von Verhältnissen zwischen Menschen und (ihren) Dingen, ein Verständigungsmittel über Kostbarkeiten. Immer erhält das Geld für das Individuum seinen Wert von *außen*, durch eine gesellschaftliche Zuweisung.

Der Ausflug in die Vergangenheit lohnte sich schon, weil häufig anzutreffende Vorurteile korrigiert werden konnten. Zudem hat der Abstecher die Neugier geweckt, inwiefern das Geld in der modernen, durch ökonomischen Tausch gekennzeichneten Wirtschaft als Kommunikationsmedium fungiert. Darüber instruiert der folgende Abschnitt.

1.5.2 Funktion und Wesen des Geldes

Für eine systematisch-analytische Untersuchung des Geldbegriffs erweist es sich als zweckmäßig, vom ökonomischen Tausch und seiner Geschichte auszugehen. Dessen einfachste Erscheinungsform ist der Naturaltausch; eine Ware wird gegen eine andere direkt umgesetzt, oder in der Schreibweise von Karl Marx: *W – W*. Der unmittelbare Tausch, beispielsweise von Bibern gegen Hirsche, ist vom konkreten *Gebrauchswert* der *Güter* für die an ihm Beteiligten bestimmt. Sind deren Bedürfnisse gestillt, findet der Prozess sein Ende. Diese Transaktionsmethode bedarf keiner gesellschaftlichen Arbeitsteilung. Gibt der Hinz dem Kunz eine Bibel für ein Stück Speck, sagt das allein nichts über die soziale Produktionsweise aus. Der Naturaltausch dominiert in den frühen Kulturen, in welchen die einzelnen Subsistenzwirtschaften nur gelegentlich Handel treiben. In solchen Sozietäten ist die Herstellung noch nicht systematisch auf die Befriedigung einer anonymen Marktnachfrage zugeschnitten.[73] Aus diesem Grund wäre es eigentlich sinnvoller, in diesem Fall von *Gütern* statt von *Waren* zu reden. Dies hätte sich in einer passenden Symbolik nieder-

---

[73] Eines der interessantesten Handelssysteme ist der als Kula bezeichnete Ringtausch im Massimgebiet von Papua-Neuguinea. Dabei werden zwischen festen Partnern Halsketten im Uhrzeigersinn von Insel zu Insel weitergereicht, während Armringe entgegengesetzt zirkulieren. Vgl. Malinowski, B., Argonauten des westlichen Pazifik, Ein Bericht über Unternehmungen und Abenteuer der Eingeborenen in den Inselwelten von Melanesisch-Neuguinea (englisch 1922), Frankfurt a. M. 1979. Neuere Forschungsergebnisse bringt der Sammelband Leach, J. W., Leach, E. (Hrsg.), The Kula, New Perspectives on Massim Exchange, Cambridge u. a. 1983.

zuschlagen. Die begriffliche Unschärfe ist jedoch weit verbreitet und wohl nicht mehr auszurotten. Sie wird uns gleich wieder begegnen. Zudem machen beim Naturaltausch die Begriffe Käufer und Verkäufer keinen Sinn. Weder Hinz noch Kunz lassen sich einschlägig etikettieren. Erst wenn ein allgemeines Tauschmittel dazwischengeschaltet wird, kann man Kauf und Verkauf auseinanderhalten.

Bei der „einfachen Warenzirkulation" $W - G - W$[74] zerfällt die Transaktion in zwei halbe Tauschakte, den *Verkauf* Ware gegen Geld ($W - G$) und den *Kauf* Geld gegen Ware ($G - W$). Diese Übertragung setzt gleichfalls nicht unbedingt Arbeitsteilung voraus. Wiederum ist zwischen dem eher zufälligen Tausch zur Ergänzung der selbst erzeugten Güterpalette und einer gesellschaftlichen Spezialisierung der Produzenten auf einzelne Waren zu unterscheiden. In den gängigen Erläuterungen der Funktionen des Geldes taucht diese – wie sich später zeigen wird, entscheidende – Trennung nicht auf. Der Vorteil des Geldgebrauchs rührt nach der herrschenden Lehre von seiner Eigenschaft her, die Schwerfälligkeit des direkten Handels von Gebrauchswerten abzubauen. Das folgende einfache Beispiel, welches mit Absicht nicht auf eine *Waren*produktion abstellt, soll als Vergleichsbasis dienen, um den qualitativen Sprung zu verdeutlichen, der zwischen Naturaltausch und monetär vermittelter Güterallokation liegt.

Versetzen wir uns auf einen Spielplatz. Alfred, Bernd und Claus beabsichtigen, ihren Nutzen zu mehren. Dafür sind sie bereit, ihre Schätze herzugeben. Alfred besitzt Gummibärchen und hätte gerne Kieselsteine. Bernd ist willens, seine Zinnsoldaten gegen Gummibärchen abzutreten. Claus verfügt über Kieselsteine und begehrt Zinnsoldaten. Die Aufstellung informiert über ‚Angebot und Nachfrage der Wirtschaftssubjekte'.

Übersicht I.1: Angebot und Nachfrage auf einem Spielplatz

	Alfred	Bernd	Claus
Angebot	Gummibärchen	Zinnsoldaten	Kieselsteine
Nachfrage	Kieselsteine	Gummibärchen	Zinnsoldaten

Was passiert? – Zunächst nichts. Obwohl im Aggregat jedes Angebot auf Nachfrage stößt, kommt es im ersten Anlauf zu keinem Handel. Es fin-

---

[74] Vgl. Marx, K., Das Kapital, 1. Bd., a.a.O., S. 161 ff.

den sich keine Partner, die jeweils gerade das wollen, was der andere ihnen anbietet *und* der umgekehrt genau das nachfragt, was offeriert wird; es fehlt an der sog. doppelten Koinzidenz. Erst durch Dreieckstausch kann es zu einem Ausgleich von Angebot und Nachfrage kommen.[75] Alfred tauscht beispielsweise mit Bernd seine Gummibärchen gegen dessen Zinnsoldaten, um daraufhin diese wiederum gegen Claus' Kieselsteine zu veräußern. Schließlich haben alle, wonach sie streben. Aber das Risiko im Dreieckstausch ist ungleichmäßig verteilt. Alfred muss zweimal tauschen, ehe er bekommt, was er möchte, während die beiden anderen schon in der ersten Runde ihre Wünsche befriedigen können. Bei fehlender doppelter Koinzidenz besteht jedoch *a priori* keine Garantie – vor allem bei einer größeren Zahl von Anbietern und Nachfragern –, die zwischendurch erworbenen, eigentlich nicht erwünschten Güter letztes Endes immer gegen das Ersehnte umsetzen zu können.

Ein generelles Äquivalent schafft hier Abhilfe. Es verringert die Unsicherheit, die bei zirkulärem Handel in der Naturaltauschwirtschaft auftritt. Das kann es nur, sofern (relativ) gewiss ist, dass man dafür später auch wieder etwas erhält. Dieses Risiko ist recht gering, wenn das allgemeine Tauschmittel selbst einen Gebrauchswert hat, der nicht auf seiner Kaufkraft beruht. Frühe Formen des Geldes, wie Getreide, Salz, Felle

---

[75] Vgl. Schneider, E., Einführung in die Wirtschaftstheorie, I. Teil, Theorie des Wirtschaftskreislaufs, 14. Aufl., Tübingen 1969, S. 20 f. Menger zitiert in diesem Zusammenhang ein prägnantes Beispiel aus dem Bericht einer Afrikareise von Cameron und Barth: „Boote zu erhalten, war mein nächster Gedanke. Da die Besitzer von zwei mir zugesicherten Booten abwesend waren, suchte ich ein dem Syde ibn Habib gehöriges von seinem Agenten zu mieten. Sydes Agent wollte aber in Elfenbein bezahlt sein, das ich nicht besaß; ich erfuhr indes, daß Mohamed ben Salib Elfenbein habe und Baumwollzeug brauche. Da ich aber kein Baumwollzeug hatte, so nützte mir dies wenig, bis ich erfuhr, daß Mohamed ibn Gharib Baumwollzeug habe und Draht brauche. Glücklicherweise besaß ich diesen. So gab ich denn dem Mohamed ibn Gharib die entsprechende Menge Draht, worauf er dem Mohamed ben Salib Baumwollzeug gab, der seinerseits Syde ibn Habibs Agenten das gewünschte Elfenbein gab. Hierauf gestattete mir dieser, das Boot zu nehmen." Menger, C., Grundsätze ..., a.a.O., S. 245 Fn. Nach Erich Schneider gebührt Walras das Verdienst, die Bedeutung des mittelbaren Tausches bei drei und mehr Gütern erkannt zu haben: „Weder Menger noch Jevons haben darauf hingewiesen", setzt er – wie das Zitat zeigt, nicht ganz richtig – fort. Vgl. Schneider, E., Einführung in die Wirtschaftstheorie, IV. Teil, Ausgewählte Kapitel der Geschichte der Wirtschaftstheorie, 1. Bd., Tübingen 1962, S. 252 Fn.

oder die Zigarettenwährung nach dem Zweiten Weltkrieg, eignen sich zu dieser unmittelbaren Konsumtion. Schon beim Edelmetallgeld ist das nicht mehr ohne Weiteres so.[76] Die Geschichte des Geldes ist von einem beständigen Schwinden des Stoffwertes des Geldmediums gekennzeichnet. Im Zuge dessen musste naturgemäß seine Tauglichkeit zum direkten Verbrauch zurückgehen; beim reinen Buchgeld fallen selbst die Knopf- und die Heizfunktion als Geldverwendung fort.

Die Einführung eines allgemeinen Entgeltmittels erweist sich ab einem bestimmten Niveau des Tauschverkehrs nicht nur als sinnvoll, sondern darüber hinaus als *praktisch* unentbehrlich. Hierdurch sinken die Transaktionskosten der Güterallokation, die sonst unter Umständen prohibitiv hoch sein können. Allerdings entpuppt sich die Frage, wie das Zahlungsmedium, das ja hinreichend dokumentiert sein muss, in Verkehr gebracht wird, keineswegs als trivial; insbesondere spielt die notwendige Geldmenge und ihre Lokation eine oft etwas stiefmütterlich behandelte Rolle.[77]

Der Unterschied zwischen Naturaltausch und einfacher Warenzirkulation reduziert sich nicht ausschließlich auf die Einschaltung eines Wertträgers, der die Umständlichkeit der direkten Besitzübertragung vermindert. Die qualitative Differenz zwischen Naturaltausch und einfacher Warenzirkulation weitet sich aus, falls die einfache Warenzirkulation wirklich Warenproduktion ist; es liegt dann eine gesellschaftliche Arbeitsteilung vor. Die Produzenten haben sich auf die Erzeugung bestimmter Objekte spezialisiert, und sie müssen sich selbst auf Märkten mit fremdgefertigten Vorleistungen versorgen, um leben und arbeiten zu können.

Jetzt wird eine der in der Drei-Funktionentheorie des Geldes aufgezählten und gleichrangig neben die beiden anderen platzierte Funktion zur unerlässlichen Voraussetzung, um überhaupt arbeitsteilig wirtschaften zu können. Es handelt sich um die Recheneinheit. Ein einfaches Beispiel veranschaulicht die Behauptung.

---

[76] „Auch bei vollwertigem Geld war und ist es nicht das Edelmetall, das dem Geld Wert verleiht – sondern umgekehrt: das Geld ist es, das das Metall wertvoll macht ... Gold und Silber hätten viel niedriger im Wert gestanden ohne diese Nachfrage." Veit, O., a.a.O., S. 10 f.

[77] Vgl. Krause, U., Geld und abstrakte Arbeit, Über die analytischen Grundlagen der Politischen Ökonomie, Frankfurt a. M. / New York 1979, S. 62 ff.

Nehmen wir an, in einer Wirtschaft werden lediglich drei homogene Waren hergestellt: Weizen (*W*), Eisen (*E*), Schweine (*S*).[78] Die nachstehenden, gleichungsähnlichen Ausdrücke repräsentieren Fabrikationsprozesse, wobei der Pfeil (→) andeutet, dass ein Input – links vom Pfeil – in einen Output – rechts vom Pfeil – transformiert wird. Die Lebensmittel der Produzenten sind in den Einsatzgütern enthalten. Da sich physisch heterogene Mengen nicht addieren lassen, symbolisiert das kaufmännische Und (&) den Einsatz im Sinne des „Man nehme", wie es in Kochrezepten heißt.[79]

$$240\,W \;\&\; 12\,E \;\&\; 18\,S \rightarrow 450\,W$$
$$90\,W \;\&\; 6\,E \;\&\; 12\,S \rightarrow 21\,E$$
$$\underline{120\,W \;\&\; 3\,E \;\&\; 30\,S \rightarrow 60\,S}$$
$$450\,W \qquad 21\,E \qquad 60\,S$$

Der gesamte Ausstoß fließt wieder in die Erzeugung zurück, in diesem einfachen Modell existiert (noch) kein gesellschaftlicher Überschuss. Eine solche Ökonomie kann daher nicht wachsen; die Wirtschaftsaktivität stagniert Jahr für Jahr auf dem gleichen Niveau – wenn wir diese ‚agrarische' Zeitspanne als Einheitsperiode von Herstellung und Verbrauch betrachten.[80] Ferner werde am Ende dieses Intervalls auf einem Markt getauscht. Der Ertrag jedes Verfahrens muss hinreichen, um die notwendigen Einsatzgüter für den nächsten Produktionszyklus zu erwerben. Dabei ist klar, dass der Weizensektor das Getreide, das er selbst verbraucht, nicht auf den Markt wirft; *mutatis mutandis* verhalten sich die beiden anderen Zweige. Wir haben somit folgende ‚Budgetrestriktionen':

---

[78] Das Exempel stammt von Sraffa, P., Production of Commodities by Means of Commodities, Prelude to a Critique of Economic Theory, Cambridge 1960, S. 4. Das Symbol *W* repräsentiert nunmehr nicht mehr schlechthin eine Ware, sondern eine bestimmte Getreidesorte.

[79] Sraffa verwendet hingegen das Pluszeichen.

[80] „A year is assumed in political economy as the period which includes a revolving circle of production and consumption." Mill, J., Elements of Political Economy, London 1821, S. 185. Es wird sich allerdings zeigen, dass diese ‚sukzessivistische' Betrachtungsweise eine verfehlte Interpretation einer grundsätzlich simultanen (industriellen) Erzeugung heraufbeschwört.

$$12\,E\,\&\,18\,S \leftarrow 210\,W$$

$$90\,W\,\&\,12\,S \leftarrow 15\,E$$

$$120W\,\&\,3\,E \leftarrow 30\,S$$

Jetzt sind links vom Pfeil die Waren aneinandergereiht, die durch Hergabe des rechts vom Pfeil abzulesenden Nettooutputs besorgt werden müssen. Der Weizensektor z. B. bietet 210 W an, seine Nachfrage umfasst 12 E und 18 S.

Wie spürt man die relativen Preise dieser Wirtschaft auf? Probieren wir im ersten Schritt, das physische Angebot mit der stofflichen Nachfrage zu konfrontieren. Die Weizenabteilung tausche mit der Eisenindustrie 12 E gegen 90 W sowie mit der Schweinezucht 18 S gegen 120 W ein. Drücken wir die Gleichsetzung im Handel durch das Äquivalenzzeichen ($\Leftrightarrow$) aus, erhalten wir:

$$12\,E \Leftrightarrow 90\,W \tag{I.1a}$$

$$18\,S \Leftrightarrow 120\,W \tag{I.2a}$$

Für die Eisenindustrie gilt analog:

$$90\,W \Leftrightarrow 12\,E \tag{I.1b}$$

$$12\,S \Leftrightarrow 3\,E \tag{I.3a}$$

Und für den Schweinesektor:

$$120\,W \Leftrightarrow 18\,S \tag{I.2b}$$

$$3\,E \Leftrightarrow 12\,S \tag{I.3b}$$

Man gelangt zu drei Ausdrücken, nämlich (I.1), (I.2) und (I.3), die jeweils zweimal (a, b) – nur andersherum geschrieben – auftauchen. Versuchen wir, das System zu lösen. Aus (I.1a) errechnet man sofort:

$$1\,W \Leftrightarrow \frac{12}{90}\,E \tag{I.1c}$$

(I.1c) in (I.2a) bringt:

$$18\,S \Leftrightarrow 120\frac{12}{90}\,E \Leftrightarrow 16\,E \tag{I.4a}$$

Der ‚Eisenpreis eines Schweins' beläuft sich demnach auf:

$$1\,S \Leftrightarrow \frac{16}{18}\,E \Leftrightarrow 0{,}88889\,E \qquad\qquad (\text{I.4b})$$

Aus (I.3a) gewinnt man jedoch:

$$1\,S \Leftrightarrow \frac{3}{12}\,E \Leftrightarrow 0{,}25\,E \qquad\qquad (\text{I.3c})$$

Offensichtlich herrscht zwischen (I.4b) und (I.3c) eine Diskrepanz; auf diese Art scheitert im vorliegenden Fall die Ermittlung eines funktionsfähigen Tauschsystems.[81] Die bilaterale materielle Bedarfsdeckung bietet keine Gewähr für die Einhaltung der Reproduktionsbedingung. Dies ist die Ursache für das regelmäßige Scheitern der reinen Mengenplanung, wie sie in den Ländern des real existierenden Sozialismus versucht worden ist. – Welcher Weg ist stattdessen einzuschlagen?

Natürlich sollten jeweils die Ausgaben gleich den Einnahmen sein, jedoch darf man nicht ‚natural' kalkulieren, sondern nur in *Werten*; die einzelnen Waren müssen so gewichtet werden – mit Preisen! –, dass sich konsistente Tauschrelationen ergeben.[82] Jetzt ist es erlaubt, das Plus- sowie das Gleichheitszeichen zu verwenden. Die Budgetrestriktionen unserer Modellwirtschaft lauten nunmehr:

$$210\,p_W = 12\,p_E + 18\,p_S \qquad\qquad (\text{I.5})$$

$$15\,p_E = 90\,p_W + 12\,p_S \qquad\qquad (\text{I.6})$$

---

[81] Sraffa war offenbar die mögliche Widersprüchlichkeit nicht bewusst. In seinen im Internet verfügbaren Notizen aus dem Winter 1927/28 kommentiert er ein allgemein formuliertes Produktionsmodell ohne Überschuss für drei Güter *A*, *B* und *C*: „These are homogeneous linear equations. They have infinite sets of solutions, but the solutions of each set are proportional … These proportions we call ratios of Absolute values. They are purely numerical relations between the things *A*, *B* …" Vgl. Sraffa, P., Manuskript, http://trin-sites-pub.trin.cam.ac.uk/manuscripts/Sraffa_D3_12_5/manuscript.php?fullpage=1&startingpage=1, S. 2.

[82] Erich Schneider geht bei der Analyse des Tauschs zwischen drei Wirtschaftssubjekten von einem Tausch aus Beständen aus und führt bereits am Anfang der Analyse in „DM als Rechnungseinheit" ausgedrückte Preise ein. Vgl. Schneider, E., Einführung in die Wirtschaftstheorie, II. Teil, Wirtschaftspläne und wirtschaftliches Gleichgewicht in der Verkehrswirtschaft, 13. Aufl., Tübingen 1972, S. 408.

$$30 p_S = 120 p_W + 3 p_E \tag{I.7}$$

In diesen Gleichungen symbolisiert p_i ($i = W, E, S$) den jeweiligen Preis der entsprechenden Einheit. Aus (I.5) resultiert:

$$p_E = \frac{1}{12}(210 p_W - 18 p_S) \tag{I.5a}$$

(I.5a) in (I.6) liefert:

$$15\frac{1}{12}(210 p_W - 18 p_S) = 90 p_W + 12 p_S$$

Einige Umformungen steuern auf

$$p_S = 5 p_W \tag{I.8}$$

zu. Eingesetzt in (I.5a) ergibt zunächst:

$$p_E = \frac{1}{12}(210 p_W - 90 p_W)$$

Daraus folgt:

$$p_E = 10 p_W \tag{I.9}$$

Die Substitution von (I.9) und (I.8) in (I.7) mündet in:

$$150 p_W = 150 p_W$$

Somit kann willkürlich eine positive Preiszahl des Weizens gewählt werden. Außerdem wird dessen physische Mengeneinheit zum Preismaß. Das Preissystem hat einen Freiheitsgrad, lediglich die *relativen* Tauschverhältnisse sind determiniert. Erheben wir eine bestimmte Weizenquantität (Doppelzentner) zur Zähleinheit und setzen ihren Preis gleich eins, erhalten wir die *absoluten* Preise $p_E = 10$ (Doppelzentner Weizen) und $p_S = 5$ (Doppelzentner Weizen).

Die wesentliche Erkenntnis der vorangegangenen Analyse besteht darin, dass eine arbeitsteilige, über Märkte koordinierte Warenproduktion ohne Recheneinheit *gar nicht funktionieren kann*. Die relativen Werte, mit denen *allein* die Budgetrestriktionen zu erfüllen sind, können sich erst bilden, sobald *alle* Akteure *denselben* Maßstab ihren Dispositionen zugrunde legen. Die Wahl eines Numéraire erschöpft sich also qualitativ keineswegs in der Elimination eines Freiheitsgrades, wie die Sprachregelung in totalanalytischen Studien seit Walras suggeriert. Außerdem darf – worauf wir später stoßen werden – nicht irgendein Gut Standard sein; vielmehr eignen sich hierfür nur bestimmte Waren. Zufälliges Tauschen kann auf einen derartigen Wertbezugspunkt verzichten. Daher ist der Tausch aus Beständen, auf den die Lehrbücher abstellen, ein ungeeigneter Anwendungsfall, um die tiefere Bedeutung der Recheneinheit zu demonstrieren.

Im obigen Beispiel ging es um die Ermittlung der Tauschverhältnisse einer Ökonomie, die den Bedingungen der einfachen Reproduktion gehorcht. In einer solchen Wirtschaft *müssen* die hergestellten Güter*ströme* so bewertet werden, dass eine Allokation erfolgt, die eine Erzeugung auf gleichem Niveau wie in der Vorperiode gestattet. In der arbeitsteiligen Warenproduktion ist die Verwandlung der heterogenen Input- und Outputquantitäten in homogene Wertgrößen unerlässlich, um den Erfordernissen, denen die Wirtschaft unterworfen ist, genügen zu können: Die Einnahmen aus der spezialisierten Produktion müssen hinreichen, die verschiedenen Vorleistungen zu beschaffen. Das kann nur bewerkstelligt werden, wenn Einsatz und Ausstoß gleich dimensioniert sind.

Für eine dezentral organisierte Arbeitsteilung ist ein um dasselbe Numéraire kreisende Denken in *Werten* notwendig; ein intellektuelles, abstraktes Phänomen, das die gesamte Wirtschaftsgesellschaft durchdrungen haben muss. Beim frühen Tausch, der sich allein aus einem Überschuss speist und der nicht darauf zugeschnitten ist, den Input für die eigene Produktion zu erwerben, tritt dieser Zwang nicht auf.

Die Zähleinheit eicht eine *Verhältnisskala*, eine Rangfolge, in welcher der Wert null einen Sinn macht und in der eine Ähnlichkeitstransformation – die Multiplikation einer Maßeinheit mit einem positiven Faktor – informationserhaltend ist. So ist es ohne Belang, ob Körpergrößen in Millimetern oder in Zentimetern verglichen werden: Stets ist der Riese größer als der Zwerg. Demnach ändert ein Währungsschnitt gar nichts, falls sonst nichts geschieht. Der Maßstab, in dem kalkuliert wird, ist für sich gesehen ohne Eigenwert wie Gramm, Meter oder Watt.

Üblicherweise wird der Nutzen eines Numéraire an Beispielen illustriert, die sich auf *Bestände* beziehen. Sind in einer Wirtschaft *n* Güter vorhanden, lassen sich dort $\frac{n(n-1)}{2}$ unabhängige, relative Tauschverhältnisse bilden. Deklariert man den Preis eines beliebig ausgesuchten Guts zum Generalnenner, reduziert sich die Zahl der absoluten Preise auf $(n - 1)$. Mit der Einigung auf eine Recheneinheit ist eine deutliche Senkung der Informationskosten verbunden, denn für $n > 2$ ist die Zahl der relativen Preise größer als die der absoluten und ihre Wachstumsrate ist doppelt so hoch.[83] Beim Besitzwechsel aus Beständen erleichtert ein Zählgut den Überblick und senkt somit die Transaktionskosten.

Die Existenz eines Numéraire lässt jedoch keineswegs auf die Verbreitung eines allgemeinen Tauschmittels schließen. Beide Geldfunktionen müssen auch nicht miteinander verschmelzen. Über Jahrhunderte hinweg wurde etwa das Silberpfund der karolingischen Münzreform als *Tertium comparationis* beim Umwechseln verschiedener Währungen benutzt, wenngleich es nie zur Münze geschlagen worden ist.[84] Im Lauf der Geschichte fungierten eine Reihe von Gütern als Recheneinheit, ohne je als Tauschmittel zu dienen.

> „The Romans are said to have had nothing but copper money till within five years before the first Punic war", berichtet Adam Smith mit Plinius als Gewährsmann, „when they first began to coin silver. Copper, therefore, appears to have continued always the measure of value in that republick ... Though the *Sestertius*, therefore, was originally a silver coin, its value was estimated in copper."[85]

Eucken erwähnt ebenfalls ein Chaos von Geldsorten zu hellenistischer Zeit im Ostmittelmeerraum, so dass Tauschmedium und Recheneinheit auseinanderfallen mussten.[86] Aber die Einführung eines *generellen* Äquivalents bringt in der arbeitsteiligen Warenproduktion Vorteile.

Betrachten wir nochmals die Weizenindustrie des vorangegangenen Beispiels (vgl. Übersicht I.2). Sie benötigt vom Eisensektor $12\,E\,(1)$[87], für die $120\,p_W$ zu zahlen sind. Diese Summe kann durch den Weizenver-

---

[83] Die Herleitung findet sich in Helmedag, F., Geldfunktionen, in: das wirtschaftsstudium (wisu), 24. Jg. (1995), S. 711-717, S. 729.

[84] Vgl. Schmölders, G., a.a.O., S. 27.

[85] Smith, A., An Inquiry ..., a.a.O., S. 56. Weitere Beispiele bringt Gerloff, W., Die Entstehung ..., a.a.O.

[86] Vgl. Eucken, W., a.a.O., S. 181.

[87] Ziffern in Klammern verweisen auf die entsprechende Transaktion in der Abbildung.

kauf an die Eisenabteilung in Höhe von $90\,p_W$ (2) nicht direkt gedeckt werden. Wie finanziert der Weizensektor die noch offene Eisenrechnung? Blicken wir auf die Lieferverflechtungen zwischen Weizen- und Schweineindustrie. Die 18 Schweine, die der Weizensektor braucht, kosten $90\,p_W$. An die Schweinemast wird hingegen Weizen im Wert von $120\,p_W$ (3) veräußert. Der Weizensektor macht aus diesem Geschäft einen Überschuss von $30\,p_W$ oder 6 Schweinen (4). Diese 6 Schweine gibt der Weizensektor zusätzlich zu seiner Weizenlieferung an die Eisenindustrie (5), um den Rest der Metallzeche zu begleichen.

Übersicht I.2: Die Tauschstruktur der
Weizen-Eisen-Schweine-Wirtschaft

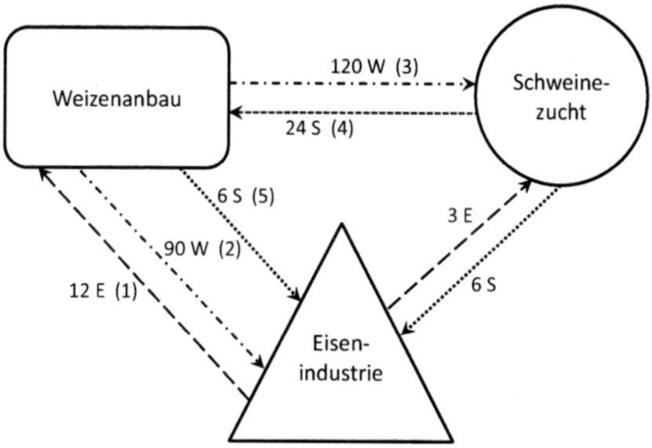

Fehlt eine Kaufkraftverkörperung, müssen – sofern man vom Naturalkredit absieht – *zuerst* die Weizen- und die Schweineabteilung tauschen, ehe der Weizen- mit dem Eisensektor Geschäftsbeziehungen aufnehmen kann – Verhältnisse wie auf unserem Spielplatz. Das konsistente Preissystem ist bekannt, trotzdem kommt es bei Abwesenheit eines akzeptierten Zahlungsmittels zu einem Dreieckstausch. Nur wenn die physischen Lieferbeziehungen zwischen allen Sektoren keinen Saldo aufweisen, liefern die direkten Mengenbedarfe widerspruchsfreie relative Preise.

Tauschmedium und Recheneinheit erfüllen zwei eigenständige Aufgaben.[88] Allerdings unterscheiden sich die beiden Funktionen in qualitati-

---

[88] Darauf hat Koopmans bereits in den 30er Jahren hingewiesen. Vgl. Koopmans, J. G., Zum Problem des „neutralen" Geldes, in: Beiträge zur Geldtheorie, hrsg. v. Hayek, F. A. v., Wien 1933, S. 211-359, S. 247.

ver Hinsicht voneinander: „... denkbar ist zwar ein Markt ohne allgemeines Zahlungsmittel, aber nicht ohne allgemein anerkannte Recheneinheit."[89] Das Numéraire ist das *systematische* Prius der Tauschmittelfunktion: ohne Generalnenner keine marktkoordinierte gesellschaftliche
Arbeitsteilung; ohne allgemeinen Kaufkraftrepräsentant ist diese jedoch
– zumindest prinzipiell – realisierbar. Das Wesentliche an der abstrakten
Funktion der Recheneinheit ist das Disponieren in *Werten*; erst dann lassen sich Herstellung und Austausch *organisieren*. Einerlei, wie sich die
Menschen auf welchen Standard einigen, der Vorgang als solcher ist in
jedem Fall Vorbedingung einer Warenproduktion.

Je mehr der ökonomische Tausch die Gesellschaft integriert, desto
größer wird die Bedeutung der Arbeitsteilung: Man erzeugt zunehmend
Dinge, um sie auf einem Markt feilzubieten; sie werden zu Waren. Der
Erlös dient zum Kauf anderer Waren. Das Geschehen orientiert sich freilich zunächst immer noch am Erwerb von Gebrauchswerten. Am Anfang
und am Ende der Kette stehen andere, konkrete Güter. Die Wirtschaftsaktivität ist bloß Mittel zum Zweck: Jenes Einkommen, welches ein
‚standesgemäßes Leben‘ gewährleistet, errichtet der bedarfsgesteuerten
Erzeugung eine obere Schranke.

Anders in der kapitalistischen Warenproduktion. Zu Beginn und am
Schluss des Ereignisses steht jetzt *Geld*. Es wird in die Waagschale geworfen, um zusätzliches Erwerbspotenzial – abstrakten Reichtum – zu
erwirtschaften.

> „Die vollständige Form dieses Prozesses ist daher G – W – G′, wo G′ =
> G + ∆G, d. h. gleich der ursprünglich vorgeschossenen Geldsumme
> plus einem Inkrement. Dieses Inkrement oder den Überschuß über den
> ursprünglichen Wert nenne ich – Mehrwert (surplus value). Der ur-
> sprünglich vorgeschossene Wert erhält sich daher nicht nur in der Zir-
> kulation, sondern in ihr verändert er seine Wertgröße, setzt einen Mehr-
> wert zu oder verwertet sich. Und diese Bewegung verwandelt ihn in
> Kapital."[90]

Nun ist der Ablauf nicht länger durch Gebrauchswerte beherrscht und
begrenzt; Geld wird zum bestimmenden Moment und zur Triebfeder des
Wirtschaftens:

---

[89] Veit, O., a.a.O., S. 19.

[90] Marx, K., Das Kapital, 1. Bd., a.a.O., S. 165.

„Die einfache Warenzirkulation – Verkauf für den Kauf – dient zum Mittel für einen außerhalb der Zirkulation liegenden Endzweck, die Aneignung von Gebrauchswerten, die Befriedigung von Bedürfnissen. Die Zirkulation des Geldes als Kapital ist dagegen Selbstzweck, denn die Verwertung des Werts existiert nur innerhalb dieser stets erneuerten Bewegung. Die Bewegung des Kapitals ist daher maßlos."[91]

Das die kapitalistische Warenproduktion charakterisierende Streben nach mehr Geld materialisiert sich nicht in einer gedanklichen Recheneinheit, sondern in der handfesten Ausprägung des Geldes, dem *Objekt allgemeiner Begierde*. Das Geld erlangt den Status der ‚universalen Ware', da es die Macht verkörpert, in *allen* ökonomischen Tauschakten als Käufer aufzutreten. Das Supergut findet immer einen ‚Nachfrager', der es freiwillig und ohne Rücksicht auf die Person, d. h. ohne weitere Bonitätsprüfung, als Gegenleistung für die Hingabe seiner speziellen Ware anerkennt.

Geld repräsentiert im ökonomischen Tausch solange das generelle Entgeltmittel, wie es alle *anderen* Verkäufer gleichermaßen honorieren. Das Geld wird nicht wegen seines Wertes angenommen, umgekehrt: Es hat Wert, weil es angenommen wird. Daher rührt der besondere Eigenwert des Geldes, der notwendig ist, um seine Funktion als Tauschmedium zu garantieren; die Einheiten, in denen man kalkuliert, sind für sich gesehen belanglos.

Die Ursache, warum sich Zählgut und allgemeines Tauschmittel in einer fortgeschrittenen Geldwirtschaft vereinigen, liegt nahe: Die Informationskosten des Tausches verringern sich, es bedarf keiner Transformation der Stückelung des Tauschmittels nach Maßgabe des Numéraire mehr. Deshalb ist es vorteilhaft, das allgemeine Tauschmittel zum Generalnenner zu erheben. Nun entfaltet das Geld seine volle Energie, um das Wirtschaftsleben durch und durch zu strukturieren:

„Das Vordringen des Rationalismus im Bereich des erwerbswirtschaftlichen Denkens und Handelns und damit schließlich die vollständige Rationalisierung der ganzen Erwerbswirtschaft mit ihrer schrankenlosen Ausdehnung des Gewinnstrebens gründet sich auf das Geld als Rechnungsmittel, das Ausdrucksmittel aller Wirtschaftsvorgänge ist,

---

[91] Ebenda, S. 167.

wie sie in der Buchhaltung der privaten wie der öffentlichen Wirtschaft aufgezeichnet werden."[92]

Falls die Dispositionsbasis nicht mit der Einheit des Tauschmittels über-einstimmt, etwa in Inflationszeiten, kann dieses trotzdem – wenigstens eine Zeit lang – zirkulieren. In manchen Ländern sind die nationalen Wäh-rungen zwar Zahlungsmittel, gerechnet wird jedoch z. B. in US-Dollar oder in Euro. Die Tauschmittelfunktion des Geldes ist jedoch ohne einen Rest an Wertspeichereigenschaft undenkbar. Besäße es nicht ein Mini-mum dieser Fähigkeit, wäre es niemals das im Tausch akzeptierte univer-sale Entgeltmittel.

> „Erst wenn das Geld sich so schnell entwertet, daß es nicht einmal mehr die technisch bedingte Zeitdifferenz zwischen Einnahme und Ausgabe zu überbrücken vermag, wird es auch als Tauschmittel unbrauchbar; ein gewisses Mindestmaß an Wertkonstanz ist also auch für die Tausch-mittelfunktion des Geldes unerläßlich."[93]

Waren also ursprünglich die Hortungsgüter Geld, so eignet sich das Geld heute insoweit als Mittel der Hortung, wie es die Verschiebung potenziel-ler Nachfrage in die Zukunft gestattet.[94]

Wie steht es nach dem Gesagten mit der orthodoxen Drei-Funktionen-lehre des Geldes? Als erstes fällt die als selbstständig erachtete Wertspei-cheraufgabe des Geldes durch den Rost: Wäre das Tauschmittel untaug-lich, Wert aufzubewahren, zumindest vorübergehend, respektierte es kei-ner im ökonomischen Tausch als Leistung eines Kunden. Und nichts

---

[92] Gerloff, W., Geld ..., a.a.O., S. 155.

[93] Schmölders, G., a.a.O., S. 27.

[94] Vgl. Gerloff, W., Die Entstehung ..., a.a.O., S. 56. Die Stilllegung von Kaufkraft birgt das Risiko einer Krise: „Die Schwierigkeit, die Ware in Geld zu verwandeln, zu verkaufen, stammt bloß daher, daß die Ware in Geld, das Geld aber nicht unmit-telbar in Ware verwandelt werden muß, also der *Verkauf* und *Kauf* auseinanderfallen können." Marx, K., Theorien über den Mehrwert, 2. Teil, in: Marx Engels Werke, Bd. 26.2, Berlin 1974, S. 510. Die Ausführungen Marxens entsprechen im Wesent-lichen dem, was J. St. Mill zum Sayschen Gesetz anmerkte. Das ist umso erstaunli-cher, als Marx – wie erwähnt – sich nicht gerade lobend über Mills „starkleibiges Kompendium" äußerte. Vgl. Balassa, B. A., Karl Marx and John Stuart Mill, in: Weltwirtschaftliches Archiv, Bd. 83 (1959), S. 147-165.

außer Geld kommt zur Akkumulation von Werten in liquidester Form in Betracht, da es die höchste Marktgängigkeit aufweist.

Dementsprechend wurden in der älteren Literatur lediglich die abstrakte ‚Recheneinheit' und das konkrete ‚Tauschmittel' auseinandergehalten. In der abstrakten Dimension dient Geld als Wertausdruck, als Quantifizierung von Werten, mit ihm werden Werte verglichen. Der konkrete Aspekt des Geldes erfasst das Geld als Tausch-, Schuldentilgungs- und Wertaufbewahrungsmittel.[95] Einige Autoren haben das Tauschmedium in den Vordergrund gerückt, andere erblicken in der Recheneinheit das Hauptattribut des Geldes.[96]

Patinkin differenziert desgleichen in seiner viel beachteten geldtheoretischen Studie zwischen „money as the abstract unit of account" und Geld als „physical medium of exchange and store of value". Mit diesen beiden Geldarten korrespondieren zweierlei Typen von Preisen, „accounting prices" und „money prices".[97] Forstmann, der ebenfalls zwischen diesen beiden Qualitäten unterschieden hat, meint jedoch, von Geld im volkswirtschaftlichen Sinne könne nur gesprochen werden, „… wenn diese beiden Funktionen des Geldes, gleichzeitig in einem Objekt vereinigt, von diesem erfüllt werden."[98] Wenig später bringt er eine ‚monolithische' Kennzeichnung des Geldes:

„Geld im volkswirtschaftlichen Sinne ist eine in einer Zahlungsgemeinschaft allgemein anerkannte und jederzeit aktivierbare anonyme Forderungslegitimation an das nationale Güter- und Leistungsvolumen, dessen Erzeugung und Verteilung es quantitativ und qualitativ als Recheneinheit und Tauschmittler garantiert."[99]

Abgesehen vom undeutlichen Nachsatz – inwiefern „garantiert" Geld die Erzeugung und Verteilung des Sozialprodukts? –, die Bezugnahme auf eine „Zahlungsgemeinschaft" verfehlt den Kern der Sache. Unter Zah-

---

[95] Vgl. Veit, O., a.a.O., S. 51.

[96] Siehe dazu näher Schilcher, R. a.a.O., S. 39 ff. Vgl. ferner Wilken, F., Die Phänomenologie des Geldwertbewußtseins, in: Archiv für Sozialwissenschaft und Sozialpolitik, 56. Bd. (1926), S. 417-469.

[97] Vgl. Patinkin, D., Money, Interest and Prices, 2. Aufl., New York u. a. 1965, S. 15 f.

[98] Forstmann, A., a.a.O., S. 71.

[99] Ebenda, S. 72.

lung ist ein Geldtransfer aufgrund einer Schuld zu verstehen, wozu etwa die Entrichtung von Steuern gehört. Diese Zwangsabgabe ohne spezifizierte Gegenleistung erfolgt regelmäßig in einer *Währung*, die als „Geschöpf der Rechtsordnung" durch den Staat ins Leben gerufen wurde.[100]

Inspizieren wir noch den Vorschlag von Schmölders, das Wesen des Geldes zu erschließen. Er sieht in ihm „... jedes ausreichend dokumentierte Wertversprechen mehr oder weniger allgemeiner Geltung ..."[101] Bei näherem Hinsehen wirkt auch Schmölders' Definition unscharf. Seine Erläuterung des *Nervus Rerum* – so brauchbar sie im ersten Anlauf scheint – ähnelt eher einer Beschreibung, denn einem Begriff des Geldes, mit dem es gelingt, die *Differentia specifica* dieser allgemeinen Vergütung anzugeben.

Die Wurzel des Unbehagens gegenüber den einzelnen Bestimmungen des Geldes ist aufgrund des Dargelegten leicht zu entdecken: In der Unklarheit, welche die Literatur durchzieht, (ab) wann von Geld im ökonomischen Sinn zu reden sei, schlägt sich die nebulöse Vorstellung vom Ökonomischen nieder.

Geld ist in einer modernen vom ökonomischen Tausch dominierten Gesellschaft ein *metrisch skalierter Wertausdruck* – falls man ergänzen will: ein ausreichend dokumentiertes Wertversprechen, eine anonyme Forderung –, dessen Autorität sich darauf gründet, von *jedem Verkäufer als Gegenleistung des Käufers im ökonomischen Tausch* anerkannt zu werden. ,Metrisch skaliert' heißt in diesem Kontext, dass die Stückelung des Wertbelegs in Bezug zu einem *logisch* vorgelagerten Numéraire steht – obwohl beide Einheiten zweckmäßigerweise übereinstimmen (sollten).

---

[100] Die Formel findet sich auf Seite 1 des Buches von Knapp, G. F., Staatliche Theorie ..., a.a.O. Mit seiner Lehre wurde Knapp zum Ahnherr der Chartalisten, die im Geld ein reines Zeichen sehen. Im Unterschied dazu betonen die ‚Metallisten' den Stoffwert des Geldes, wobei, wie schon erläutert, nicht nur Gold und Silber als allgemeines Äquivalent fungierten. Der Übergang vom Metallismus zum Chartalismus lässt sich besonders gut an der englischen Geldgeschichte studieren. Vgl. dazu Helmedag, F., Monetäre (Un-)Ordnung als Ursache von Finanzmarktkrisen, in: Theorieentwicklung im Kontext der Krise, hrsg. v. Busch, U., Krause, G., Abhandlungen der Leibniz-Sozietät der Wissenschaften, Bd. 35, Berlin 2013, S. 179-193. Dort findet sich auch eine einfache Darstellung, wie das Bankensystem Buch- oder Giralgeld ‚aus dem Nichts' schöpfen kann.

[101] Schmölders, G., a.a.O., S. 22.

Ein so geschätztes Geld macht seinen Besitz für jeden in der Wirtschaftsgemeinschaft kostbar: Deswegen verfügt es über die zur Erfüllung der Tauschmittel- und Wertaufbewahrungsaufgabe erforderliche Reputation. Diese besondere Qualität wohnt nicht dem Stoff des Mediums der generellen Gegenleistung inne, sondern ist das Ergebnis eines gesellschaftlichen Prozesses. Der konkrete Wert des Geldes reflektiert seine Macht über den Warenkosmos, er misst sich somit an Preisen, die in ihm formuliert werden.

Aus systematischer Sicht führt die Entfaltung des ökonomischen Tausches über eine Recheneinheit zur Arbeitsteilung, um mit der Verbreitung eines allgemeinen Äquivalents in der monetären kapitalistischen Marktwirtschaft zu kulminieren. In ihr repräsentiert das universale Entgelt abstrakten Reichtum, da es die *potenzielle* Verfügungsgewalt über das gesamte Spektrum aller speziellen Güter verleiht. Löst man das Geld aus diesem sozialen Zusammenhang heraus, verkörpert es – lässt man den Gebrauchswert des Tauschmediums außer Acht – *keinen* Reichtum. In einer durch ökonomischen Tausch integrierten Gesellschaft ist hingegen der Geldbesitzer wohlhabend: Seine Kaufkraft macht ihn stark.

Am Schluss dieser Untersuchung kommen wir auf die Problematik zurück, worauf in einer zeitgenössischen Wirtschaft der Wert des Geldes beruht. Ein kritischer Kommentar zu herrschenden Erläuterungen scheint jedoch an dieser Stelle angezeigt. Die vorausgegangenen historischen und analytischen Bemerkungen zur Natur des Geldes sollten die Augen dafür geöffnet haben, dass die gängige Separation des Sujets in Geldangebot und Geldnachfrage dem Anliegen nur bedingt gerecht wird. Dieser Aufbau, dessen Verwandtschaft zum Marktparadigma der neoklassischen Theorie auf der Hand liegt, suggeriert, Geld würde wie Kartoffeln oder Kühlschränke auf einem Markt gehandelt. Aber niemand fragt Geld nach und bietet dafür Geld an: Mit was sollte denn bezahlt werden? Mit (mehr oder weniger?) Geld? Der ‚Preis‘ eines Euro könnte nur ein Euro sein, das allgemeine Entgelt tauschte sich gegen das allgemeine Entgelt ausschließlich im Verhältnis 1 : 1. Die Angebots- und Nachfragekurven decken sich in einem ‚Preis-Mengen-Diagramm des Geldmarktes‘ mit der Winkelhalbierenden; es handelt sich um die reinste Ausprägung des gleich genauer betrachteten Äquivalententausches.

In (der) Wirklichkeit geht es um eine temporäre *Kaufkraftüberlassung*, Depositen und Darlehen, für die ein Preis, der Zins, zu entrichten ist.[102] Der Kreditgeber erklärt sich für ein Entgelt bereit, Zahler zu sein, ohne Käufer zu werden. Demgemäß stößt man in den Lehrbüchern unter der Überschrift ‚Geldangebot' auf Ausführungen zur *Technik* der Geldschöpfung und der Geldlöschung. Anspruchsvollere Werke erweitern dies um das Bankenverhalten im Zuge ihrer Gewinnmaximierung: Gesucht wird das optimale Kreditvolumen, wobei die ‚Produktionskosten' einer Kontostanderhöhung heutzutage verschwindend gering sind. Ganz analog begegnet man unter der Rubrik ‚Geldnachfrage' keiner Erörterung der Nachfrage nach Geld, sondern dort werden die Determinanten der Kassenhaltung bzw. der Einkommenskreislaufgeschwindigkeit des Geldes thematisiert.

Wundern darf das nach dem Bisherigen nicht: Es gibt keinen *individuellen* Geldproduzenten. Die Währung ist ein gesellschaftliches Kommunikationsmittel; seine (ökonomisch relevante) Kreation ist eine Live-Sendung, keine Aufzeichnung. Geld wird im Moment seiner Erschaffung empfangen, mit seinem erstmaligen Vertrieb entsteht es. Diese Einsicht lässt sich vereinzelt sogar in nach traditionellem Muster gestrickten Lehrbüchern erkennen: „Sofern man unter dem *Geldangebot* die jeweilige *Geldmenge* versteht, setzt ‚Geldangebot' immer eine korrespondierende Bereitschaft der Nichtbanken, Kasse zu halten, also eine entsprechende ‚Geldnachfrage' voraus."[103] Statt ‚Geldangebot' sollte es deshalb genauer ‚Geldentstehung' heißen und ‚Geldnachfrage' wäre durch ‚Geldverwendung' zu ersetzen. Geldnachfrage und Geldangebot bedeuten ja nichts anderes, als den entfalteten ökonomischen Tausch zu spiegeln: Der Verkäufer fragt Geld nach, der Käufer bietet es an. Damit schwenkt die Kamera aber auf Warenmärkte, während die moderne monetäre Literatur einen Kreditmarkt meint, wenn sie Geldmarkt sagt.

Mit der Klärung des Wesens des Geldes in der modernen Wirtschaft hat das Konzept des ökonomischen Tausches eine erste Bewährungsprobe bestanden. Außerdem erlaubt diese Sehhilfe, das Forschungsprogramm der beiden Hauptströmungen der Volkswirtschaftslehre näher in Augenschein zu nehmen. Richten wir unseren Blick auf den Ansatz der Klassiker und den der Neoklassiker.

---

[102] Im institutionellen Sinn dient der ‚Geldmarkt' dem horizontalen und vertikalen Liquiditätsausgleich im Bankensystem: Geldmarktpapiere werden gegen Zentralbankguthaben gehandelt.

[103] Issing, O., Einführung in die Geldtheorie, 7. Aufl., München 1990, S. 70.

1.6 Güter, Waren und der *Homo oeconomicus*:
Zum Forschungsprogramm der ökonomischen Theorie

Die Wertlehre rangiert an erster Stelle der klassischen Tagesordnung, da ihr die Aufgabe zugedacht war, zum Kern des durch die Industrielle Revolution entfachten neuen Wirtschaftens vorzustoßen. Darauf aufbauend umrissen die Begründer der Volkswirtschaftslehre die Perspektiven einer kapitalistischen Marktwirtschaft und steckten die Spielräume wirtschaftspolitischen Handelns ab. Die erste Welle des neoklassischen Angriffs gegen das System der Altvordern verfolgte den Zweck, die hohe Bedeutung der Produktion, welche diese im klassischen Lehrgebäude einnahm, zu unterspülen: Die Neoklassiker waren mit revolutionärem Eifer bestrebt zu zeigen, dass sich die Herstellung als ,indirekter Tausch' interpretieren lässt. Die Vorteilhaftigkeit der Erzeugung könne dem Nutzenzuwachs einer Gütertransaktion gleichgestellt werden. Bei Menger liest man diesbezüglich:

„Ein ökonomischer Tausch trägt ... zur besseren Befriedigung menschlicher Bedürfnisse und zur Vermehrung des Vermögens der Tauschenden ebensowohl bei als die physische Vermehrung der ökonomischen Güter und alle jene Personen, die ihn vermitteln, sind deshalb – immer vorausgesetzt, daß die Tauschoperation ökonomisch ist – ebensowohl produktiv als die Ackerbauern und Fabrikanten; denn das Ziel aller Wirtschaft ist nicht die physische Vermehrung der Güter, sondern die möglichst vollständige Befriedigung der menschlichen Bedürfnisse ..."[1]

Ganz in diesem Sinne äußert sich ein führender Kopf der ,Lausanner Schule'. Vilfredo Pareto plädiert ebenfalls dafür, die Produktion als spezielle Form des Tausches zu betrachten:

„In a general way, when an individual gives up a certain quantity of a good in order to procure another one, we will say that he *transforms* the first good into the second. He can proceed by exchange, giving up to others the first good and receiving from them the second; he can accomplish it by production, actually transforming the first good into the

---

[1] Menger, C., Grundsätze ... a.a.O., S. 171 Fn. Ähnlich Jevons, W. St., a.a.O., S. 241: „Both by the use of capital and by exchange we are enabled vastly to increase the sum of utility which we enjoy ..."

second himself. In addition he can, for this operation, turn to a person who transforms goods, a producer."[2]

Aus neoklassischer Sicht ist der Tausch das Thema, die Produktion erscheint lediglich als eine seiner möglichen Variationen. Während der Besitzwechsel jedoch durch eine neue Allokation der *Güter* die Wohlfahrt steigert, erhöht die Erzeugung die Zahl der verteilbaren *Waren*. Allerdings wird die als besondere Ausprägung des Tausches gedeutete Herstellung erst lukrativ,

„... unless it is more advantageous than simple exchange; that means that it will only be advantageous to convert one set of exchangeable goods into another set, by production, if the set acquired has a higher market value than the set given up."[3]

Der zweite Schlag der neoklassischen Attacke zielte auf den ‚Äquivalententausch‘, von dem die Vorläufer im Zuge ihres Bemühens um die Entzifferung der Gesetze des Tauschwertes sprachen. Marx konnte die Suche nach dem Ursprung des Profits in die Produktionssphäre verlagern, weil in der Zirkulation unter den Bedingungen freier Konkurrenz Leistung und Gegenleistung kongruieren und deswegen nicht Quelle eines Überschusses sein können:

„Werden Waren oder Waren und Geld von gleichem Tauschwert, also Äquivalente ausgetauscht, so zieht offenbar keiner mehr Wert aus der Zirkulation heraus, als er in sie hineinwirft. Es findet dann keine Bildung von Mehrwert statt."[4]

Aus naheliegenden Gründen hatte die Grenznutzenschule – die unter anderem eine Konterrevolution gegen gewisse Folgerungen der klassischen Theorie war, namentlich in der Form, die Marx ihr gegeben hat – ein

---

[2] Pareto, V., Manual of Political Economy (Übersetzung der französischen Ausgabe von 1927), London / Basingstoke 1971, S. 124. Hennings gibt diese Stelle aus dem italienischen „Manuale" von 1906 etwas abweichend wieder. Vgl. Hennings, K. H., The Exchange Paradigm and the Theory of Production and Distribution, in: Foundations of Economics, hrsg. v. Baranzini, M., Scazzieri, R., Oxford 1986, S. 221-243, S. 225.

[3] Hicks, J. R., Value and Capital (1939), 2. Aufl., Oxford 1946, S. 78.

[4] Marx, K., Das Kapital, 1. Bd., a.a.O., S. 174.

starkes Interesse daran, das Konzept des Äquivalententausches als fehlerhaft zu brandmarken. So sieht Menger für die Volkswirtschaftslehre
einen „unberechenbaren Nachteil" darin,

> „... daß sich die Forscher auf dem Gebiete der Preiserscheinungen auf
> die Lösung des Problems verlegten, die angebliche *Gleichheit* zwischen
> den im Tausche zur Erscheinung gelangenden zwei Güterquantitäten
> auf ihre Ursachen zurückzuführen ..., während eine solche ‚Gleichheit
> des Werts' zweier Güterquantitäten (eine Gleichheit im objektiven
> Sinne) in Wahrheit überhaupt nicht besteht. Die Lösung eines der wich
> tigsten Probleme unserer Wissenschaft wurde solcherart von vorne
> herein auf eine gänzlich falsche Grundlage gestellt."[5]

Doch die Polemik wirkt etwas gekünstelt. Ein Gesetz des Warenwertes,
das behauptet, es würden physische Äquivalente getauscht, wäre in der
Tat blühender Unsinn. Wer tauscht schon eine Bibel gegen genau die
gleiche Bibel? Das wussten selbstverständlich auch die Klassiker. „Soweit es sich um den Gebrauchswert handelt, ist es klar, dass beide Austauscher gewinnen können."[6] Den Klassikern ging es – wie im nächsten
Teil deutlich erkennbar wird – um Tauschwerte. Durch ihn werden Äquivalente ‚gemacht', die Gleichsetzung im Handel liefert ein *Tausch*wertäquivalent, kein *Gebrauchs*wertäquivalent – was denn sonst.

Auf die zeitgenössische Wirtschaftstheorie trifft desgleichen zu, dass
die beiden, im ökonomischen Tausch angelegten wirtschaftlichen Aktivitäten, Handel und Produktion, *commerce and industry*, von den einzelnen
Schulen anders gewichtet werden. Während sich die Anhänger des in
klassischer Tradition stehenden neoricardianischen oder Surplus-Ansatzes[7] um die „Warenproduktion mittels Waren" scharen, diskutieren die
neoklassischen Zirkel in erster Linie Existenz, Eindeutigkeit und Stabilität eines allgemeinen Gleichgewichts von Angebot und Nachfrage. Der
Kontrast wird besonders scharf, wenn man die von den beiden Theorieästen als exogen erachteten Größen miteinander konfrontiert.

Der klassische Ansatz geht davon aus, neben dem Güterbündel, das
den realen Lohnsatz bildet, seien die Mengen der insgesamt erzeugten

---

[5] Menger, C., Grundsätze ..., a.a.O., S. 183 f.

[6] Marx, K., Das Kapital, 1. Bd., a.a.O., S. 171.

[7] Vgl. Garegnani, P., surplus approach to value and distribution, in: The New Palgrave, Bd. 4, London / New York / Tokyo 1987, S. 560-574.

Waren gegeben. Da ferner die technischen und sozialen Konditionen der Produktion als bekannt vorausgesetzt werden, steht die Gesamtzahl der beschäftigten Arbeiter fest.[8] Aus diesen Daten lässt sich das gesellschaftliche Mehrprodukt ermitteln, das in Gestalt von Rente und Profit auf die Klassen der Grundeigentümer und der Kapitalisten ausgeschüttet wird. Das klassische Programm ist somit durch eine Separation von Wert- und Outputtheorie gekennzeichnet.[9]

Neoklassiker möchten stattdessen sowohl die Preise als auch die Mengen *simultan* ableiten. Dies erfüllen ihrer Ansicht nach die einander entgegengesetzten Kräfte von Angebot und Nachfrage. Lohn, Profit und Rente gehorchen dabei ebenso dem universalen Prinzip von Angebot und Nachfrage wie die Geschehnisse auf Gütermärkten; *Knappheit* wird zum Generalschlüssel der ökonomischen Analyse. Das Gebäude ruht dabei auf drei Pfeilern: den Präferenzen, den Erstausstattungen und den Produktionsmöglichkeiten. Gefahndet wird nach einem mit diesen Fakten kompatiblen Preisvektor, der gleichzeitig alle Märkte räumt.

Ohne in eine nähere inhaltliche Würdigung des Problemlösungspotenzials beider Theoriestränge eintreten zu wollen, ist dem ersten Eindruck zu widersprechen, die klassische Perspektive konzentriere sich auf den Produktionsaspekt des Wirtschaftens, während die neoklassische hauptsächlich auf den Tausch gerichtet sei. Diese Einschätzung wäre zu oberflächlich. In *beiden* Lehrplänen werden *beide* Formen des Wirtschaftens erörtert, die dem Konzept des ökonomischen Tausches innewohnen: commerce *and* industry. Jedoch ist der Blickwinkel diametral entgegengesetzt. Die Neoklassiker betrachten, wenn man so will, die Produktion vom Standpunkt des Tausches; die Verfechter der klassischen Auffassung schauen auf den Tausch von der Warte der Produktion.[10]

---

[8] Vgl. Garegnani, P., Value and Distribution in the Classical Economists and Marx, in: Oxford Economic Papers, Bd. 36 (1984), S. 291-325, S. 293.

[9] Diese Trennung kann Schefold zufolge unter variierenden Nachfragebedingungen beibehalten werden. Vgl. Schefold, B., Über Änderungen in der Zusammensetzung des Endprodukts, in: Postkeynesianismus, Ökonomische Theorie in der Tradition von Keynes, Kalecki und Sraffa, Marburg 1987, S. 119-164. Siehe dazu die Rezension des Buches von Helmedag, F., in: Zeitschrift für Wirtschafts- und Sozialwissenschaften, 109. Jg. (1989), S. 148-154, S. 151 f. Monographisch wird der Aspekt behandelt von Kubin, J., Neoricardianische Gleichgewichtsmodelle und Änderungen in der Zusammensetzung der Nachfrage, Marburg 1989.

[10] Vgl. Hennings, K. H., a.a.O., S. 221.

Die beiden Ausprägungen der ökonomischen Aktivität begegnen uns im Gebaren des *Homo oeconomicus*. Dieser versucht auftragsgemäß, seinen subjektiven Nutzen im Zuge von Einnahmen- und Ausgabenentscheidungen zu *maximieren*. Hierdurch hebt sich die Ökonomik mit ihrem Menschenbild von den anderen Sozialwissenschaften ab, die zwar ebenfalls rational handelnde Personen unterstellen, nicht aber optimierende Subjekte.

Freilich lassen sich in den Wirtschaftswissenschaften einige Richtungen ausmachen, die vorgeben, das tatsächliche Handeln der Akteure, etwa durch eine Anspruchsorientierung, zu beschreiben.[11] Sieht man davon ab, ob diese Projekte nicht letztlich wieder in einem Idealzustand enden sollen – es sei nur an die Bemerkungen zum ökonomischen Prinzip erinnert –, erscheint es für die Wirtschaftstheorie zweifelhaft, von einer solchen Prämisse einen Erkenntnisfortschritt zu erwarten. Im Gegenteil, das explizite Streben nach Bestwerten ermöglicht es, Zielfunktionen zu präzisieren, um einer exakten Analyse den Weg zu bahnen. Ferner ist dem angenommenen Vorteilstrachten aus theoretischer sowie aus praktischer Sicht Relevanz zuzubilligen.

Mit dem Aufkommen des Utilitarismus und der Expansion der kapitalistischen Marktwirtschaft wuchs das theoretische Bedürfnis, die gesellschaftliche Tragweite, vor allem eines ungezügelten Erwerbstriebs, auszuloten. Dies gilt umso mehr, als das über den ökonomischen Tausch vermittelte Bemühen nach individueller Nutzenmaximierung andere soziale Integrationsformen zurückdrängen musste,

„… weil sich das Tauschergebnis verbessern läßt, wenn hemmende feudale oder religiöse Bindungen und soziale Verpflichtungen fallengelassen werden, so daß die Zuweisung sozialer Rollen schließlich durch

---

[11] Vgl. Kromphardt, J., Wirtschaftswissenschaft II: Methoden und Theoriebildung in der Volkswirtschaftslehre, in: Handwörterbuch der Wirtschaftswissenschaft, Bd. 9, Stuttgart / Tübingen / Göttingen 1982, S. 904-936, S. 920. Siehe auch Frey, B. S., Stroebe, W., Ist das Modell des Homo Oeconomicus „unpsychologisch"?, in: Zeitschrift für die gesamte Staatswissenschaft, Bd. 136 (1980), S. 82-97 und die sich anschließende Debatte zwischen Rothschild, K. W., Wie nützlich ist der Homo Oeconomicus?, Bemerkungen zu einem Aufsatz von Bruno S. Frey und Wolfgang Stroebe, in: Zeitschrift für die gesamte Staatswissenschaft, Bd. 137 (1981), S. 289-292 und Frey, B. S., Stroebe, W., Der Homo Oeconomicus ist entwicklungsfähig, in: Zeitschrift für die gesamte Staatswissenschaft, Bd. 137 (1981), S. 293-294.

das Tauschsystem ... allein erfolgt und demgemäß die soziale Integration durch die ökonomische Integration bewirkt wird."[12]

Im Kern lautete *die* Problematik der klassischen Ökonomen (inklusive Marx), ob und in welchem Grad die neue Wirtschaftsweise lebensberechtigt, lebensfähig und lebenswert ist.

Wie die Ausführungen zur Entfaltung des ökonomischen Tausches und zur Entwicklung des Geldes gezeigt haben, ist das Erkenntnisinteresse nicht nur akademischer Natur; die faktischen Gegebenheiten belehren, dass die Individuen im Allgemeinen darauf erpicht sind, ihren Besitz zu vergrößern. Mit zunehmender Dringlichkeit wurde dies zu einer zentralen Determinante des Verhaltens[13]:

> „Der Kapitalismus kanalisiert die menschlichen Strebungen in Richtung der Gewinnmaximierung. Deshalb ist der homo oeconomicus gerade nicht so realitätsfern, wie häufig geltend gemacht wird."[14]

Der *Homo oeconomicus* wird zwar als konstitutiv für die Wirtschaftstheorie im hier vertretenen Sinn angesehen, doch das besagt keineswegs, in der Wirklichkeit ließen sich Abläufe beobachten, die *ausschließlich* ökonomisch initiiert seien und dementsprechendes Agieren in Reinkultur darstellten; in der Realität werden Handlungen vollzogen, die regelmäßig auf einem Bündel an Motiven beruhen. Daher sind die Erkenntnisse einer Wirtschaftstheorie, welche die Aktionen von *Homines oeconomici* modelliert, nicht im Maßstab 1:1 auf die bestehende Welt übertragbar. Vielmehr wird immer wieder zu prüfen sein, inwieweit das rein ökonomische Kalkül im tagtäglichen Dasein durch andere Beweggründe modifiziert oder kompensiert wird. Die idealisierten Tätigkeiten des *Homo oeconomicus* sind treibende Kraft des gesellschaftlichen Subsystems ‚Wirtschaft‘, das in der Lebenspraxis mehr oder weniger mit anderen Bereichen verschränkt ist.

---

[12] Schlicht, E., Einleitung, a.a.O., S. 16.

[13] Vgl. Heilbronner, R. L., Die Entstehung von Märkten und Produktionsfaktoren, in: Schlicht, E., (Hrsg.), a.a.O., S. 85-99, S. 95 f.

[14] Zinn, K. G., Politische ..., a.a.O., S. 71. Siehe dazu Vogts Unterscheidung zwischen „konservativer Neoklassik" und „neoklassischer Methode". Vgl. Vogt, W., Die Angst des kritischen Ökonomen vor der Neoklassik, in: Hickel, R. (Hrsg.), Radikale Neoklassik, Opladen 1986, S. 103-113.

Aus den Erläuterungen zu den Ursachen der Industriellen Revolution ging hervor, dass erst ein Wechselspiel von erwerbswirtschaftlichem Denken und technischer Beherrschung der Natur *hinreichend* war, um sie zu entfesseln. Seitdem ist der *Homo oeconomicus* keine fiktive Figur mehr, stattdessen erweist sich dieser Homunkulus als Archimedischer Punkt, um die Dialektik zwischen Produktivkräften und Produktionsverhältnissen einer bestimmten Epoche zu (re)konstruieren.

In diesem Licht ist die Wirtschaftstheorie vor übertriebenen Erklärungsansprüchen in Schutz zu nehmen. Wenn sie von vornherein nur auf ein bestimmtes Element menschlicher Aktivität abstellt, so einflussreich es sein mag, kann sie kein einziges menschliches Tun *vollständig* entflechten; das Argument bezieht sich nicht auf ein *empirisch* abgegrenztes gesellschaftliches Subsystem Wirtschaft, sondern auf ein *analytisches* Gebilde.

Die Konzeption des ökonomischen Tausches erlaubt es, ein Kriterium anzugeben, mit dem wirtschaftliche von nicht-wirtschaftlichen Themen getrennt werden können. Die Figur des *Homo oeconomicus* gestattet es ferner, den an einem solchen Tausch Beteiligten exakt formulierbare Ziele zu setzen. Ein Verkäufer – ein Begriff, der allein in der Geldwirtschaft einen Sinn macht – händigt Gebrauchswert aus und bekommt dafür Tauschwert. Als *Homo oeconomicus* möchte er diese Spanne maximieren. Der Käufer will umgekehrt den Abstand zwischen der durch das erhaltene Objekt bewirkten Bedürfnisminderung und dem dafür ausgegebenen Betrag möglichst groß gestalten. Das allgemeine Rationalprinzip verliert seine inhaltliche Konturenlosigkeit und gewinnt ökonomisches Profil.

Das erfordert, den Gebrauchswert in einem Maß zu messen, welches zulässt, ihn mit dem Tauschwert zu vergleichen. Genau das geschieht durch Nachfragekurven. Sie dienen zur Quantifizierung der Wohlfahrtsverbesserung: Nachfragefunktionen artikulieren den subjektiven Geldwert der letzten Einheit des Gebrauchswerts eines Verbrauchsgutes. Daher bietet es sich an, sie als (marginale) Zusatzvorteilskurven zu deuten.[15]

---

[15] Steigende Angebotsfunktionen lassen sich ebenso interpretieren: Ausgehend von einem *gegebenen* Bestand tritt ein Anbieter zusätzliche Mengen nur gegen eine größer werdende Kompensation ab. Für gewinnmaximierende Produzenten gibt es hingegen bei bekannten Nachfrage- und Kostenkurven überhaupt keine Angebots-

In Marktwirtschaften existieren nicht nur Käufer, welche als Konsumenten nach Erhöhung ihrer an Gebrauchswerten orientierten Lebensqualität streben, was auf Bedürfnisminimierung hinausläuft. Im Gegensatz zur einfachen Warenproduktion wollen *Unternehmer* bzw. *Kapitalisten* in der erwerbsgetriebenen Wirtschaft den in Tauschwerten ausgedrückten Erfolg ihrer Betriebsamkeit nach Kräften steigern. Wie am Ende dieser Schrift präzisiert wird, steuert freilich jeder der beiden Akteure seinen eigenen Kurs. Bis dahin vernachlässigen wir, nach welchem Plan die beiden Charaktermasken jeweils fahren.

Inzwischen liegen die Elemente vor, mit denen sich das Wirtschaftssubjekt Unternehmer stilisieren lässt. Auch er möchte seinen Nutzen mehren, was sich in seinem Fall zur Profitmaximierung konkretisiert. Da sich dieser als Differenz zwischen Erlösen und Kosten ergibt, erstreckt sich das Handeln eines Geschäftemachers gleichzeitig auf zwei benachbarte Gebiete. Nach außen agiert er als Verkäufer in einem ökonomischen Tausch. Im Innenverhältnis achtet er darauf, die Aufwendungen zur Erstellung einer bestimmten Menge an Gebrauchswerten möglichst gering zu halten. Dabei greift der Unternehmer auf die durch den Arbeitsvertrag legitimierte Weisungsbefugnis gegenüber den Beschäftigten zurück: Es gilt, die Arbeitskraft mit den anderen vom Entrepreneur beschafften Einsatzgütern optimal zu kombinieren. Im Weiteren wird dieser Gesichtspunkt einen herausragenden Rang einnehmen.

Durch die Gier nach Gewinn erwächst die angebotsseitige, prinzipielle Schrankenlosigkeit der kapitalistischen Dynamik. Die Masse des Profits und seine Verteilung auf die einzelnen, miteinander konkurrierenden Sektoren wird deswegen zur *Schlüsselgröße* wirtschaftstheoretischer Studien. Demgemäß hatten sich die frühen Neoklassiker wie Jevons, Walras, Böhm-Bawerk, Wicksell und J. B. Clark angestrengt, dieselbe fundamentale Frage nach der langfristigen Gleichgewichtsposition wie die Klassiker zu beantworten, d. h. Aussagen insbesondere über Quelle, Umfang und Bedeutung des Profits zu machen.

„Die eigentliche theoretische Schwierigkeit", bemerkte Wicksell, „besteht ... im Erklären, wie unter stationären Verhältnissen das Kapital ein beständig Lohn erhaltender Produktionsfaktor bleiben kann und der Kapitalbesitz folglich eine permanente Einkommensquelle bleibt. Die

---

funktion, da sie den Cournot'schen *Punkt* realisieren, wo Grenzkosten und Grenzerlös übereinstimmen.

Anwendung der so gewonnenen Sätze auf *nicht stationäre* Verhältnisse erbietet keine prinzipielle Schwierigkeit."[16]

Bezeichnenderweise war das neoklassische Lager mit seiner universalen Angebot-Nachfrage-Maschinerie im Laufe der Entwicklung gezwungen, sein ursprüngliches Forschungsprogramm aufzugeben. Als Reflex auf Wicksells Versuch, die Mängel der traditionellen österreichischen Kapitaltheorie auszumerzen und die 'Zeit' als physischen Index des Realkapitals konsistent in das Lehrgebäude zu integrieren, entstanden Zweifel an der Tauglichkeit des Zinssatzes als Knappheitsindikator: Der Zinssatz kann von der Grenzproduktivität des Kapitals abweichen, und er bewegt sich eventuell in die gleiche Richtung wie der Kapitalwert.[17]

Die Wiederaufnahme des Ansatzes von Walras, statt des Kapital*werts* den Vektor der Realkapitalgüter als exogene Größe anzusehen, mündete ebenfalls in eine Sackgasse: Es wollte nicht glücken zu zeigen, dass sowohl die Reproduktion aller produzierten Produktionsmittel als auch eine einheitliche Ertragsrate mit dem Angebot-Nachfrage-Mechanismus vereinbar sind. Jedoch wurde die ungelöste Problematik im Lauf der Jahre verdrängt und fiel schließlich der Vergessenheit anheim. In der modernen neowalrasianischen intertemporalen Allgemeinen Gleichgewichtstheorie sind die kapitaltheoretischen Unzulänglichkeiten gar nicht mehr erkennbar; der gesamte Zeithorizont wird in eine Reihe kurzfristiger Marktperioden aufgesplittert, in denen jeweils zu Beginn die Anfangsausstattung bekannt ist.[18]

---

[16] Wicksell, K., Vorlesungen über Nationalökonomie auf Grundlage des Marginalprinzips (1913), 1. Bd., Neudruck Aalen 1969, S. 218 f.

[17] Eine Darlegung des (einsektoralen) Wicksell-Modells findet sich in Helmedag, F., Die Technikwahl bei linearer Einzelproduktion oder Die dritte Krise der Profitrate, Frankfurt a. M. / Bern / New York 1986, S. 67 ff.

[18] Walras nahm den Einbau der Kapitalbildung in sein System erst in der vierten Auflage seines Hauptwerkes in Angriff. Vgl. Walras, L., Elemente of Pure Economics, übersetzt nach der Edition Définitive (1926) von Jaffé, W., 2. Aufl., Homewood 1965, S. 278 ff. Hayek interpretierte diese Kapitalkonzeption als ein Überbleibsel der klassischen Theorie, die es abzuschütteln gelte: „... the definition of capital as produced means of production should be definitely abandoned ... Bygones are bygones in the theory of capital no less than elsewhere in economics." Hayek, F. A. v., The Pure Theory of Capital (1941), 2. Aufl., London 1950, S. 89. Einen Überblick über die Schwierigkeiten, die sich der Allgemeinen Gleichgewichtstheorie seit Walras in den Weg stellten sowie über die dadurch hervorgerufenen Anpassungen in

Die Gleichgewichtskonzeption hat sich auf das Postulat verengt, die opponierenden Kräfte von Angebot und Nachfrage müssten sich die Waage halten. Die klassische Kennzeichnung des Gravitationszentrums – Reproduktion der produzierten Produktionsmittel und damit verbunden eine konstante Struktur der relativen Preise – ist in einer solchen Welt ein Fremdkörper.

Dies funktionierte so lange, bis die Ergebnisse der Cambridge-Cambridge-Kontroverse (wieder) ins allgemeine Bewusstsein brachten, dass Faktornachfrage und Faktorpreis nicht notwendigerweise im gewohnten inversen Zusammenhang stehen. Die für neoklassisches Theoretisieren typische Verknüpfung einer simultanen Wert- und Outputtheorie war damit zerrissen.[19] Der folgende neoklassische Gegenangriff verlief nach erprobtem Schlachtplan: Ähnlich wie auf Keynes' Attacke reagierte man schließlich mit Vereinnahmungsversuchen. Wurde seinerzeit die ‚neoklassische Synthese' geboren, so erblickte jetzt die These das Licht der Welt, der neoricardianische *surplus-approach* sei nichts weiter als ein Spezialfall der Allgemeinen Gleichgewichtstheorie.[20]

In Wirklichkeit litt dieser Universalitätsanspruch unter der Preisgabe der eigentlich zu Beginn angestrebten Analyse der langfristigen Gleichgewichtsposition; unter der Hand hatte der Zielzustand seinen Inhalt verändert.[21] Schon von daher konnte die Dominanzanwartschaft der neowalrasianischen Theorie bestritten werden; abgesehen davon, dass die tempo-

---

Forschungsprogramm und -methode bietet Huth, Th., Kapital und Gleichgewicht, Zur Kontroverse zwischen neoklassischer und neoricardianischer Theorie des allgemeinen Gleichgewichts, Marburg 1989.

[19] Vgl. Kurz, H. D., capital theory: debates, in: The New Palgrave, Bd. 1, London / New York / Tokyo 1987, S. 357-363 und Helmedag, F., Lohn- und Profitkurven, in: Wirtschaftswissenschaftliches Studium (WiSt), 20. Jg. (1991), S. 408-412.

[20] Meist wird in diesem Kontext Hahn, F., The neo-Ricardians, in: Cambridge Journal of Economics, Bd. 6 (1982), S. 353-374 genannt. Vgl. allerdings vorher bereits Hahn, F., Revival of Political Economy: The Wrong Issues and the Wrong Argument, in: Economic Record, Bd. 51 (1975), S. 360-364 und Bliss, C. J., Capital Theory and the Distribution of Income, Amsterdam /Oxford / New York 1975.

[21] Garegnani hat dies recht früh herausgearbeitet. Vgl. Garegnani, P., On a Change in the Notion of Equilibrium in Recent Work on Value and Distribution, in: Brown, M., Sato, K., Zarembka, P. (Hrsg.), Essays in Modern Capital Theory, Amsterdam / New York / Oxford 1976, S. 25-45, deutsch in: Garegnani, P., Kapital, Einkommensverteilung und effektive Nachfrage, hrsg. v. Kurz, H. D., Marburg 1989, S. 153-175.

räre Version der angeblich *Allgemeinen* Gleichgewichtstheorie generell nicht in der Lage ist, eine einheitliche Profitrate abzuleiten, ganz zu schweigen von der höchst albernen Voraussetzung vollständiger Zukunftsmärkte, auf der die intertemporale Variante beruht.[22] Ferner löst sich auch unter den idealtypischen Bedingungen der ,vollständigen Konkurrenz' der Profit selbst bei ,unendlich vielen' Anbietern keineswegs in Luft auf.[23] Außerdem modelliert die klassische Untersuchung des Gleichgewichts einen denkbaren Ablauf des tatsächlichen Geschehens, während die walrasianische Allgemeine Gleichgewichtstheorie einer Fiktion nachgeht:

„(i) A Walrasian equilibrium is an *ex ante* equilibrium in the sense that the equilibrium position is determined prior to any real economic activity. It is the function of the auctioneer to determine the equilibrium prices in a '*tâtonnement*' process.

(ii) Conversely, a classical equilibrium is an *ex post* equilibrium, determined in the actual course of the economy."[24]

---

[22] Vgl. Schefold, B., Cambridge Price Theory: Special Model or General Theory of Value?, in: The American Economic Review, Bd. 75 (1985), S. 140-145. Manche Autoren behaupten, in der Allgemeinen Gleichgewichtstheorie lasse sich – bei passenden Prämissen – ebenfalls eine uniforme Ertragsrate ermitteln. Dabei haben Sie den Zinssatz im Auge, der die diskontierten Preise der intertemporalen Allgemeinen Gleichgewichtstheorie in Gegenwartspreise transformiert. Dieser Ausgleichszinsfuß stimmt mit dem Eigenzinssatz des jeweiligen Zählguts überein. Es handelt sich mithin um eine *willkürliche* Größe. Darüber hinaus unterscheidet sich die Diskontierungsgröße materiell von der Profitrate im klassischen Sinn. Vgl. Huth, Th., a.a.O., S. 207 ff. Ergänzend sei darauf aufmerksam gemacht, dass die Eigenzinsdefinition Sraffas von der neoklassischen divergiert. Vgl. Eatwell, J., own rates of interest, in: The New Palgrave, Bd. 3, London / New York / Tokyo 1987, S. 786 f. Das Thema wird später ausführlicher aufgegriffen.

[23] Vgl. Helmedag, F., Individuelle und kollektive Gewinnmaximierung auf homogenen Märkten, in: Private und öffentliche Kartellrechtsdurchsetzung, hrsg. v. Oberender, P., Berlin 2012, S. 9-38.

[24] Duménil, G., Lévy, D., The dynamics of competition: a restoration of the classical analysis, in: Cambridge Journal of Economics, Bd. 11 (1987), S. 133-164, S. 138. Auf die Schwierigkeiten, die Eindeutigkeit und die Stabilität des Allgemeinen Gleichgewichts zu beweisen, wurde bereits hingewiesen. Vgl. Helmedag, F., Ohne Werte …, a.a.O., S. 58 ff.

Die Unfähigkeit, das auf der Bühne des Wirtschaftslebens gegebene Stück nachzuerzählen und die Regie führenden Instanzen zu identifizieren, wurzelt letzten Endes im neoklassischen Datenkranz. Die Annahme vorhandener Erstausstattungen, die im Rahmen der technischen Produktionsmöglichkeiten gemäß den Präferenzordnungen transformiert und alloziert werden, leitet in eine Sackgasse: von den knappen Ressourcen zu den unendlichen Bedürfnissen.

Das klassische Projekt dagegen, obwohl bei erstem Hinsehen vielleicht weniger ,allgemein', widmet sich den *vorab* zu lösenden Aufgaben, geht es doch um die Funktionsmechanismen und die Perspektive einer Wirtschaftsweise, die durch gesellschaftliche Arbeitsteilung und die Existenz *ökonomischer* Klassen gekennzeichnet ist. Demgemäß werden die Notwendigkeit zur Reproduktion und die Zirkularität des Wirtschaftens in die Überlegungen eingebracht.

Volkswirtschaftliche Grundlagenforschung besteht nach der hier befürworteten Prioritätenliste in erster Linie darin, die Determinanten von Struktur und Volumen des ökonomischen Tausches aufzudecken. Ehe allerdings über das Niveau einschlägiger Aktivitäten und Möglichkeiten zu ihrer Beeinflussung nachgedacht werden kann, sind die Erfordernisse der Arbeitsteilung im kapitalistischen Konkurrenzprozess zu formulieren: Die Werttheorie verkörpert den Dreh- und Angelpunkt der Ökonomik.

Die klassische Schule wurde seinerzeit nicht unmotiviert angegriffen und schließlich verdrängt. Ebenso wie die nach und nach in schärferer Kontur hervorgetretenen Mängel der neoklassischen Theorie bei manchen ein Unbehagen auslösten oder gar eine Neubesinnung initiierten, war die damalige Umwälzung, neben den offenkundigen ideologischen Triebfedern, auch den dem klassischen System innewohnenden Defiziten geschuldet. Im zweiten Teil dieser Studie wird versucht, die Ursache der klassischen Schwäche zu diagnostizieren, um schließlich im dritten Abschnitt zur Genesung beizutragen.

2. Teil: Aufstieg und Fall der klassischen Wertlehre

2.1 Ohne Fleiß kein Preis: Verbreitung und Verdrängung einer Botschaft

In den modernen Lehrbüchern dominiert das neoklassische Denken in Angebots- und Nachfragekategorien, während man dem Entwurf der Vorläufer kaum Aufmerksamkeit gönnt. Zwar findet sich manchmal das Stereotyp, die Wertlehre, im Speziellen die Arbeitswerttheorie, bilde im Gebäude der Altfordern eine der tragenden Säulen; aber gewöhnlich fehlt eine darüber hinausgehende Erläuterung, *warum* sich die Klassiker so intensiv dieser Problematik verschrieben. Viel weniger noch wird ihr Ansatz quellengetreu aufgetischt, geschweige denn das meist rasch konstatierte Scheitern des Erklärungsmusters untermauert. Regelmäßig schwenkt man nach einigen mehr oder weniger respektvollen Floskeln auf die (marshallianische) Preistheorie und ihre mikroökonomische Fundierung ein. Dadurch wird der Eindruck erweckt, Wert- und Preistheorie thematisierten das Gleiche. Die Preistheorie präsentiert sich als zutreffende Auskunft auf dieselben Fragen, welche die Begründer des Fachs mit ihrer Wertlehre vergeblich zu beantworten suchten. Der klassische Surplus-Standpunkt und die neoklassische Angebot-Nachfrage-Warte liegen aber weit auseinander; sowohl hinsichtlich des jeweiligen Erkenntnisinteresses, als auch in Bezug auf ihre konkreten gesellschaftspolitischen Funktionen.

Beide Lehren gelangten in Amt und Würden, weil sie ein drängend gewordenes Anliegen zu befriedigen versprachen. Die nationalökonomischen Klassiker beschäftigten sich mit den Zukunftsaussichten eines sich von den überkommenen feudalen Fesseln emanzipierenden, aktiven Bürgertums. Trotz aller Verschiedenheiten im Einzelnen bemühten sie sich, die Auswirkungen dieses Prozesses theoretisch auszuloten und die tatsächliche Entwicklung nicht nur mehr oder weniger zu rechtfertigen, sondern sie deuteten überdies auf mögliche Gefährdungen, die das Wachstum einschnüren oder gar ersticken könnten. Die klassische Theorie – vor allem die Arbeitswertlehre – war keine akademische Trockenübung. Stattdessen wurde sie zur intellektuellen Bewaffnung der aufkeimenden Leistungsgesellschaft geschmiedet:

> „Die Arbeitswerttheorie tritt auf den Plan als eine gesellschaftliche Kampflehre des arbeitenden Bürgertums gegenüber der Grundaristo-kratie. Mit der Arbeitswertlehre bekundet der tätige Teil der Gesell-schaft, der ,Dritte Stand' (zu dem natürlich auch die Bebauer des Bodens gehören), seinen Anspruch auf die Zukunft als Träger neuer produktiver Potenzen."[1]

Die Marginalrevolution dagegen, die im letzten Drittel des 19. Jahrhunderts die eigentlich recht alte Grenznutzenidee aufgriff und popularisierte, gewann ihre breite Anhängerschaft erst, als der revolutionäre Schwung der klassischen Schule erlahmt war und ein erneutes Ankurbeln nicht mehr nötig schien: Namentlich die Arbeitswertlehre drohte nun, den unterdessen erworbenen Status des Bürgertums zu untergraben.[2] Nachdem die auf die Grundherrschaft gestützte Sozialordnung im Wesentlichen umgestürzt worden war, bestand der von der ökonomischen Theorie jetzt zu leistende Beistand darin, die Unzulänglichkeiten der klassischen Doktrin herauszupräparieren und gleichzeitig die Überlegenheit einer Lehre

---

[1] Hofmann, W. (Hrsg.), Wert- und Preislehre, 2. Auflage, Berlin 1971, S. 23.

[2] Wie die wechselvolle Geschichte der Bücher von Cournot, A., Recherches sur les principes mathématiques de la théorie des richesses, Paris 1838, und Gossen, H., Entwicklung der Gesetze des menschlichen Verkehrs und der daraus fließenden Regeln für menschliches Handeln, Braunschweig 1854, nachdrücklich vor Augen führt, war die Zeit noch nicht reif, um ihnen die gebührende Aufmerksamkeit zu bescheren; beide Werke waren zunächst ein völliger Misserfolg. Cournot glaubte, die vorherrschende Skepsis gegenüber der mathematischen Methode trage daran die Schuld, und er veröffentlichte deshalb 1863 seine Abhandlung in ausschließlich verbaler Darstellungsweise, was zwar den Umfang des Buches verdreifachte, den Absatz aber nicht förderte. Auch Gossens Schrift war anfangs praktisch unverkäuflich, so dass der verbitterte Gossen selbst die Exemplare erwarb. Er starb 1858, ohne eine Anerkennung seiner Leistung erfahren zu haben. Dreißig Jahre später hat der geschäftstüchtige Berliner Verleger R. L. Prager die mit einem neuen Deckblatt („Neue Ausgabe") und seinem Vorwort versehenen alten Exemplare wieder auf den Markt geworfen: Diesmal verkauften sie sich glänzend. Vgl. Pasinetti, L., Structural Change and Economic Growth, Cambridge u. a. 1981, S. 14 Fn.

nachzuweisen, die vom *Individuum* als entscheidende Instanz des Geschehens ausgeht.

Die Abkehr von einer Klassenanalyse, hin zur Untersuchung des Verhaltens der Einzelnen, wurde erleichtert, weil sich die Altmeister, wie wir erleben werden, *selbst* in einen Morast ungelöster Probleme der Werttheorie manövriert hatten, aus dem sie nicht mehr herausfanden. Im Kontrast dazu erschien der Grenznutzenbegriff weit eher geeignet, das passende theoretische Gegenstück einer liberalistischen Gesellschaft liefern zu können, als das auf die Perspektiven des Kapitalismus abstellende Konzept der traditionellen Politischen Ökonomie: „Pointiert läßt sich die Klassik als Apologie der werdenden Zukunft, die Neoklassik als Apologie der Vergangenheit charakterisieren."[3]

Subjektiv betrachtet tragen die Neoklassiker ihren Namen zu Recht. Ihres Erachtens steht das von ihnen errichtete Gebäude auf dem von den Vorläufern abgesteckten Gelände. Die Nachfahren meinen, das ererbte Projekt fortzuführen, indem der Beweis gelingt, dass eine idealtypische Wettbewerbswirtschaft durch die Bedürfnisse der Konsumenten gesteuert werde und keinerlei Ausbeutung heraufbeschwöre. Die Suche nach der Quelle und der Höhe des Gewinns, insbesondere die Frage, ob die Profitrate zwangsläufig im Zuge der kapitalistischen Dynamik falle, verlor an Dringlichkeit, da sich der Kapitalismus *de facto* behauptet hatte und keiner Starthilfe mehr bedurfte. Indem die Neoklassiker außerdem im Lauf der Zeit ermittelt haben, welche Voraussetzungen vorliegen müssten, um eine nur kostendeckende Produktion zu gewährleisten, waren die Maximen formuliert, die den Politikern zur Orientierung gereichen sollten. Freilich hielt sich das Wirtschaftsleben nicht an die Unterricht(ung)swerke: Die offenkundig von den Dogmen divergierenden Fakten pochten auf Nachbesserungen.

Die Modelle der monopolistischen Konkurrenz und die Anstrengungen auf dem Gebiet der Einkommens- und Beschäftigungstheorie sind zwei Beispiele, die verdeutlichen, dass die Befriedigung des praktisch gegebenen Erklärungsbedarfs angestrebt wurde. Allerding ist diese Theorieproduktion im Wesentlichen gemäß der neoklassischen Linienführung vorangetrieben worden. Selbst der Keynesianismus, zumindest in der Lesart der Lehrbücher, ist neoklassisch durchsetzt – nicht zuletzt, weil Keynes ein beträchtliches marshallianisches Erbe übernahm und weitergegeben

---

[3] Zinn, K. G., Politische…, a.a.O., S. 57.

hat. Der nach dem Zweiten Weltkrieg dominierende 45°-Keynesianismus mit seiner gesamtwirtschaftlichen IS-LM-Hydraulik[4] bringt schlagend die Fixierung auf Angebots- und Nachfragekategorien zum Ausdruck und steht deswegen zwar nicht inhaltlich, aber methodisch dem neoklassischen Ansatz näher als dem klassischen; obwohl Keynes die gesamte ökonomische Theorie vor seiner „General Theory" als klassisch einstufte.[5]

Die nun beginnende Reise entlang der klassischen werttheoretischen Route hält nur bei den Hauptstationen Smith, Ricardo und Marx.[6] Sie wird unternommen, um zu erkunden, wo und warum die Autoren jeweils die eingeschlagene Richtung geändert haben. Erst nach diesen Vorstudien wird die aus dem Ruder gelaufene klassische Theorie wieder auf Kurs zu bringen sein.

---

[4] Vgl. zur Klassifikation keynesianischer Schulen Coddington, A., Keynesian Economics: The Search for First Principles, in: Journal of Economic Literature, Bd. XIV (1976), S. 1258-1273.

[5] Vgl. Keynes, J. M., a.a.O., S. 3. Inzwischen bestimmt der Schnittpunkt einer fallenden *Aggregate Demand Function* (AD) mit einer steigenden *Aggregate Supply Function* (AS) unmittelbar das Sozialprodukt sowie das Preisniveau. Vgl. Helmedag, F., Die Beschäftigungstheorie von Keynes: Dichtung und Wahrheit, in: Jenseits der Orthodoxie, Ansätze für einen Paradigmenwechsel in der Wirtschaftstheorie, zusammengestellt von Busch, U., Berliner Debatte Initial, 23. Jg. (2012), Heft 3, S. 63-76, S. 68 f. Freilich birgt Keynes' Hauptwerk typisch klassische Elemente, die in der Keynes-Rezeption fast völlig untergegangen sind. Gemeint ist die Rolle der Arbeit und die der „wage unit": „It is preferable to regard labour ... as the sole factor of production, operating in a given environment of technique, natural resources, capital equipment and effective demand. This partly explains why we have been able to take the unit of labour as the sole physical unit which we require in our economic system, apart from units of money and of time." Keynes, J. M., a.a.O., S. 213 f. Am Ende dieser Schrift wird dieser Brückenkopf der Arbeitswertlehre in der „General Theory" nochmals angesprochen.

[6] Vgl. zu den entfernteren Etappen etwa Immler, H., Natur in der ökonomischen Theorie, Teil 1: Vorklassik – Klassik – Marx, Opladen 1985.

2.2 Adam Smith: Die Komponententheorie des Werts

Dem „Reichtum der Nationen" von Adam Smith geht es wahrscheinlich wie den meisten der berühmten gelehrigen Werke: Die Häufigkeit der Nennung ist kein Indikator der jeweiligen Lektüreintensität. Erstaunlich ist dies nicht: Das Buch sei „widerspenstig", bemerkt Winch[1], und Schumpeter urteilt gar über Smith: „Niemals überschritt er die Grenzen des Fassungsvermögens selbst der dümmsten Leser …; während Smith des Lesers Geduld mit seinem vielen historischen und statistischen Material in Anspruch nahm, tat er dies mit des Lesers Denkkraft nicht."[2]

Tatsächlich offeriert Smiths Schrift kaum etwas, das für sich gesehen dem Anspruch auf Originalität gerecht werden würde. Vielmehr war er der Koordinator, der die einzelnen Strömungen in das „System der natürlichen Freiheit" lenkte. Dem Werk Adam Smiths war eine epochemachende Wirkung beschieden, da die vom Autor propagierte *Politik* mit den Interessen der Epoche in Einklang stand und weniger, weil er unbedingt Neues verbreitete.

Während Thomas Hobbes den Wolfscharakter der Menschen durch eine künstliche Ordnung aufgehoben sah, plädierte Smith für ein weit eher zum Geist der Zeit passendes Marktsystem, das es den Menschen ermöglicht, ja sie geradezu anstachelt, ihr wirtschaftliches Glück am Schopf zu packen, ohne auf andere oder eine höhere Stelle Rücksicht zu nehmen.[3] Um diese Idee kreist der „Reichtum der Nationen" und sie hält ihn zusammen. Das in dem Opus angehäufte Material ließ es des Öfteren zum Steinbruch der ökonomischen Theorie werden, aus dem die nachrückende Generation ihren Rohstoff gebrochen hat, um ihn je nach Geschmack zu veredeln.

Wie der Titel des Buches verkündet, geht es seinem Autor um die Kräfte, die den Wohlstand der Nationen bestimmen; unter diesen kommt der produktivitätsfördernden Arbeitsteilung die herausragende Rolle zu. Arbeitsteilung kann sich jedoch nur entfalten und ihre segensreiche Wirkung ausüben, wenn sich die hierfür erforderliche gesellschaftliche Struktur herauskristallisiert hat:

---

[1] Vgl. Winch, D., a.a.O., S. 342.

[2] Schumpeter, J. A., Geschichte …, a.a.O., S. 246.

[3] Vgl. Faber, M., Manstetten, R., a.a.O., S. 108.

> „WHEN the division of labour has been once thoroughly established, it is but a very small part of a man's wants which the produce of his own labour can supply. He supplies the far greater part of them by exchanging that surplus part of the produce of his own labour, which is over and above his own consumption, for such parts of the produce of other men's labour as he has occasion for. Every man thus lives by exchanging …"[4]

Eine solche Art des Miteinander-Lebens stößt nur auf generelle Billigung, sofern die Menschen zuvor eingesehen haben, dass eine Marktökonomie – von deren Verbreitung im Übrigen das Ausmaß der produktivitätsfördernden Arbeitsteilung abhängt[5] – keine chaotische Veranstaltung ist. Wie es publik zu machen galt, gehorche die Wertbildung Gesetzmäßigkeiten, die wünschenswerte Ergebnisse hervorrufen. Deswegen seien obrigkeitliche Eingriffe in das Wirtschaftsgeschehen abzubauen.

Ehe Smith die Determinanten des Tauschwertes näher untersucht, weist er auf die beiden (ökonomischen) Ausprägungen des Wortes ‚Wert' hin:

> „… VALUE … sometimes expresses the utility of some particular object, and sometimes the power of purchasing other goods … The one may be called 'value in use;' the other, 'value in exchange.' "[6]

Unmittelbar nach Erwähnen dieser von Aristoteles stammenden Unterscheidung bringt Smith das sog. klassische Wertparadoxon:

> „Nothing is more useful than water: but it will purchase scarce any thing … A diamond, on the contrary, has scarce any value in use; but a very great quantity of other goods may frequently be had in exchange for it."[7]

---

[4] Smith, A., An Inquiry …, a.a.O., S. 37.

[5] Die Passage „by exchanging that surplus part of the produce of his own labour" im vorhergehenden Zitat zeigt, dass Smith keineswegs eine vollständige Arbeitsteilung im Sinn hatte, in der *ausschließlich* für den Markt produziert wird. Dem widerspricht sein berühmtes Stecknadelbeispiel auf der ersten Seite seines Buches nicht, mit dem die Produktivitätssteigerung durch eine zunehmende *innerbetriebliche* Arbeitsteilung illustriert werden sollte.

[6] Smith, A., An Inquiry …, a.a.O., S. 44.

[7] Ebenda, S. 44 f.

Smith maß diesem Phänomen jedoch keine größere Bedeutung bei; anders als später Ricardo bemühte er sich nicht einmal ansatzweise, dieses *scheinbare* Paradoxon aufzuklären. Selbstverständlich hat der Diamant einen Gebrauchswert – *diamonds are a girl's best friend* dürfte spätestens seit Marilyn Monroe Gemeingut sein –, und der Verdurstende wird Wasser mit Diamanten aufwiegen – falls er dazu in der Lage ist. Stattdessen gibt Smith ohne diesen Zwischenschritt sein werttheoretisches Forschungsprogramm bekannt. Er verspricht, nacheinander das richtige Maß des Tauschwertes oder den realen Güterpreis sowie dessen Teile vorzustellen. Ferner kündigt er an, die Umstände auszuloten, in welchen der augenblickliche Preis eines Gutes, der ‚Marktpreis‘, von seinem ‚natürlichen Preis‘ abweicht oder sich mit ihm deckt.[8]

Die Marktpreise schwanken je nach der *Relation* von Angebot und *effektiver* Nachfrage:

> „The market price of every particular commodity is regulated by the proportion between the quantity which is actually brought to market, and the demand of those who are willing to pay the natural price of the commodity … Such people may be called the effectual demanders, and their demand the effectual demand; since it may be sufficient to effectuate the bringing of the commodity to market."[9]

In der modernen Makroökonomik spielen die ‚effektive‘ und die ‚notionale‘ Nachfrage durchaus eine Rolle, aber die ‚wirksame‘ Nachfrage der Klassiker ist etwas anderes als jene, welche im Rahmen der Rationalisierungskonzepte gemeint ist.[10] Um dem Unterschied gerecht zu werden, erscheint es sinnvoll, für ‚effectual demand‘ statt ‚wirksame‘ besser ‚hinreichende‘ Nachfrage zu sagen. Denn die hinreichende Nachfrage erlaubt es den Anbietern, den natürlichen Preis zu erzielen, nicht mehr und nicht weniger.[11]

---

[8] Vgl. ebenda, S. 46.

[9] Ebenda, S. 73.

[10] Vgl. die einschlägigen Beiträge im Sammelband Hagemann, H., Kurz, H. D., Schäfer, W. (Hrsg.), Die Neue Makroökonomik, Marktungleichgewicht, Rationierung und Beschäftigung, Frankfurt a. M. / New York 1981.

[11] Es böte sich ferner an, ‚effective‘ und ‚notional demand‘ mit ‚tatsächlicher‘ bzw. ‚erwünschter‘ Nachfrage zu übersetzen. Die (geringere) tatsächliche Nachfrage ist Folge von (unerwünschten) Rationierungen.

Anschließend trägt Smith seine Auffassung vor, entsprechende Steuerungsmechanismen drängten den Marktpreis immer wieder in Richtung des natürlichen Preises.[12] Die hinreichende Nachfrage sei jene, welche beim natürlichen Preis auftrete – ein *Punkt* in einem Preis-Mengen-Diagramm, *keine* funktionale Beziehung zwischen beiden Größen.[13] Die Abirrungen der Marktpreise von den natürlichen Preisen wären angebotsseitig verursacht, entweder aufgrund von Fehldispositionen oder wegen mangelnden Wettbewerbs.

Von dieser Warte aus gesehen sind die gängigen Darstellungen der klassischen Lehre meist zu kurz geraten. Die gleichberechtigten Kräfte von Angebot und Nachfrage bewirken eben keine *zufällige* Gravitation der Marktpreise um den natürlichen Preis; im Gegenteil, die Lehre von Smith und seinen Nachfolgern ist klar gegliedert: Mit dem natürlichen Preis, der am Anfang der Überlegungskette steht, geht eine und nur eine hinreichende Nachfragemenge einher, die dann als gegeben betrachtet werden darf. Falls die Anbieter diesen Absatz falsch einschätzen oder wenn sie wegen fehlender Konkurrenz das Angebot knapp halten können[14], kommt es zu Diskrepanzen zwischen Marktpreis und natürlichem Preis. Trotzdem *muss* sich der natürliche Preis früher oder später durchsetzen, da einschlägige Annahmen über die Reaktionen des Angebots gemacht worden sind. Variierende Marktpreise sind nichts weiter als Zwischenstufen zum natürlichen Preis und der mit ihm verknüpften Nachfrage.[15]

---

[12] Vgl. Smith, A., An Inquiry ..., a.a.O., S. 75.

[13] Vgl. Schefold, B., Nachfrage und Zufuhr in der klassischen Ökonomie, in: Studien zur Entwicklung der ökonomischen Theorie I, hrsg. v. Neumark, F., Berlin 1981, S. 53-91. Einen Überblick über Gravitationsmodelle geben Farmer, K., Kubin, I., Marktpreise und natürliche Preise: Adam Smiths Konzeption und ihre gegenwärtige Bedeutung aus neoricardianischer und neowalrasianischer Sicht, in: Kurz, H. D. (Hrsg.), Adam Smith (1723-1790), Marburg 1990, S. 203-236.

[14] „The monopolists, by keeping the market constantly under-stocked, by never fully supplying the effectual demand, sell their commodities much above the natural price ..." Smith, A., An Inquiry ..., a.a.O., S. 78.

[15] Marshall hat später die Inkongruenz von Marktpreis und natürlichem Preis auf verschieden lange Anpassungszeiträume zurückgeführt und damit suggeriert, bei den Klassikern ließe sich das Konzept von Angebots- und Nachfrage*kurven* finden. Vgl. Marshall, A., Principles ..., a.a.O., S. 314 f. Vgl. zu diesem Komplex Bha-

In Wahrheit ist es fraglich, ob der Anpassungsprozess immer so abläuft, wie es Smith schildert. Seines Erachtens fällt der Marktpreis unter den natürlichen, sobald das Angebot die hinreichende Nachfrage übertrifft; bleibt es dahinter zurück, steigt der Marktpreis über den natürlichen hinaus. In diesem Fall divergieren nach Smith die einzelnen Bestandteile des Preises von ihren natürlichen Sätzen und lösen korrespondierende Kapitalbewegungen aus.[16]

Jedoch darf die Veränderung des Gesamtgewinns nicht allein aufgrund der Entwicklung des Stückgewinns beurteilt werden; die Mengenkomponente kann eventuell den Preiseffekt überkompensieren. Sinkt z. B. der Marktpreis unter den natürlichen Preis, mag der Gewinnanteil des Preises verringert werden, ein höherer Absatz lässt den Gesamtgewinn vielleicht dennoch anwachsen. Die von Smith vorausgesetzten Reaktionen der Unternehmer – hier: Transfer von Kapital in ein anderes Gewerbe – können dann keine allgemeine Geltung beanspruchen.

Indem Smith den Blick nicht auf den Profit insgesamt, sondern auf den Gewinn pro Stück richtet, bahnt er einem Denken in Quotienten statt in Differenzen, d. h. in relativen statt in absoluten Größen, den Weg. Die nachfolgende ökonomische Theorie rückte nämlich einen *Quotienten*, die Profitrate – als Gewinn pro eingesetzter Kapitaleinheit interpretiert – in den Vordergrund und verlor dabei den Gewinn – die *Differenz* zwischen Erlösen und Kosten – aus den Augen. Mit dieser Weichenstellung wurde, wie es noch zu entfalten gilt, der Zug der ökonomischen Theorie auf ein Gleis gelenkt, das nicht im Bestimmungsbahnhof endete.

Der hierarchische Aufbau der klassischen Theorie steht und fällt mit dem ‚natürlichen Preis‘ oder synonym dem ‚Wert‘ einer Ware. Es wundert daher nicht, dass die Analyse der Determinanten dieser Größe von Smith und seinen Nachfolgern an die oberste Stelle der Tagesordnung platziert wurde: Kennt man die Gesetze des natürlichen Preises, so weiß man (anscheinend) über die grundsätzliche Funktionsweise der Wettbewerbswirtschaft Bescheid.

Smith legt keine Werttheorie aus einem Guss vor, vielmehr ist seine Erläuterung historisch aufgefächert. Es lohnt sich, Smiths Darstellung etwas ausführlicher zu analysieren und mit Zitaten zu untermauern, denn

---

radwaj, K., Classical Political Economy and Rise to Dominance of Supply and Demand Theories, 2. Aufl., London 1986.

[16] Vgl. Smith, A., An Inquiry ..., a.a.O., S. 74 f.

hier finden sich – zumindest in rudimentärer Form – die zentralen Fragen, Probleme und (Vor-)Urteile der klassischen Wertlehre.

Zunächst präsentiert Smith sein berühmt gewordenes Hirsch-Biber-Modell, das sich auf eine Zeit vor der Kapitalbildung und der Landnahme bezieht:

> „IN that early and rude state of society which precedes both the accumulation of stock and the appropriation of land, the proportion between the quantities of labour necessary for acquiring different objects seems to be the only circumstance which can afford any rule for exchanging them for one another. If among a nation of hunters, for example, it usually costs twice the labour to kill a beaver which it does to kill a deer, one beaver should naturally exchange for or be worth two deer."[17]

In diesem Beispiel stuft Smith offenkundig die speziellen Tätigkeiten Hirsch- und Biberfangen als ebenbürtig ein, deshalb lassen sich die Arbeitszeiten direkt miteinander vergleichen. Indes nimmt er durchaus wahr, dass sich konkrete Aktivitäten hinsichtlich der abverlangten Anstrengungen und den im Einzelfall erforderlichen Fähigkeiten unterscheiden können; seines Erachtens spiegelt jedoch der Arbeitslohn diese Abweichungen wider: „In the advanced state of society, allowances … for superior hardship and superior skill, are commonly made in the wages of labour; and something of the same kind must probably have taken place in its earliest and rudest period."[18] Die Tauschverhältnisse müssten folglich bei heterogener Arbeit den Vergütungen für die jeweilige Leistung anstelle ihrer bloßen Verrichtungsdauer entsprechen.

Dieses Räsonnement erweist sich allerdings bei näherer Betrachtung als etwas dunkel: Warum spricht Smith in einer Gesellschaft freier Individuen, in der es weder Kapital noch Grundeigentum gibt, von einem Arbeitslohn („wages of labour"), obwohl es jedem Einzelnen unbenommen ist, nach Gutdünken sein produktives Potenzial *selbst* zu verwirklichen? – So tief schürft Smith aber nicht, stattdessen setzt er fort:

> „In this state of things, the whole produce of labour belongs to the labourer; and the quantity of labour commonly employed in acquiring or producing any commodity, is the only circumstance which can regulate

---

[17] Ebenda, S. 65.
[18] Ebenda.

the quantity of labour which it ought commonly to purchase, command, or exchange for."[19]

Erneut drängen sich die Arbeits*mengen* in den Vordergrund, aber nun nicht nur im Kontext der Erzeugung von Gütern, sondern auch als notwendiger Aufwand für den *Erwerb* eines Gutes. Versuchen wir, die Sachlage aufzuhellen.

Angenommen – um beim Hirsch-Biber-Fall zu bleiben –, der reine Zeitaufwand, einen Biber zu töten, sei doppelt so hoch wie der, einen Hirsch zu erlegen. Ferner werde nach der Rückkehr vom Jagen mit einem Teil der jeweiligen Beute Handel getrieben. Es komme zu einem Tauschverhältnis 1 : 1, d. h. ein Biber sei einen Hirsch wert. Tritt dieses Phänomen dauerhaft auf, könnte man – ganz im Sinne von Smith – argumentieren, die Arbeit Hirschjagd werde offenkundig als doppelt so beschwerlich wie das Biberfangen angesehen; entweder kostet die Hirschhatz mehr Strapazen und Übung oder vielleicht erhöhen Raubtiere das Risiko eines Arbeitsunfalls bei diesem Unternehmen. Falls das obige Tauschverhältnis beobachtbar ist, und die knappen Ausführungen von Smith schließen eine solche Möglichkeit nicht aus, dann hat er, im Gegensatz zur landläufigen Meinung, selbst für den „early and rude state of society" keine reine Arbeitsmengentheorie der relativen Preise vertreten. Das Unbehagen, mit der die Existenz einer – wenngleich auf diese Periode beschränkten – Arbeitswertlehre bei Smith registriert wird, wäre unbegründet.[20]

Smith hält sich nur kurz beim frühen und rohen Zustand der Gesellschaft auf:

> „As soon as stock has accumulated in the hands of particular persons, some of them will naturally employ it in setting to work industrious people, whom they will supply with materials and subsistence, in order to make a profit by the sale of their work, or by what their labour adds to the value of the materials ... The value which the workmen add to the materials, therefore, resolves itself in this case into two parts, of

---

[19] Ebenda.

[20] Vgl. Recktenwald, H. C., Würdigung des Werkes, in: Smith, A., Der Wohlstand der Nationen, Eine Untersuchung seiner Natur und seiner Ursachen, aus dem Englischen von Recktenwald, H. C., München 1978, S. XV-LXXIX, S. LIV f.

which the one pays their wages, the other the profits of their employer upon the whole stock of materials and wages which he advanced."[21]

Im Zuge der Kapitalbildung – ein Prozess, den Smith nicht näher erörtert – schiebt sich eine neue Einkommenskategorie ins Blickfeld: der Profit. Nach Smith speist sich der Gewinn aus dem Wert, den *der Arbeiter* dem Rohmaterial zusetzt. Wie der Brite in einer Beispielrechnung veranschaulicht, fällt der Profit jedoch nicht nach Maßgabe des Arbeitsaufwands an, sondern er verhält sich proportional zu dem insgesamt investierten Kapital. Dieses umfasst außer dem Lohn, welcher klassischer Auffassung gemäß im Voraus bezahlt wird[22], auch den Wert der Rohmaterialien.

Einer weitreichenden Inkonsistenz war damit Bahn gebrochen: Der Wertzuwachs, den das Rohmaterial erfährt, wird allein durch die Arbeit hervorgerufen, dennoch berechnet man die allgemeine Profitrate auf die gesamten Kosten, die zugleich als ‚Kapital' gedeutet werden. Diese Methode ist Ausdruck des Glaubens, jede vorgeschossene Geldeinheit sei gleichermaßen produktiv und verdiene daher im Konkurrenzgleichgewicht denselben Anteil am Profit: Die Kapitalgewinne „... are regulated altogether by the value of the stock employed, and are greater or smaller in proportion to the extent of this stock."[23] Später wird sich bestätigen, dass dieser, analog zum Investorenverhalten konstruierte Mechanismus klemmt und das Getriebe der kapitalistischen Marktwirtschaft blockierte – wäre es wirklich so zusammengefügt.

Indem die Schüler Smiths die genannte Ungereimtheit entweder nicht zur Kenntnis nahmen oder zumindest einer tieferen Analyse nicht für wert erachteten, bog die ökonomische Theorie bereits an dieser Stelle auf den falschen Kurs ab. Es mag zwar plausibel erscheinen – insbesondere vom einzelwirtschaftlichen, an den Opportunitätskosten orientierten Standpunkt –, davon auszugehen, jede vorfinanzierte Geldeinheit müsse den gleichen Ertrag abwerfen, doch der erste Blick trügt. Dabei hatte Smith mit seiner Komponententheorie des Werts, die im Urteil von Ricardo und Marx keine Gnade finden sollte, eigentlich schon den ersten Schritt in die richtige Richtung gemacht. – Aber eins nach dem anderen. Widmen wir uns zuvor den Ereignissen in ihrer Chronologie.

---

[21] Smith, A., An Inquiry ..., a.a.O., S. 65 f.

[22] Vgl. ebenda, S. 73.

[23] Ebenda, S. 66.

Neben den Lohn und den Profit rückt eine dritte Einkommensart:

> „As soon as the land of any country has all become private property,
> the landlords, like all other men, love to reap where they never sowed,
> and demand a rent even for its natural produce."[24]

Und wenig später resümiert Smith:

> „Wages, profit, and rent, are the three original sources of all revenue as
> well as of all exchangeable value. All other revenue is ultimately de-
> rived from some one or other of these."[25]

Laut Smith sei damit das Geheimnis des natürlichen Preises gelüftet:

> „When the price of any commodity is neither more nor less than what
> is sufficient to pay the rent of the land, the wages of the labour, and the
> profits of the stock employed in raising, preparing, and bringing it to
> market, according to their natural rates, the commodity is then sold for
> what may be called its natural price."[26]

Abgesehen von der kaum zufriedenstellenden Erläuterung, den ‚natürlichen' Preis durch die ‚natürlichen' Sätze seiner Bestandteile zu erklären,
verblüfft ein anderer, weniger populärer Aspekt: Der vorgeschossene
Wert der Rohmaterialien und Gerätschaften taucht im natürlichen Preis
nicht mehr auf, denn die Vorleistungen lassen sich selbst wieder in die
drei Einkommenskategorien auseinanderdividieren:

> „But the whole price of any commodity must still finally resolve itself
> into some one or other, or all of those three parts; as whatever part of it
> remains after paying the rent of the land, and the price of the whole
> labour employed in raising, manufacturing, and bringing it to market,
> must necessarily be profit to somebody."[27]

Wegen dieser Komponententheorie des Werts wurde Smith viel geschol-
ten: Ricardo bemängelte die zu schnelle Aufgabe der Arbeitswertlehre
und die fehlerhafte Behandlung der Rente. Laut Marx konfundierte Smith

---

[24] Ebenda, S. 67.
[25] Ebenda, S. 69.
[26] Ebenda, S. 72.
[27] Ebenda, S. 69.

Brutto- und Nettoprodukt und er versuche überdies, den „… konstanten Wertteil des Kapitals aus dem Warenwert wegzuhexen"[28]. Smith nehme mithin die Existenz ‚letzter' Waren an, die ohne Produktionsmittel hergestellt worden seien.[29] Sobald die formale Beurteilungsbasis geschaffen ist, werden diese Kritikpunkte gewürdigt.

Reflex der ‚gespaltenen' Werttheorie von Smith sind zweierlei Wertmaße: Einmal spricht er von „labour embodied", d. h. die in einer Ware verkörperte Arbeit reguliert ihren Wert. Zum anderen argumentiert Smith mit „labour commanded". Diese Größe gibt an, wie viele Arbeitseinheiten man für eine Ware kaufen kann. Andersherum gesehen informiert die Elle, wie lange ein Werktätiger für diese Ware arbeiten muss.[30] Adam Smith wechselte auf die ‚warenkommandierte Arbeit' über, weil er Schwierigkeiten sah, die reine Verrichtungsdauer als allgemeingültige Werteinheit anzuerkennen. Im Tausch werden indes „… different degrees of hardship endured, and of ingenuity exercised …"[31] gleichgesetzt.

---

[28] Marx, K., Das Kapital, 2. Bd., Der Zirkulationsprozeß des Kapitals (1885), hrsg. v. Engels, F., in: Marx Engels Werke, Bd. 24, Berlin 1975, S. 372.

[29] Vgl. Kurz, H. D., Adam Smiths Komponententheorie der relativen Preise und ihre Kritik, in: Zeitschrift für die gesamte Staatswissenschaft, Bd. 132 (1976), S. 691-709. Auch Walras ging dem Gedanken nach, den Güterpreis völlig in die Einkommenskomponenten zu zerlegen. Dabei bezieht er sich nicht, wie man vermuten sollte, auf Adam Smith. „It was Bastia's idea", meint er stattdessen, „that, in final analysis, services are exchanged against services, but he only meant personal services, while we have in mind the services of land, persons and capital goods." Walras, L., a.a.O., S. 225.

[30] Fourastié und Schneider nennen diese Größe – ohne Hinweis auf Smith – „Realpreis": „Durch die Teilung des gegenwärtigen Preises (oder Nominalpreises in Mark, Reichsmark oder DM) eines Produkts durch den Stundenlohn, erhalten wir den *Realpreis* dieses Produkts, ausgedrückt in Arbeitsstunden." Fourastié, J., Schneider, J., Warum die Preise sinken, Produktivität und Kaufkraft seit dem Mittelalter, Frankfurt a. M. 1989, S. 40. Die Autoren gelangen in ihrer Untersuchung zum Ergebnis, dass sich die Realpreise fast aller Waren zum Teil drastisch verringert haben. Wesentliche Einflussgröße hierfür ist die Steigerung der Arbeitsproduktivität. Das Gesetz von Angebot und Nachfrage spiele zwar eine Rolle, „… ist letztendlich aber nur für vorübergehende Schwankungen verantwortlich und eher von untergeordneter Bedeutung." Ebenda, S. 145.

[31] Vgl. Smith, A., An Inquiry …, a.a.O., S. 48.

„Man kann den Maßstab ‚kommandierte Arbeit' als Versuch der Objektivierung von Arbeitsquantitäten betrachten: Den Wert einer Ware bemessen wir danach, wieviel Arbeitsquantitäten wir dafür eintauschen oder dienstbar machen können, gleichgültig wieviel Stunden wir selbst zur Fertigstellung benötigt haben."[32]

Während labour embodied prinzipiell physisch ermittelt werden kann, nämlich in Zeiteinheiten, wird die labour commanded vom Lohnsatz beeinflusst. Der pendelt sich aber nach klassischer Auffassung langfristig auf das Subsistenzniveau ein: Die Arbeiter bekommen eine Vergütung, die gerade ausreicht, einen historisch gegebenen Lebensstandard zu gewährleisten. Der Lohn lässt genau den Kauf derjenigen Menge an Nahrung, Kleidung usw. zu, die unabdingbar ist, um sich und die Familie über die Runden zu bringen. Der Nominallohnsatz orientiert sich also an Preisen: den Lebenshaltungskosten. Smiths Maß labour commanded ist abhängig von Größen, die mit diesem Standard gemessen werden sollen. Nur im frühen und rohen Zustand, vor Kapitalbildung und Landnahme, decken sich labour commanded und labour embodied. Die Analyse von Smith birgt demnach, vielleicht unbeabsichtigt, ein Moment sozialer Anklage:

„Man kann auch sagen, daß, wenn der Kauf eines bestimmten Arbeitsquantums durch die Kapitalisten die Produktion einer Ware zuläßt, mit der man ein größeres Arbeitsquantum erhalten kann, dies bedeutet, daß der Tausch zwischen dem Kapitalisten und dem Arbeiter sich im Zeichen einer grundsätzlichen Ungleichheit abwickelt."[33]

Smith thematisiert den Unterschied von verkörperter Arbeit und warenkommandierter Arbeit nicht weiter: Außer seinen ‚natürlichen' Sätzen der Einkommenskategorien bietet er dazu nichts an. Einerlei, ob sich Smith letzten Endes von der Arbeitswerttheorie gelöst hat oder nicht[34], die eigentliche Bedeutung des Werkes von Smith liegt in der propagierten *These*, weniger in der Untermauerung ihrer Richtigkeit: Die marktwirtschaftliche Ordnung ende nicht im Chaos; im Gegenteil, das am Eigen-

---

[32] Starbatty, J., Die englischen Klassiker der Nationalökonomie, Lehre und Wirkung, Darmstadt 1985, S. 60.

[33] Napoleoni, C., Ricardo und Marx, hrsg. v. Pennavaja, C., Frankfurt a. M. 1974, S. 62 f.

[34] Vgl. Starbatty, J., a.a.O., S. 59.

nutz der Einzelnen ausgerichtete Handeln fördere das Wohl aller. Eine ‚unsichtbare Hand' – die Smith im „Wohlstand der Nationen" freilich nur einmal erwähnt[35] – lenke das wirtschaftliche Geschehen; hinter dem scheinbar willkürlichen Auf und Ab der Marktpreise walte eine Gesetzmäßigkeit, die den ‚natürlichen' Verhältnissen zum Durchbruch verhelfe. Das unentwirrbar anmutende wirtschaftliche Räderwerk funktioniere gemäß Regeln, deren Entdeckung (fortan) Hauptaufgabe der ökonomischen Theorie (geblieben) ist.

---

[35] Vgl. Smith, A., An Inquiry ..., a.a.O., S. 456.

2.3 David Ricardo: Profitrate und Kapitalakkumulation

Die Klassik erlebte im letzten Drittel des 20. Jahrhunderts eine Wieder-
belebung; die Renaissance hat sich unter anderem darin niedergeschla-
gen, dass Ricardo zum Namenspatron einer zeitgenössischen Abteilung
von Ökonomen wurde. Diese schon erwähnten ‚Neoricardianer' konkur-
rieren heute – welch eine Ironie der Firmenchronik – mit den ‚Neoklassikern'. Tatsächlich spricht einiges dafür, die Verzweigungen der ökonomischen Theorie als eine Auffächerung der Ricardo-Interpretation zu
deuten.[1] Nun wurde Ricardo selbst im Alter von 27 während eines Kurauf-
enthalts in Bath ökonomisch infiziert, als er auf Adam Smiths „Wealth of
Nations" stieß.[2] Vor diesem Hintergrund scheint es nicht ganz abwegig,
in Ricardo selbst einen Schüler von Adam Smith zu sehen, der dessen
Lehrgebäude zwar renoviert und um einige Stockwerke erhöht habe, ohne
aber das vom Lehrer abgesteckte Terrain zu überschreiten. Umso eher
könnte Adam Smith als der ‚Adam und Schmied' der Volkswirtschaftslehre gelten.

Die in den „Principles" ausgebreitete Werttheorie ist indes mehr als
eine aus kritischem Interesse entstandene Auseinandersetzung und Fort-
entwicklung Smithscher Ideen. Obschon dieses Moment gewiss mit-
schwingt und in den „Principles" äußerlich durch die mehrfache Bezugnahme auf Smith zum Ausdruck kommt, steckt ein tiefer liegendes Motiv
hinter Ricardos Beschäftigung mit der Werttheorie. Um dies zu enthüllen
– was den älteren, bloß an einigen Stellen der „Principles" klebenden
‚Nacherzählungen' der Wertlehre Ricardos nur unzureichend gelingt[3] –,
wird es sich als fruchtbar erweisen, den Blick nicht ausschließlich auf

---

[1] Vgl. Schefold, B. (unter Mitarbeit von Weihrauch, P.), Ricardo – Marshall – Sraffa,
Ökonomische Theorie als Geschichte der Ricardo-Interpretation, in: das wirtschaftsstudium (wisu), 16. Jg. (1987), S. 383-387 und S. 462-467.

[2] Vgl. zu Leben und Werk Ricardos den informativen Artikel von De Vivo, G.,
Ricardo, David, in: The New Palgrave, Bd. 4, London / New York / Tokyo 1987,
S. 183-198.

[3] Ricardos abstrakte, deduktive Vorgehensweise wie die fast dürren Darlegungen,
die nur schwer auf seine Intentionen schließen lassen, wurden des Öfteren auf Ricardos jüdische Abstammung zurückgeführt; auch Marshall moniert dessen ‚unengl-
ische' Methode: „... he was more guilty than almost anyone else of the bad habit of
endeavouring to express great economic doctrines in short sentences." Marshall, A.,
Principles ..., a.a.O., S. 672, vgl. außerdem ebenda, S. 629 Fn.

sein Hauptwerk zu richten, sondern außerdem auf die Formationsperiode seiner Theorie, vor allem auf den „Essay on Profits" aus dem Jahre 1815.[4] Wie sich aus seinem Briefwechsel erkennen lässt, verlagerte sich in den Jahren davor der Schwerpunkt der Forschungen Ricardos von Währungsproblemen auf realwirtschaftliche Themen; namentlich interessierte ihn nun der Zusammenhang von Kapitalakkumulation und Profitrate. In einem Brief an Malthus vom 17. August 1813 gebraucht er diesbezüglich zum ersten Mal die Worte „my theory"[5].

Es ist das Verdienst Sraffas, die Wichtigkeit des Kornmodells im Reifeprozess der Theorie Ricardos verdeutlicht zu haben.[6] Allerdings müssen wir uns *zweimal* der Weizenwirtschaft widmen. Im ersten Durchgang wird die übliche Version skizziert; dann geht es um die Schwierigkeiten, die Ricardo bewegten, in den „Principles" eine Werttheorie vorzulegen: Sie sollte den Gültigkeitsbereich der Hauptsätze seiner im Wesentlichen schon existierenden Verteilungstheorie erweitern. Hiernach wird das Kornmodell noch einmal aufgegriffen, um zu zeigen, dass selbst in diesem einfachen Szenario die herrschende Sicht der Dinge nicht mit der Logik

---

[4] Ricardo, D., An Essay on the Influence of a low Price of Corn on the Profits of Stock (1815), in: The Works and Correspondence of David Ricardo, hrsg. v. Sraffa, P., Bd. IV, Cambridge 1951, S. 9-41.

[5] Vgl. Ricardo, D., Brief an Malthus, 17. August 1813, in: The Works ..., Bd. VI, Cambridge 1973, S. 95. Tucker hat versucht, die Motive aufzuhellen, die Ricardo veranlassten, sich Fragen der Kapitalakkumulation zuzuwenden. Vgl. Tucker, G. S. L., The Origin of Ricardo's Theory of Profits, in: Economica, Bd. 21 (1954), S. 320-331.

[6] Vgl. Sraffa, P., Introduction, in: The Works ..., Bd. I, Cambridge 1970, S. xiii-lxii, insbesondere S. xxxi. Samuel Hollander hat bestritten, die ‚Korn-Theorie des Profits' nähme jenen herausragenden Rang ein, welcher ihr von den Vertretern des Surplus-Ansatzes eingeräumt werde. Sie sei stattdessen nur rudimentär vorhanden. Vgl. zu dieser Diskussion die Beiträge in: Caravale, G. A. (Hrsg.), The Legacy of Ricardo, Oxford 1985. Ohne auf diese Fragen hier näher eingehen zu wollen, belegen die folgenden Zitate, unter anderem aus dem Briefwechsel Ricardos, dass die Kernstruktur seiner Theorie mit dem Kornmodell treffend erfasst werden kann, selbst wenn es aus seinen Schriften nicht mit der Klarheit hervortritt, wie wir es aus den modernen, mathematisch ausgekleideten Schilderungen gewohnt sind. Bei Ricardos Zeitgenossen Torrens findet sich die Korntheorie prägnanter als bei Ricardo, doch Torrens akzeptiert ausdrücklich dessen konzeptionelle Urheberschaft. Vgl. De Vivo, G., Robert Torrens and Ricardo's ‚corn-ratio' theory of profits, in: The Cambridge Journal of Economics, Bd. 9 (1985), S. 89-92.

einer kapitalistischen Konkurrenzwirtschaft vereinbar ist: Bereits in der einsektoralen Weizenwirtschaft entzweien sich Profitmaximierung und Profit*raten*maximierung und das Verhältnis zwischen Lohnsatz und Profit ist weitaus verwickelter als dies die zahlreichen Interpreten ihren Lesern verkünden.

2.3.1 Wachstum und Verteilung in der Weizenwirtschaft

Wie die anderen Klassiker hält Ricardo drei ökonomische Klassen auseinander, die durch ihre jeweiligen Rollen, die sie im Wirtschaftsprozess spielen, charakterisiert sind. Die Grundherren sind die Eigentümer des Ackerlandes, auf das die Pächter, welche die Funktion der Unternehmer in der Agrarwirtschaft innehaben, angewiesen sind. Als Kompensation zahlen sie den Grundherren eine Rente: „By rent I always mean the remuneration given to the landlord for the use of the original and inherent power of the land."[7] Die Agrar-Entrepreneure strecken Kapital vor, das im Weizenmodell lediglich aus dem Lohnfonds besteht. Er umfasst eine gewisse Menge Korn, mit welcher der Unterhalt der Beschäftigten bis zur nächsten Ernte bestritten wird. Die Produktionsperiode währt demnach ein Jahr. Die Lohnabhängigen schließlich stellen ihre Arbeitskraft zur Verfügung und erhalten dafür ein Entgelt.

Wir bezeichnen die gesamte hergestellte Kornmenge mit X; sie soll allein vom Arbeitseinsatz (N) – womöglich mit einer konstanten Menge an Saatgut pro Einheit – abhängen[8]:

$$X = f(N) \qquad (\text{II.1})$$

Aus den verbalen Darlegungen Ricardos und seinen Beispielen lassen sich die folgenden Eigenschaften der Produktionsfunktion (II.1) entnehmen:

$$\frac{dX}{dN} \equiv f_N > 0 \qquad (\text{II.1a})$$

---

[7] Ricardo, D., An Essay ..., a.a.O., S. 18 Fn.

[8] Vgl. z. B. Pasinetti, L., A Mathematical Formulation of the Ricardian System, in: Review of Economic Studies, Bd. 27 (1960), S. 78-98.

$$\frac{d^2 X}{dN^2} \equiv f_{NN} < 0 \qquad\qquad\text{(II.1b)}$$

$$f(0) \geq 0 \qquad\qquad\text{(II.1c)}$$

$$\lim_{N \to 0} f_N(N) = a = const., \, 0 < a < \infty \qquad\qquad\text{(II.1d)}$$

(II.1a) und (II.1b) besagen, dass der Grenzertrag der Arbeit positiv ist, aber abnimmt[9]; (II.1c) schließt die Möglichkeit eines negativen Outputs aus, dem keine ökonomische Bedeutung beigemessen werden könnte. Nach (II.1d) konvergiert der Grenzertrag bei einem sich auf null hin verringernden Arbeitseinsatz gegen einen endlichen positiven Wert. Diese Annahme wird sonst nicht explizit hervorgehoben. Sie macht jedoch ökonomisch Sinn und ist in alle graphischen Darstellungen der Weizenwelt eingegangen.[10] Ferner kann man aus ökonomischer Sicht fordern, der Ertrag einer Arbeitseinheit müsse mindestens genügen, um ihre Subsistenzentlohnung (w_S) zu decken. Voraussetzung (II.1e) gibt diese ‚Lebensfähigkeitsbedingung' der Technik wieder:

$$f_N \geq w_S \qquad\qquad\text{(II.1e)}$$

Das gesamte Einkommen der Beschäftigten (W) beläuft sich auf das Produkt von Lohnsatz (w) und eingesetzter Arbeit; es entspricht, wie schon bemerkt, dem zirkulierenden Kapital (K):

$$K = wN = W \qquad\qquad\text{(II.2)}$$

Der Profit, der den Pächtern insgesamt zufließt (P), ergibt sich aus der Multiplikation des Lohnfonds mit der Profitrate (r):

$$P = Kr \qquad\qquad\text{(II.3)}$$

Für die Rente (R) erhält man:

---

[9] Im Jahr 1815 erschienen Essays von Malthus, West und Torrens, in denen die Rente als Phänomen sinkender Grenzerträge in der Landwirtschaft interpretiert wird. Im Übrigen ähnelt Ricardos Profittheorie stark der von West. Vgl. dazu Sraffa, P., Note on ‚Essay on Profits', in: The Works ..., Bd. IV, a.a.O., S. 1-8, S. 5 f.

[10] Vgl. die oft übernommene Abbildung bei Kaldor, N., Alternative Theories of Distribution, in: Review of Economic Studies, Bd. 23 (1955/56), S. 83-100, S. 85.

$$R = X - wN - P \qquad (\text{II.4})$$

Die Grundeigentümer beziehen also das Gesamtprodukt abzüglich der Arbeits- und Kapitaleinkommen.

Wir haben bisher sieben Unbekannte (X, K, w, N, P, r, R) und nur vier Gleichungen; das System weist drei Freiheitsgrade auf. Diese sind durch ökonomisch plausible Annahmen zu besetzen. Im ersten Schritt kann man davon ausgehen, es existiere zu einem gegebenen Zeitpunkt ein Real-lohnsatz, hier eine bestimmte Menge Korn, der sich als ‚natürlicher‘ Preis der Arbeit deuten lässt. Darunter versteht Ricardo, wie er in seinem Hauptwerk näher ausführt, nicht unbedingt das physische Existenzmini-mum:

> „It is not to be understood that the natural price of labour, estimated even in food and necessaries, is absolutely fixed and constant. It varies at different times in the same country, and very materially differs in different countries. It essentially depends on the habits and customs of the people.“[11]

Ricardo teilt die Auffassung von Malthus, diese Vergütung sei mit einer stationären Bevölkerung verknüpft:

> „The natural price of labour is that price which is necessary to enable the labourers, one with another, to subsist and to perpetuate their race, without either increase or diminution.“[12]

Durch die Fixierung des Lohnsatzes auf das Subsistenzniveau w_S gewinnen wir die Gleichung:

$$w = w_S \qquad (\text{II.5})$$

Die Konkurrenz der Pächter führt des Weiteren dazu, dass die einzelnen Kapitalien im Gleichgewicht eine identische Profitrate veranschlagen. Die Entlohnung der letzten verrichteten Arbeitseinheit und der auf sie entfallende Profit schöpfen demnach das Grenzprodukt aus:

$$w(1 + r) = f_N \qquad (\text{II.6})$$

---

[11] Ricardo, D., On the Principles of Political Economy and Taxation (1817), in: The Works ..., Bd. I, a.a.O., S. 96 f.

[12] Ebenda, S. 93.

Umstellung von (II.6) liefert die Profitratengleichung:

$$r = \frac{f_N}{w} - 1 \qquad (II.7)$$

Ausgehend vom Maximalwert beim Arbeitseinsatz null, *fällt* wegen (II.1b) die Profitrate kontinuierlich mit wachsender Bodenbebauung:

$$\frac{dr}{dN} \equiv r_N = \frac{f_{NN}}{w} < 0 \qquad (II.8)$$

Die Kapitalrendite (II.7) verschwindet, wenn f_N gleich w wird. Aus den Gleichungen (II.2) und (II.5) resultiert die Beschäftigung:

$$N = \frac{K}{w_S} \qquad (II.9)$$

Die in bestimmter Proportion zur Arbeitsnachfrage stehende Bevölkerung ist somit im ricardianischen System (langfristig) eine *Variable*, die sich mit dem Lohnfonds und der natürlichen Vergütung verändert. Jetzt ist auch die Rente ermittelbar. Unter Berücksichtigung von (II.1), (II.2), (II.3) und (II.7) berechnet man für (II.4):

$$R = f(N) - wN - \left(\frac{f_N}{w} - 1\right) wN = f(N) - Nf_N \qquad (II.10)$$

Gleichung (II.10) kann als ‚Rentenformel' des ricardianischen Systems tituliert werden. Die Pachtzahlungen steigen im Gegensatz zur Profitrate mit zunehmender Beschäftigung:

$$\frac{dR}{dN} \equiv R_N = f_N - (f_N + Nf_{NN}) = -Nf_{NN} > 0 \qquad (II.11)$$

Die Grundbesitzer profitieren folglich von einem größer werdenden Arbeitseinsatz im Agrarsektor.

Das System (II.1) bis (II.4) ist immer noch nicht geschlossen, da erst zwei der drei Freiheitsgrade belegt sind. Eine für klassische Analysen typische Annahme besteht darin, den Lohnfonds als gegeben anzusehen:

$$K = K_0 = const. \qquad (II.12)$$

Mit diesem Kapital korrespondiert eine über (II.9) determinierte Beschäftigung (N_0). Nun sind alle Werte des Systems bestimmt. Abbildung II.1 stellt die Situation dar. W_0 symbolisiert die Lohnsumme beim Lohnsatz w_S und der Beschäftigung N_0, entsprechend bezeichnen R_0 und P_0 die Rente und den Profit. Wird der R_0 sowie P_0 umfassende Überschuss völlig verzehrt, wiederholt sich die ökonomische Aktivität auf gleichem Niveau Jahr für Jahr.

Abbildung II.1: Die Verteilung in der Kornökonomie

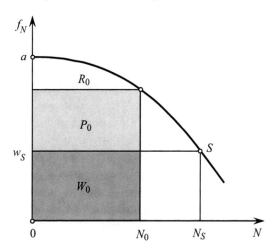

In der Tat kennzeichnet Ricardo die Grundherren als eine „unproductive class"[13], welche ihr ganzes Einkommen konsumiere, während die Pächter nur wenig ihres Profits verbrauchen und den Löwenanteil akkumulieren. Jedoch deren Neigung zu investieren, d. h. den Lohnfonds zu vergrößern, ist abhängig vom erzielbaren Profit; „greater profits would lead to further accumulation", liest man im „Essay"[14], und in den „Principles" steht diesbezüglich:

> „The farmer and manufacturer can no more live without profit, than the labourer without wages. Their motive for accumulation will diminish with every diminution of profit, and will cease altogether when their

---

[13] Vgl. ebenda, S. 270.
[14] Ricardo, D., An Essay ..., a.a.O., S. 35.

> profits are so low as not to afford them an adequate compensation for
> their trouble, and the risk which they must necessarily encounter in
> employing their capital productively."[15]

Moderne Interpreten haben Ricardos System durch eine ‚Investitions-
funktion' komplettiert, um den Weg zum langfristigen Gleichgewicht zu
beschreiben. Hierfür wird angenommen, es gebe eine Mindestprofitrate
„… just enough to choke off further net saving but not so low as to dis-
saving and eating up of the previously existing stock of capital goods."[16]
Solange die Differenz zwischen aktueller Profitrate und Mindestprofitrate
positiv sei, werde Kapital akkumuliert; verschwinde sie, komme der Prozess zum Stillstand.[17] Beleuchtet man den Extremfall, in dem die Mindestprofitrate null beträgt, dann hört die Vergrößerung des (zirkulierenden) Kapitals auf, wenn $w_S = f_N$ gilt. Diese Situation liegt in Abbildung
II.1 im Punkt S vor. Dort ist der Profit von der Bildfläche verschwunden.
Da der natürliche Lohnsatz nicht gedrückt werden kann, hat die Beschäftigung ihr Maximum erreicht (N_S). Die Löhne und die Rente zehren das
ganze Sozialprodukt auf, der stationäre Zustand ist eingetreten.

  Aber solche Mechanisierungen verschieben die Gewichte in Ricardos
„Essay". In dem Beitrag ging es ihm weniger darum, eine düstere Prog-
nose der Zukunftsaussichten der neuen Epoche zu verbreiten, sondern er
beabsichtigte, in einer konkreten politischen Diskussion mit einem *theoretisch fundierten* Beitrag Partei zu ergreifen. Wie der – selten genannte
– vollständige Titel seines „Essay" unterstreicht[18], plädierte Ricardo ge-

---

[15] Ricardo, D., On the Principles …, a.a.O., S. 122.

[16] Samuelson, P. A., The Canonical Classical Model of Political Economy, in:
Journal of Economic Literature, Bd. 16 (1978), S. 1415-1434, S. 1419.

[17] Vgl. ebenda, S. 1421. Siehe ferner Brems, H., An Attempt at an Rigorous Restatement of Ricardo's Long-Run Equilibrium, in: The Canadian Journal of Economics and Political Science, Bd. 26 (1960), S. 74-86, S. 77 und Casarosa, C., A New
Formulation of the Ricardian System, in: Oxford Economic Papers, Bd. 30 (1978),
S. 38-63, S. 45 f.

[18] Die Schrift heißt in voller Länge: „An Essay on the Influence of a low Price of
Corn on the Profits of Stock; Shewing the Inexpediency of Restrictions on Importation: With Remarks on Mr. Malthus' two Last Publications: 'An Inquiry into the
Nature and Progress of Rent;' and 'The Grounds of an Opinion on the Policy of
restricting the Importation of Foreign Corn.' " Vgl. die Deckblätter der ersten beiden
Auflagen des Jahres 1815, die als Faksimile in Ricardo, D., The Works …, Bd. IV,
a.a.O., S. 1 f. wiedergegeben sind.

gen die Einführung von Importzöllen auf Getreide. Gemäß der im „Essay" verkündeten *Verteilungstheorie*, namentlich der ökonomischen Gesetze, die den Profit regeln, nutzen diese Zölle ausschließlich der etablierten, passiven Klasse der Grundherren: „The consideration of those principles ... which regulate the profit of stock, have convinced me of the policy of leaving the importation of corn unrestricted by law."[19] Obschon der direkte parlamentarische Einfluss des Essay als gering veranschlagt werden muss – die Korngesetze wurden 1815 verabschiedet –, ist er dennoch der *Locus classicus* einer wichtigen Weichenstellung in der ökonomischen Theorie.

Während die Physiokraten die Natur schlechthin als Quelle des Mehrprodukts betrachteten[20] und Adam Smith in der Arbeit im Allgemeinen den Ursprung des Wohlstands der Nationen verortete, hat Ricardo in einer kompakten, systematischen Analyse erstmals den Nachweis geliefert, dass keineswegs alle Zweige der Wirtschaft gleichermaßen zum Überschuss beitragen. Vielmehr legt ein Bereich in der Wirtschaft die Profite in allen anderen Abteilungen fest:

> „... through the whole progress of society, profits are regulated by the difficulty or facility of procuring food. This is a principle of great importance, and has been almost overlooked in the writings of Political Economists. They appear to think that profits of stock can be raised by commercial causes, independently of the supply of food."[21]

---

[19] Ricardo, D., An Essay ..., a.a.O., S. 9.

[20] Das Tableau Economique von François Quesnay bietet tiefschürfende Einblicke in die Kreislaufzusammenhänge, vgl. Helmedag, F., Weber, U., Die Zig-Zag-Darstellung des Tableau Économique, in: das wirtschaftsstudium (wisu), 31. Jg. (2002), S. 115-121, S. 135 f. und Helmedag, F., Weber, U., Die Kreislaufdarstellung des Tableau Économique, in: das wirtschaftsstudium (wisu), 31. Jg. (2002), S. 1128-1133, S. 1155.

[21] Ricardo, D., An Essay ..., a.a.O., S. 13 Fn. Allerdings findet sich diese Idee auch bei Smith: „But when by the improvement and cultivation of land the labour of one family can provide food for two, the labour of half the society becomes sufficient to provide food for the whole. The other half, therefore, or at least the greater part of them, can be employed in providing other things, or in satisfying the other wants and fancies of mankind." Smith, A., An Inquiry ..., a.a.O., S. 180. In einer Fußnote verweist Smith außerdem auf Pufendorf, Cantillon und Hume, die ebenfalls die Lebensmittelerzeugung von der restlichen Produktion abtrennen.

Mit seiner Weizenwirtschaft gelang es Ricardo, den Gordischen Knoten zu zerhauen, ohne Rekurs auf eine Werttheorie den Gewinn zu ermitteln: Da Input und Output in der Lohngüterindustrie, sprich im Weizensektor, homogene Größen sind, ergibt sich dort die Profitrate unabhängig vom Weizenpreis als rein physische Größe (vgl. (II.7)). An diesen vom Agrarbereich vorgefertigten Verwertungsfaktor passen sich im Gleichgewicht die anderen Sektoren der Wirtschaft an; die Preise der jeweiligen Waren müssen sich im Zuge des Konkurrenzprozesses entsprechend einstellen, um diese Profitrate abzuwerfen:

> „… in short it is the profits of the farmer which regulate the profits of all other trades, – and as the profits of the farmer must necessarily decrease with every augmentation of Capital employed on the land, provided no improvements be at the same time made in husbandry, all other profits must diminish and therefore the rate of interest must fall."[22]

Diese Einsicht sprengte den von den Vorgängern ererbten Teufelskreis, den Profit zum einen aus dem Wert abzuleiten und ihn zum anderen als Bestimmungsgrund des Wertes aufzuzählen: „Ricardo's immortal contribution was his brilliant solution of this seemingly insoluble problem."[23]

Werden im Verlauf des Akkumulationsprozesses fortgesetzt schlechtere Böden beackert, genießen auch jene Grundherren eine Rente, denen vorher noch kein Einkommen zufloss. Die Entwicklung entpuppt sich als grandiose Umverteilungsmaschinerie ehemaligen Profits in Rente:

---

[22] Ricardo, D., Brief an Trower, 8. März 1814, in: The Works …, Bd. VI, a.a.O., S. 103-105, S. 104.

[23] Dmitriev, V. K., Economic Essays on Value, Competition and Utility (russisch 1904), hrsg. v. Nuti, M. D., Cambridge 1974, S. 58. Zur Einordnung von Dmitriev vgl. Skourtos, M., Der „Neoricardianismus", V. K. Dmitriev und die Kontinuität in der klassischen Tradition, Pfaffenweiler 1985. Dieses Buch enthält einschlägige Zitate von Torrens, J. St. Mill und Senior, wonach die Annahme eines „Basissektors" zu Zeiten Ricardos keine ganz und gar exotische Vorgehensweise war. Vgl. ebenda, S. 70 ff. Eine Übertragung aus dem Altrussischen nebst einer informativen Kommentierung bietet die Dissertation „Die ökonomischen Studien von V. K. Dmitriev" von Frank Schütte, die im Internet verfügbar ist: http://monarch.qucosa.de/fileadmin/ data/qucosa/documents/5136/data/start.html (2002).

„Rent then is in all cases a portion of the profits previously obtained on the land. It is never a new creation of revenue, but always part of a revenue already created."[24]

Gegen den Rückgang der Gewinne zugunsten der Rente lässt sich nur ankämpfen, wenn die Kosten der Nahrungsmittelerzeugung abnehmen. Diese Verminderung wiederum beruht nach Ricardo *ausschließlich* auf drei Ursachen. Zunächst rufe ein Sinken des Reallohns eine Steigerung des Überschusses hervor, der dem Farmer zugutekommt. In die gleiche Richtung wirke zum zweiten ein Fortschritt der Agrartechnik; und drittens verringere sich durch den Import erschwinglicheren Getreides der Kornpreis und mit ihm die Bezahlung der Arbeit.[25]

Doch der Tenor des „Essay" lautet nicht „wages down, profits up". Der natürliche Lohnsatz sowie die Verbesserung der Anbaumethoden sind im Wesentlichen exogene Größen, als wirtschaftspolitische Aktionsparameter kommen sie kaum in Betracht. Die einzige praktikable Möglichkeit, die befürchtete Schmälerung der Profite im Verlauf des Akkumulationsprozesses zu kompensieren, beschränkt sich darauf, das Lohngut zu verbilligen:

„… independently of the effect produced by liberal or scanty wages, general profits must fall, unless there be improvements in agriculture, or corn can be imported at a cheaper price."[26]

In diesem Licht liegt die Stoßrichtung des „Essay" weniger auf dem Spannungsverhältnis zwischen Lohnsatz und Profit(rate), wie manche Interpreten glauben machen wollen, sondern eher auf dem Konflikt zwischen Grundherren und Pächtern: „… the interest of the landlord is always opposed to the interest of every other class in the community."[27]

Allerdings steht und fällt die Stringenz der Analyse im „Essay" mit der Annahme, es gebe *eine* Abteilung der Wirtschaft, die Lohngutindustrie, die sozusagen alle anderen Zweige an der Kandare führe. Deswegen lag es in der Luft, die Wucht der Argumentation Ricardos sowie den Erkenntnisgewinn, den seine Untersuchung über die Quelle des Gewinns

---

[24] Ricardo, D., An Essay …, a.a.O., S. 18.

[25] Vgl. ebenda, S. 22.

[26] Ebenda, S. 23.

[27] Ebenda, S. 21.

verkörpert, durch den Hinweis auf diese anscheinend äußerst rigide Prämisse in Zweifel zu ziehen. Tatsächlich stachelte die Kritik am Kornmodell Ricardo an, in den folgenden Jahren seine Theorie zu generalisieren. Ehe wir die Logik der Kornökonomie weiter studieren, scheint es hilfreich, die Motive der Änderung seines Erklärungsmusters zu beleuchten und die Weiterentwicklung zu umreißen und einzuschätzen.

2.3.2 Die „Principles": Arbeit statt Korn

Die Veröffentlichung des „Essay" in der letzten Februarwoche des Jahres 1815 gab dem grundsätzlichen, wenngleich in freundschaftlichem Ton ausgetragenen Streit zwischen Malthus und Ricardo über die Relevanz der Weizenwirtschaft zusätzlichen Antrieb. Allein in den Monaten März und April besteht der Schriftwechsel zwischen den beiden Kontrahenten aus 17 Briefen.[28] In seinem Schreiben vom 10. März wiederholt Malthus seinen Protest gegen Ricardos Korntheorie. Er war zwar schon in der Korrespondenz der beiden vorausgehenden Jahre angedeutet worden, sollte aber erst im Verlauf der Diskussion nach Veröffentlichung des „Essay" so weit präzisiert werden, um Ricardo zum Umbau seiner Konzeption zu bewegen.

Anfangs teilt Malthus Ricardo mit, sein „Essay" sei von einem gewissen James Mackintosh als ziemlich schwierig und „... not sufficiently practical, to assist him in forming a parliamentary opinion or argument ..."[29] eingestuft worden.[30] Darüber hinaus hält Malthus mit seiner eigenen Einschätzung nicht hinter dem Berg:

---

[28] Vgl. Ricardo, D., The Works ..., Bd. VI, a.a.O.

[29] Malthus, Th. R., Brief an Ricardo, 10. März 1815, in: The Works ..., Bd. VI, a.a.O., S. 181-183, S. 182.

[30] Jedoch erfuhr Ricardo etwa ein halbes Jahr später von Trower, was es mit der Urteilskraft Mackintoshs auf sich hatte: Die Edinburgh Review musste verzögert erscheinen, weil ursprünglich ein detaillierter Artikel von Mackintosh vorgesehen war, der die Niederlage der Allianz gegen Napoleon behandelte. Dann trafen die Meldungen über Waterloo ein, die Zeitung musste neu gedruckt werden. Vgl. Trower, H., Brief an Ricardo, 21. September 1815, in: The Works ..., Bd. VI, a.a.O., S. 278-281, S. 280.

„Considering the short time you were employed about it, the essay has great merit; but it might certainly have been improved by more time and attention."[31]

Nach Malthus' Meinung kann durch eine Erhöhung des Tauschwertes des Weizens der agrarische Überschuss durchaus *steigen*, außerdem reguliere dieser Profit keineswegs den Gewinn in der gesamten Wirtschaft:

„... general profits may be determined by the general supply of stock compared with the means of employing it, and not merely by the stock employed on the land. Nor can I yet satisfy myself either from theory or experience that profits depend solely on the price of corn."[32]

Diesem in der Gestalt einer universellen ‚Angebot-Nachfrage-Theorie des Profits' vorgetragenen Einwand begegnete Ricardo mit seiner Überzeugung, der Marktpreis des Weizens könne nur *vorübergehend* aufgrund einer hohen Nachfrage zunehmen: „My opinion is that corn can only permanently rise in its exchangeable value when the real expences of its production increase."[33]

Hätten die Kontrahenten ihre Argumente weiterhin entlang diesen vorgezeichneten Bahnen ausgetauscht, wäre die Diskrepanz nicht überbrückbar gewesen: Die Ansätze unterscheiden sich prinzipiell voneinander und es existiert kein beiderseitig akzeptierter Bezugsrahmen, um die Güte der einen oder anderen Auffassung zu bewerten. Das sollte sich erst ändern, als Malthus die Weizenwirtschaft in Richtung Wirklichkeit ausweitete und dem Freundfeind die Konsequenzen vortrug:

„Pray think once more on the effect of a rise in the relative price of corn, upon the whole surplus derived from land already in cultivation. It appears to me I confess, as clear as possible that it must be increased. The expences estimated in Corn will be less, owing to the power of purchasing with a less quantity of corn, the same quantity of fixed capital, and of the circulating capital of tea sugar cloaths &c: for the la-

---

[31] Malthus, Th. R., Brief an Ricardo, 10. März 1815, in: The Works ..., Bd. VI, a.a.O., S. 182.

[32] Ebenda, S. 182 f.

[33] Ricardo, D., Brief an Malthus, 14. März 1815, in: The Works ..., Bd. VI, a.a.O., S. 188-190, S. 189.

bourers; and consequently more clear surplus will remain in the shape of rent and profits together ..."[34]

Mit dieser Überlegung greift Malthus einen Gesichtspunkt auf, den er früher erwähnt hatte, ohne ihn damals zu vertiefen: Bestehe das vorgeschossene Kapital in der Landwirtschaft (realistischerweise) nicht allein aus Weizen,[35] könnten sich die Profite in der Landwirtschaft mit einem Anstieg des Weizenpreises gleichfalls erhöhen, denn der Wert der Nicht-Weizen-Inputs gehe relativ zum Weizenwert zurück. Demgemäß wachse sowohl der Gewinn – die Differenz zwischen Erlösen und Kosten – als auch die Profitrate, da deren Zähler größer und ihr Nenner kleiner werde.[36]

Obwohl Ricardo zunächst bemüht war, mit einer sich auf sein Weizenmodell stützenden Beweisführung dagegenzuhalten, erkannte er sofort die Stärke des Arguments an: „Your statement is however very ingenious, and carries a great deal of plausibility with it ..."[37] Im Herbst teilt er, fast etwas verzagt klingend,[38] Trower mit, der Dissens zwischen Malthus und ihm sei nicht ausgeräumt. Immerhin verleiht er der Hoffnung Ausdruck, in absehbarer Zeit eine revidierte Fassung seiner Theorie vorlegen zu können:

---

[34] Malthus, Th. R., Brief an Ricardo, 12. März 1815, in: The Works ..., Bd. VI, a.a.O., S. 185 f., S. 185.

[35] „In no case of production, is the produce exactly of the same nature as the capital advanced. Consequently we can never properly refer to a material rate of produce ..." Malthus, Th. R., Brief an Ricardo, 5. August 1814, in: The Works ..., Bd. VI, a.a.O., S. 115-118, S. 117.

[36] Vgl. das Zahlenbeispiel in: Malthus, Th. R., Brief an Horner, 14. März 1815, in: The Works ..., Bd. VI, a.a.O., S. 186-188, S. 187. Dort kommentiert Malthus Ricardos exemplarische Rechnung im „Essay": „The fault of Mr. Ricardo's table which is curious, is that the advances of the farmer instead of being calculated in corn, should be calculated either in the actual materials of which the capital consists, or in money which is the best representative of a variety of commodities. The view I have taken of the subject would greatly alter his conclusions." Ebenda, S. 187 f.

[37] Ricardo, D., Brief an Malthus, 17. März 1815, in: The Works ..., Bd. VI, a.a.O., S. 192-194, S. 192.

[38] „... never shall I be so fortunate however correct my opinions may become as to produce a work which shall procure me fame and distinction." Ricardo, D., Brief an Trower, 29. Oktober 1815, in: The Works ..., Bd. VI, a.a.O., S. 314-317, S. 315.

„... my opinions differ from the great authority of Adam Smith Malthus, &c^a that I should wish to concentrate all the talent I possess, not only for the purpose of establishing what I think correct principles but of drawing important deductions from them. For my own satisfaction I shall certainly make the attempt, and perhaps with repeated revisions during a year or two I shall at last produce something that may be understood."[39]

Tatsächlich hatte ihn Mill schon zwei Monate vorher energisch anzutreiben versucht, den „Essay" zu überarbeiten[40] und Ricardo versprach, trotz aller Skepsis, das Unternehmen in Angriff zu nehmen:

„The experiment shall however be tried, – I will devote as much time as I can to think and write on my favorite subject, – I will give myself a chance for success and at any rate the employment itself will, if nothing else comes of it, have afforded me instruction and amusement."[41]

Auch später ließ Mill nicht locker: „For as you are already the best *thinker* on political economy, I am resolved you shall also be the best writer."[42] Leichter gesagt als getan: Die Verallgemeinerung der Resultate des „Essays" stieß auf unüberwindbar erscheinende Schwierigkeiten: „I know I shall be soon stopped by the word price", antwortet Ricardo, „and then I must apply to you for advice and assistance."[43] Der Preisschleier *musste* aber gelüftet werden, damit das klare und weitreichende Fazit der Weizenwelt auf die wirklichen Verhältnisse übertragen werden konnte.

---

[39] Ebenda, S. 316.

[40] „... my friendship for you, for mankind, and for science, all prompt me to give you no rest, till you are plunged over head and ears in political economy." Mill, J., Brief an Ricardo, 23. August 1815, in: The Works ..., Bd. VI, a.a.O., S. 250-254, S. 252.

[41] Ricardo, D., Brief an Mill, 30. August 1815, in: The Works ..., Bd. VI, a.a.O., S. 261-265, S. 263.

[42] Mill, J., Brief an Ricardo, 22. Dezember 1815, in: The Works ..., Bd. VI, a.a.O., S. 337-341, S. 340. Vgl. zur Bedeutung des Einflusses von James Mill auf das Entstehen der „Principles" Sraffa, P., Introduction, a.a.O., S. xix ff.

[43] Ricardo, D., Brief an Mill, 30. Dezember 1815, in: The Works ..., Bd. VI, S. 347-349, S. 348. In diesem Schreiben spricht Ricardo davon, der unveränderliche Wert der Edelmetalle sei der Notanker, an dem alle seine Aussagen hingen. Vgl. ebenda.

Die Werttheorie ist demnach im System Ricardos kein Selbstzweck, wie etwa bei Adam Smith oder in der Allgemeinen Gleichgewichtstheorie, um zu zeigen, ungeregelte Marktwirtschaften brächten dennoch ‚vernünftige' Zustände zuwege. Für Ricardo erschöpfte sich die Aufgabe der Werttheorie nicht darin, die Gesetzmäßigkeiten des ökonomischen Tausches aufzudecken. Sie sollte ihm vielmehr dazu dienen, die Mechanismen zu enthüllen, welche die Verteilung zwischen den ökonomischen Klassen und die Höhe der korrespondierenden Einkommenskategorien bestimmen.[44]

In diesem Licht gesehen hat die Wertlehre in Ricardos Konzeption ‚lediglich' den Rang eines Zwischenschritts, der die Distanz zum Ziel verringert, ohne so weit zu tragen, dass es als erreicht gelten darf: „If I could overcome the obstacles in the way of giving a clear insight into the origin and law of relative or exchangeable value I should have gained *half* the battle."[45] Der Aufbau der „Principles" bestätigt diesen Eindruck: Ricardo bemüht sich im ersten Kapitel „On Value", eine hinreichende werttheoretische Basis zur Generalisierung der speziellen Erkenntnisse des „Essay" zu legen; erst dann greift er in späteren Kapiteln Rente, Lohn und Profit im Einzelnen auf.

Ehe es so weit war, gefährdeten die Ergebnisse der werttheoretischen Studien Ricardos zwischenzeitlich das ganze Projekt: „You will see the curious effect", kündigt er Mill an, „which the rise of wages produces on the prices of those commodities which are chiefly obtained by the aid of machinery and fixed capital."[46] Und im gleichen Brief heißt es: „I have been beyond measure puzzled to find out the law of price."[47] Selbst die Veröffentlichung der „Principles" signalisiert keine Zufriedenheit des Autors mit der Problemlösung: Sieht man einmal von der Einfügung des Kapitels „On Machinery" in der dritten Auflage ab, so wurden weitaus die meisten Änderungen der beiden folgenden Ausgaben, die Ricardo noch besorgte, am ersten Kapitel „On Value" vorgenommen.[48]

---

[44] Vgl. Ricardo, D., On the Principles ..., a.a.O., Vorwort.

[45] Ricardo, D., Brief an Malthus, 7. Februar 1816, in: The Works ..., Bd. VII, Cambridge 1973, S. 18-20, S. 20, eigene Hervorhebung.

[46] Ricardo, D., Brief an Mill, 14. Oktober 1816, in: The Works ..., Bd. VII, a.a.O., S. 82-84, S. 82.

[47] Ebenda, S. 83.

[48] Vgl. dazu Sraffa, P., Introduction, a.a.O., S. xxx ff.

Nachdem die Motive Ricardos zur Entwicklung seiner Werttheorie rekonstruiert worden sind, interessiert nun, welche konkreten Antworten er
auf die ihn bewegenden Fragen gefunden hat. Zu Beginn seiner „Principles" schafft er zunächst das Wertparadoxon aus dem Weg: Wenn Wasser
knapp ist, dann hat es sowohl einen hohen Nutzen als auch einen hohen
Preis. Der Gebrauchswert ist hingegen *notwendige Voraussetzung* eines
jeden Tauschwertes:

> „If a commodity were in no way useful ... it would be destitute of ex-
> changeable value, however scarce it might be, or whatever quantity of
> labour might be necessary to procure it."[49]

Die nicht durch Arbeitseinsatz vermehrbaren Güter erhalten ihren Wert
allein durch ihre Knappheit; doch diese relativ geringe Zahl von Gütern
steht nicht im Blickfeld der Analyse. Stattdessen gilt Ricardos Aufmerksamkeit der *Warenproduktion*.

> „In speaking then of commodities, of their exchangeable value, and of
> the laws which regulate their relative prices", grenzt Ricardo sein For-
> schungsprogramm ab, „we mean always such commodities only as can
> be increased in quantity by the exertion of human industry, and on the
> production of which competition operates without restraint."[50]

Konsequenterweise spricht Ricardo immer von „commodities", nicht von
„goods", wie das die modernen Neoklassiker tun.[51] Des Weiteren unter-
liege das Angebot unbeschränkter Konkurrenz – eine zentrale Annahme,
um die Effekte der Kapitalakkumulation zu analysieren. Im nächsten
Schritt moniert Ricardo an Smith, er schwanke zu sehr zwischen labour
embodied und labour commanded und benutze einmal dieses und einmal
jenes Maß, als ob es sich um zwei beliebig substituierbare Größen handele:

---

[49] Ricardo, D., On the Principles ..., a.a.O., S. 11. Vor diesem Hintergrund kann
man sich nur wundern, dass es gang und gäbe ist, den Klassikern anzukreiden, sie
hätten vor dem Wertparadoxon die Waffen gestreckt.

[50] Ricardo, D., On the Principles ..., a.a.O., S. 12.

[51] In der deutschen Taschenbuchausgabe von Neumark, die sich allerdings stark auf
die Übertragung des Textes von Waentig stützt, ist gleichfalls fortgesetzt von Gütern
statt von Waren die Rede. Vgl. Ricardo, D., Grundsätze der politischen Ökonomie
und der Besteuerung, hrsg. v. Neumark, F., Frankfurt a. M. 1972.

> „If this indeed were true, if the reward of the labourer were always in proportion to what he produced, the quantity of labour bestowed on a commodity, and the quantity of labour which that commodity would purchase, would be equal, and either might accurately measure the variations of other things: but they are not equal; the first is under many circumstances an invariable standard, indicating correctly the variations of other things; the latter is subject to as many fluctuations as the commodities compared with it."[52]

Mit dieser Kritik bekundet Ricardo seine Absicht, die Messung der Tauschwerte durch Arbeitsmengen länger beizubehalten als Smith: „... it is the comparative quantity of commodities which labour will produce, that determines their present or past relative value, and not the comparative quantities of commodities, which are given to the labourer in exchange for his labour."[53] Ferner geht Ricardo von einer gegebenen Lohnstruktur aus, die sich in einer Konstanz der relativen Lohnsätze niederschlage. Jedoch übe diese Tatsache keinen Einfluss auf den Tauschwert aus:

> „As the inquiry to which I wish to draw the reader's attention, relates to the effect of the variations in the relative value of commodities, and not in their absolute value, it will be of little importance to examine into the comparative degree of estimation in which the different kinds of human labour are held."[54]

Die Vergütung der Arbeit könne die Tauschverhältnisse solange nicht berühren, wie alle Güter von einer Bewegung des Lohnniveaus im gleichen Maß betroffen werden. Dies lässt sich leicht am Smithschen Hirsch-Biber-Modell vor Augen führen. Ricardo weist ausdrücklich darauf hin, zur Bestimmung des Tauschverhältnisses müsse auch die indirekte Arbeit berücksichtigt werden;[55] sobald dies geschehen sei, vermöge der nominale

---

[52] Ricardo, D., On the Principles ..., a.a.O., S. 14.

[53] Ebenda, S. 17.

[54] Ebenda, S. 21 f.

[55] „Without some weapon, neither the beaver nor the deer could be destroyed, and therefore the value of these animals would be regulated, not solely by the time and labour necessary to their destruction, but also by the time and labour necessary for providing the hunter's capital, the weapon, by the aid of which their destruction was effected." Ebenda, S. 23.

Lohnsatz das Tauschverhältnis nicht mehr zu verändern. Er kürzt sich sozusagen in Zähler und Nenner weg. Dies bedeutet nicht, dass die Höhe der Bezahlung für den Profit folgenlos bleibe, im Gegenteil: „... profits would be high or low, exactly in proportion as wages were low or high; but it could not in the least affect the relative value ... as wages would be high or low at the same time in both occupations."[56]

Allerdings wird das harmonische Erscheinungsbild verzerrt, falls die produzierten Produktionsmittel nicht mehr von gleicher Dauerhaftigkeit sind, wie Ricardo zunächst angenommen hatte. In Abschnitt IV des ersten Kapitels lockert Ricardo diese Voraussetzung, und er unterscheidet in umlaufendes und stehendes Kapital.[57] Jetzt kann der Lohn*satz* den Tauschwert zweier Waren in Mitleidenschaft ziehen:

> „This difference in the degree of durability of fixed capital, and this variety in the proportions in which the two sorts of capital may be combined, introduce another cause, besides the greater or less quantity of labour necessary to produce commodities, for the variations in their relative value – this cause is the rise or fall in the value of labour."[58]

Heute wird diese Auswirkung von Variationen des Lohnsatzes bzw. der Profitrate auf die Preise regelmäßig unter die Überschrift ‚Wicksell-Effekte' rubriziert, in Wahrheit stammt die Entdeckung von Ricardo; ein Fund, der ihm mehr Kopfzerbrechen als Stolz eingebracht haben dürfte.[59] Die aufkeimenden Schwierigkeiten lassen sich mittels eines simplen Modells veranschaulichen, das als formales Substrat der exemplarischen Berechnungen Ricardos angesehen wird.[60]

---

[56] Ebenda, S. 27.

[57] „According as capital is rapidly perishable, and requires to be frequently reproduced, or is of slow consumption, it is classed under the heads of circulating, or of fixed capital." Ebenda, S. 31.

[58] Ebenda, S. 30. Bemerkenswerterweise war dieser Abschnitt in den ersten beiden Auflagen der „Principles" nicht enthalten.

[59] Immerhin hat v. Hayek versucht, seine Konjunkturtheorie auf den ‚Ricardo-Effekt' zu gründen. Vgl. Hayek, F. A. v., Three Elucidations of the Ricardo Effect (1969), wieder in: Hayek, F. A. v., New Studies in Philosophy, Politics, Economics and the History of Ideas, Chicago 1978, S. 165-178.

[60] Vgl. die Zahlenbeispiele Ricardos in den „Principles", S. 33 ff. Die Formalisierung bringt z. B. Blaug, M., Economic Theory in Retrospect, 5. Aufl., Cambridge 1997, S. 90 ff.

Die natürlichen Preise sind im Gleichgewicht gleich ihren ‚Kosten‘, die sich aus den Löhnen und einer einheitlichen Verwertung des Kapitals zusammensetzen.[61] In dem betrachteten Fall bestehe es bloß aus Löhnen, die eine gewisse Zeit vorgelegt werden müssen. Die Preise zweier beliebiger Waren ergeben sich deshalb aus den beiden Gleichungen:

$$p_1 = l_1 w (1 + r)^{t_1} \tag{II.13}$$

$$p_2 = l_2 w (1 + r)^{t_2} \tag{II.14}$$

Die Symbole bedeuten:

p_i = Preis der Ware i (i = 1, 2)
l_i = Arbeitsmenge, um Ware i herzustellen
w = (einheitlicher) Lohnsatz
r = (uniforme) Profitrate
t_i = Produktionszeit der Ware i

Die obigen Gleichungen liefern:

$$\frac{p_1}{p_2} = \frac{l_1 w (1 + r)^{t_1}}{l_2 w (1 + r)^{t_2}} = \frac{l_1}{l_2} (1 + r)^{t_1 - t_2} \tag{II.15}$$

Nur in zwei besonderen Konstellationen determiniert allein das Verhältnis der Arbeitsmengen die Tauschrelation. Beträgt die Profitrate null, liegt der *verteilungstheoretische* Sonderfall vor: Entweder existieren keine Kapitalisten oder der stationäre Zustand ist eingetreten. Um die *produktionstheoretische* Ausnahmesituation handelt es sich, wenn die beiden Herstellungsprozesse hinsichtlich der Umschlagdauer des Kapitals übereinstimmen, also $t_1 = t_2$ gilt.[62] Normalerweise differieren die relativen Preise jedoch von den korrespondierenden Arbeitseinsätzen:

---

[61] „Mr. Malthus appears to think that it is a part of my doctrine, that the cost and value of a thing should be the same; – it is, if he means by cost, 'cost of production' including profits." Ricardo, D., On the Principles …, a.a.O., S. 47 Fn. Im Übrigen hatte Ricardo im „Essay" Umrisse einer ‚Produktionsschwierigkeitentheorie des Werts' skizziert. „The exchangeable value of all commodities, rises as the difficulties of their production increase." Ricardo, D., An Essay …, a.a.O., S. 19.

[62] Auf diese Ausnahmen von der Regel ist bereits Dmitriev eingegangen. Vgl. Dmitriev, V. K., a.a.O., S. 53 und S. 69.

„The difference in value arises … from the profits being accumulated as capital, and is only a just compensation for the time that the profits were withheld."[63]

Mit dieser Erläuterung hat Ricardo selbst einen Fingerzeig gegeben, der dorthin weist, von wo aus sich Kritik vortragen lässt. Es erhebt sich nämlich die Frage, ob nicht Dinge zueinander in Beziehung gesetzt werden, deren Konfrontation so nicht sinnvoll ist: Der früher anfallende Profit sollte gleichermaßen kapitalisiert werden, um die Prozesse einander korrekt gegenüberzustellen; es ist ziemlich witzlos, Kapitalisten in einen Topf zu werfen, von denen die einen den (möglichst raschen) Verbrauch des Profits anstreben, während die anderen den Profit gewinnbringend akkumulieren. Wir kommen auf diesen Gesichtspunkt weiter unten wieder zurück.

Zwar kürzt sich der Lohnsatz aus der Gleichung (II.15) heraus, doch das heißt nicht, dass im Normalfall eine Lohnsatz*veränderung* ohne Konsequenzen für das Preisverhältnis bleibt. Im Gegensatz zur Komponententheorie Smiths ist in der Theorie Ricardos der Profit durch das Mehrprodukt beschränkt. Wie mit der Weizenwirtschaft illustriert werden sollte, zieht eine Bewegung der Vergütung eine entgegengesetzte Dynamik des Profits nach sich, ein Zusammenhang, der in den „Principles" wiederkehrt: „There can be no rise in the value of labour without a fall of profits."[64] Außer im produktionstheoretischen Spezialfall verursache die dem Gewinn folgende Profitrate eine ‚Preisrevolution'. Ricardo bemüht sich, die Richtung der jeweils auftretenden Abweichung anzugeben:

„… in proportion to the durability of capital employed in any kind of production, the relative prices of those commodities on which such durable capital is employed, will vary inversely as wages; they will fall as wages rise, and rise as wages fall; and, on the contrary, those which are produced chiefly by labour with less fixed capital, or with fixed

---

[63] Ricardo, D., On the Principles …, a.a.O., S. 37. Torrens entwickelte den Gedanken, die relativen Preise hingen von der Zeit ab, die verstreiche, bis die Waren auf den Markt kommen, auch wenn ausschließlich variables Kapital eingesetzt werde. Vgl. Sraffa, P., Note on Fragments on Torrens, in: The Works …, Bd. IV, a.a.O., S. 305-308.

[64] Ricardo, D., On the Principles …, a.a.O., S. 35.

capital of a less durable character than the medium in which price is estimated, will rise as wages rise, and fall as wages fall."[65]

Vor diesem Panorama wird begreiflich, warum Ricardo einen absoluten Maßstab aufspüren wollte, mit dem sich unzweifelhaft ausmachen lässt, welche Preise aufgrund einer Lohnkorrektur steigen und welche sinken. Der Fahndung wäre Erfolg zu bescheinigen, falls die gefundene Messlatte nicht auf Faktoren reagiert, die den zu ermittelnden Tauschwert der Waren beeinflussen. Anscheinend gab sich Ricardo der Hoffnung hin, der Hauptgrund der Preisschwankungen, der Wandel in den Arbeitsmengen, komme zum Vorschein, sofern die Warenwerte in einer Einheit ausgedrückt werden, die von der Verteilung unabhängig ist. In den „Principles" behalf sich Ricardo mit dem Gold, trotz aller Unzufriedenheit mit dieser ‚Lösung'.[66] Die Ausschau nach einer besseren Elle beschäftigte ihn gleichwohl den Rest seines Lebens.[67]

Trotz allem vertritt Ricardo keine *absolute* Arbeitswertlehre, wenn man darunter versteht, dass die relativen Preise der Waren den jeweiligen Arbeitsmengen entsprechen. An zahlreichen Stellen seines Briefwechsels werden *zwei* Gründe genannt, die das Tauschverhältnis der Güter bestimmen. Immer dabei ist die Arbeitsmenge, manchmal nimmt er die Umschlagshäufigkeit des Kapitals dazu[68], in den anderen Fällen die Verteilung[69]. Freilich lässt er mehrfach erkennen, *Variationen* der Tauschrelationen würden *hauptsächlich* durch Fluktuationen der Arbeitsmengen ausgelöst; die anderen Determinanten wirkten lediglich modifizierend.[70]

In dem schon erwähnten Brief an Malthus spricht er von der „… nearest approximation to truth, as a rule for measuring relative value, of any I

---

[65] Ebenda, S. 43.

[66] Vgl. ebenda, S. 46.

[67] Vgl. das unterdessen auf Deutsch vorliegende Fragment Ricardo, D., Absoluter Wert und Tauschwert, in: Ökonomische Klassik im Umbruch, hrsg. v. Schefold, B., Frankfurt a. M. 1986, S. 15-33.

[68] Vgl. etwa Ricardo, D., Brief an McCulloch, 2. Mai 1820, in: The Works …, Bd. VIII, Cambridge 1973, S. 178-183, S. 180.

[69] Vgl. Ricardo, D., Brief an Malthus, 9. Oktober 1820, in: The Works …, Bd. VIII, a.a.O., S. 276-280, S. 279.

[70] Vgl. darüber hinaus Ricardo, D., Brief an Mill, 28. Dezember 1818, in: The Works …, Bd. VII, a.a.O., S. 376-383, S. 377.

have ever heard."[71] In den „Principles" quantifiziert er sogar den Effekt, der durch einen Anstieg des nominalen Lohnsatzes möglich sei: „The greatest effects which could be produced on the relative prices of these goods from a rise of wages, could not exceed 6 or 7 per cent.; for profits could not, probably, under any circumstances, admit of a greater general and permanent depression than to that amount."[72] Diese Aussage hat Stigler zum Anlass genommen, Ricardo eine 93%ige Arbeitswerttheorie zuzuschreiben.[73] Bemerkenswerterweise haben zeitgenössische empirische Erhebungen die fast völlige Kongruenz der relativen Warenpreise mit den Arbeitswerten bestätigt: „... we end up with a 90% labour theory of value."[74]

> „In estimating, then", resümiert Ricardo, „the causes of the variations in the value of commodities, although it would be wrong wholly to omit the consideration of the effect produced by a rise or fall of labour, it would be equally incorrect to attach much importance to it; and consequently, in the subsequent part of this work, though I shall occasionally refer to this cause of variation, I shall consider all the great variations which take place in the relative value of commodities to be produced by the greater or less quantity of labour which may be required from time to time to produce them."[75]

So gewappnet kann Ricardo sich endlich der Verteilung zuwenden. Er beginnt mit der Rente. Bereits im Vorwort der „Principles" hatte Ricardo betont, ohne Kenntnis der ‚wahren' Grundrentenlehre sei es verwehrt, die Wirkung des Fortschritts auf Profit und Lohn zu verstehen. Daher hätten

---

[71] Ricardo, D., Brief an Malthus, 9. Oktober 1820, a.a.O., S. 279.

[72] Ricardo, D., On the Principles ..., a.a.O., S. 36.

[73] Vgl. Stigler, G. J., Ricardo and the 93% Labor Theory of Value, in: The American Economic Review, Bd. 48 (1958), S. 357-367.

[74] Petrovic, P., The deviation of production of production prices from labour values: some methodology and empirical evidence, in: Cambridge Journal of Economics, Bd. 11 (1987), S. 197-210, S. 209. Vgl. des Weiteren Grözinger, G., Konkurrenzpreise und Arbeitswerte, Ein Input-Output-Modell für die Bundesrepublik Deutschland 1960-1984, Marburg 1989. Diesen Befund bestätigt die mit einem Sonderpreis des Deutschen Statistischen Bundesamtes bedachte Studie von Fröhlich, N., Die Aktualität der Arbeitswertlehre, Theoretische und empirische Aspekte, Marburg 2009.

[75] Ricardo, D., On the Principles ..., a.a.O., S. 36 f.

Adam Smith und andere Autoritäten viele wichtige Wahrheiten übersehen.[76] Inhaltlich deckt sich die Darstellung im Wesentlichen mit seiner
aus dem „Essay" bekannten Argumentation: „Corn is not high because a
rent is paid, but a rent is paid because corn is high …"[77] Erneut kritisiert
er den weitverbreiteten Glauben, die Rente spiegle die Leistung der Natur
wider:

> „The labour of nature is paid", kommentiert er ein Zitat Smiths, „not
> because she does much, but because she does little. In proportion as
> she becomes niggardly in her gifts, she exacts a greater price for her
> work. Where she is munificently beneficent, she always works gratis."[78]

Wäre die Auffassung richtig, dass die Rente ein Vorteil für die Gesellschaft sei, sollten die neu gebauten Maschinen weniger effizient sein als
die älteren, „… and a rent would be paid to all those who possessed the
most productive machinery."[79] Die Rente stellt ein Symptom des Reichtums dar, nicht seine Quelle.[80] Sie ist kein preisbestimmender Faktor,
ihre Aufgabe erschöpft sich darin, die mannigfaltigen Arbeitsprodukti-
täten auf den verschiedenen fruchtbaren Böden zu kompensieren. Anders
als im „Essay", dessen Schwergewicht darauf liegt, die gegensätzlichen
Interessen der Grundherren zu denen der anderen ökonomischen Klassen
zu brandmarken, rückt in seinem Hauptwerk der Konflikt zwischen Löhnen und Profiten in den Mittelpunkt.

Ricardo bleibt in den „Principles" der Bevölkerungstheorie Malthus'
treu, obschon er dem Wunsch Ausdruck verleiht, dass die Arbeiter einen
Gefallen an „comforts and enjoyments" finden: „There cannot be a better

---

[76] Vgl. ebenda, Vorwort, S. 5 f.

[77] Ebenda, S. 74.

[78] Ebenda, S. 76 Fn. Indes gibt es eine Passage bei Smith, wo er die Rente als Ergebnis des Preises beschreibt: „Rent … enters into the composition of the price of
commodities in a different way from wages and profit. High or low wages and profit, are the causes of high or low price; high or low rent is the effect of it." Smith, A.,
An Inquiry …, a.a.O., S. 162. Erstaunlicherweise nennt Ricardo dieses Zitat selbst
in dem XXIV. Kapitel der „Principles" nicht, das speziell der Grundrentenlehre von
Adam Smith gewidmet ist. Vgl. Ricardo, D., On the Principles …, a.a.O., S. 327 ff.

[79] Ebenda, S. 75 f.

[80] Vgl. ebenda, S. 77.

security against a superabundant population."[81] Auch was die langfristige Entwicklung des Profits anbelangt, schweift Ricardo nicht wesentlich vom „Essay" ab. Im Zuge der Akkumulation kommen die Gewinne durch den höheren Aufwand, Lebensmittel zu produzieren, notgedrungen unter Druck: „The natural tendency of profits then is to fall; for, in the progress of society and wealth, the additional quantity of food required is obtained by the sacrifice of more and more labour."[82]

Allerdings unterbreitet Ricardo dem Publikum seine Erwägungen jetzt in etwas verfeinerter Form. Laut seinen Zahlenbeispielen muss der Getreidepreis nach Maßgabe des Sinkens der Arbeitsproduktivität auf den neuen Böden zunehmen. Da sich der natürliche Lohnsatz über kurz oder lang durchsetze, werde der Tauschwert der Arbeit steigen, hierdurch falle der in Geld ausgedrückte Überschuss der unternehmerischen Bodenpächter.[83] Und öfter als im „Essay" formuliert Ricardo sein Kredo: „... whatever increases wages, necessarily reduces profits."[84]

Malthus hatte am „Essay" beanstandet, infolge einer Heraufsetzung des Weizenpreises wäre eine Korrektur der agrarischen Profitrate nach oben denkbar, weswegen die von Ricardo geschilderten Konsequenzen entfielen. Mit seiner inzwischen ausgefeilteren Argumentation ging dieser in den „Principles" zum Gegenangriff über.

Eingangs konstatiert Ricardo, der Weizenpreis könne nicht *beliebig* anwachsen; für seine Höhe sei der Arbeitsaufwand an der Bebauungsgrenze ausschlaggebend. Zudem rufe ein gestiegener Weizenpreis bei gegebenem Reallohn eine entsprechende Anhebung des Nominallohns hervor. Weil die Preise der anderen Inputgüter gemäß der (approximativen) Arbeitswerttheorie ebenfalls durch ihre Arbeitskosten determiniert seien, verteuere sich ihr Erwerb. Deshalb werde der Kapitalwert in der Landwirtschaft größer. Darüber hinaus verwandele sich im Verlauf der Akkumulation ein Teil des bisherigen Gewinns in Rente. Ergo *verringere* ein steigender Weizenpreis die Profitrate.

---

[81] Ebenda, S. 100.

[82] Ebenda, S. 120.

[83] Vgl. ebenda, S. 113 f.

[84] Ebenda, S. 118. Vgl. überdies die Kapitel „Effects of Accumulation on Profits and Interest" sowie „Bounties on Exportation and Prohibitions of Importation", ebenda, S. 289 ff.

Freilich beruht die Begründung von Ricardo auf Beispielen, eine generelle Beweisführung fehlt. Dieses Manko wird noch drückender empfunden, sobald der Reallohn der Arbeiter mehr als bloß Weizen umfasst. Unter diesen Umständen verliert das Konzept, das gesellschaftliche Mehrprodukt *ausschließlich* im Kornanbau zu lokalisieren, an Überzeugungskraft. Eine Verallgemeinerung ist unerlässlich.

Die Werttheorie sollte ursprünglich die tragfähige Grundlage für eine universelle Anwendung dieses Erklärungsmusters bilden – dieser Versuch ist nicht überzeugend geglückt. Nur dank passend gewählter Prämissen, wie der 93%igen Arbeitswerttheorie und der Voraussetzung eines unveränderlichen Wertes des Goldes, gelang es Ricardo, sein Konzept gegenüber der Kritik halbwegs abzuschotten. Im Zuge dessen ging sein eigentliches Anliegen beinahe unter. Trotz des Hinweises im Vorwort der „Principles", welcher Rang der Verteilung einzuräumen sei, wurde das Werk vor allem als ein Beitrag zur Werttheorie rezipiert.

Daran ist der Autor nicht ganz unschuldig: Das erste, längste und mehrfach veränderte Kapitel dreht sich um den *Wert*, und in den jeweils deutlich kürzeren Kapiteln über Lohn, Profit und Rente schimmert der Bezug zur Werttheorie lediglich schemenhaft durch.

Umso leichter etablierte sich die Lesart, die Ausführungen über den Wert machten die zentralen Reflexionen Ricardos aus. So urteilt Marx: „Das ganze Ricardosche Werk ist also enthalten in seinen ersten zwei Kapiteln."[85] Angesichts der scheinbaren wert- (und renten-)theoretischen Dominanz trat der Surplus-Standpunkt fast zwangsläufig in den Hintergrund. Die neoricardianische Anschauung, in den „Principles" sei zur Aggregation heterogener Waren Korn durch Arbeit ersetzt worden, um die Überschussrate der Wirtschaft zu eruieren, bedarf eines geschulten Auges. Selbst dann bleibt im Dunkeln, welchen Nutzen die These stiftet, die „Principles" seien eine vergrößerte Version des „Essay": Sofern sich die Waren zugegebenermaßen *nicht* im Verhältnis ihrer Arbeitswerte tauschen, ist die aus einer solchen Annahme abgeleitete Profitrate eine Als-ob-Konstruktion, eine wirtschaftstheoretische Gedankenspielerei – nichts weiter.

Nach all den Jahren intensiver Beschäftigung mit den Problemen der Wertlehre kehrte Ricardo gelegentlich zu der Auffassung zurück, die

---

[85] Marx, K., Theorien über den Mehrwert, 2. Teil, a.a.O., S. 166.

Produktionspreistheorie sei zur Beantwortung der zentralen Verteilungs-
fragen nicht erforderlich.

> „I sometimes think", schreibt er an McCulloch, „that if I were to write
> the chapter on value again which is in my book, I should acknowledge
> that the relative value of commodities was regulated by two causes in-
> stead of by one, namely, by the relative quantity of labour necessary to
> produce the commodities in question, and by the rate of profit for the
> time that the capital remained dormant, and until the commodities were
> brought to market. Perhaps I should find the difficulties nearly as great
> in this view of the subject as in that which I have adopted. After all[,]
> the great questions of Rent, Wages, and Profits must be explained by
> the proportions in which the whole produce is divided between land-
> lords, capitalists, and labourers, and which are not essentially connected
> with the doctrine of value."[86]

Bei der letzten Aussage handelt es sich eher um einen Wunsch als um
eine Einsicht: Die Regeln, welche die Anteile der ökonomischen Klassen
am Volkseinkommen vorschreiben, lassen sich nur finden, falls *zuvor* die
Funktionsweise des ökonomischen Tausches in einer Konkurrenzwirtschaft aufgedeckt worden ist. Wegen der nicht zu beseitigenden werttheoretischen Schwierigkeiten hegte Ricardo schließlich die Hoffnung, die
Distribution des Überschusses auf die Klassen ohne Wertlehre darstellen
zu können. In Wirklichkeit kommt diese Position einem Rückzug auf das
scheinbar überschaubarere Terrain der Weizenwelt gleich. Aber die Eigenschaften der Kornökonomie sind komplexer als man zunächst meinen
mag. Es ist daher nötig, die Anfänge der Surplus-Konzeption noch einmal unters Mikroskop zu nehmen.

---

[86] Ricardo, D., Brief an McCulloch, 13. Juni 1820, in: The Works ..., Bd. VIII,
a.a.O., S. 191-197, S. 194. Ähnlich äußerte er sich in einem Brief an Malthus:
„Political Economy you think is an enquiry into the nature and causes of wealth – I
think it should rather be called an enquiry into the laws which determine the division of the produce of industry amongst the classes who concur in its formation. No
law can be laid down respecting quantity, but a tolerably correct one can be laid
down respecting proportions. Every day I am more satisfied that the former enquiry
is vain and delusive, and the latter only the true objects of the science." Ricardo, D.,
Brief an Malthus, 9. Oktober 1820, a.a.O., S. 278 f.

2.3.3 Nochmals zur Logik der Weizenwirtschaft

Aus der obigen, den traditionellen Bahnen folgenden Interpretation des Weizenmodells ging hervor, dass Ricardo im „Essay" keineswegs eine einsektorale Wirtschaft im Auge hatte, wie das quellenfernere Texte behaupten. Dennoch verleiht eine Abteilung der Kornökonomie ihre Besonderheit: In der Nahrungsmittelproduktion sind Input und Output physisch homogen. Aufgrund dessen lässt sich ein naturaler Verwertungsfaktor errechnen. Eine passende Preisstruktur gewährleistet im Gleichgewicht die Übereinstimmung der einzelnen Profitraten mit der agrarischen.

Dieses Modell besticht schon beim ersten Anblick durch seine schlichte Eleganz. Zu Recht wird es in der Volkswirtschaftslehre gelegentlich genannt und als ein Meisterstück früher ökonomischer Analyse gefeiert. In seltsamem Kontrast dazu steht, dass diesem Juwel kein zweiter, prüfender Blick gegönnt wird: Statt die innere Logik der Weizenwirtschaft zu entfalten, weist man mehr oder weniger rasch auf die wenig realistisch wirkenden Prämissen des Gedankengebäudes hin, um es daraufhin als unzeitgemäß zur Seite zu schieben – der n-dimensionale Fall ist angesagt.

Wir begeben uns ins andere Extrem und studieren anschließend eine reine Kornökonomie, d. h. eine Wirtschaft, die lediglich aus einem Sektor besteht. In einer solchen Ökonomie tritt das Wertproblem nicht auf. Die Verteilung kann in Größen einer homogenen, physischen Einheit gemessen werden. Trotzdem birgt bereits dieses einfache Szenario Probleme, die, wenn auch in wechselndem Gewande, im Verlauf der Geschichte der Werttheorie stets aufs Neue wiedergekehrt sind.

2.3.3.1 Das Gesamtgewinnmaximum

Entscheidend für den Akkumulationsprozess ist das Verhalten der Agrarunternehmer: „Ziel der Pächter ist es", heißt es unisono in den gängigen Expositionen, „ihren Gewinn in Relation zum vorgeschossenen Kapital zu maximieren."[87] Um es deutlich zu sagen: So klar steht das bei Ricardo nicht; überhaupt favorisiert er die Vokabel ‚Profit' vor dem Wort ‚Profitrate', wobei er gewiss des Öfteren die Profitrate meint, obwohl er vom

---

[87] Stellvertretend für viele wird hier Schefold, B., Ricardo ..., a.a.O., S. 385 zitiert.

Profit spricht.[88] Allerdings leuchtet diese, den Akteuren auferlegte Norm nicht ein: Wäre es wirklich die Absicht der Entrepreneure, die Profit*rate* zu maximieren, dürften sie *nie und nimmer* akkumulieren, denn die Profitrate nähert sich ihrem Maximum, wenn die Beschäftigung gegen null geht. Mit steigender Beschäftigung *muss* sie fallen, wie Gleichung (II.8) (vgl. S. 124) bezeugt – was soll die Profitrate sonst tun. Ihre Maximierung ist ein untaugliches Konzept, um abzubilden, was die Aktivitäten gewinnmaximierender Unternehmer steuert: Der Quotient führt in die Irre, die Differenz weist den richtigen Weg.

Nun nimmt Ricardo sicherlich an, die Pächter wollten nach besten Kräften verdienen, nur so lässt sich der von ihm mehrfach genannte Arbitrageprozess erklären: „If the profits of capital employed in Yorkshire, should exceed those of capital employed in London, capital would speedily move from London to Yorkshire ...“[89] Jedoch wiederholt er mehrfach, die Profitmasse (und mit ihr die Profitrate) schwinde im Zuge der Kapitalakkumulation; nochmals:

> „Thus by bringing successively land of a worse quality, or less favourably situated into cultivation, rent would rise on the land previously cultivated, and precisely in the same degree would profits fall; and if the smallness of profits do not check accumulation, there are hardly any limits to the rise of rent, and the fall of profit.“[90]

Das System enthält infolgedessen einen Widerspruch: Zum einen charakterisiert Ricardo die Pächter als Personen, die den Höchstprofit anstreben, zum anderen als ‚Investitionsmaschinen‘, welche die Beschäftigung so lange ausweiten, bis die Kapitalrendite auf ein Minimum abgesunken ist. Freilich würden sich akkumulierende Gewinnmaximierer zwangsläufig ins eigene Fleisch schneiden, sofern ihr Einkommen im Zuge der Expansion schrumpft.

---

[88] Im ersten Zahlenbeispiel des „Essay“ heißt es etwa: „... the neat profit to the owner of capital would be fifty per cent ...“ Ricardo, D., An Essay ..., a.a.O., S. 10. Solche nachlässigen Formulierungen treten an einigen Stellen in Ricardos Werk auf. Zur Kritik an dessen Sprache (und anderer) vgl. Galbraith, J. K., Wirtschaft, Friede und Gelächter (amerikanisch 1971), München / Zürich 1974, S. 42 ff.

[89] Ricardo, D., On the principles ..., a.a.O., S. 134. Dieser Arbitrageprozess wird auch im „Essay“ angesprochen. Vgl. nur Ricardo, D., An Essay ..., a.a.O., S. 12.

[90] Ricardo, D., An Essay ..., a.a.O., S. 14.

Zahlreiche moderne Autoren, die eine Kompetenz zur Reproduktion der Theorie Ricardos verspürt haben, stellen diese unvereinbaren Verhaltensweisen kommentarlos nebeneinander. Dies passt zum Eindruck, Lehrgeschichte werde häufig als eine Art ,Stille Post' betrieben. Ricardos ursprüngliche Botschaft lautete in Wahrheit anders: Profit und Profitrate müssen sich keineswegs stets in dieselbe Richtung bewegen.

Verständen jene Ökonomen, die entsprechende Formalisierungen verbreiten, tatsächlich so viel vom Geschäft, wie sie glauben machen möchten, sollte ihnen nicht verborgen geblieben sein, dass der von ihnen beschriebene Ablauf des Geschehens in der Weizenwirtschaft eine *Fata Morgana* ist: Profit und Profitrate *können* im Verlauf der Akkumulation nicht immer positiv miteinander korreliert sein. Der Gewinn beläuft sich auf das Produkt des Lohnfonds mit der Profitrate (vgl. (II.3), S. 122). Beide Multiplikanden müssen positiv sein, damit die Pächter ein Einkommen erzielen. Zweimal wird diese Voraussetzung aber verletzt: Einerseits fällt bei fehlendem Arbeitseinsatz keine Vergütung an und andererseits geht die Maximalbeschäftigung N_S mit einer verschwundenen Verwertungsrate einher. Damit hat die Gewinnfunktion in Abhängigkeit vom Arbeitseinsatz zwei verschiedene Nullstellen. Nach dem Satz von Rolle besitzt eine stetige Funktion dazwischen (mindestens) einen (lokalen) Extremwert.[91] Diese Voraussetzungen liegen hier vor. Der Profit ergibt sich in Ricardos Modell als Residuum, nachdem vom Sozialprodukt die Lohnsumme und die Rente abgezogen worden sind:

$$P = f(N) - \left[f(N) - Nf_N\right] - w_S N = Nf_N - w_S N =$$
$$= N(f_N - w_S) \tag{II.16}$$

Zur Berechnung eines Gewinnmaximums ist die erste Ableitung von (II.16) gleich null zu setzen:

$$\frac{dP}{dN} \equiv P_N = f_N + Nf_{NN} - w_S \overset{!}{=} 0 \tag{II.17}$$

Als notwendige Bedingung für die profitmaximale Beschäftigung (N_P) in Abhängigkeit eines gegebenen (Subsistenz-)Lohnes ($w_S < f_N$) erhalten wir:

---

[91] Vgl. Bronstein, I. N., Semendjajew, K. A., Taschenbuch der Mathematik, 20. Aufl., Leipzig 1981, S. 321.

$$N_P = \frac{w_S - f_N}{f_{NN}} > 0 \qquad (II.18)$$

Im Maximum muss ferner die zweite Ableitung von (II.16) (P_{NN}) negativ sein:

$$P_{NN} = 2f_{NN}(N_P) + N_P f_{NNN}(N_P) \overset{!}{<} 0 \qquad (II.19)$$

Die Umformung bringt:

$$f_{NNN}(N_P) \overset{!}{<} - \frac{2f_{NN}(N_P)}{N_P} \qquad (II.19a)$$

Offensichtlich ist (II.19a) bereits erfüllt, wenn die dritte Ableitung der Produktionsfunktion nach der Beschäftigung (f_{NNN}) an der Stelle N_P kleiner oder gleich null ist. Abbildung II.2 gibt die Zusammenhänge für die Produktionsfunktion $X = 441N - \frac{1}{3}N^3$ wieder. Der Subsistenzlohn w_S wurde mit 141 Getreideeinheiten angenommen.

Abbildung II.2: Die Entwicklung der Verteilung in der Kornökonomie

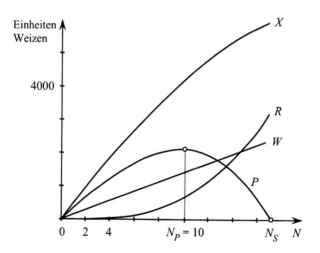

Wie erkennbar, nimmt im Zuge der Akkumulation der Gesamtprofit bis zu $N_P = 10$ zu, dann vermindert er sich. Die einschlägigen Graphiken in der Literatur sind durchwegs unrichtig.[92]

Demgegenüber wusste Ricardo, dass trotz zurückgehender Profitrate der Gesamtprofit zunächst wachsen kann. In seinem Zahlenbeispiel steigt der Gesamtprofit von 100 Weizeneinheiten in der ersten Periode bis zum Maximum von 275 in der fünften, um auf 205,5 in Periode 8 zu sinken. Die Profitrate fällt kontinuierlich von 50 % in der ersten Periode auf 11 % in der achten.[93]

> „It will be seen that during the progress of a country", kündigt er dieses Phänomen an, „the whole produce raised on its land will increase, and for a certain time that part of the produce which belongs to the profits of stock, as well as that part which belongs to rent will increase; but that at a later period, every accumulation of capital will be attended with an absolute, as well as a proportionate diminution of profits, – though rents will uniformly increase."[94]

Diese (zutreffende) Beschreibung der Profitentwicklung steht in schlagendem Gegensatz zu der von ihm selbst zwei Seiten vorher und gleich anschließend wieder behaupteten ständigen Schmälerung der Profite bei expandierender Bodenkultivierung. Die Irritation wird noch größer, sofern man berücksichtigt, dass Ricardo dem Profitverlauf eine herausragende Bedeutung beigemessen hat: „This is a view of the effects of accumulation which is exceedingly curious, and has, I believe, never before been noticed."[95] In den „Principles" hat Ricardo ebenfalls ein Zahlenbeispiel präsentiert, in dem sich der Gewinn zu Beginn der Kapitalakkumu-

---

[92] Vgl. nur Pasinetti, L. Vorlesungen zur Theorie der Produktion (italienisch 1975), Marburg 1988, S. 33. Bei Pasinetti ist das umso erstaunlicher, als er früher feststellte: „... there must be at least one point of maximum total profits ..." Pasinetti, L., A Mathematical ..., a.a.O., S. 89. Diese Erkenntnis hat in das entsprechende Diagramm seiner „Vorlesungen" keinen Eingang gefunden. Auch Autoren, die sich direkt auf Pasinetti stützen, erwähnen das Profitmaximum nicht. Vgl. Salvadori, N., Signorino, R., From stationery state to endogenous growth: international trade in the mathematical formulation of the Ricardian system, in: Cambridge Journal of Economics, Bd. 40 (2016), S. 895-912, S. 904.

[93] Vgl. Ricardo, D., An Essay ..., a.a.O., S. 15 f., insbesondere die Tabelle auf S. 17.

[94] Ebenda, S. 15 f.

[95] Ebenda, S. 16.

lation erhöht, obwohl sich die Profitrate verringert. Erst nach Erreichen eines Maximums verkleinert sich der Profit.[96]

So gesehen ist der Wissensdurst immens, warum die Tatsache der anfangs gegenläufigen Beziehung zwischen Profit und Profitrate zur Seite geschoben worden ist. Eine Antwort erscheint für Ricardo eher möglich als für seine Epigonen. Fürs Erste muss man sich in Erinnerung rufen, dass der „Essay" mit einem praktischen Anliegen verfasst worden war: keine Getreidezölle! Und unabhängig davon, in welcher konkreten Position sich die Wirtschaft bei gegebener Beschäftigung auf dem ‚Profitberg' befindet, er erhöht sich stets, wenn das Lohngut billiger wird.

Darüber hinaus gibt es Indizien für Ricardos Glauben, das Profitmaximum liege in der Zukunft. „But *after* profits have very much fallen", warnt er im „Essay", „accumulation *will be checked*, and capital *will be exported* to be employed in those countries where food is cheap and profits high …"[97] In den „Principles" bringt er desgleichen zum Ausdruck, der stationäre Zustand sei noch weit entfernt. Es werde aber immer schwieriger, die seines Erachtens richtigen Maßnahmen zur Beseitigung der Fehlentwicklung zu ergreifen, je länger man damit zuwarte.[98]

Vor diesem Hintergrund wird begreifbar, dass Ricardo sein System ‚pragmatisch' handhabe: Je nach Bedarf wechselt er von der Profit- zur Beschäftigungsmaximierung als Zielvorgabe der Pächter. Von modernen Ökonomen wird in dieser Hinsicht allerdings mehr Linientreue verlangt.

Da Wirtschaftstheorie im hier verstandenen Sinne bedeutet, die Gesetzmäßigkeiten des ökonomischen Tausches zwischen erwerbswirtschaftlich orientierten *Homines oeconomici* zu entziffern, bildet die Gewinnmaximierung der Entrepreneure die einzig analytisch erfolgsversprechende Richtschnur des Handelns. So gesehen gebührt dem Vorhandensein eines höchstmöglichen Unternehmenseinkommens im Zuge der Kapitalakkumulation ein zu hoher Rang, um das Phänomen einfach zu unterschlagen.

---

[96] „We should also expect that, however the rate of the profits of stock might diminish in consequence of the accumulation of capital on the land, and the rise of wages, yet that the aggregate amount of profits would increase … This progression however is only true for a certain time …" Ricardo, D., On the Principles …, a.a.O., S. 123.

[97] Ricardo, D., An Essay …, a.a.O., S. 16 Fn., eigene Hervorhebungen.

[98] Vgl. Ricardo, D., On the Principles …, a.a.O., S. 109.

Klärungsbedürftig ist zunächst, welchen Einfluss die Existenz eines Maximums des *Gesamt*profits auf das Verhalten des *einzelnen* Pächters ausübt. Ehe der Wirkung eines steigenden Profits trotz fallender Verwertungsrate auf die Eigenschaften der Kornökonomie nachgespürt wird, soll diese Lücke geschlossen werden. Daher schalten wir einige Bemerkungen zum Verhältnis zwischen einzel- und gesamtwirtschaftlicher Profitmaximierung ein.

2.3.3.2 Individuelle und kollektive Rationalität

Strebten die Getreideproduzenten eine Maximierung des gemeinsamen Gewinns an, wäre offensichtlich die Beschäftigung N_P optimal. Allerdings interessiert den einzelnen Kapitalisten der Gesamtprofit nicht, vielmehr trachtet er nach seinem individuellen Spitzeneinkommen. Man könnte sich deswegen auf den Standpunkt stellen, dem Gesamtgewinnmaximum komme keine weitere Bedeutung für den Akkumulationsprozess zu, da die Profitbezieher keine kollektive Gewinnmaximierung betreiben. Stattdessen setze jeder einzelne Pächter die Akkumulation fort, wenn die Profitrate die angenommene Mindestprofitrate übertreffe. Demgemäß achten die einzelnen Arbeitgeber ausschließlich auf die Spanne zwischen diesen Renditen, die Gewinnveränderung sende hingegen kein entscheidungsrelevantes Signal aus.

Eine solche Argumentation gestattet es nicht, die Existenz eines Gesamtprofitmaximums unter den Teppich zu kehren, wie das die herrschende Ricardo-Interpretation macht. Die Rechtfertigung für die alleinige Berücksichtigung der Profitrate als Investitionsanreiz wäre nur akzeptabel, sofern sich wirklich mit *jeder* individuellen Betriebsausdehnung der Profit des Einzelnen vermehrte. Das stimmt jedoch nicht. Im Großen wie im Kleinen gibt es eine kritische Grenze der Akkumulation. Sie ist erreicht, sobald zwei gegenläufige Effekte einander die Waage halten: Der aus einem Beschäftigungszuwachs erwartete zusätzliche Gewinn wird gerade durch den Rückgang aufgezehrt, welchen die sinkende Profitrate, angewandt auf das ,Altkapital' – den bisherigen Lohnfonds –, heraufbeschwört.

Nehmen wir der Einfachheit halber an, die Zahl der Pächter sei während des gesamten Wachstumsprozesses konstant und sie legten das gleiche Akkumulationsmuster an den Tag. In dieser Situation hätte jeder dieselbe Zahl an Arbeitern eingestellt und würde somit den gleichen Profit verbuchen. Die Akkumulation käme dann bei der Gesamtarbeit N_P zum Stillstand, da eine weitere Akkumulation des Profits bei jedem Pächter zu einem Einkommensverlust führte, der größer wäre als die Profitzunahme bei Beschäftigungserhöhung. Die kollektive Gewinnmaximierung bahnt sich unter diesen Umständen ohne formelle Absprache hinter dem Rücken der Einzelnen an.

Bei einer solchen Konstellation darf über die Mindestprofitrate nicht länger willkürlich spekuliert werden. Sie entspricht der an der Stelle N_P zu verzeichnenden Kapitalrendite:

$$r_P = \frac{f_N(N_P)}{w_S} - 1 \qquad\qquad (\text{II}.20)$$

Nur solange $r > r_P$ gilt, wird das zirkulierende Kapital vergrößert; bei $r = r_P$ hört die Akkumulation auf. Ab dieser Grenze *muss* der Gewinn, den die profitmaximierenden Unternehmer einstreichen, entweder direkt konsumiert werden oder zum Unterhalt einer Luxusgüterindustrie dienen; eine Möglichkeit, die erst in Mehrsektoren-Modellen diskutiert werden kann. Der mit r_P verbundene Arbeitseinsatz ist stets kleiner als der sich bei einer Profitrate von $0 \leq r < r_P$ ergebende, weil die Verwertungsrate bei einer Beschäftigungserweiterung zurückgeht, wie Gleichung (II.8) (vgl. S. 124) zeigt.

Nun mag man vielleicht den Gedanken hegen, das obige Räsonnement sei richtig, wenn die Zahl und die Struktur der Einzelkapitalien festliege. Mit Erreichen von N_P eröffne sich in der Tat keinem Mitglied der Kapitalistenklasse mehr eine Alternative, seine Lage zu verbessern. Was aber geschieht, falls ‚neue' Agrar-Entrepreneure auf den Plan treten? Die Wirtschaft erzeugt Profit, und sie wollen ebenfalls an dem volkswirtschaftlichen Überschuss teilhaben und Arbeit gewinnbringend verdingen. Dazu müssen sie schlechtere Böden unter den Pflug nehmen. Zwar ist dies von einer Abnahme des Gesamtprofits begleitet, doch immerhin glückt es den Newcomern, sich zu bereichern. Die aus Sicht des Gesamtkapitals irrationale Akkumulation über N_P hinaus erschiene vom Blickwinkel der Nachwuchs-Pächter als plausibel.

Für solche Konstruktionen gibt es freilich im klassischen System wenig Raum. Zuerst muss auf die Unklarheit hingewiesen werden, *woher* die Debütanten ihr Kapital erhalten sollen. Wenn definitionsgemäß die

Arbeiter die Vergütung und die Bodenbesitzer die Rente völlig verbrauchen sowie die ‚alten' Pächter ihren gesamten Profit, weil jede Vergrößerung des Lohnfonds über $w_S N_P$ hinaus ihn schmälerte, bleibt keine Quelle, woraus sich das Zusatzkapital speisen könnte. Hat sich außerdem die Bevölkerung gemäß der Malthusschen Automatik N_P angepasst, steht nicht einmal weitere Arbeitskraft zur Verfügung, um die Kornproduktion zum herrschenden Subsistenzlohn w_S auszudehnen.

Des Weiteren hätten die Unternehmer Pfeile im Köcher, um sich vor den ‚Möchtegern-Ackersmännern' zu schützen. Zum Beispiel könnten sie Grund pachten, *ohne* ihn zu kultivieren. Im Gleichgewicht würfe das beste verfügbare Stück Erdreich einen Grenzertrag in Höhe des Lohnsatzes ab.

Ebenso effektvoll (und stabiler) wäre die (rechtzeitige) Gründung einer genossenschaftlichen ‚Pächter-Liga'. Sie hätte den (internen) Auftrag, die schlechteren Flächen so (miserabel) zu bebauen, dass die (bescheidene) Differenz zwischen dem Grenzertrag der Arbeit und ihrem Entgelt die Rentenzahlungen nicht nach oben treibt. Beide Male fänden die Novizen kein Areal, das sich profitabel beackern ließe.

Die genannten Aktionen bringen selbstverständlich eine gewisse Verringerung des Profits mit sich. Zum einen werden ungenutzte Parzellen angemietet; zum anderen muss dem Bauernverband für eine Periode das Kapital vorgeschossen werden. Diese Leistungen verlieren indes an Gewicht: Die Sperrung des Marktzugangs rentiert sich für die Pächter. Im Unterschied dazu bietet eine fortgeführte Akkumulation in der Getreideerzeugung über das individuelle Profitmaximum hinaus keinen Vorteil. Ferner darf bei all dem nicht vergessen werden, dass das frische Kapital, statt in den landwirtschaftlichen Bereich zu strömen, wodurch dort zwangsläufig die Profitrate sinkt, eher in andere Zweige gelenkt wird, die unter linearen Skalenerträgen operieren. Dort limitiert allein die Nachfrage die Expansion.

Schließlich sei eine weitere Bremse erwähnt, die den übermäßigen Kapitalzufluss in die Agrikultur blockiert. Falls die Chance besteht, in der finanziellen Sphäre der Wirtschaft eine Rendite zu erzielen, die sich im (theoretischen) Idealfall mit der im Kornanbau deckt, fehlt es an einem Anreiz, dort Geld (profitratenverringernd) zu investieren.

Die Alt-Pächter können folglich auf ein Spektrum von Instrumenten zurückgreifen, um ihr Gewinnmaximum, an dem jeder Einzelne von ihnen interessiert ist, wirksam zu verteidigen. Daneben sind für das ‚neue' Kapi-

tal andere Anlageformen denkbar. Die Gefahr einer letzten Endes profit-
vernichtenden Kapitalvermehrung im Getreidesektor ist als gering zu
veranschlagen.

Genauso wie der Geiz der Natur mit fruchtbaren Böden zu einer Rente
verhilft, ist der bäuerliche Profit nur von Dauer, sofern die Feldbestellung
begrenzt bleibt. Der erste Mangel ist ein natürlicher; den zweiten erzeugen Menschen. Aber die Schranke, ab der die Neigung versiegt, den Ausstoß zu erhöhen, wird nicht willkürlich errichtet. Die Einkommensinte-
ressen des etablierten Kapitals stellen sich einer gewinnreduzierenden
sektoralen Überakkumulation in den Weg.

Diese Erörterungen gehen weit über Ricardos Analyse hinaus: Die
Problematik erlangte für ihn kein gehöriges Gewicht, da er zwischen den
Verhaltensannahmen der Gewinn- und der Beschäftigungsmaximierung
unter der Nebenbedingung einer noch nicht zu weit gesunkenen Profitrate
pendelte. Der Meister versäumte es, den von ihm selbst angesprochenen
Tatbestand auszuwerten: Die beiden Vorhaben können zueinander in
Widerspruch geraten.

Hiermit hat er unbewusst dem neoklassischen *Deus ex Machina*, dem
ungezügelten Wettbewerb, die Bühne bereitet. Bei Fehlen einer Gleichung zur Schließung des Systems feiert er regelmäßig Triumphe: Weil
die herrschende Wirtschaftstheorie wegen der unterlassenen Einbindung
des gesellschaftlichen Mehrprodukts den Profit als eigenständige Einkommenskategorie nicht zu erklären vermag, muss dieser, zumindest langfristig, aus den Untersuchungen neoklassischer Provenienz *irgendwie* getilgt
werden. Einschlägige Voraussetzungen gewährleisten, dass der Profit im
long run in der Versenkung verschwunden ist. Der ungebetene Akteur
darf kein Theater machen.

Durch diese Brille gesehen hieße es, dem Mainstream auf den Leim zu
gehen, wenn man das Ricardo-System zur Profitabschmelzung der Sonne
vollständiger Konkurrenz aussetzte: Die Klassiker erblicken im Gewinn
ein *dauerhaftes* Charakteristikum kapitalistischer Marktwirtschaften. Neoklassiker verschließen vor dieser fundamentalen Tatsache die Augen; sofern ‚Profitraten‘ überhaupt auftauchen, sind sie in ihrer Lesart entweder
lediglich Eigenzinssätze – richtiger: Diskontierungsfaktoren, welche die
Brücke zwischen Gegenwart und Zukunft schlagen (sollen) – oder sie
dienen bloß zur ‚normalen‘ Entlohnung der Unternehmer- alias ‚Kapital‘-
Leistung. Der Bezug zum gesellschaftlichen Mehrprodukt muss(te) notwendigerweise abhandenkommen.

2.3.3.3 Lohnsatz und Profit

Kehren wir nach dieser Zwischenbetrachtung zu unserer Weizenwelt zurück. Es interessiert nun, wie sich die Existenz eines von der verausgabten Arbeit abhängigen Profitmaximums auf das Verhältnis zwischen Lohnsatz und Gewinn auswirkt. Gilt in der einfachen Versuchsanordnung ‚Kornökonomie' das Ricardosche Kredo der gegenläufigen Beziehung zwischen Arbeitsentgelt und Profit? Fällt die Verwertungsrate mit steigender Bezahlung? Während wir vorher die Gewinnentwicklung als Funktion der Beschäftigung bei *gegebenem* (Subsistenz-)Lohnsatz untersuchten, studieren wir jetzt die Profitveränderung, welche eine *Variation* des Verdienstes bei einem fixierten Kapital, d. h. gleichem Lohnfonds hervorruft. Dafür erinnern wir uns an Gleichung (II.7):

$$r = \frac{f_N}{w} - 1 \qquad\qquad\qquad\text{(II.7)}$$

Zu jedem Zeitpunkt wird die Arbeitsmenge durch den vorhandenen Subsistenzmittelbestand (K_0) determiniert:

$$N = \frac{K_0}{w} \qquad\qquad\qquad\text{(II.21)}$$

Das Einsetzen der umgeformten Gleichung (II.7) in den Ausdruck (II.21) führt zur Profitratengleichung:

$$r = \frac{N f_N}{K_0} - 1 \qquad\qquad\qquad\text{(II.22)}$$

Durch Differenzieren lässt sich unter Anwendung der Kettenregel der Einfluss einer Lohnsatzänderung auf die Profitrate ermitteln:

$$\frac{dr}{dw} = \frac{dr}{dN}\frac{dN}{dw} = \frac{(f_N + N f_{NN})K_0}{K_0^2}\left(-\frac{K_0}{w^2}\right) = -\frac{f_N + N f_{NN}}{w^2} \qquad\text{(II.23)}$$

Der Effekt einer Lohnsatzvariation auf die Profitrate ist nicht so eindeutig, wie das immer behauptet wird: Da laut (II.1b) (vgl. S. 122) $f_{NN} < 0$ ist, kann *a priori* nichts über das Vorzeichen der rechten Seite von (II.23) ausgesagt werden. Eine Fallunterscheidung erlaubt jedoch eine nähere Betrachtung. Der Zähler des Bruchs stimmt mit der Ableitung der zusammengefassten Einkommen der Kapitalisten *und* Arbeiter (Q) nach der Beschäftigung überein:

$$Q = W + P = Nf_N \qquad \text{(II.24)}$$

Die erste Ableitung lautet:

$$\frac{dQ}{dN} = f_N + Nf_{NN} \qquad \text{(II.25)}$$

Bei konkaver Grenzertragsfunktion der Arbeit liefert Nullsetzen von (II.25) die Beschäftigung N^*, welche Q maximiert:

$$N^* = -\frac{f_N}{f_{NN}} > 0 \qquad \text{(II.26)}$$

Für das Zahlenbeispiel, das der Abbildung II.2 zugrunde liegt, berechnet man $N^* = 12{,}124$, eine Beschäftigung, die größer ist als die profitmaximale. Ein Vergleich von (II.18) (vgl. S. 149) und (II.26) zeigt, dass dies für jeden Lohnsatz $0 < w \leq f_N$ stimmt. Für $N < N^*$ trifft $\frac{dr}{dw} < 0$ zu, für $N > N^*$ erhält man $\frac{dr}{dw} > 0$. Der Zusammenhang zwischen Lohnsatz und Profitrate verkehrt sich bei einer hinreichend großen Beschäftigung ins genaue Gegenteil dessen, was der ‚gesunde Menschenverstand‘ und mit ihm die zahlreichen Interpreten des Ricardo-Systems erwarten: Die Profitrate *steigt* mit dem Lohnsatz, falls die Akkumulation weit genug fortgeschritten ist.

Angesichts dieser Sachlage drängt sich die Frage auf, ob N^* grundsätzlich Bedeutung erlangt, wenn die Pächter zu jedem Lohnsatz die profitmaximierende Beschäftigung N_P gemäß (II.18) anstreben. So ließe sich argumentieren, nur der ‚normale‘, d. h. der negative Zusammenhang zwischen Lohnsatz und Profitrate wäre relevant, da N_P kleiner als N^* sei. Dieser Gedankengang käme jedoch ins Stolpern. Die Weizenwirtschaft wartet nämlich trotz ihrer scheinbar leichten Überschaubarkeit mit weiteren Eigenschaften auf, die bislang nicht gebührend gewürdigt worden sind.

Die Analyse der Tragweite einer Lohnsatzveränderung auf die Profitrate impliziert, die Arbeiter hätten die Möglichkeit, sich strategisch zu verhalten. Das setzt die Lösung von einem fixierten Subsistenzlohn voraus. Spielen wir diese Alternative einmal durch. Angenommen, die Belegschaften seien gewerkschaftlich organisiert – was bei den englischen Landarbeitern recht früh der Fall war – und ihr Ziel bestünde darin, die Lohnsumme zu maximieren. Dauerhaft kann dies nur von Erfolg gekrönt sein, sofern sich ein höherer Reallohn nicht in einer Arbeitsangebotsvermehrung niederschlägt, die das erreichte Einkommensniveau via Konkurrenz um die besser bezahlten Stellen wieder gefährdet. Denn für den Lohn gilt das gleiche wie für die Rente und den Profit: Viele Hunde sind des Hasen Tod.

Aktionsparameter der Arbeiter ist die Vergütung pro Zeiteinheit, über Gleichung (II.18) (vgl. S. 149) bestimmt sie die Beschäftigungsnachfrage der profitmaximierenden Pächter. Die Lohnsumme (und damit im vorliegenden Modell das Kapital) wird am größten, wenn

$$\frac{d(wN)}{dw} = N + w\frac{dN}{dw} \overset{!}{=} 0 \tag{II.27}$$

gilt, woraus

$$w = -N\frac{dw}{dN} \tag{II.28}$$

resultiert. Schreiben wir in Gleichung (II.18) w statt w_S, ergibt sich durch Umstellung:

$$w = Nf_{NN} + f_N \tag{II.18a}$$

Die Ableitung von (II.18a) bringt:

$$\frac{dw}{dN} = f_{NN} + Nf_{NNN} + f_{NN} = 2f_{NN} + Nf_{NNN} < 0 \tag{II.29}$$

Auf der rechten Seite von (II.29) steht die hinreichende Bedingung für ein Profitmaximum (vgl. (II.19), S. 149), mithin ist $\frac{dw}{dN} < 0$. Setzen wir (II.29) in (II.28) ein, gewinnen wir den Lohnsatz (w_W), der die Gesamtbezüge maximiert:

$$w_W = -N(2f_{NN} + Nf_{NNN}) > 0 \tag{II.30}$$

Diesem aus Sicht der Arbeiter (zunächst) optimalen Lohnsatz ist über Gleichung (II.18) die korrespondierende Beschäftigung zugeordnet. Für unser Zahlenbeispiel beträgt $w_W = 294$ Weizeneinheiten. Gegenüber der Ausgangssituation mit $w_S = 141$ und $N_P = 10$ ist die Beschäftigung nun auf $N_W = 7$ gefallen. Der zugehörige Profit beträgt:

$$P_W = N_W (f_N(N_W) - w_W) \tag{II.31}$$

Die Belegschaft insgesamt hätte zwar ein Interesse daran, die Bezahlung w_W zu verlangen, das muss jedoch nicht unbedingt für jeden Einzelnen attraktiv sein: Die Maximierung der Lohnsumme ist mit einem Freisetzungsprozess von Arbeitskraft verbunden. Obschon sich die Lebensqualität der Noch-Werktätigen erhöht, kann die auftretende Erwerbslosigkeit ein bedeutendes Gegengewicht zu Lohnsatzsteigerungen bilden und die Durchsetzbarkeit des optimalen Verdiensts erschweren. Vor dieser Kulisse fördert eine individuelle Arbeitszeitverkürzung den Erfolg gewerkschaftlicher Tarifpolitik.[99]

Die Kornökonomie bietet aber auch der anderen Seite Chancen. Im Zuge einer schlauen Politik sind die Arbeitgeber ebenfalls imstande, ihre Position zu verbessern. Ihr Aktionsradius umschließt mehr als die gewinnmaximale Anpassung der Arbeitsmenge gemäß (II.18) an jeden von den Unselbstständigen erkämpften Lohnsatz. Klug wie Modellunternehmer in wirtschaftstheoretischen Elaboraten (sonst selten genug) sind, werden sie es sich zunutze machen, dass es laut Gleichung (II.26) ein Aktivitätsniveau N^* gibt, bei dem das *gemeinsame* Einkommen von Arbeit und Kapital den Höchstbetrag erreicht. Produzieren die Unternehmer den korrespondierenden Output, sind sie in der Lage, dem Personal insgesamt (mindestens) das Spitzensalär zu bieten. Trotzdem erzielen sie einen vergleichsweise höheren Profit.

---

[99] Selbst wenn die Nominallöhne mit der Arbeitsproduktivität (‚Goldene Lohnregel') steigen, ist bei unzureichendem Wachstum eine individuelle Arbeitszeitverkürzung geboten, um dem sonst resultierenden Stellenabbau entgegenzuwirken. Vgl. Helmedag, F., Nur mehr Stundenlohn oder auch weniger Arbeitsstunden? Gewerkschaftsforderungen im Widerstreit, in: Keynes, Schumpeter und die Zukunft der entwickelten kapitalistischen Volkswirtschaften, hrsg. v. Hagemann, H., Kromphardt, J., Schriften der Keynes-Gesellschaft, Bd. 9, Marburg 2016, S. 273-287.

In dieser Situation kann die konkrete Verteilung nicht *a priori* angegeben werden. Immerhin ist der Spielraum exakt umrissen. Beide Seiten müssen wenigstens so viel bekommen, wie im Fall der Lohnsummenmaximierung. Die Mindestvergütung beträgt daher:

$$w_{\min}(N^*) = \frac{w_W N_W}{N^*} \qquad (\text{II}.32)$$

Um immerhin den Profit P_W gemäß Formel (II.31) zu erhalten, entrichten die Pächter höchstens:

$$w_{\max}(N^*) = \frac{N^* f_N(N^*) - P_W}{N^*} \qquad (\text{II}.33)$$

Im Zahlenbeispiel betragen die Lohngrenzen $w_{\min}(N^*) = 169{,}75$ und $w_{\max}(N^*) = 234{,}41$. Ähnlich wie im bilateralen Monopol hängt die endgültige Distribution nunmehr von dem Drohpotenzial und dem Verhandlungsgeschick der ‚Tarifpartner' ab. Die Logik des Modells allein liefert keine präzise Information über die Höhe des Entgelts und damit der Profitrate; beide Größen sind – innerhalb gewisser Grenzen – indeterminiert.

Mit diesen Erwägungen haben wir wieder den von Ricardo abgesteckten Rahmen überschritten. Freilich verdeutlichen sie, welche analytischen Höhen man selbst in einem so simpel wirkenden Modell wie dem der Weizenwirtschaft erklimmen kann, sofern man die Möglichkeiten der Akteure im Hinblick auf ihr jeweiliges Zielsystem bis zur Spitze vermisst. Unabhängig davon, welche der genannten Varianten man für besonders plausibel hält, eins ist zweifellos zu protokollieren: Die Profitrate als Indikator für den Gewinn ist ramponiert. Sie versagt bereits in der einsektoralen Weizenwirtschaft als Leitlinie der Akkumulation. Die genauer als üblich vorgenommene Erkundung dieses Gebiets hat die früher geäußerte Vermutung bekräftigt, dass die ökonomische Theorie ohne verlässliche Navigationshilfe den Kurs bestimmt hat.

Die Ursache für die unbefriedigende Behandlung der Kornökonomie ist letzten Endes methodischer Natur: Statt der anfänglich immer vorgeschobenen Gewinnmaximierung wirklich auf den Grund zu gehen und diese Verhaltensweise als Kompass zur Durchdringung der ökonomischen Logik des Modells zu verwenden, wird plötzlich und stillschweigend auf eine andere Zielsetzung abgeschwenkt. Natürlich kann man, wie das öfter geschieht, postulieren, die Bevölkerung müsse versorgt werden;

deshalb sei die zu produzierende Menge bekannt. Und selbstverständlich lässt sich anschließend für die erforderliche Beschäftigung die dazugehörige (naturale) Profitrate berechnen. Damit orientiert sich die Analyse allerdings nicht mehr an der für kapitalistische Marktwirtschaften typischen individuellen Gewinnmaximierung, sondern – unbemerkt – an der mittelalterlichen Idee der Nahrung.

Zu klären bleibt, ob die Ergebnisse der Besonderheit der Landwirtschaft geschuldet sind: Treten sie nicht mehr auf, wenn anstelle eines fallenden Grenzproduktivitäten unterworfenen Weizenanbaus eine mit konstanten Skalenerträgen operierende industrielle Erzeugung vorliegt? Wie wird die Profitrate unter solchen Bedingungen ermittelt und welche Bedeutung kommt ihr im Akkumulationsprozess zu? Antworten auf diese Fragen verspricht das ökonomische System von Karl Marx. Schauen wir, wie überzeugend sie ausfallen.

2.4 Karl Marx: Wesen und Erscheinung der kapitalistischen Produktionsweise

Karl Marx hat im Allgemeinen eine eher schlechte Presse. Nicht nur, dass sein Œuvre bis in die Gegenwart – wenngleich mit zyklischen Schwankungen – stets aufs Neue zu ‚Widerlegungen' provoziert hat, inzwischen scheint auch die Wende in den Ländern des ehemals real existierenden Sozialismus den Kritikern recht zu geben. Gerade die handgreiflichen ökonomischen Missstände haben dazu beigetragen, den Eisernen Vorhang durchrosten zu lassen: Das Sein *ver*stimmte das Bewusstsein. Nur zu gerne wird diese Entwicklung als empirischer Beweis für die Fehlerhaftigkeit der Marxschen Theorie angesehen.

Hierbei fällt allzu oft Marx' Hauptanliegen unter den Tisch, das sich auf die Anprangerung der *kapitalistischen Verhältnisse* richtete und weniger auf den Entwurf eines Himmels auf Erden. Er hat wie keiner vor ihm die Notwendigkeit des Kapitalismus als historische Epoche betont, dessen Aufgabe zuvörderst darin bestehe, die Entfaltung der Produktivkräfte voranzutreiben, bis die *Vor*geschichte der menschlichen Gesellschaft abgeschlossen sei.

> „Eine Gesellschaftsformation geht nie unter", heißt es im berühmten Vorwort der Schrift „Zur Kritik der Politischen Ökonomie", „bevor alle Produktivkräfte entwickelt sind, für die sie weit genug ist, und neue höhere Produktionsverhältnisse treten nie an die Stelle, bevor die materiellen Existenzbedingungen derselben im Schoß der alten Gesellschaft selbst ausgebrütet worden sind."[1]

Zwar hat Marx die Zwangsläufigkeit einer Revolution verkündet, doch „Rezepte für die Garküche der Zukunft"[2] finden sich bei ihm, wenn überhaupt, nur rudimentär. Solchen Erwartungen hatte Engels sofort nach Erscheinen des ersten Bandes des „Kapitals" eine Absage erteilt:

> „Dies Buch wird manchen Leser sehr enttäuschen ... mancher mag sich vorgestellt haben, als er es endlich angekündigt sah, daß er hier nun erfahren werde, wie es denn eigentlich im kommunistischen Tausendjährigen Reich aussehen werde. Wer sich auf dies Vergnügen gespitzt

---

[1] Marx, K., Zur Kritik ..., a.a.O., S. 9.
[2] Marx, K., Nachwort zur zweiten Auflage, in: Das Kapital, 1. Bd., a.a.O., S. 18-28, S. 25.

hat, der hat sich gründlich geirrt ... Marx ist und bleibt derselbe Revolutionär, der er immer gewesen, und in einer wissenschaftlichen Schrift war er wohl der Letzte, der seine Ansichten in dieser Beziehung verhüllt hätte. Aber was dann nach der sozialen Umwälzung werden soll – darüber gibt er uns nur *sehr* dunkle Andeutungen."[3]

In diesem Licht liegen die Hinweise auf den praktischen Schiffbruch der Marxschen *Analyse* neben der Sache. Keiner, der das Studium der ökonomischen Theorie gewissenhaft betreiben möchte, kann sich einer sorgfältigen Auseinandersetzung mit dessen Kapitalismuskritik entziehen. Jedoch vermittelt die herrschende Meinung die Grundlagen und Hauptinhalte des Werks von Karl Marx meist nur lückenhaft. So urteilt Shaikh:

„... Marxian economics has developed in an erratic and uneven manner with only sporadic connection to Marx's own work: an equation here, a scheme of reproduction there, and a dialectical class struggle everywhere – with the holes in between filled in with whatever material was already at hand. *And this material, by and large, has been appropriated from orthodox economics.*"[4]

Falls die akademisch etablierte Wirtschaftslehre ein gutes Haar an Marx lässt, so ganz gewiss nicht an der von ihm radikaler als von den Vorläufern propagierten Arbeitswerttheorie: Gilt es doch sogar unter Marxisten als ausgemacht, dass sie daran scheitere, die relativen Tauschverhältnisse unter kapitalistischen Bedingungen zu erklären. Allerdings erfährt sie als Theorie gesellschaftlicher Verhältnisse, als Methode zur Aufdeckung sozialer Machtbeziehungen von einer Minderheit durchaus Anerkennung:

„The labor theory of value has played two roles in Marxian economics. First it has been claimed to be, at some level of abstraction, a theory of prices. Second, the concept of embodied labor time has been used to define exploitation. In its first role, the labor theory of value is useless."[5]

---

[3] Engels, F., Rezension des Ersten Bandes „Das Kapital" für die „Düsseldorfer Zeitung" (16.11.1867), in: Marx Engels Werke, Bd. 16, Berlin 1975, S. 216-218, S. 216.

[4] Shaikh, A., Neo-Ricardian Economics, A Wealth of Algebra, A Poverty of Theory, in: Review of Radical Political Economics, Bd. 14 (1982), S. 67-83, S. 67.

[5] Roemer, J. E., Value, Exploitation and Class, Chur u. a. 1986, S. 2.

Trotz dieser allenthalben anzutreffenden Skepsis steht hier das preistheoretische Einsatzgebiet der Arbeitswertlehre im Mittelpunkt[6], nicht die Wertebene als Ergänzung zum Preis- und Mengensystem.[7] Selbstverständlich erfolgt damit weder eine Wiedergabe noch eine Einschätzung des gesamten Entwurfs von Karl Marx.

Zunächst wird die Wertlehre von Marx rekonstruiert, wobei die philosophischen und geschichtstheoretischen Momente seiner Untersuchung in den Hintergrund treten (müssen). In einem zweiten Schritt beschäftigen wir uns mit der Rezeption des Marxschen Ansatzes. Angesichts der gewaltigen Masse an Literatur zu diesem Thema tut Beschränkung not: Es erweist sich als ein glücklicher Umstand, dass die preistheoretisch relevante Diskussion auf der Folie der Arbeiten von Ladislaus von Bortkiewicz darstellbar ist.

Wie ferner deutlich werden wird, ist der radikale und konsequente Forscher Marx letzten Endes gleichfalls Opfer der *scheinbar* so unmittelbar auf der Hand liegenden Funktionsprinzipien des Kapitalismus geworden. Infolgedessen hinterließ er sein System mit einer Bresche, in die seine Kontrahenten mit Macht stürmen konnten.

---

[6] Wolfstetter bezeichnet die Auffassung, Tausch- und Arbeitswertverhältnisse stimmten im Konkurrenzgleichgewicht überein, als „vulgär-preistheoretische" Interpretation der Arbeitswertlehre. Darüber hinaus zählt er die normative Variante auf, d. h. den aus ihr abgeleiteten naturrechtlichen Anspruch auf den ‚vollen Arbeitsertrag'. Vgl. Wolfstetter, E., Wert, Mehrwert und Produktionspreis, in: Jahrbuch für Sozialwissenschaft, Bd. 24 (1973), S. 117-144, S. 117 f. Indes gibt es zahlreiche Stellen bei Marx – auch im dritten Band des Kapitals –, die auf einen preistheoretischen Erklärungsanspruch der Wertlehre hindeuten. Vgl. näher Eberle, F., Methodisches zur Wert-Preis-Transformation, in: Gesellschaft, Beiträge zur Marxschen Theorie 13, Frankfurt a. M. 1979, S. 140-173, insbesondere S. 155 ff.

[7] Neben Wolfstetter sind Morishima, Baumol und Baisch zu nennen, die diesen Aspekt der Werttheorie hervorgehoben haben. Vgl. Morishima, M., Marx's Economics: A Dual Theory of Value and Growth, Cambridge 1973, Baumol, W. J., The Transformation of Values: What Marx „Really" Meant (An Interpretation), in: Journal of Economic Literature, Bd. 12 (1974), S. 51-62, Baisch, H., Wert, Preis und Allokation, Eine Verallgemeinerung des Marxschen Reproduktionsmodells, Meisenheim am Glan 1976. Diese Sichtweise wurde bereits von Petry verfochten. Vgl. Petry, F., Der soziale Gehalt der Marxschen Werttheorie, Jena 1916. Die Schrift von Petry ist teilweise wiederabgedruckt in: Nutzinger, H. G., Wolfstetter, E. (Hrsg.), Die Marxsche Theorie und ihre Kritik, Bd. I, Frankfurt a. M. / New York 1974, S. 197-228.

2.4.1 Mehrwert und Profit

Schon die Inspektion der Inhaltsverzeichnisse der in drei Bänden niedergelegten „Theorien über den Mehrwert" führt vor Augen, wie intensiv Marx die einschlägige Literatur studierte. Es wäre eine eigenständige Aufgabe herauszuarbeiten, ob Marx' schwankendes Urteil dem einen oder anderen Autor gegenüber berechtigt ist oder nicht. Vermutlich ergäbe sich, dass Ähnlichkeiten zwischen seinem Standpunkt und dem des von ihm betrachteten Autors vielfach bagatellisiert und Abweichungen überzeichnet werden – einige wenige Beispiele, Smith und Ricardo betreffend, schließen sich unverzüglich an. Außergewöhnlich ist diese Methode nicht: Sogar der prosaisch veranlagte Smith, dessen Werk eher den Eindruck gebremsten Schaums denn revolutionären Eifers hervorruft, bediente sich dieses Verfahrens:

„In der – bewußten oder unbewußten – Technik der Verfälschung vorausgegangener Theorien", urteilt Streißler, „um sie entweder ins Lächerliche zu ziehen oder mit seiner eigenen zu assimilieren, war *Smith* weiters ein Meister, an den auch *Keynes* nicht herankam."[8]

Nun, von Marx gilt das (mindestens) in gleichem Maße. Ricardo etwa wird einerseits vorgehalten, er kümmere sich nie (sic) um den Ursprung des Mehrwerts[9] und verwechsle fortwährend (sic) den Wert der Ware mit den Produktionskosten (soweit dieser gleich dem Kostenpreis ist)[10], *ahne* aber immerhin die Diskrepanz[11]. Andererseits feiert Marx Ricardos historische Leistung in den höchsten Tönen:

„Ricardo aber tritt endlich dazwischen und ruft der Wissenschaft: Halt! zu. Die Grundlage, der Ausgangspunkt der Physiologie des bürgerlichen Systems – des Begreifens seines innren organischen Zusammenhangs und Lebensprozesses – ist die Bestimmung des *Werts durch die*

---

[8] Streißler, E., Adam Smith – Der Adam oder nur Wachstum? Paradoxa einer wissenschaftlichen Revolution, in: Studien zur Entwicklung der ökonomischen Theorie I, hrsg. v. Neumark, F., Berlin 1980, S. 9-52, S. 12.

[9] Vgl. Marx, K., Das Kapital, 1. Bd., a.a.O., S. 539.

[10] Vgl. Marx, K., Theorien ..., 3. Teil, a.a.O., S. 74.

[11] Vgl. ebenda, S. 66, eigene Hervorhebung.

Arbeitszeit. Davon geht Ricardo aus und zwingt nun die Wissenschaft, ihren bisherigen Schlendrian zu verlassen ..."[12]

Der obige Abriss von Ricardos Werttheorie und ihres Entstehens nährt Zweifel, ob Marxens Charakterisierung von Ricardos Ansatz und Absicht ins Schwarze trifft: Die Beschäftigung mit der Werttheorie wurde Ricardo eher von außen aufgedrängt. Später, so scheint es, empfand er die Arbeitswertlehre fast schon als Klotz am Bein, den er gern losgeworden wäre. Das Motiv für das dicke Lob von Marx liegt auf der Hand; mit Ricardo erhöht er sein eigenes Konzept. Nach *Marx* liefert das Wissen um die Abhängigkeit des Werts von der Arbeitszeit die erforderliche Lupe zur Entzifferung des Wesens der kapitalistischen Produktionsweise:

> „Die fertige Gestalt der ökonomischen Verhältnisse, wie sie sich auf der Oberfläche zeigt, in ihrer realen Existenz, und daher auch in den Vorstellungen, worin die Träger und Agenten dieser Verhältnisse sich über dieselben klarzuwerden suchen, sind sehr verschieden von, und in der Tat verkehrt, gegensätzlich zu ihrer innern, wesentlichen, aber verhüllten Kerngestalt und dem ihr entsprechenden Begriff."[13]

Gemäß dieser erkenntnisleitenden Grundregel gilt es im Speziellen, die Beziehung zwischen Mehrwert und Profit aufzudecken: „Mehrwert und Rate des Mehrwerts sind, relativ, das Unsichtbare und das zu erforschende Wesentliche, während Profitrate und daher die Form des Mehrwerts als Profit sich auf der Oberfläche der Erscheinungen zeigen."[14] Diesen Gestaltwechsel des Mehrwerts zu verfolgen, konstituiert die Politische Ökonomie als Wissenschaft: „... alle Wissenschaft wäre überflüssig, wenn die Erscheinungsform und das Wesen der Dinge unmittelbar zusammenfielen ..."[15]

Ausgangspunkt der Marxschen Untersuchung ist die Ware, der elementare Baustein des Reichtums kapitalistischer Gesellschaften.[16] Er schließt sich der Trennung in Gebrauchs- und Tauschwert an; Gebrauchswerte bilden den stofflichen Inhalt des Wohlstands, einerlei welche gesellschaft-

---

[12] Marx, K., Theorien ..., 2. Teil, a.a.O., S. 163.

[13] Marx, K., Das Kapital, 3. Bd., Der Gesamtprozeß der kapitalistischen Produktion (1894), hrsg. v. Engels, F., in: Marx Engels Werke, Bd. 25, Berlin 1976, S. 219.

[14] Ebenda, S. 53.

[15] Ebenda, S. 825.

[16] Vgl. Marx, K., Das Kapital, 1. Bd., a.a.O., S. 49.

lichen Zustände herrschen. Was lässt sich jedoch über den Tauschwert sagen?

Werden zwei Waren im Handel als äquivalent erachtet, muss – nach Marx – ein Gemeinsames von derselben Größe in zwei andersartigen Dingen existieren: „Jedes der beiden, soweit es Tauschwert, muß also auf dies Dritte reduzierbar sein."[17] Das Gemeinsame kann keine körperliche Eigenschaft sein; im Allokationsprozess wechseln inkommensurable Gebrauchswerte den Besitzer. Übrig bleibe laut Marx nur die allgemeine Eigenschaft, dass die Waren von Leuten hergestellt worden seien. Die Gleichsetzung im Tausch würde die Differenzen der konkreten Tätigkeiten glattschleifen:

> „Betrachten wir nun das Residuum der Arbeitsprodukte. Es ist nichts von ihnen übriggeblieben als dieselbe gespenstige Gegenständlichkeit, eine bloße Gallerte unterschiedsloser menschlicher Arbeit, d. h. der Verausgabung menschlicher Arbeitskraft ohne Rücksicht auf die Form ihrer Verausgabung. Diese Dinge stellen nur noch dar, daß in ihrer Produktion menschliche Arbeitskraft verausgabt, menschliche Arbeit angehäuft ist. Als Kristalle dieser ihnen gemeinschaftlichen gesellschaftlichen Substanz sind sie Werte – Warenwerte."[18]

Von heutiger Warte aus gesehen erscheint die Vorgehensweise von Marx, solcherart den Wertbegriff abzuleiten, als (zumindest) ungeschickt. Tatsächlich hat sich ein ganzes Kritikerheer auf die Operationen gestürzt, mit denen Marx zu Beginn seines Hauptwerkes die Arbeit als Substanz der Werte herausdestillierte. Natürlich muss man wissen, von woher man auf was hin abstrahiert; das Ergebnis steht von vornherein fest. Der Weg dorthin wirkt konstruiert und man hätte unterwegs andere Abzweigungen nehmen können. Böhm-Bawerk sah in Marxens Filtrierverfahren den „wundesten Punkt der Marxschen Theorie", eine „methodische Todsünde"[19], und viele übernahmen, wenngleich meist mit weniger Sprachgewalt, dieses Verdikt.

Damit wurde die Auseinandersetzung auf ein Nebengleis gelenkt, denn eine Reihe von Missverständnissen beruht auf der nicht deutlich

---

[17] Ebenda, S. 51.

[18] Ebenda, S. 52.

[19] Vgl. Böhm-Bawerk, E. v., Zum Abschluß des Marxschen Systems (1896), wieder in: Eberle, F. (Hrsg.), Aspekte der Marxschen Theorie 1, Zur methodischen Bedeutung des 3. Bandes des „Kapital", Frankfurt a. M. 1973, S. 25-129, S. 82 f.

genug betonten *Arbeitshypothese* – um eine solche handelt es sich *de facto* –, die Marx im ersten Band des Kapitals macht, um sie im dritten schließlich über Bord zu werfen. Stattdessen formuliert er das ‚Wertgesetz' recht früh und ohne weiteren Kommentar: „Der Wert einer Ware verhält sich zum Wert jeder andern Ware wie die zur Produktion der einen notwendigen Arbeitszeit zu der für die Produktion der andren notwendigen Arbeitszeit."[20] Und diese, im ersten Band an zahlreichen Stellen anzutreffende Aussage, wird nur am Rande eingeschränkt:

> „Wie kann Kapital entstehn bei der Regelung der Preise durch den Durchschnittspreis, d. h. in letzter Instanz durch den Wert der Ware? Ich sage ‚in letzter Instanz', weil die Durchschnittspreise nicht direkt mit den Wertgrößen der Waren zusammenfallen, wie A. Smith, Ricardo usw. glauben."[21]

Abgesehen davon, dass die Behauptung inhaltlich nicht korrekt ist – die Abirrung der Preise von den Arbeitswerten hat Ricardo, wie gesehen, ziemliches Kopfzerbrechen bereitet –, in diese Richtung weisende Erläuterungen hätten früher und deutlicher erfolgen müssen. Darüber hinaus sollten nahezu dreißig Jahre verstreichen, bis Engels der Öffentlichkeit den dritten Band des Kapitals übergeben hat. Umso mehr wäre es nützlich gewesen, dem Publikum gleich zu Beginn des ersten Bandes zu eröffnen, der Wert einer Ware decke sich im Sprachgebrauch des Autors mit ihrem *Arbeitswert*; das Verhältnis zwischen Arbeitswert und Produktionspreis werde hingegen später aufgegriffen.

Diese Warnung hätte den Forschungsbemühungen von Marx keinerlei Abbruch getan. Selbstverständlich ist es legitim, das große Geheimnis der kapitalistischen Produktionsweise – woher kommt, obwohl anscheinend Leistung und Gegenleistung übereinstimmen, der Profit? – in einem ersten Anlauf unter der vereinfachenden Annahme anzupacken, die Waren tauschten sich gemäß ihrer (Arbeits-)Werte. Wäre es nicht einmal unter diesen Umständen gelungen, den Ursprung des Profits zu erklären, hätte das Projekt von vornherein keine Aussicht auf Erfolg gehabt.

In Wirklichkeit hat sich Marx an das soeben skizzierte Programm gehalten. Im ersten Band untersucht er die Herkunft des Profits unter der Voraussetzung, die Tauschverhältnisse der Waren entsprächen den auf

---

[20] Marx, K., Das Kapital, 1. Bd., a.a.O., S. 54.

[21] Ebenda, S. 180 f. Fn.

ihre Herstellung durchschnittlich verwandten Arbeitsmengen.[22] Zunächst sondert er die Möglichkeit aus, der Profit entspringe der Zirkulation. Beim Tausch von Nicht-Äquivalenten gewinnt der eine, was der andere verliert: „Die Gesamtheit der Kapitalistenklasse eines Landes kann sich nicht selbst übervorteilen."[23] Des Rätsels Lösung ist vielmehr in der Produktionssphäre zu suchen. Es gilt, eine Ware zu entdecken, die in ihrer „produktiven Konsumtion" mehr Wert hervorbringt, als zu ihrer Erzeugung notwendig ist,

> „... deren Gebrauchswert selbst die eigentümliche Beschaffenheit besäße, Quelle von Wert zu sein, deren wirklicher Verbrauch also selbst Vergegenständlichung von Arbeit wäre, daher Wertschöpfung. Und der Geldbesitzer findet auf dem Markt eine solche spezifische Ware vor – das Arbeitsvermögen oder die Arbeitskraft."[24]

Da die Arbeitskraft eine Ware unter Waren ist, trifft auf sie gleichfalls zu, dass sich ihr Wert an der zu ihrer (Re-)Produktion gesellschaftlich notwendigen Arbeit bemisst. Im Güterkorb, den die Werktätigen zur Aufrechterhaltung ihrer Arbeitskraft erhalten, kommt ein „historisches und kulturelles Moment" zum Ausdruck und er umfasst auch die Lebensmittel der „Ersatzmänner", d. h. der Kinder der Arbeiter.[25] Als *Conditio sine qua non* zur Verwandlung von Geld in Kapital

> „... muß der Geldbesitzer ... den freien Arbeiter auf dem Warenmarkt vorfinden, frei in dem Doppelsinn, daß er als freie Person über seine Arbeitskraft als seine Ware verfügt, daß er andrerseits andre Waren nicht zu verkaufen hat, los und ledig, frei ist von allen zur Verwirklichung seiner Arbeitskraft nötigen Sachen."[26]

Die Trennung der Person des Lohnabhängigen von den Realisierungsbedingungen der Arbeitskraft installiert den Gegensatz zwischen Lohnarbeit und Kapital:

---

[22] „Der Austausch oder Verkauf der Waren zu ihrem Wert ist das Rationelle", kommentiert er (erst) im dritten Band, „das natürliche Gesetz ihres Gleichgewichts; von ihm ausgehend, sind Abweichungen zu erklären, nicht umgekehrt aus den Abweichungen das Gesetz selbst." Marx, K., Das Kapital, 3. Bd., a.a.O., S. 197.

[23] Marx, K., Das Kapital, 1. Bd., a.a.O., S. 177.

[24] Ebenda, S. 181.

[25] Vgl. ebenda, S. 185 f.

[26] Ebenda, S. 183. Vgl. auch ebenda, S. 743.

> „Der Prozeß, der das Kapitalverhältnis schafft, kann also nichts andres sein als der Scheidungsprozeß des Arbeiters vom Eigentum an seinen Arbeitsbedingungen, ein Prozeß, der einerseits die gesellschaftlichen Lebens- und Produktionsmittel in Kapital verwandelt, andrerseits die unmittelbaren Produzenten in Lohnarbeiter. Die sog. ursprüngliche Akkumulation ist also nichts als der historische Scheidungsprozeß von Produzent und Produktionsmittel."[27]

Aus dieser Aufspaltung ergibt sich, dass der Arbeiter länger arbeiten muss als nötig ist, um den Wert der Arbeitskraft zu reproduzieren. Die diese „notwendige Arbeitszeit" überschreitende Spanne nennt Marx „Surplusarbeitszeit". In ihr wird die „Mehrarbeit" geleistet:

> „So entscheidend es für die Erkenntnis des Werts überhaupt, ihn als bloße Gerinnung von Arbeitszeit, als bloß vergegenständlichte Arbeit, so entscheidend ist es für die Erkenntnis des Mehrwerts, ihn als bloße Gerinnung von Surplusarbeitszeit, als bloß vergegenständlichte Mehrarbeit zu begreifen. Nur die Form, worin diese Mehrarbeit dem unmittelbaren Produzenten, dem Arbeiter, abgepreßt wird, unterscheidet die ökonomischen Gesellschaftsformationen, z. B. die Gesellschaft der Sklaverei von der der Lohnarbeit."[28]

Die Mehrarbeit ist keine Erfindung des Kapitals.[29] Ihr begegnet man in dieser oder jener Gestalt in allen Gesellschaften, sobald die Arbeit eine gewisse Produktivität erreicht hat:

> „Braucht der Arbeiter alle seine Zeit, um die zur Erhaltung seiner selbst und seiner Race nötigen Lebensmittel zu produzieren, so bleibt ihm keine Zeit, um unentgeltlich für dritte Personen zu arbeiten. Ohne einen gewissen Produktivitätsgrad der Arbeit keine solche disponible Zeit für den Arbeiter, ohne solche überschüssige Zeit keine Mehrarbeit und daher keine Kapitalisten, aber auch keine Sklavenhalter, keine Feudalbarone, in einem Wort keine Großbesitzerklasse ... Nur sobald die Menschen sich aus ihren ersten Tierzuständen herausgearbeitet, ihre Arbeit selbst also schon in gewissem Grad vergesellschaftet ist, treten

---

[27] Ebenda, S. 742.

[28] Ebenda, S. 231.

[29] Vgl. ebenda, S. 249.

Verhältnisse ein, worin die Mehrarbeit des einen zur Existenzbedingung des andern wird."[30]

Im Kontrast zu den früheren, am Gebrauchswert orientierten Kulturen, in denen mehr oder weniger ‚externe' Bedürfnisse die Mehrarbeit beschränken, wird in den vom Erwerbstrieb beherrschten Gesellschaften der „Heißhunger nach Mehrarbeit" unbändig.[31] Ein weiterer Gesichtspunkt tritt hinzu. Während in zurückliegenden Epochen die Mehrarbeit mit bloßem Auge beobachtbar war – man denke nur an die Hand- und Spanndienste zu feudalen Zeiten –, lässt sie sich im Kapitalismus nicht ohne Weiteres erkennen. Hier muss entschleiert werden, dass trotz des Tausches von Äquivalenten *systematisch* unbezahlte Mehrarbeit verrichtet wird. Marx meinte, mit dem Konzept der Arbeits*kraft* sei der entscheidende Durchbruch gelungen: Die Mehrarbeit schaffe den Mehrwert; die Quelle, aus der sich der Profit speist, schien lokalisiert.

„Die Ricardosche Schule scheiterte gegen 1830 am Mehrwert", registriert Engels lakonisch im Vorwort zum zweiten Band des Kapitals[32]; Marx demgegenüber habe durch die Differenzierung zwischen Arbeit und Arbeitskraft „mit einem Schlag" eine der für den Niedergang verantwortlichen Schwierigkeiten gelöst, nämlich „… die Unmöglichkeit, den gegenseitigen Austausch von Kapital und Arbeit in Einklang zu bringen mit dem Ricardoschen Gesetz der Wertbestimmung durch Arbeit."[33] An dieser Stelle soll nicht weiter vertieft werden, ob dieses Konzept tatsächlich so neu war, wie es Marxisten gerne behaupten – inhaltlich läuft z. B. Smiths Unterscheidung zwischen labour embodied und labour commanded (vgl. S. 116 f.) auf dasselbe hinaus[34] –, wichtig ist hier vielmehr abzuschätzen, was bislang erledigt wurde.

---

[30] Ebenda, S. 534 f.

[31] Vgl. ebenda, S. 249 ff.

[32] Engels, F., Vorwort zu Marx, K., Das Kapital, 2. Bd., a.a.O., S. 7-27, S. 25.

[33] Ebenda, S. 23.

[34] Marx spricht in diesem Zusammenhang vom „Vorzug Smiths vor Ricardo", bemängelt jedoch, Smith habe „… den Mehrwert als solchen nicht als eigne Kategorie geschieden von den besondren Formen, die er in Profit und Grundrente erhält. Daher bei ihm, wie noch mehr bei Ricardo, viel Irrtum und Mangelhaftes in der Untersuchung." Marx, K., Theorien über den Mehrwert, 1. Teil, in: Marx Engels Werke, Bd. 26.1, Berlin 1974, S. 52 f.

„Alle Bedingungen des Problems sind gelöst", triumphiert Marx im ersten Band, „und die Gesetze des Warenaustausches in keiner Weise verletzt."[35] Doch die Erfolgsmeldung bezieht sich nur auf die bis dahin aufgeworfenen Fragen. Was noch zu vollbringen war, konstatierte Engels wiederum im Vorwort des zweiten Bandes des Kapitals. „Tatsächlich produzieren gleiche Kapitale", bemerkt er, „einerlei wie viel oder wie wenig lebendige Arbeit sie anwenden, in gleichen Zeiten durchschnittlich gleiche Profite. Hier liegt also ein Widerspruch gegen das Wertgesetz vor ..."[36] Der nächste Schritt müsse nun zeigen, „... wie nicht nur ohne Verletzung des Wertgesetzes, sondern vielmehr auf Grundlage desselben eine gleiche Durchschnittsprofitrate sich bilden kann und muß ..."[37]

Um die von Marx (oder Engels?) vorgeschlagene Lösung des Preisrätsels darzulegen, ist es zweckmäßig, mit der Formel für den Warenwert[38] zu beginnen:

$$W = c + v + m \qquad\qquad (II.34)$$

W symbolisiert den Warenwert, c das „konstante Kapital", d. h. den Wert der verbrauchten Produktionsmittel sowie der Rohstoffe, und v das „variable Kapital". Im Gegensatz zum konstanten Kapital verändert der in Arbeitskraft verwandelte Kapitalteil v seinen Wert im Produktionsprozess.[39] Die geleistete Arbeit reproduziert nicht nur den Wert der Arbeitskraft, sondern wirft darüber hinaus den Mehrwert m ab. Wird er auf das variable Kapital bezogen, ergibt sich die Mehrwertrate $\frac{m}{v}$, die Marx mit m' abkürzt.[40] Sie dient ihm als Maß der Ausbeutung. „Durch Verlängrung des Arbeitstags produzierten Mehrwert nenne ich absoluten Mehrwert", erläutert Marx, „den Mehrwert dagegen, der aus Verkürzung der notwendigen Arbeitszeit und entsprechender Veränderung im Größenverhältnis der beiden Bestandteile des Arbeitstags entspringt – relativen Mehrwert."[41]

---

[35] Marx, K., Das Kapital, 1. Bd., a.a.O., S. 209.

[36] Engels, F., Vorwort, a.a.O., S. 26.

[37] Ebenda.

[38] Vgl. Marx, K., Das Kapital, 3. Bd., a.a.O., S. 34 und Marx, K., Das Kapital, 1. Bd., a.a.O., S. 226 f.

[39] Vgl. ebenda, S. 224.

[40] Vgl. Marx, K., Das Kapital, 3. Bd., a.a.O., S. 59.

[41] Marx, K., Das Kapital, 1. Bd., a.a.O., S. 334.

Da nach Marxens Vorstellung der gesamte Mehrwert einer Wirtschaft ihren Profit ausmacht, liegt es auf der Hand, „… daß der Durchschnittsprofit nichts sein kann als die Gesamtmasse des Mehrwerts, verteilt auf die Kapitalmassen in jeder Produktionssphäre nach Verhältnis ihrer Größen."[42] Die Profitrate (p') definiert Marx wie folgt:[43]

$$p' = \frac{m}{c+v} \qquad (II.35)$$

Diese Profitrate geht laut Marx in die Bildung der Produktionspreise ein. Allerdings ist die Symbolik nicht ganz klar. Schlüsselt sich der Profit in Proportion zum *gesamten* vorgeschossenen Kapital auf, kann Formel (II.35) nur richtig sein, wenn c alle Komponenten des konstanten Kapitals umfasst. Marx sieht durchaus die Diskrepanz zwischen fixem und zirkulierendem konstanten Kapital:

> „Der Wertteil c, der das in der Produktion *verzehrte* konstante Kapital darstellt, deckt sich nicht mit dem Wert des in der Produktion *angewandten* konstanten Kapitals. Die Produktionsstoffe sind zwar ganz verzehrt, und ihr Wert ist daher ganz auf das Produkt übertragen. Aber nur ein Teil des angewandten *fixen* Kapitals ist ganz verzehrt, sein Wert daher auf das Produkt übergegangen. Ein andrer Teil des fixen Kapitals, Maschinen, Gebäude etc., existiert und fungiert fort, nach wie vor, wenn auch mit durch den Jahresverschleiß vermindertem Wert."[44]

Auch die von Marx entwickelte Kategorie des „Kostpreises" enthält neben dem variablen Kapital v lediglich den Teil des konstanten Kapitals, der auf das Produkt weitergewälzt wird.[45] In den von ihm gebrachten Beispielen der Ummünzung des Mehrwerts in Profit hält er gleichfalls explizit das im Ganzen vorgeschossene und das verbrauchte konstante Kapital auseinander.[46] Die Profitrate wird jedoch stets auf das Kapital *summa summarum* berechnet. Somit versinnbildlicht c in (II.35) nicht immer bloß den Stromgrößenanteil des konstanten Kapitals.

---

[42] Marx, K., Das Kapital, 3. Bd., a.a.O., S. 183.

[43] Vgl. Marx, K., Das Kapital, 1. Bd., a.a.O., S. 546 und Marx, K., Das Kapital, 3. Bd., S. 59.

[44] Marx, K., Das Kapital, 2. Bd., a.a.O., S. 395.

[45] Vgl. Marx, K., Das Kapital, 3. Bd., a.a.O., S. 43.

[46] Vgl. ebenda, S. 166.

Tatsächlich ist die Behandlung des fixen Kapitals komplexer als dies Marx anscheinend glaubte – später lässt sich zu diesem Problemkreis mehr sagen. Zur Vereinfachung sei die Krux zunächst durch die Annahme aus der Welt geräumt, es gebe kein fixes Kapital, das konstante Kapital schlage sich völlig in einer Periode um.[47]

Bei der Herleitung der Produktionspreise unterstellt Marx eine in allen Zweigen der Wirtschaft gleiche Mehrwertrate[48], die einzelnen Sektoren sollen einen im Verhältnis zum jeweiligen variablen Kapital gleich großen Mehrwert erzeugen:

> „Solch eine allgemeine Rate des Mehrwerts – der Tendenz nach, wie alle ökonomischen Gesetze – ist von uns als theoretische Vereinfachung vorausgesetzt; in Wirklichkeit aber ist sie tatsächliche Voraussetzung der kapitalistischen Produktionsweise, obgleich mehr oder minder gehemmt durch praktische Friktionen … Aber in der Theorie wird vorausgesetzt, daß die Gesetze der kapitalistischen Produktionsweise sich rein entwickeln. In der Wirklichkeit besteht immer nur Annäherung; aber diese Annäherung ist um so größer, je mehr die kapitalistische Produktionsweise entwickelt und je mehr ihre Verunreinigung und Verquickung mit Resten früherer ökonomischer Zustände beseitigt ist."[49]

Die Distribution des Profits erfolge in Proportion zum gesamten eingebrachten Kapital $c + v$. Der Mehrwert, der den Profit speist, falle demgegenüber jeweils in Abhängigkeit der verausgabten Arbeit v an. Deswegen müsste ein Produzent, der relativ viel direkte Arbeit beaufsichtigt, in den Genuss einer hohen individuellen Profitrate kommen, während ein Unternehmer, der vergleichsweise viel konstantes Kapital anwendet, sich mit einer geringeren Profitrate zu bescheiden hätte.

> „Wenn ein Kapital, das prozentig aus $90_c + 10_v$ besteht", illustriert Marx das Dilemma, „bei gleichem Exploitationsgrad der Arbeit ebensoviel Mehrwert oder Profit erzeugte wie ein Kapital, das aus $10_c + 90_v$ besteht, dann wäre es sonnenklar, daß der Mehrwert und daher der Wert überhaupt eine ganz andre Quelle haben müßte als die Arbeit und

---

[47] Vgl. zu der Thematik auch Helmedag, F., Über Kapital im „Kapital": Einige elementare Überlegungen, in: Wirtschaft und Gesellschaft, 40. Jg. (2014), S. 405-415.

[48] Vgl. Marx, K., Das Kapital, 3. Bd., a.a.O., S. 164 ff.

[49] Ebenda, S. 184.

daß damit jede rationelle Grundlage der politischen Ökonomie weg-
fiele."[50]

Mit dem Wissen, aus welcher Quelle der Profit entspringt, schien der
Brückenschlag von der Wert- zur Preisrechnung in Marxens Augen nicht
besonders schwierig zu sein: Er ermittelt die gesamtwirtschaftliche Durchschnittsprofitrate, indem er die Summe der Mehrwerte (M) durch die
Aggregate der konstanten (C) und variablen Kapitale (V) teilt. Im Konkurrenzgleichgewicht muss die individuelle Profitrate gleich der Durchschnittsprofitrate sein, so dass

$$p' = \frac{M}{C+V} \tag{II.36}$$

gilt. Im Marxschen System, namentlich in Verbindung mit dem im
dritten Abschnitt des dritten Bandes des Kapitals erörterten „Gesetz des
tendenziellen Falls der Profitrate", erlangt die „organische Zusammensetzung des Kapitals" eine herausragende Stellung. Diese Größe wiederum orientiert sich an der „technischen Zusammensetzung des Kapitals"[51], die mit der (mengenmäßigen) Kapitalintensität korrespondiert.
Löst man sie nach der im Zähler und Nenner verkörperten Arbeit auf, so
resultiert das Verhältnis von „toter" zu „lebendiger" Arbeit. Die einzelwirtschaftliche organische Zusammensetzung des Kapitals bezeichnen
wir mit $q\left(\equiv \frac{c}{v}\right)$.[52] Die gesamtwirtschaftliche organische Zusammensetzung des Kapitals sei mit $Q\left(\equiv \frac{C}{V}\right)$ abgekürzt. Nach Division des Zählers
und des Nenners der rechten Seite von (II.36) durch V kann man die Profitrate als

$$p' = \frac{m'}{Q+1} \tag{II.37}$$

---

[50] Ebenda, S. 158.

[51] Vgl. Marx, K., Das Kapital, 1. Bd., a.a.O., S. 640 ff.

[52] Eigentlich wäre es exakter, die einzelnen konstanten und variablen Kapitale zu
indizieren, also beispielsweise mit c_i und v_i zu argumentieren, wobei i die fragliche
Abteilung repräsentiert. Freilich hat sich die laxe Schreibweise eingebürgert und es
gibt hier keinen zwingenden Grund, davon abzugehen.

schreiben. Jetzt lässt sich das Verhältnis zwischen Wert und Preis aufspüren. Symbolisieren wir den Preis einer Wareneinheit mit Π, ergibt sich zunächst:

$$\Pi = (c + v)(1 + p') \tag{II.38}$$

Die Umformung dieser Preisgleichung bringt:

$$\Pi = c + v + (c + v)\left(\frac{m'}{Q+1}\right) = c + v + \frac{m'c + m}{Q+1} =$$

$$= c + v + \frac{m(q+1)}{Q+1} = W + m\left(\frac{q+1}{Q+1} - 1\right) =$$

$$= W + \frac{m}{Q+1}(q - Q)$$

Und damit:

$$\Pi = W + p'v(q - Q) \tag{II.39}$$

Der Preis ist höher als der Wert, sofern die individuelle organische Zusammensetzung des Kapitals die gesamtwirtschaftliche übertrifft; ist sie kleiner, unterschreitet der Preis den Wert. Lediglich in der Ausnahmesituation, in der sich die einzelwirtschaftliche organische Zusammensetzung des Kapitals mit der durchschnittlichen deckt, tritt keine Lücke zwischen den Werten und den Preisen auf.

Bei Marx findet sich kein der Formel (II.39) entsprechender Ausdruck.[53] Immerhin liefert der Begründer des wissenschaftlichen Sozialismus ein Zahlenbeispiel, in dem sich Differenzen zwischen den Werten und den Preisen auftun.[54] Von einer korrekten Lösung des Preisrätsels, wie es Engels auslobte, kann nicht die Rede sein: Im Normalfall etabliert sich eine uniforme Durchschnittsprofitrate anscheinend nur, wenn das Wertgesetz *verletzt* wird.

---

[53] Bortkiewicz leitet eine ähnliche Beziehung ab, jedoch operiert er mit einem q, dessen Nenner $c + v$ lautet. Vgl. Bortkiewicz. L. v., Wertrechnung und Preisrechnung im Marxschen System, Zweiter Artikel, in: Archiv für Sozialwissenschaft und Sozialpolitik, Bd. 24 (1907), S. 10-51, S. 13 f.

[54] Vgl. Marx, K., Das Kapital, 3. Bd., a.a.O., S. 166 f. In der Literatur werden zahlreiche weitere Beispiele gegeben. Ein besonders einfaches bringt Napoleoni, C., a.a.O., S. 184 ff.

Allerdings garantiert die Konstruktion des Umwandlungsverfahrens die Unversehrtheit der beiden zentralen Sätze der Marxschen Theorie: Zum einen sind die addierten Profite der Produktionszweige gleich den zusammengezählten Mehrwerten; zum anderen stimmen die Produktionspreise im Ganzen mit dem Gesamtbetrag der Werte überein.[55] Das Geheimnis des Profits schien gelüftet: Er entstehe nicht durch einen Preisaufschlag – die Summe der Werte ist mit der der Preise identisch –, es handele sich stattdessen um Mehrwert – Mehrwert in einer irreführenden Verkleidung[56]:

> „Der wirkliche Größenunterschied zwischen Profit und Mehrwert – nicht nur zwischen Profitrate und Mehrwertsrate – in den besondren Produktionssphären versteckt nun völlig die wahre Natur und den Ursprung des Profits, nicht nur für den Kapitalisten, der hier ein besondres Interesse hat, sich zu täuschen, sondern auch für die Arbeiter."[57]

Kurz darauf heißt es:

> „Der einzelne Kapitalist ..., dessen Blick borniert ist, glaubt mit Recht, daß sein Profit nicht allein aus der von ihm oder in seinem Zweig beschäftigten Arbeit herstamme. Es ist dies ganz richtig für seinen Durchschnittsprofit. Wieweit dieser Profit vermittelt ist durch die Gesamtexploitation der Arbeit durch das Gesamtkapital, d. h. durch alle seine Kapitalistengenossen, dieser Zusammenhang ist ihm ein vollständiges Mysterium, um so mehr, als selbst die Bourgeoistheoretiker, die politischen Ökonomen, es bis jetzt nicht enthüllt hatten."[58]

Es kann nicht bezweifelt werden, dass die Marxsche Analyse, wäre sie tragfähig, einen Fortschritt ohnegleichen in der Grundlagenforschung der ökonomischen Theorie darstellte. Aber sie bricht in der Gestalt, die ihr Marx gegeben hat, zusammen. Und er ahnte zumindest die Unzulänglichkeit seiner Transformationsmethode; sein „Kostpreis" $c + v$ ist nie *Preis* geworden; er verharrt in der Wertsphäre:

---

[55] Vgl. Marx, K., Das Kapital, 3. Bd., a.a.O., S. 166 f. und S. 182.

[56] Vgl. ebenda, S. 46.

[57] Ebenda, S. 177.

[58] Ebenda, S. 179 f.

„Der Produktionspreis einer Ware ist aber für den Käufer derselben ihr Kostpreis und kann somit als Kostpreis in die Preisbildung einer andren Ware eingehn. Da der Produktionspreis abweichen kann vom Wert der Ware, so kann auch der Kostpreis einer Ware, worin dieser Produktionspreis andrer Ware eingeschlossen, über oder unter dem Teil ihres Gesamtwerts stehn, der durch den Wert der in sie eingehenden Produktionsmittel gebildet wird. Es ist nötig, sich ... daher zu erinnern, daß, wenn in einer besondren Produktionssphäre der Kostpreis der Ware dem Wert der in ihrer Produktion verbrauchten Produktionsmittel gleichgesetzt wird, stets ein Irrtum möglich ist. Für unsre gegenwärtige Untersuchung ist nicht nötig, näher auf diesen Punkt einzugehn."[59]

Auch später unterließ es Marx, diesen Aspekt zu vertiefen, obwohl er bemerkt hatte, woher die Problematik rührt:

„Die ganze Schwierigkeit kommt dadurch hinein, daß die Waren nicht einfach als *Waren* ausgetauscht werden, sondern als *Produkt von Kapitalen*, die im Verhältnis zu ihrer Größe, oder bei gleicher Größe, gleiche Teilnahme an der Gesamtmasse des Mehrwerts beanspruchen."[60]

Marxens Transformation von Werten in Preise ist letzten Endes gar keine: Seine Preise sind bloß korrigierte *Werte*, die versprochene Expedition zur Oberfläche bleibt auf halber Strecke stecken. Doch die formalen Turbulenzen lassen sich meistern. Marx deutet sogar an, wie eine korrekte Transformation auszusehen habe. Dazu muss man die Tatsache berücksichtigen,

„... daß in der kapitalistischen Produktion die Elemente des produktiven Kapitals in der Regel auf dem Markt gekauft sind, ihre Preise also einen bereits realisierten Profit enthalten und hiernach der Produktionspreis eines Industriezweigs samt dem in ihm enthaltnen Profit, daß also der Profit des einen Industriezweigs in den Kostpreis des andern eingeht."[61]

Mit einem solchen Verfahren ist einer Aufrollung der Problematik im Rahmen einer „Warenproduktion mittels Waren" der Weg gewiesen. Die

---

[59] Ebenda, S. 174, siehe auch S. 217.

[60] Ebenda, S. 184 f.

[61] Ebenda, S. 169.

Frage lautet, was dann von der Marxschen Wertlehre übrig bleibt – es wird weitaus mehr sein, als man ihr landläufig zugesteht.

2.4.2 Vom Wert zum Preis und zurück

Den entscheidenden Durchbruch zu einer *positiven* Kritik des Marxschen Systems bilden die einschlägigen Veröffentlichungen von Ladislaus von Bortkiewicz. Er sieht „das Brauchbare und wahrhaft Bedeutsame des Marxschen (aber auch des Ricardoschen) Systems" in der Auffassung, „... daß die Arbeit bzw. die ‚Mehrarbeit' der einzige Erzeuger des Kapitalprofits ist."[62]

Ferner hält er den Marx-Gegnern vor, sie machten es sich viel zu leicht, wenn sie lediglich Marx' eigene Lehre wiederholten, wonach der Preis nur ausnahmsweise mit dem Wert übereinstimme.[63] Vielmehr gelte es zu prüfen, ob eine korrekte Ableitung der Produktionspreise aus den Werten möglich sei.

Dieser Abschnitt widmet sich der von Bortkiewicz propagierten Transformation der Werte in Preise. Aber sein Vorschlag erfreut sich keiner Monopolstellung: Wie anschließend zutage gefördert wird, befindet sich unter den Konkurrenten eine in jeder Hinsicht leistungsfähigere Alternative.

---

[62] Bortkiewicz, L. v., Wertrechnung und Preisrechnung im Marxschen System, Erster Artikel, in: Archiv für Sozialwissenschaft und Sozialpolitik, Bd. 23 (1906), S. 1-50, S. 50. Diese Abhandlung setzt sich hauptsächlich mit der zeitgenössischen Marx-Rezeption auseinander. Seine analytischen Untersuchungen präsentiert Bortkiewicz vor allem im zweiten und dritten Artikel sowie in seiner Arbeit „Zur Berichtigung der grundlegenden theoretischen Konstruktion von Marx im dritten Band des ‚Kapital' ", in: Jahrbücher für Nationalökonomie und Statistik, Bd. 34 (1907), S. 319-335. 86 Jahre später erschien in der gleichen Zeitschrift eine kritische Auseinandersetzung mit dem Beitrag. Vgl. Helmedag, F., Zur Berechtigung der grundlegenden theoretischen Konstruktion von Marx im ersten Band des „Kapital", in: Jahrbücher für Nationalökonomie und Statistik, Bd. 212 (1993), S. 442-450. Dieser Aufsatz beruht auf den folgenden Darlegungen.

[63] Vgl. Bortkiewicz, L. v., Wertrechnung ..., Erster Artikel, a.a.O., S. 5.

2.4.2.1 Der Beitrag von Ladislaus von Bortkiewicz

Bortkiewicz geht in seiner Analyse von einer stationären dreisektoralen Wirtschaft aus, in der sich das gesamte konstante Kapital in einer Periode umschlägt.[64] Abteilung I fertigt die Produktionsmittel an, Abteilung II stellt die Konsumgüter der Arbeiter her und Abteilung III erzeugt die der Kapitalisten. Die Mehrwertrate m' sei in allen Abteilungen einheitlich.[65] Bei ,einfacher Reproduktion' – Input und Output decken sich im Aggregat – ist die Ökonomie folgendermaßen strukturiert:

$$c_1 + v_1 + m_1 = c_1 + v_1(1 + m') = c_1 + c_2 + c_3 \tag{II.40}$$

$$c_2 + v_2 + m_2 = c_2 + v_2(1 + m') = v_1 + v_2 + v_3 \tag{II.41}$$

$$c_3 + v_3 + m_3 = c_3 + v_3(1 + m') = m_1 + m_2 + m_3 \tag{II.42}$$

Der ,Trick', um zur Preisrechnung vorzudringen, besteht darin, die Beziehungen von Werten zu Preisen als Unbekannte in das System hineinzunehmen und es anschließend zu lösen. Bortkiewicz schreibt für das *Verhältnis* des Preises zum Wert der in Sektor I produzierten Waren x. y und z stehen analog für die entsprechenden Relationen in den Abteilungen II bzw. III. Gemäß der von Marx und den anderen Klassikern vertretenen Hypothese, dass sich der Profit im Gleichgewicht in Proportion zum sektoralen Gesamtkapital verteile, gelangt man zu dem simultanen Gleichungssystem.

$$(1 + \rho)(c_1 x + v_1 y) = Cx \tag{II.43}$$

$$(1 + \rho)(c_2 x + v_2 y) = Vy \tag{II.44}$$

$$(1 + \rho)(c_3 x + v_3 y) = Mz \tag{II.45}$$

Dabei symbolisiert ρ die Profitrate, die sich selbstverständlich nicht mehr mit der Marxschen Profitrate p' deckt. C, V und M figurieren wieder als die Aggregate der variablen und konstanten Kapitalien sowie der Mehr-

---

[64] Vgl. zum Weiteren Bortkiewicz, L. v., Zur Berichtigung ..., a.a.O., S. 319 ff.

[65] Die hier verwandte Symbolik lehnt sich durchwegs an die Marxsche an. Bortkiewicz benutzt teilweise andere Kürzel.

werte.[66] In den drei Gleichungen (II.43) bis (II.45) sind x, y, z und ρ gesucht. Bortkiewicz beseitigt den Freiheitsgrad durch die Annahme, die Preiseinheit sei mit der Werteinheit identisch. Ferner werde das als Preismaß dienende Gut (z. B. Gold) in Abteilung III hervorgebracht. Deswegen gilt $z \equiv 1$ *per definitionem*. Um die Formeln nicht allzu sehr anschwellen zu lassen, führt Bortkiewicz die nachstehenden Abkürzungen ein:

$$\frac{v_1}{c_1} \equiv f_1, \quad \frac{v_1 + c_1 + m_1}{c_1} \equiv g_1$$

$$\frac{v_2}{c_2} \equiv f_2, \quad \frac{v_2 + c_2 + m_2}{c_2} \equiv g_2$$

$$\frac{v_3}{c_3} \equiv f_3, \quad \frac{v_3 + c_3 + m_3}{c_3} \equiv g_3$$

Bezeichnet man zusätzlich $(1 + \rho)$ als σ, reduziert sich das System (II.43) bis (II.45) auf:

$$\sigma(x + f_1 y) = g_1 x \tag{II.46}$$

$$\sigma(x + f_2 y) = g_2 y \tag{II.47}$$

$$\sigma(x + f_3 y) = g_3 \tag{II.48}$$

(II.46) liefert:

$$x = \frac{f_1 y \sigma}{g_1 - \sigma} \tag{II.49}$$

Substituieren wir dieses Ergebnis in (II.47), ergibt sich ein quadratischer Ausdruck:

$$(f_1 - f_2)\sigma^2 + (f_2 g_1 + g_2)\sigma - g_1 g_2 = 0 \tag{II.50}$$

---

[66] Pasinetti unterläuft bei seiner Skizze des Bortkiewiczschen Ansatzes die Ungenauigkeit, die Arbeitswerte mit den jeweiligen Preisen zu multiplizieren. Die Größen x, y und z geben aber die *Beziehungen* zwischen Preisen und Werten wieder, damit sich die Zeitdimensionen kürzen lassen. Vgl. Pasinetti, L., Vorlesungen ..., a.a.O., S. 45.

Bortkiewicz zeigt, dass für ein nichtnegatives σ nur eine Lösung in Betracht kommt:

$$\sigma = \frac{-(f_2 g_1 + g_2) + \sqrt{(f_2 g_1 + g_2)^2 + 4(f_1 - f_2)g_1 g_2}}{2(f_1 - f_2)} \qquad \text{(II.51a)}$$

Zum Beweis wird (II.51a) alternativ formuliert:

$$\sigma = \frac{f_2 g_1 + g_2 - \sqrt{(g_2 - f_2 g_1)^2 + 4 f_1 g_1 g_2}}{2(f_2 - f_1)} \qquad \text{(II.51b)}$$

Nun trifft Bortkiewicz eine Fallunterscheidung.[67] Für $f_1 - f_2 > 0$ wäre $\sigma < 0$, wenn in (II.51a) vor der Wurzel ein negatives Vorzeichen stünde. Wenn $f_1 - f_2 < 0$ gilt und der letzte Summand in der Diskriminante unberücksichtigt bliebe, dann führte ein Plus vor der Wurzel in (II.51b) zu:

$$\sigma > \frac{g_2}{f_2 - f_1} \qquad \text{(II.52)}$$

Daraus folgt *a fortiori*:

$$\sigma > \frac{g_2}{f_2} \qquad \text{(II.53)}$$

Dies steht aber in Widerspruch zu der Gleichung (II.47), aus der sich die Relation

$$\sigma < \frac{g_2}{f_2} \qquad \text{(II.54)}$$

entnehmen lässt. Die Ausdrücke (II.51a) bzw. (II.51b) liefern demnach ein positives σ.

Aus den Gleichungen (II.47) und (II.48) lässt sich jetzt y berechnen:

$$y = \frac{g_3}{g_2 + (f_3 - f_2)\sigma} \qquad \text{(II.55)}$$

---

[67] Vgl. Bortkiewicz, L. v., Zur Berichtigung ... a.a.O., S. 322 f.

Schließlich gewinnt man nach Einsetzen von σ und y aus (II.49) den Wert von x. Damit sind die Wert-Preis-Verhältnisse und die Profitrate gefunden. Bortkiewicz gelingt es ferner, den Nachweis anzutreten, dass die durch (II.51a) oder (II.51b) ermittelte Profitrate – abgesehen von einer Ausnahme – *kleiner* ist als die Mehrwertrate.[68] Dieser Satz sollte später – im Rahmen n-dimensionaler Wirtschaften – als ,Fundamentaltheorem der Marxschen Theorie' Furore machen. In der modernen Literatur nennt man es – wohl aus Mangel an lehrgeschichtlichem Wissen – Morishima-Okishio-Seton-Theorem.[69] Es besagt, Profit könne bloß anfallen, sofern Ausbeutung vorliege, d. h. die Profitrate sei nur dann positiv, wenn die Mehrwertrate größer als null ist. „Aber 1 und 2 sind positiv wie 1 und 10 000"[70] – darüber wird in kurzer Zeit ausführlich gesprochen.

Besonderes Interesse verdient Gleichung (II.50): Wie sie offenbart, wird die Profitrate *ausschließlich* durch die Produktionsbedingungen in den Sektoren I und II determiniert.

> „Uebrigens ist dieses Ergebnis", kommentiert Bortkiewicz, „gerade vom Standpunkte derjenigen Theorie des Kapitalprofits aus, die seinen Ursprung in der ,Mehrarbeit' sieht, nicht überraschend. Schon Ricardo hat gelehrt, daß eine Aenderung in den Produktionsverhältnissen der-

---

[68] Vgl. Bortkiewicz, L. v., Zur Berichtigung ... a.a.O., S. 332 f. Die Konstellation, in der die Profitrate mit der Mehrwertrate übereinstimmt, spielt im Kommenden eine wichtige Rolle.

[69] Vgl. Morishima, M., Seton, F., Aggregation in Leontief Matrices and the Labour Theory of Value, in: Econometrica, Bd. 29 (1961), S. 203-220, Okishio, N., A Mathematical Note on Marxian Theorems, in: Weltwirtschaftliches Archiv, Bd. 91 (1963), S. 287-299, deutsch in: Nutzinger, H. G., Wolfstetter, E. (Hrsg.), Die Marxsche Theorie und ihre Kritik, Bd. II, Frankfurt a. M. / New York 1974, S. 39-53. Die Einstufung dieses Funds als fundamental stammt von Morishima; seines Erachtens ist es „... the heart and soul of Marxian philosophy, since it implies that exploitation is necessary for the continued existence of a capitalist economy ..." Morishima, M., Marx's Economics, a.a.O., S. 6.

[70] Cogoy, M., Wertstruktur und Preisstruktur, Die Bedeutung der linearen Produktionstheorie für die Kritik der politischen Ökonomie, Frankfurt a. M. 1977, S. 37. Im Übrigen ist Bortkiewicz' Resultat präziser. Er bestimmt nicht nur das Vorzeichen von Mehrwert- und Profitrate – wie das heute üblich geworden ist –, sondern er trifft zudem eine Feststellung hinsichtlich ihrer Größenrelation. Über die Rangfolge äußern sich noch Morishima, M., Seton, F., a.a.O., S. 209: „... the rate of exploitation will always *exceed* the rate of profit ..."

jenigen Güter, die nicht in den Konsum der Arbeiterklasse eingehen, die Höhe der Profitrate nicht affizieren kann."[71]

Die Deduktion von Bortkiewicz beruht zwar auf den Erfordernissen einer in Arbeitswerten ausgedrückten einfachen Reproduktion, d. h. den Gleichungen (II.40) bis (II.42). Aber die Profitrate ließe sich auch ohne Rückgriff auf eine stationäre Wirtschaft allein aus dem Schema (II.43) bis (II.45) hervorholen: In der abgeleiteten Formel für die Profitrate tauchen ebenfalls keine Größen der Abteilung III auf.[72]

Mit der von Bortkiewicz empfohlenen Umwandlung von Werten in Preise scheint eine Kluft zwischen der Marxschen und der Ricardoschen Theorie eingeebnet. Eine zentrale, wenn nicht sogar die wichtigste Erkenntnis der Untersuchung Ricardos lautete, der Profit werde nur in der Lohngüterindustrie determiniert, die somit die gesamtwirtschaftliche Profitrate vorlege.

Im Marxschen System dagegen ist lediglich die Mehrwertrate vom Reallohn und dem Stand der Produktivkräfte in der Lohngüterindustrie abhängig, also von der Relation der Mehrarbeit zur notwendigen Arbeit. In die Bildung der Durchschnittsprofitrate schließt Marx jedoch die Kapitalien aller Sektoren ein. Infolgedessen beeinflusst eine Veränderung des investierten Kapitals in der Luxusgüterindustrie die allgemeine Profitrate. Aufgrund dieser Anschauung kritisierte Marx des Öfteren Ricardo, der Mehrwerts- und Profitrate miteinander konfundiere. Indem Bortkiewicz zeigt, die ‚richtige' Profitrate ergebe sich in den Abteilungen I und II, leuchtet der Kerngedanke Ricardos wieder auf; die von Marx geübte Kritik wirkt hinfällig. Des Weiteren gerät Marxens Lehre aus einem anderen Blickwinkel in ein schiefes Licht.

Die Berichtigung von Bortkiewicz bringt es mit sich, dass die Marxsche These, der Gesamtbetrag der Werte decke sich mit dem der Preise, generell nicht mehr haltbar ist. Dies lässt sich am besten anhand eines

---

[71] Bortkiewicz, L. v., Zur Berichtigung..., a.a.O., S. 327. Andernorts hat Bortkiewicz eine algebraische Lösung des Preisproblems unterbreitet, die er, wie er selbst sagt, „im wesentlichen einer Schrift W. K. Dmitrieffs entnommen" hat. In diesem Rahmen lässt sich der Preis einer Ware gleichermaßen auf ihre Produktionstechnik sowie auf die der Ware Arbeitskraft zurückführen. Vgl. Bortkiewicz, L. v., Wertrechnung ..., Zweiter Artikel, a.a.O., S. 34 f.

[72] Vgl. Winternitz, J., Values and Prices: A Solution of the So-Called Transformation Problem, in: The Economic Journal, Bd. 58 (1948), S. 276-280, S. 279.

Zahlenbeispiels illustrieren, das überdies dazu dienen wird, die Bortkie-wiczsche Preiskalkulation kritisch zu durchleuchten. Gegeben seien die folgenden Arbeitswerte[73]:

Tabelle II.1: Werte

Abteilung	Konstantes Kapital	Variables Kapital	Mehrwert	Produktwert
I	225	90	60	375
II	100	120	80	300
III	50	90	60	200
I – III	375	300	200	875

Die einheitliche Mehrwertrate beträgt $m' = \dfrac{2}{3}$. Die Kriterien einfacher Reproduktion sind erfüllt, die Zeilensummen stimmen mit den Spalten-summen überein. Mittels der passenden Formeln erhält man für die ge-suchten Unbekannten: $\sigma = \dfrac{5}{4}$, $\rho = \dfrac{1}{4}$, $y = \dfrac{16}{15} = 1,0\overline{6}$ und $x = \dfrac{32}{25} = 1,28$.

Die nachstehende Tabelle II.2 gibt die mit diesen Größen berechneten ρ-oder ‚Bortkiewicz-Preise' wieder. Da wir noch andere Preisbildungsver-fahren kennenlernen, ist es sinnvoll, die einzelnen Alternativen anhand von Eigennamen zu sortieren.

Tabelle II.2: ρ- oder Bortkiewicz-Preise

Abteilung	Konstantes Kapital	Variables Kapital	Profit	Produktwert
I	288	96	96	480
II	128	128	64	320
III	64	96	40	200
I – III	480	320	200	1000

Die ρ-Preise garantieren die Reproduktion: Die Produktpreise der Inputs entsprechen den korrespondierenden Outputwerten. Schauen wir interes-

---

[73] Vgl. Bortkiewicz, L. v., Zur Berichtigung …, a.a.O., S. 323. Bortkiewicz lehnt sich an ein Exempel Tugan-Baranowskys an. Vgl. ebenda, Fn.

sehalber auf das Tableau II.3, in dem die p'- oder ‚Marx-Preise' verzeichnet sind. Im vorliegenden Fall hätte Marx gemäß Formel (II.36) (vgl. S. 175) $p' = \dfrac{200}{675} = \dfrac{8}{27} = 0,\overline{296}$ herausbekommen.

Tabelle II.3: p'- oder Marx-Preise

Abteilung	Konstantes Kapital	Variables Kapital	Profit	Produktwert
I	225	90	$93,\overline{3}$	$408,\overline{3}$
II	100	120	$65,\overline{185}$	$285,\overline{185}$
III	50	90	$41,\overline{481}$	$181,\overline{481}$
I – III	375	300	200	875

Wie erkennbar, sichert die Marxsche Vorgehensweise die Kongruenz des Aggregats der Mehrwerte mit dem Gesamtprofit sowie die Identität der addierten Preise mit den zusammengezählten Werten. Die Kosten hierfür sind allerdings untragbar: Die Reproduktionskonsistenz ist verletzt, Spalten- und Zeilensummen divergieren voneinander.[74] Die konstanten und variablen Kapitalien dürfen von einer Transformation in Preise nicht verschont werden.

Die Bortkiewicz-Methode hat zu einer gegenüber der Wertrechnung anderen Distribution des in seiner Höhe fixierten Gesamtprofits geführt. Die Nutznießerin davon ist die Abteilung I. Wie Tabelle II.2 im Vergleich zu Tabelle II.1 ausweist, vermindern sich die Gewinne der Branchen II und III, während der Profit des Sektors I von 60 auf 96 steigt. Das rührt daher, dass der Zweig I bei diesem Kalkulationsverfahren relativ mehr vom Gesamtprofit absorbiert. Waren es bei der Wertrechnung $\dfrac{v_1}{V} = 0,3$, so sind es im System der ρ-Preise $\dfrac{c_1 x + v_1 y}{Cx + Vy} = 0,48$. Dementsprechend hat sich der Profit der Produktionsmittelindustrie I um 60 % erhöht. Immerhin bewahrte die Normierung $z \equiv 1$ die Übereinstimmung der Mehrwertsumme mit dem Gesamtprofit. Freilich addieren sich die

---

[74] An dem Beispiel lässt sich ebenfalls zeigen, dass die von Winternitz, J., a.a.O., vorgeschlagene Lösung des Transformationsproblems unter demselben Mangel leidet. Außerdem ist in dem Ansatz die Summe der Profite kleiner als das Aggregat der Mehrwerte.

Preise auf 1000, wohingegen sich die der Tabelle II.1 entnommenen Werte nur auf insgesamt 875 belaufen.

Die Durchführung einer Transformation von Werten in Produktionspreise war zwar analytisch korrekt gelungen, unterwegs ging aber die Identität der Wert- und der Preissumme verloren. Obwohl der Profit durch die Normierung im Aggregat gleich dem Gesamtmehrwert ist, kann mit diesem Ergebnis nicht der Auffassung entgegengetreten werden, der Profit sei einfach als Preis- oder Kostenaufschlag zu interpretieren.

Andere der zahlreichen Lösungen, die im Lauf der Zeit präsentiert wurden, erreichen mittels einer geeigneten Besetzung des Freiheitsgrades dieselbe Summe von Werten und Preisen. Dann unterscheidet sich generell der Mehrwert im Ganzen vom Gesamtprofit – ebenfalls ein harter Brocken für das Marxsche System, da dieses Resultat die Mehrarbeit als Quelle des Profits in Zweifel zieht.

Infolgedessen gewinnt die These Überzeugungskraft, der Beitrag von Bortkiewicz sei etwas *qualitativ* anderes als eine bloße „Berichtigung" eines formalen Schnitzers von Marx; in Wahrheit beschleunigte die Untersuchung von Bortkiewicz den *Fall* der klassischen Werttheorie. Die nach allen Regeln der Kunst vorgenommene Operation schwächte den Patienten, statt ihn zu stärken. Die Konkurrenz in Gestalt der subjektivistischen Wert- und Preislehre vermochte sich gewiss auch deshalb Wettbewerbsvorteile zu verschaffen, weil die Arbeitswerttheorie in eine *Sinnkrise* geraten war: Weshalb soll man von Werten ausgehen und diese anschließend in Preise transformieren? Warum konzentriert man sich nicht direkt auf die Produktionspreise? Vor diesem Hintergrund erscheint die Wertrechnung als überflüssiger Umweg. – Bei der Behandlung der modernen Produktionspreistheorie werden wir den gerade aufgeworfenen Fragen wieder begegnen.

Die ‚Methode Bortkiewicz' ist jedoch keineswegs das einzige Preisbildungsverfahren, das mit Aussicht auf Erfolg um die Gunst des Publikums werben kann. Nicht nur wegen eines in Bälde angestrahlten Schönheitsfehlers der ρ-Preise werfen wir daher einen Blick auf die Rivalen. Wie zutage gefördert wird, wurde es in diesem Stadium aufs Neue versäumt, den wirtschaftstheoretischen Zug auf die rechten Gleise zu heben.

2.4.2.2 Zwei alternative Kalkulationsverfahren

Bortkiewicz übernahm bei seiner Nachbesserung die von Marx (und allen anderen) intendierte Distribution des Profits im Verhältnis zum gesamten eingesetzten Kapital, ohne gegen diese Verteilungsbasis Bedenken anzumelden. Was bedeutet jedoch ‚gesamtes eingesetztes Kapital'? Sollte allein das Kapital gemeint sein, das *vor* Beginn der Produktion vom Kapitalisten ausgelegt werden *muss*, dann hängt es offenbar von den Zahlungsmodalitäten (und der Kreditwürdigkeit) ab, in welcher Höhe das Kapital wirklich vorzustrecken ist. Sind die Produktions*kosten* stets und in voller Höhe ‚Kapital'? Marx selbst hat, was öfter vergessen wird, konstatiert, dass etwa die Löhne in der Realität erst im Nachhinein entrichtet werden:

> „In allen Ländern kapitalistischer Produktionsweise wird die Arbeitskraft erst gezahlt, nachdem sie bereits während des im Kaufkontrakt festgesetzten Termins funktioniert hat, z. B. am Ende jeder Woche. Überall schießt daher der Arbeiter dem Kapitalisten den Gebrauchswert der Arbeitskraft vor; er lässt sie vom Käufer konsumieren, bevor er ihren Preis bezahlt erhält, überall kreditiert daher der Arbeiter dem Kapitalisten."[75]

Allerdings fügt er im Kontext hinzu, es sei nützlich, *einstweilen* anzunehmen, der Lohn werde mit dem Verkauf der Arbeitskraft ausgehändigt.[76] Prüfen wir, welche Konsequenzen eine Umwandlung von Werten in Preise hervorruft, wenn anstelle der gesamten Kosten nur das zirkulierende konstante Kapital als Bezugsgröße der Profitausschüttung gewählt wird. Demgemäß unterstellen wir, die ‚lebendige Arbeit' werde erst *ex post* vergütet, lediglich in die Produktionsmittel müsse am Anfang der Periode investiert werden. Das ist im Übrigen die in der modernen Literatur herrschende Sichtweise; deswegen werden wir die so kalkulierten Preise künftig ‚Sraffa-Preise' nennen. Ferner hat es sich eingebürgert, die auf dieser Grundlage berechnete Profitrate mit r abzukürzen. Bezeichnen wir überdies $(1 + r)$ mit s, wird das Schema (II.46) bis (II.48) (vgl. S. 181) von den umseitigen Gleichungen abgelöst:

---

[75] Marx, K., Das Kapital, 1. Bd., a.a.O., S. 188.

[76] Vgl. ebenda.

$$sx + f_1 y = g_1 x \tag{II.56}$$

$$sx + f_2 y = g_2 y \tag{II.57}$$

$$sx + f_3 y = g_3 \tag{II.58}$$

Aus (II.56) resultiert:

$$x = \frac{f_1 y}{g_1 - s} \tag{II.59}$$

Eingesetzt in (II.57) ergibt zunächst

$$sf_1 + f_2(g_1 - s) - g_2(g_1 - s) = 0$$

und anschließend

$$s(g_2 + f_1 - f_2) + g_1(f_2 - g_2) = 0$$

Die Umformung bringt:

$$s = \frac{g_1(f_2 - g_2)}{f_2 - g_2 - f_1} \tag{II.60}$$

Durch Einsetzen und Ausrechnen verifiziert man leicht, dass $s > 1$ und mithin $r > 0$ zutrifft. Die Substitution von (II.59) und (II.60) in (II.58) liefert:

$$y = \frac{g_3}{g_2 - f_2 + f_3} \tag{II.61}$$

Die korrespondierenden Formeln sind jetzt wesentlich einfacher als im Fall der Bortkiewicz-Preise. Wir erhalten $r = 0,\overline{36}$, d. h. die Profitrate ist nun größer als $\rho = 0,25$. Außerdem sind x und y gestiegen: $x = 1,\overline{46}$ und $y = 1,\overline{1}$. Tabelle II.4 informiert über die r-Preise.

Die Reproduktionsbedingung wird erfüllt: Die r-Preise münden ebenfalls in einem prinzipiell funktionsfähigen System; dieser Voraussetzung zur Teilnahme am Wettbewerb ist genüge getan. Freilich hat sich bei steigender Preissumme die Verteilung des Profits gegenüber den ρ-Preisen verändert. Abermals ist Sektor I der Gewinner. Weil sein Anteil am Wert des konstanten Kapitals 60 % beträgt, vereinigt er den entsprechenden Anteil des gleich gebliebenen Gesamtgewinns auf sich.

Tabelle II.4: r- oder Sraffa-Preise

Abteilung	Konstantes Kapital	Variables Kapital	Profit	Produktwert
I	330	100	120	550
II	$146,\overline{6}$	$133,\overline{3}$	$53,\overline{3}$	$333,\overline{3}$
III	$73,\overline{3}$	100	$26,\overline{6}$	200
I – III	550	$333,\overline{3}$	200	$1083,\overline{3}$

Indes sind die Möglichkeiten der Preisbildung noch nicht ausgereizt. Wie die kapitalistische Praxis lehrt, räumen die Unternehmer einander *regelmäßig* Zahlungsziele ein; vor allem, wenn zwischen ihnen seit längerem Geschäftsverbindungen bestehen. Schon Marx wies auf die Existenz von Kreditketten hin, also die Tatsache, dass die Unternehmer einander *gegenseitig* Zahlungsversprechen – z. B. in Form von Wechseln – abgeben. In diesem komplexen Beziehungsgeflecht tritt bereits der Ausfall einiger Forderungen eine Lawine los, der das Potenzial einer generellen Krise innewohnt:

„Der Flachsbauer hat auf den Spinner gezogen, Maschinenfabrikant auf Weber und Spinner. Spinner kann nicht zahlen, weil Weber nicht zahlen [kann], beide zahlen dem Maschinenfabrikanten nicht, dieser dem Eisen-, Holz-, Kohlenmann nicht ... So entsteht allgemeine Krise ... wir sehn hier ... einen Zusammenhang der wechselseitigen Schuldforderungen und Obligationen, der Käufe und Verkäufe, wo die Möglichkeit sich zur Wirklichkeit entwickeln kann."[77]

Mit dem empirischen Argument verbündet sich ein theoretisches. Das Modell ist auf eine *Gleichgewichtssituation* vollständiger Konkurrenz zugeschnitten, d. h. Wirtschaftsaktivität wiederholt sich tagein tagaus auf demselben Niveau. Betrachten wir irgendeinen ‚Tag' aus dieser Reihe, an dem – wie an jedem Tag – die Bearbeitung einer gleichbleibenden Anzahl von Gütern in den Sektoren begonnen, weitergeführt und beendet

---

[77] Marx, K., Theorien ..., 2. Teil, a.a.O., S. 512.

wird, so spricht nichts gegen die Anschauung, die Zahlungen heute stammten aus dem Erlös von gestern.

Darüber hinaus bleibt Tag für Tag etwas übrig: ein Profit in Gestalt kapitalistischen Konsums. Allerdings unterliegt die Distribution des gegebenen Gesamtgewinns auf die Sektoren der jeweiligen Kalkulationsbasis. Deswegen muss eine Methode entdeckt werden, die den Kapitalisten ‚gerecht' erscheint und die sie daher akzeptieren und praktizieren. Gesucht wird jener Mechanismus, welcher der gesellschaftlichen Arbeitsteilung im Rahmen einer kapitalistischen Warenproduktion erst Rationalität verleiht.

Ehe dieser Problemkreis ins Zentrum unserer weiteren Erörterungen rückt, komplettieren wir das Spektrum alternativer Preisbildungstechniken um die noch nicht begutachtete Version: den Profit in Proportionen zum variablen Kapital zu verteilen. Die Ahnung, welches Ergebnis sich daraufhin einstellt, wird zur Gewissheit, wenn wir die einschlägigen Gleichungen formulieren und nachrechnen. Die Profitrate dieses Systems sei als ε bezeichnet, e steht für $(1 + \varepsilon)$. Somit erhält man:

$$x + ef_1 y = g_1 x \qquad \qquad \text{(II.62)}$$

$$x + ef_2 y = g_2 y \qquad \qquad \text{(II.63)}$$

$$x + ef_3 y = g_3 \qquad \qquad \text{(II.64)}$$

Aus (II.62) ergibt sich:

$$x = \frac{ef_1 y}{g_1 - 1} \qquad \qquad \text{(II.65)}$$

(II.65) in (II.63) bringt:

$$e = \frac{g_2(g_1 - 1)}{f_1 + f_2(g_1 - 1)} \qquad \qquad \text{(II.66)}$$

Es wäre eine schwerwiegende Unterlassung, die Analyse in diesem Stadium abzubrechen. Vielmehr lohnt es sich, die Abkürzungen (vgl. S. 181) wieder aufzulösen. Im ersten Schritt ermitteln wir:

$$e = \frac{V(v_1 + m_1)}{v_1 c_2 + v_2(v_1 + m_1)} \qquad \qquad \text{(II.67)}$$

Hieraus folgt nach Ausmultiplizieren und Subtraktion von 1:

$$e - 1 = \varepsilon = \frac{v_1 m_2 + v_1 m_1 + v_3 m_1}{v_1 c_2 + v_2 v_1 + v_2 m_1} \tag{II.68}$$

Die Division des Zählers und des Nenners der rechten Seite von (II.68) durch v_1 liefert unter Beachtung der einheitlichen Mehrwertrate:

$$\varepsilon = \frac{m_1 + m_2 + m_3}{c_2 + v_2 + m_2} = \frac{M}{V} = m' \tag{II.69}$$

Unsere Vermutung hat nicht getrogen: Wird das variable Kapital zur Bemessungsgrundlage des Profits gemacht, entspricht die Profitrate der Mehrwertrate. Und wie sieht es mit den Preis-Wert-Verhältnissen aus? Setzen wir (II.69) und (II.65) in (II.64) ein, gewinnt man anfangs:

$$(1 + m') \frac{f_1 y}{g_1 - 1} + (1 + m') f_3 y = g_3 \tag{II.70}$$

Schließlich liefern einige Umformungen:

$$y = \frac{g_3 c_3}{c_3 + v_3 + m_3} = \frac{M}{M} = 1 \tag{II.71}$$

Nach der Berücksichtigung von (II.69) und (II.71) in (II.65) gelangen wir sofort zu $x = 1$; die Preise stimmen mit den Werten überein. Tabelle II.1 (vgl. S. 185) gibt demnach nicht nur die Werte wieder, sondern auch die m'-Preise. Da das vorgelegte Wertschema die einfache Reproduktion sichert, wird die Konsistenzbedingung eingehalten.

Demnach kommen *drei* Prinzipien in Betracht, „kapitalistischen Kommunismus"[78], d. h. einen *konkurrenzfähigen* Profitverteilungsmodus, zu gewährleisten. Tabelle II.5 versammelt die sektoralen Profite, die bei diesen Kalkulationsvarianten jeweils verbucht werden. Der aufzuschlüsselnde Gesamtgewinn ist bei allen Alternativen gleich.

---

[78] Vgl. Marx, K., Theorien …, 3. Teil, a.a.O., S. 79. Unter bestimmten Bedingungen beträgt die einheitliche Profitrate 100 %. Vgl. Helmedag, F., Kapitalistischer Kommunismus, in: Ökonomie und Gesellschaft, Jahrbuch 24: Entfremdung – Ausbeutung – Revolte, Karl Marx neu verhandelt, Marburg 2012, S. 111-126.

Tabelle II.5: Sektorale Profite alternativer Preissysteme

Abteilung	p-Preise	r-Preise	m'-Preise
I	96	*120*	60
II	64	$53,\overline{3}$	*80*
III	40	$26,\overline{6}$	*60*
I – III	200	200	200

Die maximalen Profite jeder Abteilung sind kursiv und fett gedruckt; wie erkennbar, präferiert *keine* Branche die Kalkulation, welche Marx vorschwebte und die Bortkiewicz korrigiert hat. Dem Sektor I wäre es am liebsten, allein das konstante Kapital zur Berechnung der Profite heranzuziehen, die beiden anderen bevorzugten die Wertrechnung.

Die Arbeitswerttheorie hätte also die Mehrheit der Kapitalisten hinter sich. Dieses Resultat dürfte den einen oder anderen überraschen, vor allem jene, die – aus undurchschaubaren Gründen – glauben, mit der Wertrechnung seien ausschließlich Arbeitseinkommen vereinbar:

> „Unverständlich bleibt nur", meint etwa Recktenwald, „wie man mit der Forderung nach praktischer Anwendung der Arbeitswerttheorie hochentwickelte Industrienationen auf die Stufe eines primitiven Jägervolks zurückversetzen will, indem man den Wert einer Ware nur in dem Beitrag der Arbeit sieht und die beiden anderen Produktionsfaktoren unvergütet läßt."[79]

Doch die Höhe des zu verteilenden Mehrprodukts wird durch seine Distribution nicht berührt; selbstverständlich existiert bei der Wertrechnung ebenfalls Gewinn. Wie viel davon in die einzelnen Taschen fließt, hängt vom jeweiligen Kalkulationsverfahren ab. Allerdings fällt die Entscheidung, auf welche Weise sich Konkurrenzpreise bilden, nicht auf demo-

---

[79] Recktenwald, H. C., a.a.O., S. LV. Ähnliches liest man bei namhaften älteren Autoren: „Der zentrale Satz der sozialistischen Wertlehre war, daß der Wert einer Ware gleich der Arbeitsmenge ist, die ihre Herstellung unter normalen Verhältnissen kostet. Dieser ganz willkürliche und der Wirklichkeit schroff widerstreitende Satz schließt natürlich von vornherein nicht nur den Zins selbst, sondern auch jede vernünftige Zinstheorie aus." Cassel, G., Theoretische Sozialökonomie (1918), 5. Aufl., Leipzig 1932, S. 170.

kratische Art im Stil ‚Ein Sektor, eine Stimme'.[80] Wie bei der Entstehung des Geldes handelt es sich um einen *gesellschaftlichen* Prozess. Ein Numéraire wird seiner Funktion gerecht, weil *alle* zu einer Geldgemeinschaft Gehörenden es in ihrer Rechnungsführung benutzen. Ebenso erwirbt das Geld in seiner Eigenschaft als generelles Tauschmittel, als universales Gut, seinen Wert dadurch, dass es in einem ökonomischen Tausch von *jedem* Verkäufer als Gegenleistung des Kunden akzeptiert wird. Dasselbe muss für die gesuchte Kalkulationsregel zutreffen: Sie stiftet lediglich dann ein Konkurrenzgleichgewicht, wenn sie von den Unternehmern *ausnahmslos* angewandt wird. Welche Preisbildungsvorschrift darf im vorliegenden Rahmen auf generelle Anerkennung hoffen?

Nimmt man die Intensität der Diskussion dieser Frage als Indikator ihrer Bedeutung, sollte man in der Tat denken, sie stelle sich gar nicht. Da die Sache anscheinend dermaßen klar auf der Hand liegt, kam niemand bislang auf die Idee zu prüfen, welche Effekte aufgrund einer Ausschüttung des Überschusses nach Maßgabe des gesamten Kapitals vorkommen können. Deswegen keimten Zweifel erst gar nicht auf, ob sich dieses Vorgehen grundsätzlich zur Abbildung eines Konkurrenzgleichgewichts eignet. Welche Preisbildung hält keinen Produzenten davon ab, an der gesellschaftlichen Arbeitsteilung mitzuwirken? – Die Lösung findet man auf der Basis des ‚methodologischen Individualismus', des einzelwirtschaftlichen Vorteilsstrebens.

Wie Tabelle II.5 belegt, votiert *kein* Kapitalist für das traditionelle Procedere, d. h. für die Bortkiewicz-Preise. Ferner hat es, wie schon angekündigt, einen weiteren Mangel: Es bringt mitunter *überhaupt kein* Konkurrenzgleichgewicht zuwege! Bortkiewicz wies nach, dass ‚seine' Profitrate, außer in einem Sonderfall, kleiner ist als die Mehrwertrate. Die Extremkonstellation tritt ein, sofern die Abteilung II ohne konstantes Kapital produziert. Die Profitrate wird in dieser Situation unmittelbar durch die Gleichung des Sektors II im System der ρ-Preise determiniert. Für $c_2 = 0$ gewinnt man aus (II.44) und (II.41) (vgl. S. 180) direkt:

$$\sigma = 1 + \rho = \frac{V}{v_2} = \frac{v_2 + m_2}{v_2} = 1 + m' \qquad (II.72)$$

[80] Vgl. Helmedag, F., Ohne Fleiß kein Preis: Nochmals zur Erklärungskraft der Arbeitswertlehre, in: Jahrbücher für Nationalökonomie und Statistik, Bd. 214 (1995), S. 470-482, S. 481.

Bei dieser Lage der Dinge deckt sich die Bortkiewicz-Profitrate mit der Mehrwertrate, die von Abteilung II vorgegeben wird. Aber jetzt erhebt sich ein Problem: Die anderen Zweige *können* unter gewissen Umständen diese Profitrate gar nicht übernehmen. „Die Sache liegt vielmehr so, dass, wenn der Anteil des konstanten Kapitals in diesen Abteilungen ... eine bestimmte Grenze überschritten hat, die Ausgleichung der Profitraten unmöglich wird."[81] Skizzieren wir das Kalkül.[82] Sprungbrett hierfür ist die Gleichung (II.43) (vgl. S. 180), die sich für $\rho = m'$ und $c_2 = 0$ wie folgt schreiben lässt:

$$(1 + m')(c_1 x + v_1 y) = (c_1 + c_3)x \tag{II.73}$$

Aus (II.40) folgt im vorliegenden Fall:

$$c_3 = (1 + m')v_1 \tag{II.74}$$

Die Substitution von (II.74) in (II.73) ergibt:

$$(1 + m')(c_1 x + v_1 y) = c_1 x + (1 + m')v_1 x \tag{II.75}$$

Daraus resultiert die Ungleichung:

$$c_1 x m' < (1 + m')v_1 x \tag{II.76}$$

Die Vereinfachung bringt:

$$c_1 < \frac{1 + m'}{m'} v_1 \tag{II.77}$$

Demgemäß gilt die Relation:

$$C = c_1 + c_3 < v_1(1 + m')\left(\frac{1}{m'} + 1\right) \tag{II.78}$$

Von (II.41) weiß man, dass

$$V = v_2(1 + m') \tag{II.79}$$

zutrifft.

---

[81] Bortkiewicz, L., Zur Berichtigung ..., a.a.O., S. 331.

[82] Vgl. ebenda, S. 330 ff.

Dies führt zu:

$$v_1 < v_2 m' \tag{II.80}$$

Wegen (II.78) und (II.79) erhält man:

$$\frac{C}{V} = Q < \frac{v_1(1+m')\left(\dfrac{1}{m'}+1\right)}{v_2(1+m')} \tag{II.81}$$

Berücksichtigung von (II.80) mündet schließlich in:

$$Q < \frac{v_2 m'\left(\dfrac{1}{m'}+1\right)}{v_2} = 1 + m' \tag{II.82}$$

Da c_1 und somit Q keinerlei Restriktionen unterliegen, sind leicht Zahlenbeispiele konstruierbar, in denen die Ungleichung (II.82) verletzt wird. In diesen Fällen ist es *ausgeschlossen*, ein ρ-Preissystem aufzustellen, das eine uniforme Profitrate inkorporiert. Desgleichen ist die r-Preisbildung für $c_2 = 0$ unfähig, ein Konkurrenzpreissystem zu erzeugen: Nun geht y gegen null. In Sparte II fiele kein Profit an, obwohl sich dort eine positive physische Profitrate beobachten ließe. Die Wertrechnung profiliert sich als das *einzig* konsistente Konkurrenzpreissystem.

Der Einwand liegt nahe, die gerade analysierte kapitallose Produktion der Abteilung II tauche in der Wirklichkeit kaum auf. Einverstanden; unbeschadet dessen nimmt der Bezug auf die Empirie dem Räsonnement den Wind nicht aus den Segeln. „Denn was im besonderen Fall nicht gilt", bemerkt Bortkiewicz mit Recht, „kann auch keine allgemeine Geltung beanspruchen."[83] Vielmehr deutet die Funktionstüchtigkeit der m'-Preiskalkulation bei Verhältnissen, in denen die anderen Verfahren scheitern, auf ihre generelle Überlegenheit hin. Dazu gesellt sich ein weiteres Argument.

---

[83] Ebenda, S. 320. Bortkiewicz münzt dieses Diktum auf die Vereinfachung, die Untersuchung unter der Annahme durchzuführen, das gesamte Kapital, inklusive des konstanten, schlage sich in einer Periode um.

Die Anforderungen der einfachen Reproduktion bringen es mit sich, dass c_2 und c_3 keine aus ‚historischen' Vorgaben herrührenden, ‚vorgeschossenen' Größen sind, sondern sie repräsentieren lebendige Arbeit der *laufenden* Periode. Aus dem Schema (II.40) bis (II.42) (vgl. S. 180) lassen sich nämlich zwei Gleichgewichtsbedingungen ableiten:

$$c_2 = v_1 + v_3 - m_2 \tag{II.83}$$

$$c_3 = m_1 + m_2 - v_3 \tag{II.84}$$

Trotzdem ist neben der (irrigen) Meinung, die Wertkalkulation erlaube keinen Gewinn, die (genauso irrige) Behauptung anzutreffen, man müsse den Arbeitswert durch einen historischen Regress berechnen. Dahingehend äußerte sich beispielsweise Joan Robinson:

„The constant capital was produced in the past by labor-time working with then pre-existing constant capital and so on, *ad infinitum* backwards. It therefore cannot be reduced simply to a number of labor hours that can be added to the net value of the current year."[84]

Es wäre aber grundsätzlich abwegig, die Tätigkeiten in früheren Zeiten als wertbestimmend anzusehen. „Der Wert jeder Ware – also auch der Waren, woraus das Kapital besteht – ist bedingt nicht durch die in ihr selbst enthaltne notwendige Arbeitszeit", stellt Marx klar, „sondern durch die *gesellschaftlich* notwendige Arbeitszeit, die zu ihrer Reproduktion erheischt ist."[85] Ausschlaggebend sind einzig und allein die Arbeitseinsätze der Gegenwart.

Jetzt liegen die Kriterien vor, die darüber entscheiden, ob die Unternehmer eine Preisbildungsregel akzeptieren oder nicht. Sie kennen den ‚aktuellen' Wert der Produktionsmittel und prinzipiell hält nichts und niemand die Abteilungen II und III davon ab, sich die nötigen Produktionsmittel in einem Parallelprozess *selbst* zu verschaffen. Die verfügbare Arbeitskraft muss lediglich betriebsintern in geeigneten Proportionen mit der Fabrikation der Inputgüter betraut werden. Notfalls erzeugen der Zweig II die Luxuswaren und der Sektor III die Lohngüter in jeweils

---

[84] Robinson, J., Ideology and Analysis, wieder in: The Subtle Anatomy of Capitalism, hrsg. v. Schwartz, J., Santa Monica 1977, S. 364-370, S. 365.

[85] Marx, K., Das Kapital, 3. Bd., a.a.O., S. 150.

autonomer Regie, die Wirtschaft löst sich in isolierte Produktionsinseln auf: Die Kornökonomie sendet beste Empfehlungen.[86]

Wegen der Möglichkeit einer alternativen Eigenfertigung *muss* im Gleichgewicht die allgemeine Profitrate mit der Mehrwertrate übereinstimmen. Wäre die Profitrate geringer, scherte zumindest eine Sparte aus der Arbeitsteilung aus.[87] Die Branchen können nur dann erwarten, Abnehmer ihrer Produkte zu finden, wenn die Tauschrelationen den *Werten* entsprechen; das ist die einzige, auf einmütige Billigung der ‚Unternehmerkollegen' stoßende Methode, das Mehrprodukt als Profit ‚richtig' aufzuschlüsseln. In der vorliegenden Situation verkündet ausschließlich das Wertgesetz die rationelle Bildung der Tauschwerte. Die Transformation von Werten in Preise entpuppt sich als ein Scheinproblem.

Ein Charakteristikum der Linie Smith-Ricardo-Marx besteht darin, dass der Nachfolger am Vorgänger jeweils bemängelte, zu früh von der Arbeitswertlehre abgewichen zu sein. Diesen Vorwurf kann man angesichts der vorangegangenen Analyse ebenso – wer hätte das gedacht?! – gegen Marx richten. In diesem Licht verblasst sein Tadel an Smith und Ricardo: Das Nettoprodukt zerfällt wirklich – sehen wir einmal von der Rente ab – in die Kategorien Lohn und Profit; und die Profitrate wird durch das Verhältnis von Mehrarbeit zu notwendiger Arbeit bestimmt. Das Alltagsbewusstsein hat demnach selbst jenem, der es wie kein anderer aufs Korn nahm, einen Streich gespielt: Die scheinbar ohne Beweis glaubhafte Auffassung, der Gewinn verteile sich im Gleichgewicht nach Maßgabe einer einheitlichen Profitrate auf das ‚vorgeschossene Kapital', verleitete sogar Marx, die tatsächliche Tragkraft der Arbeitswerttheorie zu unterschätzen.

---

[86] Vgl. Sraffa, P., Production …, a.a.O., S. 89. Die Idee der ‚integrierten Industrie' oder der ‚Subsysteme' ist im Keim schon bei Marx angelegt. Die von ihm entwickelte Gleichgewichtsbedingung einer zweisektoralen Wirtschaft drückt die im konstanten Kapital des Lohngütersektors verkörperte lebendige Arbeit aus: „Es ergibt sich, daß bei einfacher Reproduktion die Wertsumme v + m des Warenkapitals I … gleich sein muß dem ebenfalls als proportioneller Teil des gesamten Warenprodukts der Klasse II ausgeschiednen konstanten Kapital …" Marx, K., Das Kapital, 2. Bd., a.a.O., S. 401. Subsysteme werden im nächsten Teil aufgegriffen.

[87] Streng genommen gilt diese Aussage nur unter der Prämisse konstanter Skalenerträge. In der Realität kommt im Ausnutzen von Größenvorteilen – die *andere* Formen der Produktion erlauben – ein Hauptmotiv der gesellschaftlichen Arbeitsteilung zum Tragen. Darüber am Schluss dieser Schrift mehr.

Für die frühen Klassiker entsprang der Gedanke, dass *vor* jeder Produktion die Akkumulation eines Kapitalstocks stehe, ihrer unmittelbaren Anschauung. In der damals beinahe vollständig agrarischen Wirtschaft musste die Nahrung für Mensch und Tier eine längere Frist bis zur nächsten Ernte gespeichert und vorfinanziert werden. Dieser Kapitalstock inklusive Saatgut wurde zur quasi natürlichen Bemessungsgrundlage der Überschussallokation. „Was dem Arbeiter zu Zeiten Smiths fehlte, waren nicht Werkstatt und Werkzeug – diese hatte er im oder hinter dem Haus –, sondern Geld, um Vorräte zu kaufen und seine Familie während der Zeit der Fertigstellung dieser Waren zu ernähren."[88] Vor diesem Hintergrund ist der klassische Brückenschlag vom Wert zum Preis verständlich; konzeptionell verfehlt ist er dennoch.

Wie Ricardo dachte Marx ‚sukzessivistisch'[89]; seine Behandlung der Transformation von Werten in Preise legt davon Zeugnis ab.[90] Den modernen Theoretikern gegenüber ist die unreflektierte Anwendung dieses Denkschemas in einer Welt *simultaner* Produktion weniger verzeihlich. Doch noch immer werden Kosten fortwährend mit Auszahlungen identifiziert, und diese wiederum klassifiziert man ohne Zwischenschritt als Kapital. Im nächsten Teil bietet sich mehrfach die Gelegenheit, dieses Verdikt zu erhärten.

---

[88] Starbatty, J., a.a.O., S. 61. Vgl. weiterhin Bortis, H., Structure and Change Within the Circular Theory of Production, in: Baranzini, M., Scazzieri, R. (Hrsg.), The Economic Theory of Structure and Change, Cambridge u. a. 1990, S. 64-92.

[89] Diese Kennzeichnung gebrauchte Marshall an einer früher bereits genannten Stelle in Bezug auf Ricardos Methode: „He does not state clearly, and in some cases he perhaps did not fully and clearly perceive how, in the problem of normal value, the various elements govern one another *mutually*, and not *successively* in a long chain of causation." Marshall, A., Principles ..., a.a.O., S. 672.

[90] Vgl. näher Bortkiewicz, L. v., Wertrechnung ..., Zweiter Artikel, a.a.O., S. 37 ff., der dort Walras das Verdienst zuerkennt, die moderne Theorie vom „successivistischen Vorurteil zu befreien". Vgl. ebenda, S. 38.

3. Teil: Warenproduktion mittels Waren und Wertgesetz

3.1 Piero Sraffa und die Renaissance der klassischen Produktionspreistheorie

Das 1960 veröffentlichte schlanke Buch „Production of Commodities by Means of Commodities" zählt zweifelsohne zu den wichtigsten Bestandteilen der modernen ökonomischen Literatur, die „wirkliche Wasserscheide in der kritischen Diskussion, die die älteren von den neueren Auffassungen trennte ..."[1] Nicht nur bei seinen Anhängern gilt Sraffas Werk inzwischen als Kulminationspunkt der objektivistischen Werttheorie. Wie Sraffa im Vorwort mitteilte, war seine Theorie als *Plattform* einer später zu entfesselnden Auseinandersetzung mit der neoklassischen Preis- und Verteilungstheorie gedacht: „If the foundation holds, the critique may be attempted later, either by the writer or by someone younger and better equipped for the task."[2]

Obwohl ein mehrere Jahre früher datierter Aufsatz von Joan Robinson den Auftakt zur modernen kapitaltheoretischen Debatte bildet[3], kam die Cambridge-Cambridge-Kontroverse erst so richtig auf Touren, nachdem das kritische Potenzial in Sraffas Œuvre einem größeren Publikum bewusst wurde. Sicherlich hat die höhere formale Geschlossenheit und Substanz dem Sraffaschen Entwurf langfristig mehr Attraktivität verliehen als dem eher metaphorischen Beitrag Joan Robinsons. In der Rückschau erweist sich der im Untertitel von Sraffas Schrift zum Ausdruck gebrachte Anspruch als berechtigt: „Prelude to a Critique of Economic

---

[1] Dobb, M., Wert- und Verteilungstheorien seit Adam Smith, Frankfurt a. M. 1977, S. 269.

[2] Sraffa, P., Production ..., a.a.O., S. vi.

[3] Vgl. Robinson, J., The Production Function and the Theory of Capital, in: The Review of Economic Studies, Bd. 21 (1953/54), S. 81-106. Vgl. außerdem Helmedag, F., Die Technikwahl ..., a.a.O., S. 30 ff.

Theory". Dem äußerlich kurzen Vorspiel sollte ein bis heute nicht ganz abgeklungenes Echo folgen.

Im Verlauf der Diskussion erfuhr das Sraffasche System eine Umgestaltung – die kompaktere Matrizennotation hat heute Sraffas Niederschrift der einzelnen Gleichungen praktisch völlig verdrängt – und überdies eine inhaltliche Erweiterung. Mit Hilfe bestimmter Theoreme der Matrizenrechnung gelang es einerseits, diese oder jene Aussage Sraffas schärfer zu fassen und andererseits in komplexeren Fällen, wie etwa der Kuppelproduktion, Erkenntnisse zu gewinnen, die über Sraffa hinausdeuten.

Die *irreparablen* Schäden finden sich jedoch, wie so oft, im Fundament. Wieder wird es sich herausstellen, dass die nachfolgende Literatur die Basis der Sraffaschen Analyse gleichsam axiomatisch übernommen hat, während die von Sraffa selbst angemahnte Probe ihrer Stabilität ausblieb. Wenn man so will, unternahm man den zweiten Schritt ohne den ersten: *If the foundation holds*, the critique may be attempted later …

Das soll nicht heißen, Sraffas Werttheorie hätte sich keine Vorhaltungen gefallen lassen müssen. Des Öfteren wurde bemängelt, er sei mit seiner Argumentationsweise unzeitgemäß, die mit dem Namen Leontief und v. Neumann verbundenen Modelltypen wären zumindest in formaler Hinsicht als *state of the art* anzusehen. In diesem Kielwasser schwimmt (mit seltsamer Sprachlogik) die These: „Nichts von all dem Neuen, das Sraffa in seinem Buch … verkündet, war 1960, als das Buch erschien, unbekannt."[4] Aus anderem Mund erfährt man, die Leistungsfähigkeit der neoricardianischen Theorie sei geradezu „armselig"[5]. Sie entbehre einer Geldtheorie, berücksichtige die Finanzmärkte nicht und übergehe die Rolle von Unsicherheiten und Erwartungen – mit einem Wort: „Das Neoricardianische Modell gehört in jedes Lehrbuch über Dogmengeschichte in den Appendix zum Kapitel über Ricardo als moderne Rekonstruktion seiner Werttheorie."[6]

---

[4] Stamatis, G., Zur Entmythologisierung Sraffas, in: Staatsgrenzen, Argument-Sonderband AS 89, Berlin 1982, S. 168-182, S. 168. Vgl. ferner Stamatis, G., Sraffa und sein Verhältnis zu Ricardo und Marx, Göttingen 1984.

[5] Vgl. Schneider, J., Die Fortsetzung eines Irrwegs, Replik, in: Arbeit für alle ist möglich, hrsg. v. Matzner, E., Kregel, J., Roncaglia, A., Berlin 1987, S. 35-38, S. 38.

[6] Ebenda.

Einleuchtend wirkt eine solche Beanstandung keineswegs: Zwar ist es richtig, dass all die genannten weißen Flecken (und weitere) von einer wirklich universellen Wirtschaftswissenschaft überstrichen werden sollten – doch bis dahin ist gewiss noch ein weiter Weg. In diesem Licht kann man bei entsprechendem Anspruchsniveau die gesamte ökonomische Theorie als armselig abtun – eine Meinung, die einiges für sich haben mag, aber nicht weiterhilft.[7] Kreidet man einer Forschungsrichtung das an, was sie (bislang) nicht leiste, moniert man lediglich, sie sei erweiterungsbedürftig. Zweifellos deckt der Neoricardianismus nur einige Problemfelder der Nationalökonomie ab, wohingegen Mitglieder des neoklassischen Clans praktisch auf jeder Hochzeit tanzen. Allerdings sind Bemühungen, das neoricardianische Lehrgebäude aufzustocken, des Längeren erkennbar.[8]

Selbst wenn das nicht der Fall wäre: Trotz aller Ergänzungswünsche kann nicht behauptet werden, Sraffas Buch thematisiere eine am Rande liegende Problematik. Im Gegenteil; wie eingangs dieser Schrift ausführlich begründet wurde, sind die Gesetzmäßigkeiten des ökonomischen Tausches in erwerbswirtschaftlich ausgerichteten, arbeitsteiligen Gesellschaften der Kern der ökonomischen Theorie, um den sich die weiteren Fragenkomplexe ranken. Die klassische Produktionspreistheorie war aus-

---

[7] John v. Neumann und Oskar Morgenstern vergleichen in der Einleitung ihres, in seinem Metier bahnbrechenden Werkes den Stand der ökonomischen Theorie mit dem der Physik im Mittelalter – bekanntlich die Zeit der Alchimisten. Vgl. Neumann, J. v., Morgenstern, O., Spieltheorie und wirtschaftliches Verhalten (amerikanisch 1943), 2. Aufl., Würzburg 1967, S. 2 ff.

[8] So werben Kurz und Kalmbach für eine *neu*klassische Perspektive, d. h. *Sraffa plus Keynes*, als konkurrenzfähiges Substitut der Neoklassik, die (freilich wie eh und je) sämtliche Teilmärkte der ökonomischen Theorie mehr oder weniger monopolisiert. Vgl. Kurz, H. D., Kalmbach, P., Elemente einer neuklassischen Analyse von Verteilung, Wert, Akkumulation und Beschäftigung: eine Skizze, in: Wirtschaftstheorie und Wirtschaftspolitik, Gedenkschrift für Erich Preiser, hrsg. v. Mückl, W. J., Ott, A. E., Passau 1981, S. 283-311. Siehe dazu ferner die Diskussion in Hödl, E., Müller, G. (Hrsg.), Die Neoklassik und ihre Kritik, Frankfurt a. M. 1986, S. 133 ff. Vgl. zur Verwertbarkeit der „Warenproduktion mittels Waren" auf dem Gebiet der Außenwirtschaftstheorie Nobel, K., Außenhandelseffekte in linearen Wachstumsmodellen, Berlin 1982. Einen umweltökonomischen Ansatz in der Tradition von Ricardo und Sraffa bietet Kratena, K., Produktion, Umweltpolitik und Einkommensverteilung, in: Jahrbücher für Nationalökonomie und Statistik, Bd. 207 (1990), S. 417-431.

erkoren, den Blick hinter die oberflächliche Erklärung der Preiserscheinungen durch Angebot und Nachfrage zu gewähren und den im verborgenen wirkenden Mechanismus der neuen Wirtschaftsgesellschaft zu zeigen. Die Werttheorie versuchte zu klären, mit welchen Eigenschaften ein vom realen Wirtschaftsgeschehen *tendenziell* angesteuertes Gleichgewicht aufwarten kann und sie sollte das Bezugssystem liefern, an dem die tatsächlich beobachtbaren Abweichungen gemessen werden können. Das klassische Erkenntnisobjekt zielt auf die permanenten und dominanten Faktoren ab, nicht auf die temporären und akzidentiellen.[9]

Wird nun ein Entwurf vorgelegt, der für sich geltend macht, dieses ‚klassische' Projekt vollendet zu haben, so spricht dessen Verbannung in den Appendix einer lehrgeschichtlichen Exposition seiner wahren Bedeutung Hohn: Sraffas Analyse repräsentiert ökonomische Grundlagenforschung *par excellence*. Dem kann die Rüge, einzelne Aussagen seien nicht unbedingt ‚neu' oder sie würden in etwas antiquierter Form aufgetischt, keinen Abbruch tun. Die Weiterverfolgung oder gar der Abschluss eines Programms setzt selbstverständlich voraus, dass vorher auf diesem Gebiet gearbeitet wurde. Im Übrigen wächst mit einem zunehmenden Quellenstudium die Scheu, von dem einen oder anderen Gedanken zu sagen, er sei noch nie dagewesen. Mit solchen Hinweisen befreit man sich nicht davon, die inhaltliche Auseinandersetzung mit dem Werk anzupacken.

Dies geschieht im Folgenden. Dabei geht es weniger um einen erläuternden und aktualisierten Kommentar zum Sraffa-System – daran herrscht kein Mangel mehr. Vielmehr stehen seine Prämissen und ihre *ökonomischen* Implikationen im Zentrum der Untersuchung. Aufgrund der bisher erlangten Ergebnisse dieser Studie liegt es nahe, vor allem auf das Verhältnis zwischen der Sraffaschen Produktionspreistheorie und der Arbeitswertlehre zu achten. Wie wir gesehen haben, steht diese keineswegs so zerzaust da, wie dies an jeder Ecke plakatiert wird. Umgekehrt: Das vermeintlich attraktivere Konzept der Produktionspreise, in denen sich eine uniforme Profitrate auf das ‚Kapital' niederschlägt, erlebte ein ums andere Mal ein Debakel. Schon in der einsektoralen Weizenwirtschaft erwies sich die Profitrate als schlechte Informantin, um über das Akkumulationsverhalten gewinnmaximierender Pächter verlässlich Bescheid zu erhalten. Und Bortkiewicz' Korrektur der Werte in Produktionspreise

---

[9] Vgl. Kurz, H. D., Kalmbach, P., a.a.O., S. 286 f.

über die Berechnung der *Kostenrendite* alias Profitrate offenbarte sich ebenfalls nicht als der Weisheit letzter Schluss. Stattdessen bewährte sich die Wertrechnung als das einzig konsistente und problemadäquate Kalkulationsverfahren. Mit dieser Einsicht wird Sraffas Lehre im Weiteren konfrontiert.

Die hierfür angewandte Methode lässt sich als *Reductio ad absurdum* kennzeichnen: Nach und nach wird herausgeschält und mittels konkreter Zahlenbeispiele untermauert, dass die Sraffasche Preistheorie in gewissen, *a priori* nicht auszuschließenden Konstellationen Resultate zeitigt, die mit den Anforderungen einer kapitalistischen Konkurrenzwirtschaft unvereinbar sind. Daher *kann* Sraffas Modell deren Funktionsweise nicht korrekt widerspiegeln. Der Gegner wird sogar hauptsächlich dort angegriffen, wo er am stärksten wirkt: im Rahmen der Einzelproduktion.

Einige ‚Abnormitäten‘ der Kuppelproduktion bereiten selbst Neoricardianern solche Kopfschmerzen, dass sie jene – so hat man mitunter den Eindruck – durch eine hartnäckige Vogel-Strauß-Politik verdrängen möchten. Trotzdem haben manche ihrer Vertreter die Kuppelproduktion herangezogen, um (angebliche) Paradoxa der Arbeitswerttheorie vor Augen zu führen, wobei allerdings die Anomalien der zum Maßstab erhobenen Kuppelproduktionstheorie geflissentlich unter den Teppich gekehrt worden sind. Zum Glück fällt die Behandlung der Verbundfertigung weitaus leichter, wenn man erst einmal weiß, wie die Einzelproduktion in den Griff zu bekommen ist. Deshalb lassen wir zunächst jene Grundlagen und Hauptaussagen der neoricardianischen Theorie Revue passieren, die Prozesse mit nur einer Ware als Ausstoß betreffen.

3.1.1 Von der Subsistenzwirtschaft in den Kapitalismus

Sraffa beginnt sein Buch mit der einfachsten Produktionswirtschaft, in der ein Tauschwertproblem auftauchen kann: In zwei auf jeweils eine Ware spezialisierten Abteilungen wird von jeder gerade so viel erzeugt, wie insgesamt im Produktionsprozess verbraucht wird. In der zweisektoralen Ökonomie ist die Tauschrelation – es existiert hier nur eine – mit dem *Mengenverhältnis* der einander gelieferten Gebrauchswerte identisch. Für höher dimensionierte Wirtschaften gilt dies nicht. Das Beispiel Sraffas kennen wir: Wie aus der Analyse der Weizen-Eisen-Schweine-Wirtschaft (vgl. S. 77 ff.) hervorging, ist der Bezug auf eine Recheneinheit unabdingbare Voraussetzung zur Ermittlung einer konsistenten Tauschstruktur in einer Ökonomie mit mehr als zwei Waren.

Seinerzeit wurde demonstriert, dass die direkte Gegenüberstellung der physischen Handelsströme bereits in der dreisektoralen Wirtschaft ein widersprüchliches System von Tauschwerten heraufbeschwört. Allein der Rückgriff auf ein Numéraire machte es möglich, den mengenmäßig heterogenen Input und Output auf einen Nenner zu bringen, damit die pretialen Budgetrestriktionen formuliert werden konnten. Gleichwohl kam es ohne allgemeines Tauschmittel, trotz Kenntnis der richtigen relativen Werte, zu einem Dreieckstausch: Erst mussten die Weizen- und die Schweineabteilung ihr Geschäft abwickeln, damit der Getreidesektor in der Lage war, seine Eisenrechnung vollständig zu begleichen.

Die Tauschwertbildung in Subsistenzwirtschaften lässt sich verallgemeinern. Dabei lösen wir uns von der Schreibweise Sraffas und ergreifen die Gelegenheit, um die Matrizennotation einzuschleusen. Sei $n \in \mathbb{N}$ die Zahl der produzierten Waren und, im Fall der Einzelproduktion, die der Fabrikationsstätten oder Branchen. Dividieren wir jede der n Produktionsgleichungen durch ihren Output, ergibt sich die Menge $a_{ij} \geq 0$ der Ware i, welche als Input zur Fertigung einer Einheit der Ware j benötigt wird. Da mindestens ein Koeffizient positiv ist, bilden die Elemente a_{ij} eine semipositive, n-dimensionale Direktbedarfsmatrix **A**. Ihre *Spalten* bestehen aus dem jeweiligen Inputvektor des betreffenden Zweiges zur Herstellung einer Einheit seiner spezifischen Ware.[10] Unter den Verhältnissen einer reinen Subsistenzwirtschaft lautet das System der Preisgleichungen somit:

$$\mathbf{pA} = \mathbf{pI} = \mathbf{p} \qquad\qquad (\text{III.1})$$

p bezeichnet den n-dimensionalen Zeilenvektor der Preise und **I** die Einheitsmatrix, d. h. die Outputmatrix einer auf Einheitsniveau betriebenen Einzelproduktion. Das System (III.1) ist nichts anderes als eine spezielle

---

[10] Ein gelungenes Kompendium der relevanten Mathematik bietet Pasinetti, L., Vorlesungen …, a.a.O., S. 241-299. Dort finden sich alle künftig angesprochenen Theoreme der Matrizenrechnung nebst ihren Beweisen, insbesondere die Sätze von Perron und Frobenius über nicht-negative Matrizen. Der mathematisch weniger interessierte Leser kann ohne Verlust entscheidender Informationen die einschlägigen Stellen überspringen. Die spätere Argumentation stützt sich auf einfache Modelle, die keine tiefere Kenntnis der Matrizenrechnung erfordern.

Eigenwertaufgabe der Form $\mathbf{pA} = \lambda\mathbf{p}$ mit $\lambda = 1$: Gesucht wird ein (positiver) Zeilenvektor $\mathbf{p}$, dessen Multiplikation mit den Spalten von $\mathbf{A}$ wieder zu $\mathbf{p}$ führt. In der Subsistenzwirtschaft entspricht $\lambda = 1$ dem maximalen Eigenwert λ_{max} von $\mathbf{A}$, der generell zwischen dem Minimum und dem Maximum der Zeilensummen der Koeffizientenmatrix liegt.

In der gegebenen Sondersituation addieren sich die Elemente jeder Zeile auf eins, Zeilenminimum und -maximum stimmen überein. Dem betragsmäßig größten Eigenwert von $\mathbf{A}$ ist ein positiver Eigenvektor $\mathbf{p}$ zugeordnet, sofern $\mathbf{A}$ unzerlegbar ist. Ökonomisch bedeutet dies, dass alle Produkte Basiswaren im Sinne Sraffas sind, da sie wechselseitig in ihre Herstellung eingehen.[11] Aus der Matrizengleichung (III.1) folgt:

$$\mathbf{p}(\mathbf{A} - \mathbf{I}) = 0 \qquad\qquad\qquad\qquad (III.2)$$

Die nicht-triviale Lösung von (III.2) verlangt, dass die Determinante von $(\mathbf{A} - \mathbf{I})$ verschwindet:

$$|\mathbf{A} - \mathbf{I}| = 0 \qquad\qquad\qquad\qquad (III.3)$$

Diese Bedingung trifft auf die vorliegende stationäre Produktion zu: Weil sich die Summe der Inputs mit der der Outputs decken muss, kann jede einzelne der n Gleichungen gewonnen werden, wenn die anderen bekannt sind. Damit stehen nur $(n - 1)$ unabhängige Gleichungen zur Verfügung, um n Tauschverhältnisse zu berechnen. Erst nach der Vereinbarung eines Zählgutes erhält man die fehlende n-te Gleichung.

Sraffa verweilt nicht lange bei der Subsistenzwirtschaft. Was geschieht, wenn die betrachtete Ökonomie mehr erzeugt als in die Herstellungsprozesse zurückfließt? Welches Kriterium dient als Richtgröße zur Verteilung des nun vorhandenen Mehrprodukts? Für Sraffa ist die Angelegenheit klar: „… the surplus (or profit) must be distributed in proportion to the means of production (or capital) advanced in each industry…"[12] Hoppla, wird der sensibilisierte Leser denken: Nur eine Seite vorher hatten wir eine reine Subsistenzwirtschaft, welche lediglich imstande war, gerade die Lebensmittel derjenigen, die arbeiten, sowie die verbrauchten

---

[11] Vgl. Sraffa, P., Production …, a.a.O., S. 8. Die Unterscheidung von Basis- und Nichtbasiswaren spielt in der Literatur eine bedeutende Rolle. Diese Klassifikation wird noch aufgegriffen.

[12] Ebenda, S. 6.

Produktionsmittel hervorzubringen, und jetzt haben wir, kaum dass ein Mehrprodukt da ist, bereits Profit und Kapital![13]

Die Identifikation von Überschuss und Profit einerseits sowie die Gleichsetzung aller Inputs mit dem Kapital andererseits ist einem kaum auffallenden, aber – wie sich zeigen wird – umso schwereren Geburtsfehler des Sraffaschen Systems geschuldet. Gleich im zweiten Satz seines Buches heißt es lapidar: „Commodities are produced by seperate industries and are exchanged for one another at a market held after the harvest."[14] Nach Sraffas beiläufigen Kommentaren wird der Markttag einmal im Jahr abgehalten.

Die neoricardianische Theorie hat diesen ‚bäuerlichen' Ansatz niemals in Frage gestellt, geschweige denn versucht, sich von ihm zu emanzipieren. Das ist Treue an verkehrter Stelle. Bei den Klassikern entsprang das sukzessivistische Denken, wie bemerkt, der unmittelbaren Anschauung einer Agrargesellschaft. In der modernen Industriewirtschaft, die gewiss schon 1960 zu beobachten war, werden die wenigsten Erzeugnisse nur auf Jahrmärkten feilgeboten: Unser Super-Markt ist werktäglich geöffnet.

Selbstverständlich muss das ‚Jahr' nicht zwölf Monate umfassen – Marshalls ‚Woche' erfüllte den gleichen (formalen) Zweck. Doch auf zweierlei ist in diesem Kontext hinzuweisen. Zunächst einmal belegen zahllose Passagen in der Literatur, dass Neoricardianer (und andere) tatsächlich glauben, die gesamten Materialkosten des unterstellten Zeitraums wären vorzufinanzieren. In diesem Zusammenhang wird sogar behauptet, „… the period of production is generally longer than the period over which the wage contract is made …"[15]

In Wahrheit basiert die Annahme einer einheitlichen Produktionsperiode auf einer *Konvention* – seinerzeit erfreute sich eben das ‚Jahr' breiter Akzeptanz, wie es in der früher zitierten Definition von James Mill an-

---

[13] Außerdem ist selbst im Zwei-Waren-Fall die Angelegenheit komplexer als Sraffa ausführt: Die von ihm nicht dargestellte Profitratengleichung hat zwei positive Lösungen, von denen eine ausscheidet, weil mit ihr eine negative Preiszahl eines Guts verbunden ist. Vgl. im Einzelnen Helmedag, F., Die arbeitsteilungskompatible Kalkulation von Produktionspreisen, in: das wirtschaftsstudium (wisu), 26. Jg. (1997), S. 573-582, S. 575 f.

[14] Ebenda, S. 3.

[15] Steedman, I., Marx After Sraffa, London 1977, S. 103.

klingt (vgl. S. 77 Fn.). Die wirkliche Vollendungsdauer der einzelnen Waren ist der Natur der Sache(n) nach höchst individuell: In einer Wirtschaft, in der nicht nur Büroklammern gebogen und Tageszeitungen gedruckt, sondern auch Wolkenkratzer errichtet und Schiffe auf Kiel gelegt werden, ist *jedes* einheitliche Herstellungsintervall ein willkürliches Konstrukt. Infolgedessen ist man berechtigt, bei der Wahl einer uniformen Produktionsperiode die klassische Sichtweise aufzugeben: warum nicht ein Tag, eine Stunde und – im Grenzfall – eine ,logische' Sekunde? Die unfertigen Waren sind so oder so als Zwischenerzeugnisse zu interpretieren. – Dazu unten mehr.

Ein weiterer Aspekt verdient Beachtung. Die Produktionstheorie hat es *natürlicherweise* mit *Stromgrößen* zu tun – das ist unumstritten und geht aus der gerade angestellten Überlegung hervor.[16] Man begibt sich daher auf brüchiges Eis, falls man den *Markt* nach der Ernte zur Institution der Preisbildung erhebt. Denn auf einem Handelsplatz werden *Bestände* offeriert; Bestände, die in einer Agrarwirtschaft stark von außerökonomischen, vor allem von klimatischen Bedingungen beeinflusst werden. Nicht ohne Grund hielten die Klassiker Markt- und Produktionspreise auseinander. Die Erklärung solcher Preise, die von einem Tausch aus Vorräten stammen, kann auf die Kategorien Angebot und Nachfrage – also Knappheitsrelationen – nicht verzichten. Die Wertbildung beliebig herstellbarer Güter ist demgegenüber eine Sache für sich.

Die Entzifferung des Wertgesetzes ist das A und O des Forschungsprogramms der Klassiker. Sie wollten enthüllen, nach welchen Regeln sich die Werte jener Waren bilden, deren Fertigung ausschließlich durch das Reservoir an menschlicher Arbeit unter mehr oder weniger großer Mithilfe der Natur beschränkt ist. Liegt ein Teil der originären Produktionsfaktoren unfreiwillig brach, verliert der Begriff Knappheit seine erkenntnisleitende Funktion. Um die im Raum stehenden Fragen beeindruckend zu beantworten, muss man kräftigere Muster entwerfen.

Sraffas ,Markt nach der Ernte' bringt die Analyse in ungewollte Nähe zur neoklassischen Theorie, deren Hauptthema die optimale Allokation von Ressourcen auf alternative Verwendungen ist. In diesem Raster figuriert Produktion bloß als indirekter Tausch; die Verteilung verkümmert

---

[16] „Alle Inputs sind Stromgrößen" versichert Kesting, H., Produktionspreise, Wachstum und Verteilung, Marburg 1990, S. 34. Siehe des Weiteren Pasinetti, L., Vorlesungen ..., a.a.O., S. 47.

zum Anhängsel der universalen Angebot-Nachfrage-Maschinerie: „... a sound distribution theory is hardly more than a corollary or footnote to an exposition of the mechanics by which resources are apportioned among different uses."[17]

Ist ein Überschuss zu registrieren, fügen sich die (gesuchten) Preise laut Sraffas Hypothese aus dem (noch zu findenden) Wert der Produktionsmittel plus einem einheitlichen prozentualen Aufschlag auf diesen, der (desgleichen aufzuspürenden) Profitrate r, zusammen:

$$\mathbf{pA}(1 + r) = \mathbf{p} \qquad \text{(III.4)}$$

Mit der Abkürzung

$$\frac{1}{1+r} = \lambda \qquad \text{(III.5)}$$

läuft (III.4) wieder auf eine Eigenwertaufgabe hinaus. Unter Berücksichtigung von (III.5) folgt:

$$\mathbf{p}(\mathbf{A} - \lambda \mathbf{I}) = 0 \qquad \text{(III.6)}$$

Jetzt ist die interessante, weil mit nicht-negativen Preisen verbundene Lösung für λ_{max} kleiner als eins: Ein Mehrprodukt tritt auf den Plan, sofern mindestens von einer Ware mehr erzeugt als im Produktionsprozess verbraucht wird; wenigstens die Summe einer Zeile unterschreitet eins. Mit Hilfe des maximalen Eigenwerts der Koeffizientenmatrix, der Frobeniuswurzel, lässt sich eine Aussage über die Produktivität der Wirtschaft machen. Diese beruht unter den gegebenen Verhältnissen nicht nur auf dem Stand der Technik. Denn qua Annahme umfasst die Direktbedarfsmatrix $\mathbf{A}$ die Lebensmittel der Arbeiter „... entering the system on the same footing as the fuel for the engines or the feed for the cattle."[18]

Das Lohngüterbündel kann verschieden reichhaltig geraten; je nachdem ist die Überschussrate kleiner oder größer. Mit steigendem Reallohn nimmt der maximale Eigenwert der Koeffizientenmatrix zu, da die Fro-

---

[17] Knight, F. H., The Ricardian Theory of Production and Distribution, in: The Canadian Journal of Economics and Political Science, Bd. 1 (1935), S. 171-196, S. 171.

[18] Sraffa, P., Production ..., a.a.O., S. 9.

beniuswurzel mit den Matrixelementen wächst. Die Profitrate resultiert aus der Umstellung von (III.5):

$$r = \frac{1}{\lambda_{max}} - 1 \hspace{3cm} \text{(III.7)}$$

Der Aufschlagfaktor sinkt mit einer steigenden Frobeniuswurzel und verschwindet, wenn λ_{max} gleich eins ist. Wir sind dann wieder in einer stationären Wirtschaft. In diesem Fall konsumieren die *Arbeiter* alles, was als Netto-Überschuss in der Wirtschaft anfällt. Dies erfordert selbstverständlich einschlägige gesellschaftliche Verhältnisse. Sraffa hatte bei der Preisbildung gemäß dem Gleichungssystem (III.4) allerdings wohl die Welt der Klassiker im Kopf, in welcher der Lohnsatz praktisch allein das physische Überleben gestattete.

Ist es sinnvoll, in diesem Modell von einer ‚Profitrate' zu sprechen? Sraffa beginnt seine Analyse mit einer vorkapitalistischen Gesellschaft ohne Mehrprodukt; die Werte entspringen dort geradewegs den Produktionsbedingungen. Systematisch gesehen hätte der nächste Schritt darin bestehen sollen, eine zwar arbeitsteilige, aber vorkapitalistische Warenproduktion *mit* Mehrprodukt unters Mikroskop zu nehmen. Sraffa verfährt anders: Ohne die Zuordnung der gesellschaftlichen Arbeit auf die Sektoren zu entschleiern, werden alle Dinge, die unmittelbar oder auf dem Umweg über die Lebensmittel einer (jeweils unbekannten) Zahl von Arbeitenden im Produkt untergehen, als ‚Kapital' deklariert. Zwar hatte Ricardo seinerzeit die Waffen des Jägers ebenfalls ‚kapitalisiert', freilich beabsichtigte er ‚nur', Adam Smiths Arbeitswertlehre des frühen und rohen Zustands zu präzisieren. Maßgeblich für den Wert sei neben der direkten auch die indirekte Arbeit.

In derselben Manier gibt es bei Sraffa zunächst ‚Kapital', wenngleich sich die dazu gehörenden Kapitalisten verborgen halten. Sie bleiben so lange hinter den Kulissen, bis Sraffa in seinen Produktionsgleichungen den jeweiligen *Teil* der Gesamtarbeit sichtbar macht, der im entsprechenden Produktionszweig geleistet wird.[19] Überzeugender wäre es gewesen, Sraffa hätte diesen direkten Arbeitseinsatz *von Anfang an* aufgedeckt, um anschließend zu analysieren, unter welchen Konditionen sich eine gesellschaftliche Arbeitsteilung anbahnt und behauptet.

---

[19] Vgl. ebenda, S. 9 ff.

Stattdessen setzt Sraffa – ganz im Stil seiner Vorläufer – die Existenz der einzelnen Sektoren einfach als gegeben voraus. Ferner kennzeichne ein uniformer *mark-up* auf die jeweiligen (variablen) Stückkosten – vulgo: das vorgeschossene Kapital – das Gleichgewicht freier Konkurrenz. Der Beziehung zwischen dieser Profitrate und der Vergütung gehört unsere Aufmerksamkeit im nächsten Abschnitt. Hierdurch schaffen wir die formalen Grundlagen zur versprochenen Klärung früher aufgeworfener Fragen.

3.1.2 Lohnsatz und Profitrate

Obwohl Sraffa bei der Aufstellung seiner allgemeinen Preisgleichungen die klassische Annahme aufgibt, die Löhne seien am Anfang der Produktionsperiode vorzustrecken, behält er ausdrücklich die ‚Agrarkonzeption‘ seiner Untersuchung bei: „We retain however the supposition of an annual cycle of production with an annual market."[20] Für Sraffa schien die damit postulierte Begabung der Werktätigen, ein Jahr lang von der Luft zu leben, nicht zu viel verlangt. Aber ein Jahr ist eben kein Jahr …

Ganz im Stile Ricardos ist Sraffas Umgang mit den einzelnen Arbeitsqualitäten. Die Unterschiede werden eingeebnet, indem kompliziertere Arbeit als ein entsprechend Vielfaches ‚einfacher‘ Arbeit zählt. Im Dunkeln bleibt, welche konkrete Lösung der Reduktionsproblematik ihm vorschwebt: „… we assume any differences in quality to have been previously reduced to equivalent differences in quantity so that each unit of labour receives the same wage."[21] Schreibt man für diesen Lohnsatz w und für den *positiven* Zeilenvektor der direkten Arbeitseinsätze $\mathbf{a}_0$ – in *jedem* Sektor wird eine gewisse Menge direkte Arbeit a_{0j} verrichtet –, blickt man auf die zentrale Formel der neoricardianischen Theorie:

$$\mathbf{p} = \mathbf{p}\mathbf{A}(1+r) + \mathbf{a}_0 w \qquad\qquad (\text{III.8})$$

Während das Gleichungssystem (III.4) als Pendant der Bortkiewicz- oder ρ-Preise interpretiert werden kann, wie sie früher (vgl. S. 185) etikettiert wurden, ist (III.8) das Gegenstück zu den dortigen r-Preisen. Deswegen wurden damals die gemäß der *Hypothese* (III.8) berechneten Preise ‚Sraf-

---

[20] Ebenda, S. 10.

[21] Ebenda.

fa-Preise' (vgl. S. 188) genannt. Danach folgte der Beweis, dass weder die p- noch die r-Preise eine brauchbare Kalkulationsvorschrift liefern, um das Mehrprodukt nach den Prinzipien einer kapitalistischen Konkurrenzwirtschaft aufzuschlüsseln. Jetzt wird geprüft, was sich diesbezüglich über die Sraffa-Preise *grundsätzlich* aussagen lässt. Vorher zahlt es sich aus, den Extremwerten von (III.8) Beachtung zu schenken.

Angenommen, die Profitrate betrage null, mithin glänzen die Kapitalisten (noch) durch Abwesenheit. Dann vereinfacht sich (III.8):

$$\mathbf{p} = \mathbf{pA} + \mathbf{a}_0 w \qquad\qquad (\text{III}.9)$$

Im ersten Schritt gewinnt man:

$$\mathbf{p}(\mathbf{I} - \mathbf{A}) = \mathbf{a}_0 w \qquad\qquad (\text{III}.10)$$

Die Lösung dieses Systems lautet:

$$\mathbf{p} = \mathbf{a}_0 w (\mathbf{I} - \mathbf{A})^{-1} \qquad\qquad (\text{III}.11)$$

$(\mathbf{I} - \mathbf{A})^{-1}$ bildet die Gesamtbedarfsmatrix, der man meist unter dem Namen Leontief-Inverse begegnet. Künftig kürzen wir sie mit $\mathbf{L}$ ab. Ihre nicht-negativen Elemente drücken aus, wie viele Einheiten der Ware i *insgesamt* zur Produktion einer Einheit der Ware j erforderlich sind. Multipliziert man die Spalten der Leontief-Inversen von links mit dem Zeilenvektor der direkten Arbeitsinputs, ergibt sich der positive Vektor der Arbeitswerte $\mathbf{v}$:

$$\mathbf{v} = \mathbf{a}_0 (\mathbf{I} - \mathbf{A})^{-1} = \mathbf{a}_0 \mathbf{L} \qquad\qquad (\text{III}.12)$$

Die Preise sind in der gegebenen Situation den Arbeitswerten parallel:

$$\mathbf{p} = w \mathbf{v} \qquad\qquad (\text{III}.13)$$

Da n Gleichungen vorliegen und die n Preise sowie der Lohnsatz gesucht sind, ist das System erst nach Wahl einer Recheneinheit determiniert. Nach Normierung des Preises der Ware j auf eins erhält man für den Lohnsatz $w = \dfrac{1}{v_j}$, wobei v_j den Arbeitswert der Ware j symbolisiert.

Das Tauschverhältnis zweier Waren entspricht dem Quotienten der jeweiligen Arbeitsmengen, die in den einzelnen Waren insgesamt verkörpert sind. Die Preise sind mit den Arbeitswerten identisch, falls wir in (III.13) w zum Numéraire erheben: labour embodied und labour commanded stimmen unter diesen Umständen überein.

Die Gleichungen (III.13) geben die Preisbildung im, wenn man so möchte, ‚frühen und rohen Zustand' (vgl. S. 112 f.) wieder. In vorkapitalistischen Gesellschaften, in denen es jedem freisteht, nach Belieben seine Arbeitskraft zu verwirklichen, käme es – im theoretischen Ideal – zu keinem Tausch, bei dem mehr Arbeit hingegeben als empfangen wird. Lässt man einmal die im Zuge der Arbeitsteilung entstehende Erhöhung der Produktivität außer Acht, muss es im Gleichgewicht einerlei sein, ob eine Ware in integrierter Produktion selbst- oder fremdgefertigt wird.

In Wahrheit wächst durch die Spezialisierung der insgesamt hervorgebrachte Ausstoß, wodurch es für *alle* lohnend wird, eigene Arbeit gegen die anderer zu tauschen. Je stärker die Effektivität der einzelnen Tätigkeit im Verhältnis zum Durchschnitt ansteigt, desto mehr Einheiten ‚einfacher' Arbeit repräsentiert sie. Aus der Arbeits*mengen*theorie wird eine Arbeits*kosten*theorie. Die Preisbildung (III.13) sichert allen Produzenten eine leistungsbezogene Teilhabe am Sozialprodukt.

Schauen wir aufs andere Extrem: Der Lohnsatz betrage null – Sraffas Werktätige sind ja fähig, ein Jahr lang von der Luft zu leben. Das System (III.8) verwandelt sich jetzt in:

$$\mathbf{p} = \mathbf{p}\mathbf{A}(1 + R) \qquad\qquad (III.14)$$

R figuriert als die mit dem Null-Lohnsatz einhergehende maximale Profitrate. Die Analogie zur Gleichung (III.4) springt ins Auge. Wieder sehen wir uns mit einer Eigenwertaufgabe konfrontiert. Nur erhält die Koeffizientenmatrix $\mathbf{A}$ nun die Lebensmittel der Arbeiter nicht mehr. Der maximale Eigenwert dieser Matrix bestimmt gemäß (III.7) als eine rein ‚technische' Größe den zulässigen Bereich der Profitrate. Doch besitzt R überhaupt Relevanz in einer Welt, in der alle Produktionsmittel nach Gutdünken durch den Einsatz kostenloser Arbeit in beliebiger Menge erzeugt werden können?

Im Anhang D seines Buches gibt Sraffa einige (knappe) Literaturhinweise. Dort erfährt man, der Gedanke einer maximalen Profitrate stamme von Marx. Sraffa zufolge habe Marx diese Doktrin direkt zum Ausdruck gebracht, als er beiläufig die Möglichkeit „... of a fall in the rate of profits ‚even if the workers could live on air' …"[22] andeutete. Es dürfte kaum mangelnde Übung sein, wenn Sraffa, der zwar sonst in seinem Buch auf wörtliche Zitate beinahe völlig verzichtet, aber dessen Ricardo-Edition selbst die kleinsten Nuancen der einzelnen Auflagen akribisch registriert, hier *nicht* korrekt zitiert. Marx erörtert in der fraglichen Passage das Phänomen, dass der Gesamtmehrwert bei zunehmender Produktivkraft zwei entgegengerichteten Einflüssen ausgesetzt sein könne. Da er sich aus dem Produkt von Ausbeutungsrate und dem Wert der Arbeitskraft ergibt, kompensiere eventuell ein starker Rückgang des variablen Kapitals einen Anstieg der Mehrwertrate. Wie die Überschrift des Abschnitts ankündigt, thematisiert Marx dort den Konflikt zwischen Ausdehnung und Verwertung der Produktion. Hören wir ihn selbst und – um Missverständnissen vorzubeugen – in Englisch:

> „To the extent that the development of the productive power reduces the paid portion of employed labor, it raises the surplus-value, by raising its rate; but to the extent that it reduces the total mass of labor employed by a certain capital, it reduces the factor of numbers with which the rate of surplus-value is multiplied in order to calculate its mass. Two laborers, each working 12 hours daily, cannot produce the same mass of surplus-value as 24 laborers each working only 2 hours, even if *they* could live on air and did not have to work for themselves at all."[23]

In dem letzten Satz bezieht sich „they" auf die *im vorangegangenen Beispiel genannten* „laborers". Die Einbindung in diesem Kontext bleibt verborgen, sofern man – stillschweigend – „they" durch „the workers" ersetzt und somit den Eindruck erweckt, Marx spräche in dieser Situation von einer maximalen Profitrate, die sich einstelle, falls alle Arbeiter von der Luft lebten. Stattdessen konstatiert Marx lediglich, bei einheitlicher

---

[22] Ebenda, S. 94.

[23] Marx, K., Capital, Volume III, Chicago 1909, S. 290, eigene Hervorhebung. Auch in der deutschen Version, die Grundlage für die Übertragung ins Englische war, ist diese Stelle eindeutig: „… selbst wenn sie von der Luft leben könnten …" Marx, K., Das Kapital, 3. Bd., a.a.O., S. 257. Nebenbei bemerkt haben die Herausgeber der zunächst in der ehemaligen DDR erschienenen deutschen Übersetzung von Sraffas Buch Marx korrekt wiedergegeben und hinter „sie" den Klammerzusatz „die Arbeiter, d. Hrsg." eingefügt. Vgl. Sraffa, P., Warenproduktion mittels Waren, Frankfurt a. M. 1976, S. 126.

Mehrwertrate, unabhängig von ihrer konkreten Höhe, könne in 24 Arbeitsstunden nicht so viel Mehrwert geschaffen werden wie in 48. Dieser Trumpf von Sraffa sticht also nicht.

Sraffa meint, ein weiteres Ass in der Hand zu haben. Er stützt sich dabei auf die Marxsche Kritik an Smiths Komponententheorie des Preises. Die vollständige Auflösung des Preises in die Einkommenskategorien impliziere ‚letzte Waren', die ohne Mithilfe produzierter Produktionsmittel erzeugt worden seien. Das widerspräche, so Sraffa, einer festen Obergrenze für die Profitrate.[24] Diese (Fehl-)Einschätzung liegt nahe, wenn man eine spezielle Darstellungsweise der Sraffa-Preise im Hinterkopf hat.

Um das zu verdeutlichen, blicken wir auf die Lösung von (III.8). Die Umstellung bringt zunächst:

$$\mathbf{p}\big[\mathbf{I} - (1+r)\mathbf{A}\big] = \mathbf{a}_0 w \qquad\qquad (\text{III.15})$$

Daraus resultiert:

$$\mathbf{p} = \mathbf{a}_0 w\big[\mathbf{I} - (1+r)\mathbf{A}\big]^{-1} = \mathbf{a}_0 w\, \mathbf{S} \qquad\qquad (\text{III.16})$$

Die ‚Sraffa-Inverse' $\mathbf{S} \equiv \big[\mathbf{I} - (1+r)\mathbf{A}\big]^{-1}$ weist ausschließlich für zulässige r positive Elemente auf, d. h. es muss $0 \le r < R$ gelten. Unter diesen Umständen lässt sich (III.16) gemäß der unendlichen Reihe

$$\mathbf{p} = \mathbf{a}_0 w\Big[1 + (1+r)\mathbf{A} + (1+r)^2\mathbf{A}^2 + (1+r)^3\mathbf{A}^3 + \dots\Big] \qquad (\text{III.17})$$

expandieren. Sraffa nennt diese Form der Preisdekomposition sehr anschaulich, aber, wie in Bälde erläutert wird, etwas irreführend „Reduktion auf datierte Arbeitsmengen"[25]. Bestünde keine Interdependenz zwischen den Verteilungsparametern w und r – eine Ansicht, für die Adam Smith verantwortlich gemacht wird –, wäre der Einfluss ihrer Entwicklung auf die Preise klar: Sie folgten den ‚natürlichen' Sätzen von w und r.[26] Jedoch herrscht zwischen Lohnsatz und Profitrate – wie Ricardo lehrte –

---

[24] Vgl. Sraffa, P., Production ..., a.a.O., S. 94.

[25] Vgl. ebenda, S. 34 ff.

[26] Bei modernen Autoren findet sich desgleichen die Auffassung, die allgemeine Profitrate stehe in keiner Verknüpfung zum Reallohnsatz. Vgl. z. B. Preiser, E., Wachstum und Einkommensverteilung, 3. Aufl., Heidelberg 1970, S. 19.

eine inverse Relation. Das System (III.16) umfasst n Gleichungen mit $n + 2$ Unbekannten: den n Preisen sowie dem Lohnsatz und der Profitrate. Wieder kann ein Freiheitsgrad durch die Wahl einer Recheneinheit eliminiert werden. Sinnvollerweise sucht man jetzt einen Preis aus; nehmen wir an, $p_j \equiv 1$. Die Ermittlung des Verhältnisses zwischen Lohnsatz und Profitrate macht es erforderlich, aus den Gleichungen (III.16) die Preisgleichung für Ware j herauszuschälen. Hierfür multiplizieren wir (III.16) von rechts mit $\mathbf{e}_j$, ein n-dimensionaler Spaltenvektor, dessen j-tes Element 1 ist und in dem sonst nur Nullen vorkommen:

$$\mathbf{p}\mathbf{e}_j = \mathbf{a}_0 w^{(j)} \mathbf{S} \mathbf{e}_j \equiv 1 \qquad (\text{III}.18)$$

Um anzudeuten, die Ware j sei Zählgut, wurde der in ihr gemessene Lohnsatz mit $w^{(j)}$ bezeichnet. Aus (III.18) erhält man sofort:

$$w^{(j)} = \frac{1}{\mathbf{a}_0 \mathbf{S} \mathbf{e}_j} \qquad (\text{III}.19)$$

Da die Elemente von $\mathbf{S}$ gemäß (III.17) mit r wachsen, ist $\frac{dw}{dr} < 0$. Der Lohnsatz sinkt, wenn die Profitrate steigt und umgekehrt. Über die zweite Ableitung lässt sich hingegen keine allgemeine Aussage treffen: Die ‚Lohnkurve' verläuft im w-r-Diagramm stets fallend; in höher dimensionierten Modellen können dabei konvexe und konkave Kurvenabschnitte einander ablösen.[27]

Wegen des gegenläufigen Zusammenhangs zwischen Lohnsatz und Profitrate ist es *a priori* verwehrt zu prognostizieren, welchen Kurs der Preis einer Ware einschlägt, sobald sich ein Verteilungsparameter verändert. Multipliziert man die rechte Seite von (III.17) aus, wird erkennbar, dass jeder Summand der Reihe den divergierenden Bewegungen von Lohnsatz und Profitrate ausgesetzt ist. Es ist nicht vorherzusagen, welcher Effekt die Oberhand behält. Wie Sraffa mittels eines Beispiels demonstriert, sind aufgrund einer kontinuierlichen Variation der Profitrate komplizierte Muster an Preisfluktuationen denkbar; ein Phänomen, mit dem er den Versuch der österreichischen Kapitaltheorie kritisiert, eine von der

---

[27] Vgl. ausführlich Helmedag, F., Die Technikwahl …, a.a.O., S. 189 ff. Wie noch anhand eines Exempels gezeigt wird, schlägt sich die Wahl des Zählgutes in der Gestalt der negativ geneigten w-r-Kurve nieder.

Verteilung autonome Produktionsperiode als quantitatives Kapitalmaß zu betrachten. Des Weiteren sei auch das Konzept einer makroökonomischen Produktionsfunktion mit dem Argument ‚Kapital‘ zum Scheitern verurteilt: „The reversals in the direction of the movement of relative prices, in the face of unchanged methods of production, cannot be reconciled with *any* notion of capital as a measurable quantity independent of distribution and prices.“[28]

Aus den Gleichungen (III.17) ist (fälschlicherweise) geschlossen worden, sie eigneten sich, die Smithsche Komponententheorie der Grundlage zu berauben.

> „In fact“, meint etwa Roncaglia, „whenever there is at least one commodity directly or indirectly necessary for the production of all other commodities in the economy (a 'basic product' in Sraffa's terminology), the cost of production of each commodity will include a residual of such commodities, and no matter how many times the process of reduction is repeated this residual cannot be eliminated, even as the process of reduction tends to infinity ... it is impossible to arrive at a commodity whose cost of production consists solely of wages, profits, and rents, because, by definition, there exists no commodity which does not require at least one basic commodity for its production.“[29]

Eine solche Interpretation leuchtet freilich, wie früher angedeutet, nicht ein. Das Reduktionsverfahren verliert sich keineswegs in einem infiniten historischen Regress. Zwar besteht (III.17) aus einer unendlichen Reihe, aber sie enthält nur Daten und Parameter der laufenden Periode. Dies hat bereits Dmitriev unmissverständlich formuliert[30], und es wird von anderen post-sraffianischen Neoricardianern nicht angefochten. So stellt Steedman fest, „... the backward resolution of means of production into dated labour quantities is a purely conceptual resolution, and *not* a 'historical story' ...“[31] Und Garegnani assistiert: „... the reduction to dated labour

---

[28] Sraffa, P., Production ..., a.a.O., S. 38.

[29] Roncaglia, A., Sraffa and the Theory of Prices, Chichester u. a. 1978, S. 9.

[30] „... we can always find the total sum of the labour directly and indirectly expended on the production of any product *under present-day production conditions*, ... the fact that all capital under *present-day* conditions is itself produced with the assistance of other capital in no way hinders a precise solution of the problem.“ Dmitriev, V. K., a.a.O., S. 44.

[31] Steedman, I., Marx ..., a.a.O., S. 73.

constitutes a more logical device, as is shown by the fact that, when the production of a commodity is 'circular', it cannot be conceived as starting with unassisted labour."[32]

Deswegen wurde der zunächst anschaulich wirkende Begriff „Reduktion auf datierte Arbeitsmengen" als irreführend eingestuft. Er leistet einem sukzessivistischen Aufrollen des Problems Vorschub, das in einer Modellwelt simultaner Produktion verfehlt ist. Wer in solchen Bahnen denkt, neigt dazu, irgendetwas als ‚vorgeschossen' und deshalb als Bestandsgröße zu behandeln, was in Wirklichkeit *während* einer Periode in einem zirkulären Produktionsprozess angefertigt wird und demgemäß eine Stromgröße sein *muss*.

Bezeichnenderweise wurde von neoricardianischer Seite das Faktum nicht weiter ausgewertet, dass die Zerlegung des Preises einer Ware, wie sie (III.17) wiedergibt, auf die laufende Periode abhebt. Der sich eigentlich aufdrängende Schritt, die *Konvergenz* der unendlichen Reihe zu verarbeiten, blieb aus. Das Motiv für den vorzeitigen Halt lässt sich leicht aufspüren. Akzeptiert man die Existenz eines Grenzwertes der Annäherung, hieße das im Klartext, eine Trennung des Preises in einen Lohn- und einen Profitanteil in Smithscher Manier müsse durchführbar sein. Infolgedessen verlöre (zumindest) Sraffas Postulat einer maximalen Profitrate jeden Halt:

> „If the 'total decomposition' were possible, the rate of profits corresponding to a zero wage rate would be infinite, for the rate of profits would be obtained from the division of a finite quantity (total profit, which would be equal to the value of output) by a zero quantity (capi-

---

[32] Garegnani, P., Value ..., a.a.O., S. 315 Fn. Im Übrigen wurde mit diesem Erklärungsschema versucht, der neo-österreichischen Kapitaltheorie den Boden zu entziehen: „It is sometimes argued that if history could be traced back far enough, the production of every capital good must be explained by labour inputs alone. This argument ... is entirely fallacious ... *it may never again be efficient to produce hammers by the process which uses labour alone.* All that is required is the existence of a (sufficiently productive) alternative process for producing hammers using labour *and* a machine ... When such realistic simultaneity is admitted, the neo-Austrian description of the feasible technology becomes inadequate." Burmeister, E., Synthesizing the Neo-Austrian and Alternative Approaches to Capital Theory: A Survey, in: Journal of Economic Literature, Bd. 12 (1974), S. 413-456, S. 416.

tal advanced which would be composed entirely of wages and thus zero).“[33]

D'accord, eine unendliche Profitrate ist schwer vorstellbar – ein Null-Lohnsatz aber ebenso. Überhaupt: Wer sagt denn, in einer solchen Extremsituation – kostenloser Arbeitseinsatz! – sei der Wert des Outputs positiv und endlich? Wäre es nicht eher wahrscheinlich, dass sich dann die Preise der Güter wie ihre Kosten auf null reduzieren, womit sich als Profitrate $\frac{0}{0}$ ergäbe, ein mathematisch unbestimmter Ausdruck? Ist ein Kapitalismus ohne *Lohn*arbeit wirklich noch Kapitalismus?

Ein solches Räsonnement könnte sich zudem auf ein wichtiges Ergebnis der Input-Output-Analyse berufen. Unbestrittenermaßen lassen sich in diesem Rahmen sämtliche Waren – auch diejenigen, welche wieder in die Produktion einfließen, d. h. die Zwischenprodukte – allein auf den *einzigen* nicht (kapitalistisch) produzierten Input reduzieren: Arbeit. „It is characteristic of Leontief's model that it reduces the primary factors to one only – homogeneous labour, the inputs of each industry are the outputs of other industries.“[34] Dieses Ergebnis gilt desgleichen, wie später belegt werden wird, für die Sraffasche Analyse; nicht umsonst spricht man vom Sraffa-Leontief-Modell.

Es kommt noch besser. Einige Neoricardianer räumen *expressis verbis* ein, die ‚totale Auflösung‘ sei möglich. Einer der prominentesten unter ihnen ist Luigi Pasinetti. Sein ‚Beweis‘ sieht wie folgt aus. Zunächst wird auf beiden Seiten von (III.8) (vgl. S. 212) **pA** subtrahiert:

$$\mathbf{p} - \mathbf{pA} = \mathbf{pA}r + \mathbf{a}_0 w \tag{III.20}$$

Rechtsmultiplikation mit $\mathbf{L} \equiv (\mathbf{I} - \mathbf{A})^{-1}$ bringt:

$$\mathbf{p} = \mathbf{pAL}r + \mathbf{a}_0 \mathbf{L}w = \mathbf{pH}r + \mathbf{v}w \tag{III.21}$$

---

[33] Roncaglia, A., a.a.O., S. 9.

[34] Hicks, J. R., Linear Theory (1960), wieder in: Surveys of Economic Theory, Bd. III (Resource Allocation), London u. a. 1966, S. 75-113, S. 104. In einer Rezension benutzte Solow die für diesen Sachverhalt bemerkenswerten Worte: „The intermediate goods are *spurlos versenkt* inside the process.“ Vgl. Solow, R. M., Review of „Capital and Time“ by J. Hicks, in: The Economic Journal, Bd. 84 (1974), S. 189-192, S. 189.

Auf der rechten Seite von (III.21) enthält die ‚Pasinetti-Matrix' $\mathbf{H} \equiv \mathbf{AL}$ alle direkt und indirekt in die Produktion der Produktionsmittel eingehenden Waren.[35] Offensichtlich enthält $\mathbf{v}w$ die Lohnkomponenten der Preise, während die Interpretation des Vektors $\mathbf{pH}r$ als Profitanteile naheliegt und die ‚Vorschuss-These' zu bestätigen scheint. „This is a remarkable expression", wirbt Pasinetti für (III.21), „as it explicitly shows that each price is ultimately made up of only two components: wages and profits."[36] – Also hat der gute Adam Smith mit seiner vielfach gerügten Komponententheorie zwar ins Blaue geschossen, aber doch ins Schwarze getroffen?! – Ein solches Fazit wäre voreilig. Wie ein zweiter Blick auf die Gleichungen (III.21) lehrt, stehen die Preise $\mathbf{p}$ auf *beiden* Seiten: *Dieses* Argument untermauert keineswegs, dass sie sich *letztlich* aus Lohn und Profit zusammenfügen; die Lösung der Matrizengleichung (III.8) ist nicht (III.21), sondern (III.16) (vgl. S. 216), und dieses System ist zur Verifikation der Komponententheorie ungeeignet.

Ein anderes Vorgehen, den Smithschen Ansatz zu prüfen, hat Heinz D. Kurz praktiziert. Er operiert mit dem Konzept des Subsystems – wir kommen noch auf die Einzelheiten. In diesem Modell, das die Rente berücksichtigt, möchte Kurz demonstrieren, der Preis eines Gutes spalte sich völlig in Lohn, Profit und Rente auf. Damit werde „auf rein formelle Weise die *Smithsche* ‚Adding-up'-Theorie" widergespiegelt.[37] Dieser Fund steht in scharfem Kontrast zu Kurz' eingangs gemachter Äußerung, die Skepsis gegenüber der Komponententheorie sei angebracht.[38] Unmittelbar vor dem Ergebnis, wonach sich der Preis in Lohn, Profit und Rente auseinanderdividieren ließe, konstatiert er abermals den Schiffbruch der Komponententhoerie.[39]

---

[35] Vgl. Pasinetti, L., The Notion of Vertical Integration in Economic Analysis, wieder in: Pasinetti, L. (Hrsg.), Essays on the Theory of Joint Production, London / Basingstoke 1980, S. 16-43, S. 20 f.

[36] Ebenda, S. 22.

[37] Vgl. Kurz, H. D., Adam Smiths Komponententheorie…, a.a.O., S. 707. Die Kurzsche Darstellung leidet ebenfalls an dem Manko, dass der gesuchte Preis in der ‚Lösung' links und rechts auftritt. Vgl. ebenda, Gleichung (17a).

[38] Vgl. ebenda, S. 691.

[39] „Auf Grund seines mangelhaften Verständnisses des Verteilungszusammenhanges mußte *Smith* notwendigerweise auch mit seiner additiven Komponententheorie der relativen Preise scheitern." Ebenda, S. 706.

Der Smithsche Vorschlag ist demgemäß einerseits falsch, wiewohl andererseits formal richtig. Diese Zwiespältigkeit im Urteil beruht auf einer Vermengung von ‚Statik und Dynamik' der Komponententheorie. Es ist etwas anderes zu sagen, der Preis einer Ware teile sich letzten Endes in Lohn und Profit (sofern wir von der Rente absehen), als zu behaupten, zwischen den Einkommen existiere keine Beziehung. Die erste (statische) Aussage ist richtig, die zweite (dynamische) nicht.

Worin besteht der Nutzen einer Doktrin, die suggeriert, es gebe einen vorgeschossenen Kapitalwert, der mit einer uniformen Profitrate zu verzinsen sei, wenn Arbeit der einzige originäre Faktor ist und Lohn und Profit restlos den Preis bilden? Wäre es vor diesem Panorama nicht plausibler, die Arbeit zur Bemessungsgrundlage des Gewinns zu machen? Selbstverständlich wird dieser Frage weiterhin unsere Aufmerksamkeit gelten. Hierbei entpuppt sich ein scheinbarer Umweg in Wahrheit als Abkürzung. Denn das Sraffasche Werk wurde nicht nur gegen die Neoklassik gewendet. Stattdessen diente es als Bunkerstation einer (erneuten) Attacke gegen die Marxsche Wertlehre. Wiederum wird es sich – wie bei der Korrektur der Wertrechnung durch Bortkiewicz – als fruchtbar herausstellen, die Kritik kritisch zu durchleuchten.

3.1.3 Ausbeutung und Profit: Das Fundamentaltheorem

Sraffa wollte seine Analyse zwar als Unterbau eines Angriffs gegen die Neoklassik verstanden wissen, trotzdem wurde er *nolens volens* zum Hauptbelastungszeugen im Fall Marx. Jetzt ist (vermeintlich) entschleiert, was hinter einer korrekten Transformation der Werte in Preise steckt. Tatsächlich lässt sich ohne größere Schwierigkeit eine Verwandlung der Arbeitswerte in Sraffa-Preise durchführen. Dazu multipliziert man das Wertsystem (III.12) $\mathbf{v} = \mathbf{a}_0 L$ von rechts mit $w L^{-1} S$, um sofort (III.16) (vgl. S. 216) zu gewinnen[40]:

$$\mathbf{v} w L^{-1} S = w \mathbf{a}_0 L L^{-1} S = w \mathbf{a}_0 \left[\mathbf{I} - (1+r) \mathbf{A} \right]^{-1} = \mathbf{p} \qquad (III.22)$$

Dieses Verfahren zeigt in besonders klarer Weise, wie die Transformation vonstattengeht: Zunächst wird die Leontief-Inverse ‚beseitigt', indem

---

[40] Vgl. Wolfstetter, E., Wert, Profitrate und Beschäftigung, Frankfurt a. M. 1977, S. 78.

man sie mit ihrer Inversen multipliziert. Von den Werten bleibt nur noch der (auf eine Einheitsmatrix multiplizierte) Vektor der direkten Arbeitseinsätze übrig – der ist ja zur Kalkulation der Sraffa-Preise erforderlich. Was zum guten Schluss fehlt, die Sraffa-Inverse S und der Lohnsatz, wird erwartungsgemäß mitgebracht. Aus dieser Sicht landete Samuelson mit seiner oft zitierten Polemik einen Volltreffer:

> „,Betrachte zwei alternative, widersprüchliche Systeme. Schreib das eine hin. Zur Transformation nimm einen Radiergummi und radiere es aus. Schreib dann statt dessen das andere hin. Voilà! Damit ist der Transformationsalgorithmus beendet.' Nach diesem Verfahren kann man Phlogiston in Entropie ,transformieren'; Ptolemäus in Kopernikus; Newton in Einstein; die Genesis in Darwin – und schließlich wieder Entropie in Phlogiston ...“[41]

Die Lösung des Transformationsproblems begründet demnach endgültig, dass die Berechnung von Werten einer sinnlosen Beschäftigungstherapie gleichkommt, da sich Preise ermitteln lassen, ohne die Werte zu kennen. In diesem Licht wirkt die Marxsche Werttheorie – zumindest als quantitative Theorie der Gleichgewichtspreise – überflüssig[42], das Transformationsproblem offenbart sich als „intrinsically unimportant problem"[43], und überhaupt sei die Wertanalyse durch eine Untersuchung der Produktionsverhältnisse ,vor Ort' zu ersetzen.[44]

---

[41] Samuelson, P. A., Zum Verständnis des Marxschen Begriffs „Ausbeutung": Ein Überblick über die sogenannte Transformation von Werten in Produktionspreise (amerikanisch 1971), wieder in: Nutzinger, H. G., Wolfstetter, E. (Hrsg.), Die Marxsche ..., a.a.O., Bd. 1, S. 237-295, S. 239. Weitere, hier nicht besprochene Ansätze zur Überführung von Produktionspreisen in Arbeitswerte referiert Fröhlich, N., a.a.O., S. 137 ff.

[42] Vgl. Fees-Dörr, E., Die Redundanz der Mehrwerttheorie, Ein Beitrag zur Kontroverse zwischen Marxisten und Neoricardianern, Marburg 1989 und Stanger, M., Krisentendenzen der Kapitalakkumulation, Berlin 1988, S. 177.

[43] Steedman, I., Marx ..., a.a.O., S. 29.

[44] „Hence, we conclude that value analysis should be displaced by a direct investigation of the production process." Nutzinger, H. G., Concepts of Value in Linear Economic Models, in: Operations Research Verfahren, Bd. 26 (1977), S. 717-724, S. 717.

Selbstverständlich haben Marxisten dagegengehalten: „Marx würde die ökonomische Theorie Sraffas Vulgärökonomie nennen."[45] Andere versuchten, wohl mit der Reduktion auf datierte Arbeitsmengen im Hinterkopf, eine ausgleichende Position einzunehmen:

> „By solving the problem of the transformation of Marxian values into long-run competitive prices, Sraffa provides a viable labor theory of value … It is a labor theory in the limited sense that relative prices can be shown to be determined by amounts of direct and indirect labor."[46]

Diese Lesart ist höchst dubios. Im Gegensatz zur Wertrechnung werden bei den Sraffa-Preisen die einzelnen Arbeitsmengen mit von der Verteilung abhängigen Gewichten versehen. Daraus wurde sogar geschlossen, dass „… gar kein systematischer Zusammenhang zwischen Wertgrößen und Produktionspreisen existieren kann."[47] Jedoch verwehrt der Sraffa zuzuweisende Standort im Spektrum der ökonomischen Theorie, ihn allzu harsch gegen Marx auszuspielen; nicht nur äußerlich fühlten sich beide – bei aller Eigenständigkeit im Einzelnen – dem ‚klassischen' Auftrag verpflichtet:

> „In dieser Hinsicht", urteilt Kurz mit Recht, „ist die Position einiger Vertreter der neuen Kritik verblüffend geschichtslos, denn offenbar wird ihre Attacke auf Marx nicht durch das Bewußtsein der gemeinsamen Zugehörigkeit zu *ein und derselben theoriegeschichtlichen Tradition* gezügelt."[48]

Jenen Neoricardianern, welche die Auffassung vertreten, Marx und Sraffa stünden in einem Komplementaritätsverhältnis zueinander, fällt es relativ leicht, das Transformationsproblem nicht als ein solches zu betrachten: Sie verfügen ja ihrer Meinung nach über eine bruchfeste Produktionspreistheorie, die sich zudem in der Kritik an der Neoklassik bewährt habe.

---

[45] Stamatis, G., Zur Entmythologisierung …, a.a.O., S. 180. Vgl. auch Shaikh, A., a.a.O.

[46] Harcourt, G. C., The Rate of Profits in Equilibrium Growth Models: A Review Article, in: Journal of Political Economy, Bd. 81 (1973), S. 1261-1277, S. 1262.

[47] Wolfstetter, E., Wert …, a.a.O., S. 137.

[48] Kurz, H. D., Zum Problem der Rente in der Wert- und Produktionspreistheorie, in: Gesellschaft, Beiträge zur Marxschen Theorie 13, Frankfurt a. M. 1979, S. 174-200, S. 175.

Ferner seien durch das *Fundamentaltheorem* Ausbeutung und Profit aneinandergeheftet. Infolgedessen bleibe ein wesentliches Element der Marxschen Kapitalismuskritik bewahrt.

Wie erwähnt, hat bereits v. Bortkiewicz das Verhältnis zwischen Mehrwert- und Profitrate angeschnitten. Es lohnt sich, diesen Zusammenhang in dem hier aufgespannten Rahmen vorzustellen. Zweckmäßigerweise geht man vom Mengensystem der Wirtschaft aus. Mehrwert und Profit sind nur beobachtbar, sofern die Technik produktiv ist, d. h. es gilt:

$$\mathbf{Ae} \leq \mathbf{e} \qquad\qquad (III.23)$$

$\mathbf{e}$ symbolisiert den Summationsvektor, in dem ausschließlich Einsen auftreten.[49] Bedingung (III.23) ist für alle Koeffizientenmatrizen $\mathbf{A}$ erfüllt, deren betragsmäßig größter Eigenwert $\lambda_{max} < 1$ ist. Zieht man vom (Spalten-)Vektor $\mathbf{q}$ der Gesamtproduktion die im Produktionsprozess verbrauchten Waren ab, ergibt sich das Nettoprodukt $\mathbf{y}$:

$$\mathbf{q} - \mathbf{Aq} = \mathbf{y} \qquad\qquad (III.24)$$

Das System (III.24) besteht aus $2n$ Unbekannten, nämlich $\mathbf{q}$ und $\mathbf{y}$. Sucht man für einen exogenen Outputvektor $\mathbf{y}$ die notwendigen Bruttoproduktionsmengen, erhält man:

$$\mathbf{q} = \mathbf{Ly} \qquad\qquad (III.25)$$

Die n Freiheitsgrade werden um einen reduziert, falls wir – wie Sraffa – die gesellschaftliche Gesamtarbeit einer Periode als eins definieren[50]:

$$\mathbf{a_0 q} \equiv 1 \qquad\qquad (III.26)$$

---

[49] In den Gleichungen (III.23) muss mindestens einmal das Kleinerzeichen zutreffen. Strikte Produktivität liegt vor, wenn von *allen* Waren mehr ausgestoßen werden kann, als in den Produktionsprozess einfließt.

[50] Vgl. Sraffa, P., Production ..., a.a.O., S. 10. Bei der Normierung handelt es sich um eine reine Zahl, da sich die Dimensionen kürzen. Unter der Voraussetzung konstanter Skalenerträge liegt die Deutung dieser Vereinbarung als Pro-Kopf-Betrachtung nahe, wie sie beispielsweise in der neoklassischen Wachstumstheorie gang und gäbe ist. Der Ausdruck zeigt im Übrigen, dass die Gesamtbeschäftigung durch die ‚effektive Nachfrage' determiniert wird, die sich aus Konsum- und Investitionsgütern zusammensetzt.

Linksmultiplikation von (III.25) mit $\mathbf{a}_0$ bringt:

$$1 = \mathbf{a}_0\mathbf{q} = \mathbf{a}_0\mathbf{L}\mathbf{y} = \mathbf{v}\mathbf{y} \qquad \text{(III.27)}$$

Die insgesamt geleistete Arbeit spiegelt sich somit in der Summe der Arbeitswerte des Nettoprodukts wider.

Die Arbeiter bekommen für die betrachtete Periode als Reallohn ein Güterbündel, das in einem semipositiven Spaltenvektor $\mathbf{d}$ verzeichnet sei. Dann lässt sich die Mehrwertrate dieser Wirtschaft folgendermaßen formulieren:

$$m' = \frac{\mathbf{v}\mathbf{y} - \mathbf{v}\mathbf{d}}{\mathbf{v}\mathbf{d}} \qquad \text{(III.28)}$$

Wenden wir uns nun dem Fundamentaltheorem zu. Es besagt, für eine positive Profitrate sei die Ausbeutungsrate ebenfalls größer als null. Um diesen Beweis anzutreten, richten wir den Blick auf das Preissystem. Wird der nominelle Lohnsatz w auf eins fixiert, gewinnt man eine Normierung für die Preise, da mit ihm *ex hypothesi* das Güterbündel $\mathbf{d}$ erworben werden kann:

$$w \equiv 1 = \mathbf{p}^*\mathbf{d} \qquad \text{(III.29)}$$

Die arbeitskommandierenden Preise $\mathbf{p}^*$ sind die in einer Zeitspanne gemessenen Preise, die angeben, wie lange ein Werktätiger beim Lohnsatz $w \equiv 1$ für eine bestimmte Ware arbeiten muss. Bei positiver Profitrate übersteigen sie die Werte. Das sieht man sofort, wenn man die expandierte Form der Werte und Preise miteinander konfrontiert:

$$\mathbf{v} = \mathbf{a}_0\mathbf{L} = \mathbf{a}_0(\mathbf{I} + \mathbf{A} + \mathbf{A}^2 + \mathbf{A}^3 + \ldots) \qquad \text{(III.30)}$$

$$\mathbf{p}^* = \mathbf{a}_0\mathbf{S} = \mathbf{a}_0\left[\mathbf{I} + (1+r)\mathbf{A} + (1+r)^2\mathbf{A}^2 + (1+r)^3\mathbf{A}^3 + \ldots\right] \qquad \text{(III.31)}$$

Aus dem Vergleich zwischen (III.30) und (III.31) resultiert für $0 < r < R$ unmittelbar:

$$\mathbf{p}^* > \mathbf{v} \qquad \text{(III.32)}$$

Gemäß (III.27) und (III.29) gilt ferner:

$$vy = 1 = p^*d \qquad \qquad (III.33)$$

Die Umformung von (III.28) unter Berücksichtigung von (III.33) und (III.32) liefert:

$$m'vd = vy - vd = p^*d - vd = (p^* - v)d > 0 \qquad (III.34)$$

Ist der Wert der Arbeitskraft **vd** positiv, trifft dies nach (III.34) auch für m' zu: Eine positive Profitrate geht mit einer positiven Mehrwertrate Hand in Hand.[51]

Fatalerweise läuft das Fundamentaltheorem jedoch auf eine *Äquivalenzaussage* hinaus: Die Positivität von r und m' bedingen einander wechselseitig. *Dieses* Theorem bestätigt also nicht, dass der Profit die Erscheinungsform des Mehrwerts sei. Aus formaler Sicht hätte man genauso gut mit der Positivität der Mehrwertrate beginnen können, um anschließend im Mehrwert die Erscheinungsform des Profits zu identifizieren.[52] Damit nicht genug.

Erweitert man die Direktbedarfsmatrix **A** um den in den einzelnen Sektoren anfallenden Reallohn, der sich als dyadisches Produkt da_0 schreiben lässt, erhält man die um den Arbeiterkonsum ,angereicherte' Koeffizientenmatrix **M**:

$$M = A + da_0 \qquad \qquad (III.35)$$

Unter der Annahme, **M** sei produktiv, besteht die Fähigkeit, neben den Lohngütern der Arbeiter ein Mehrprodukt zu erzeugen. Allerdings verbirgt sich die Arbeit in den Produktionsgleichungen, sie dringt als Quelle der Wertschöpfung nicht mehr nach außen.[53] In dieser, wenn man so möchte, ,Sklavenhalterwirtschaft' werden Menschen wie Maschinen in

---

[51] In der Literatur finden sich zahlreiche Varianten der Herleitung des Fundamentaltheorems. Vgl. nur Morishima, M., Marx' Economics, a.a.O., S. 53 ff. und Roemer, J. E., Analytical Foundations of Marxian Economic Theory, Cambridge 1981, S. 16 f.

[52] Vgl. Samuelson, P. A., Zum Verständnis ..., a.a.O., S. 268 f. Siehe zudem Steedman, I., Marx ..., a.a.O., S. 58: „The very fact that the proposition in question 'runs both ways' ... means at once that it does not constitute a theory of why r is positive."

[53] Vgl. Schneider, J., Der Beitrag der Arbeitswertlehre zur Theorie der kapitalistischen Warenproduktion, Frankfurt a. M. / New York 1980, S. 13.

einem kapitalistischen Produktionsprozess fabriziert und wie Waren behandelt. Bei solchen Verhältnissen kann, worauf mehrere Autoren hingewiesen haben, die Produktivität von **M** mit der ‚Ausbeutung' jeder
beliebigen Ware in Verbindung gebracht werden. Anscheinend muss das
Mehrprodukt keineswegs auf die Ausbeutung der Arbeit zurückgeführt
werden.

Roemer z. B. berechnet ein Wertsystem, dessen Basis Stahl ist. Seiner
Analyse zufolge reiche die Produktivität von **M** aus, dass „… the steel
value of steel is less than one, and hence that steel is exploited."[54] Dies
gelte in einem produktiven System für alle Waren: „Hence profitability
of capitalism is not explained by the exploitation of labor unless some
other reason can be provided to choose labor as the value numeraire instead of steel."[55]

Der Gesichtspunkt ist nicht neu, Dmitriev hatte bereits den gleichen
Gedanken entwickelt. Freilich fehlt bei ihm die Andeutung, der Arbeit
vielleicht aus anderen Gründen eine Sonderrolle einzuräumen:

> „… whenever a known quantity of some product α has been used up in
> the production of α and we can obtain a *larger* quantity *of the same*
> product within some definite period of time as a result of the produc-
> tion process, the profit rate in the given branch of industry will be a
> fully-determined quantity *greater than zero, irrespective of the price of
> the product* α. If the production costs of the other goods … are reduced
> *in the final analysis* to the same product α, the same profit rate should
> also be established in these branches under conditions of free mobility
> from one branch of production to another …"[56]

Anschließend erwähnt Dmitriev eine reine Roboterwirtschaft, in der – ohne
menschliche Arbeit – Profit denkbar sei[57], und er schlussfolgert: „… the
origin of industrial profit does not stand in any ‚special' relationship to
the human labour used in production."[58]

---

[54] Roemer, J. E., Value …, a.a.O., S. 26.

[55] Ebenda.

[56] Dmitriev, V. K., a.a.O., S. 62 f.

[57] Vgl. ebenda.

[58] Ebenda, S. 64.

Dieses Fazit schüttet das Kind mit dem Bade aus. Natürlich gibt es ohne Arbeitseinsatz keine Ausbeutung der Arbeit.[59] In einer solchen Situation ist es grundsätzlich problematisch – trotz Mehrprodukt – die Vokabel Profit zu gebrauchen. Im Übrigen setzt eine Fiktion die Realität nicht außer Kraft: Tatsächlich wird, wie für jedermann wahrnehmbar, menschliche Arbeit im Produktionsprozess verrichtet. Für die absehbare Zukunft ist diesbezüglich auch keine Änderung zu erwarten.

Zudem stellt Arbeit im hier gegebenen Modelltyp den *einzigen* Originärfaktor dar: Stahl wird eben – wie alle Waren – mittels Arbeit (und produzierter Produktionsmittel) *produziert*; das bleibt so, ob man den Reallohn in der angereicherten Koeffizientenmatrix **M** ‚versteckt' oder nicht. In Ricardos Kornökonomie ist es ebenfalls möglich, die eingesetzte Arbeit in Form einer entsprechenden Menge als Lohn gezahlten Weizens auszudrücken, um daraufhin von einer ‚Ausbeutung' des Getreides zu reden. In Wahrheit liegt aber keine Ausbeutung der Feldfrucht vor. Vielmehr tritt eine ‚material rate of produce' in der Wirklichkeit erst auf, nachdem vorher Leute (mehr oder weniger) fleißig waren.

Diese Überlegung lässt sich auf alle produzierten Inputs anwenden. Wie schon bemerkt, gesteht man den linearen Einzelproduktionsmodellen die Eigenschaft zu, ihr Output könne völlig auf Arbeit reduziert werden: „Remember, however", steht in der ‚Bibel' der Linearen Optimierung, „that everything is congealed labor in a Leontief system."[60] Wie verträgt sich diese Aussage mit der These, der Profit stamme von ‚ausgebeuteten' Zwischenprodukten, die zugleich zur Richtgröße seiner Verteilung erhoben werden? Um zum Kern der Sache vorzustoßen, müssen wir weitergraben.

3.1.4 Nachfrage und Technikwahl: Das Non-Substitutionstheorem

Im Rahmen der Einzelproduktion belegt das Fundamentaltheorem die wechselseitige Positivität von Mehrwert- und Profitrate. *Daraus* lässt sich allerdings nicht folgern, der Profit sei die Erscheinung des Mehrwerts, wenngleich diese Auffassung dem Theorem nicht widerspräche.

---

[59] Vgl. zu diesem Komplex Pichler, E., Vollautomatische Güterproduktion, Marburg 1990.

[60] Dorfman, R., Samuelson, P. A., Solow, R. M., Linear Programming and Economic Analysis, New York / Toronto / London 1958, S. 249.

Gelänge der Nachweis, dass Arbeitswerte eine tragende Rolle in kapitalistischen Marktwirtschaften spielten, bliebe die Frage nach der Kausalität zwischen ihnen und den Preisen aktuell. Nach dem gegenwärtig etablierten Meinungsbild sieht es in dieser Hinsicht für die Wertrechnung indes ziemlich düster aus.

Die stoffliche Gestalt von Mehrwert und Profit ist das Mehrprodukt. Seine Größe hängt von der benutzten Technik ab. Praktisch bieten sich meist mehrere Alternativen an, eine Ware zu erzeugen. Die zum Zuge kommende Technik ist Mittel zum Zweck: der Gewinnmaximierung. Diese orientiere sich laut der orthodoxen Lehre an Preisen, nicht an Werten. Arbeitswerte seien *ex post*-Größen, welche sich erst berechnen ließen, nachdem die Technik bestimmt sei; die Profitrate rangiere *vor* der Mehrwertrate:

> „The determination of the profit rate is thus *logically prior* to any determination of value magnitudes – it is hardly surprising, then, that the latter have nothing to contribute to the former … All value quantities are purely derivative of the physical conditions of production and the real wage, and, indeed, in the presence of a choice of technique – which does always exist – those value quantities can only be determined *after* the rate of profit has already been determined in the profit maximizing choice of technique."[61]

Die Auswahl der im Wert- und Mengensystem auftretenden Koeffizientenmatrix A geschehe – so die einhellig verfochtene Auffassung – ausschließlich im Preissystem; allein die Profitrate bzw. der Lohnsatz entscheide über die präferierte Technik. Die Marxsche Doktrin der Hierarchie von Werten und Preisen scheint demnach vom Kopf auf die Füße gestellt.

Wie das sog. Non-Substitutionstheorem zudem zeige, übe – unter gewissen Voraussetzungen – nicht einmal die Nachfrage einen Einfluss auf die gewinnmaximale Technik aus. Das Theorem ruht auf drei Pfeilern: lineare Skalenerträge, Einzelproduktion und ein Primärfaktor – Arbeit. Auf denselben Prämissen basiert die hier zu studierende Modellwelt; nicht nur deswegen verdient das Non-Substitutionstheorem eine nähere Begutachtung. Die Auswirkung einer Nachfrageveränderung auf die eingesetzten gewinnmaximalen Produktionsprozesse kann nämlich nur ana-

---

[61] Steedman, I., Marx …, a.a.O., S. 65.

lysiert werden, wenn die Technik zuvor gewählt wurde – ein zentraler Punkt dieser Untersuchung.

In diesem Kontext fallen, wie schon angedeutet, immer wieder Bemerkungen, die eine gewisse Unsicherheit hervorrufen, ob Arbeitswerte für die Verfahrensauslese wirklich belanglos sind. Vielmehr herrscht, zumindest auf den ersten Blick, ein Widerspruch zwischen den verteilungsabhängigen Preisen einer Sraffa-Wirtschaft und den in das Leontief-System eingebetteten, *unveränderlichen* Preisverhältnissen. Hören wir dazu eine Charakterisierung des Leontiefschen Input-Output-Modells, die nach einer Arbeitswerttheorie reinsten Wassers klingt. Die Konstanz der dort herausholbaren Tauschrelationen wird wie folgt erklärt:

„The reason is essentially that there is *by assumption* only one fixed factor, only one true social cost. Relative prices of commodities will depend only on their direct and indirect labor content. A change in wage rates, for example, will simply increase the prices of all commodities in the same proportion, leaving relative prices unchanged. Since there is only one thing to be economized, labor, it is perhaps plausible that one set of activities should turn out to be the most economical of labor, regardless of what final goods are desired."[62]

Vor diesem Hintergrund scheint eine genauere Kontrolle des Non-Substitutionstheorems lohnend. Tatsächlich wird sich ergeben, dass die Darstellung der Technikwahl *à la* Sraffa wichtige Erkenntnisse der Input-Output-Analyse missachtet hat und sich stattdessen auf zwar einleuchtend erscheinende, aber in Wahrheit fragwürdige Annahmen stützt. Wie die Geschichte des Non-Substitutionstheorems aufs Neue bestätigt, wurde an Knotenpunkten der ökonomischen Theorie voreilig eine Richtung favorisiert, ohne ernsthaft zu erwägen, ob vielleicht ein anderer Kurs der richtige gewesen wäre.

Die ursprüngliche Version des Theorems wurde, wie Samuelson berichtet[63], im Jahr 1949 jeweils selbständig von N. Georgescu-Roegen sowie ihm formuliert und in einem Sammelband veröffentlicht, der meh-

---

[62] Dorfman, R., Samuelson, P. A., Solow, R. M., a.a.O., S. 225. Siehe auch Bliss, C. J., a.a.O., S. 252 ff.

[63] Vgl. Samuelson, P. A., A New Theorem on Nonsubstitution, in: Money, Growth and Methodology and Other Essays in Economics in Honor of Johan Åkerman, hrsg. v. Hegeland, H., Lund 1961, S. 407-423, S. 408.

rere Beiträge zu dieser Thematik enthält.[64] Der Duktus war anfänglich neoklassisch: Es sollte die Vereinbarkeit von Leontiefs fixen Produktionskoeffizienten mit der für neoklassische Analysen typischen Substitutionalität zwischen den Inputs herausgearbeitet werden: „Actually, *all* his theory in its present form is compatible with the more general case of substitutability."[65] Bereits in der Situation zweier Faktoren veranschaulicht das aus der Standard-Mikroökonomik vertraute Isoquantendiagramm die Existenz eines Kontinuums an Alternativen, ein bestimmtes Gut zu erzeugen. Trotzdem ließe sich unabhängig vom Niveau des Outputs ein konstantes Faktoreinsatzverhältnis beobachten: „This appears to be, in fact, a revival of the Walrasian assumption regarding the constancy of production coefficients under a more general form."[66] In diesem Licht wird der dem ersten Anschein nach widersinnige Sprachgebrauch begreifbar, das Non-Substitutionstheorem gelegentlich – bis in die Gegenwart – als ‚Substitutionstheorem' zu titulieren.

Die Kreation verfügt nicht nur über einen Doppelnamen, sie liegt auch in zwei Ausprägungen vor. Die einfache oder statische Variante setzt eine profitlose Wirtschaft voraus. Jedenfalls wurde in den frühen Beweisen stets so getan – ein weiteres Indiz für die neoklassische Abstammung des Theorems; gibt es doch für Neoklassiker, zumindest auf lange Sicht, keinen ‚reinen' Profit. Wir diskutieren das Non-Substitutionstheorem in einem Rahmen, der sich für das Anliegen dieser Untersuchung besonders eignet: die lineare Programmierung.[67] Sie erlaubt es, anschließend die allgemeine oder dynamische Spielart einzuschätzen.

---

[64] Vgl. Koopmans, T. C. (Hrsg.), Activity Analysis of Production and Allocation, New York / London / Sydney 1951.

[65] Samuelson, P. A., Abstract of a Theorem Concerning Substitutability in Open Leontief Models, in: Koopmans, T. C. (Hrsg.), a.a.O., S. 142-146, S. 142 f. Leontief sieht seinen Ansatz ebenfalls in der Tradition der neoklassischen Theorie. Vgl. Leontief, W., The Structure of the American Economy 1919-1935, An Empirical Application of Equilibrium Analysis, 2. Aufl., New York 1960, S. 33 ff.

[66] Georgescu-Roegen, N., The Aggregate Linear Production Function and Its Applications to von Neumann's Economic Model, in: Koopmans, T. C. (Hrsg.), a.a.O., S. 98-115, S. 98.

[67] Erstmals stößt man auf diese Herleitungsmethode in Gale, D., The Theory of Linear Economic Models, New York / Toronto / London 1960, S. 301 ff., der die Idee dem Pionier der linearen Optimierung, G. Dantzig, verdankt. Vgl. ebenda, S. 318.

Für einige oder alle Waren seien mehr als eine Produktionsmöglichkeit verfügbar, wobei jede dieser Aktivitäten n Inputkoeffizienten umfasst.[68] Sobald mehr Prozesse (m) vorhanden sind als Waren (n), also $n < m$ gilt, ist es unzweckmäßig, die einzelnen Prozesse allein anhand ihrer Inputkoeffizienten zu identifizieren. Deswegen vereinbaren wir, wie in der Aktivitätsanalyse üblich[69], eine Vorzeichenregel: In die Spalte, die sich auf eine Aktivität bezieht, werden Inputs mit negativem Vorzeichen notiert, während ein positiver Wert den Output der betreffenden Ware indiziert. Die Verfahren können bei Bedarf so proportioniert werden, dass sich der Output stets auf eine Einheit beläuft. Die Alternativen werden in einer rechteckigen $n \times m$ Technologiematrix $\mathbf{T}$ vereinigt, deren Zeilen mit den Waren und die Spalten mit den Aktivitäten korrespondieren. Sofern das Element t_{ij} dieser Matrix positiv bzw. Eins ist, verkörpert das i-te Gut das Produktionsergebnis des j-ten Verfahrens. Selbstverständlich tritt in jeder Zeile und in jeder Spalte mindestens ein positives Element auf: Sämtliche Waren lassen sich erzeugen, und alle Prozesse haben einen Ausstoß.[70]

Bei Betrieb der m Prozesse auf einem durch den Vektor $\mathbf{q} \geq \mathbf{0}$ vorgeschriebenen Niveau ergibt sich für den Nettooutput $\mathbf{y}$:

$$\mathbf{T}\mathbf{q} = \mathbf{y} \qquad\qquad (\text{III.36})$$

Wenn das System (III.36) m Variablen q_j enthält, aber es nur $n < m$ Gleichungen gibt, sind mehrere Ergebnisse denkbar. Man muss eine Zielfunktion formulieren, um die Problemstellung in eine lösbare Optimierungsaufgabe zu verwandeln. Worin besteht der Plan? Richtig; weil Arbeit der einzig nicht produzierte Input ist, kommt es darauf an, die Ausgaben für

---

[68] Im Grenzfall wird sogar die für die Neoklassik charakteristische kontinuierliche Substitution der Inputs abgedeckt: „... in the Sraffa-Leontief model, it is usual to consider discrete techniques ... but continuous substitution could also be allowed. It would simply require the existence of an infinite number of techniques each differing in an infinitesimal way from its 'neighbour'." Mainwaring, L., Value and Distribution in Capitalist Economies, Cambridge 1984, S. 177.

[69] Vgl. Hildenbrand, K., Hildenbrand, W., Lineare ökonomische Modelle, Berlin / Heidelberg / New York 1975, S. 22 ff.

[70] Steht für jede Ware nur ein Prozess offen – es liegt demnach eine quadratische Koeffizientenmatrix $\mathbf{A}$ vor –, wird $\mathbf{T}$ zu $(\mathbf{I} - \mathbf{A})$.

diesen Originärfaktor, d. h. die Löhne unter der Nebenbedingung (u. d. N.) (III.36) zu minimieren.[71]

Setzen wir den Lohnsatz gleich Eins, dann führt die Zielfunktion zu einer Minimierung des gesamten Bedarfs an Arbeit. Den m-dimensionalen Zeilenvektor der Arbeitseinsätze bezeichnen wir mit t_0. Das Element t_{0j} repräsentiert die direkte Arbeit, die in Aktivität j geleistet wird. Das lineare Programm lautet somit:

$$t_0 q \to \text{Min} \quad \text{u. d. N.} \quad Tq = y, \quad q \geq 0 \qquad \text{(III.37)}$$

Aus der Theorie der linearen Programmierung ist bekannt, dass jede Basislösung von (III.37) höchstens n positive Elemente von q einschließt. Unter der Bedingung, die n Waren seien allesamt in exogen fixierten, positiven Mengen zu fertigen, determiniert die optimale Lösung genau n Aktivitäten aus T, von der jede eine Ware erzeugt. Nicht zum Zuge kommende Spalten der Technologiematrix T sind irrelevant.

Die optimale Basislösung ändert sich nicht, falls statt des Nettooutputs y die Endnachfrage $y' \neq y$ produziert werden soll. Stellt man mit der Koeffizientenmatrix A und dem dazugehörigen Arbeitseinsatz a_0 den Output y mit minimalen Arbeitsaufwand her, trifft das für die Produktion y' ebenso zu. Die Arbeitswerte variieren bei linearer Technik nicht mit den Prozessniveaus.[72] Trotz wachsender oder schrumpfender Nachfrage bleibt die optimale Technik dieselbe; die einzelnen Aktivitäten werden lediglich auf das passende Niveau expandiert oder kontrahiert.

---

[71] Vgl. Gale, D., a.a.O., S. 304, Lancaster, K., Mathematical Economics, New York 1968, S. 82, Bliss. C. J., a.a.O., S. 254.

[72] Selbstverständlich muss das Programm realisierbar sein, d. h. der minimale Arbeitsaufwand zur Produktion eines gewünschten Güterbündels darf die vorhandene Arbeitsmenge nicht übersteigen. Einen formalen Beweis liefert Lancaster, der den entsprechenden Satz „Basistheorem der Linearen Programmierung" nennt. Vgl. Lancaster, K., a.a.O., S. 39. Ohne diesen Namen findet sich die gleiche Aussage in Gale, D., a.a.O., S. 304 (Lemma 9.3). In der Planwirtschaftstheorie gibt es ähnliche Überlegungen. Bei Nowoshilow etwa begegnet man einem linearen Programm zur Minimierung des Arbeitsaufwandes. Vgl. Nowoshilow, W., Arbeitswerttheorie und Mathematik, in: Sowjetwissenschaften, 1965, S. 1029-1047. In der betriebswissenschaftlichen Literatur tauchen solche Ansätze ebenfalls auf. Vgl. Weitzman, M., On Choosing an Optimal Technology, in: Management Science, Bd. 19 (1967). S. 413-428.

Blicken wir auf das Dual von (III.37). Da das Primal ein Mengenminimierungsproblem ist, handelt es sich jetzt um eine Preismaximierungsaufgabe:

$$\mathbf{py} \to \text{Max} \quad \text{u. d. N.} \quad \mathbf{pT} = \mathbf{t}_0, \quad \mathbf{p} \geq 0 \qquad \text{(III.38)}$$

Dieses Programm wirft den gleichen Zielfunktionswert für die optimale Lösung wie das Primal aus, zudem werden die gleichen Prozesse aktiviert. Schreiben wir für den aus $\mathbf{t}_0$ ausgewählten Vektor $\mathbf{a}_0$, gilt:

$$\mathbf{a}_0\mathbf{q} = \mathbf{py} \qquad \text{(III.39)}$$

Auch in diesem Modell deckt sich die Gesamtarbeit $\mathbf{a}_0\mathbf{q}$ mit der Summe der Arbeitswerte des Nettooutputs $\mathbf{vy}$. Demnach wird aus (III.39):

$$\mathbf{p} = \mathbf{v} \qquad \text{(III.40)}$$

Dem Leontief-System wohnt mithin implizit eine Arbeitswerttheorie inne. Fungiert der Lohnsatz als Recheneinheit, stimmen die Arbeitswerte direkt mit den Gleichgewichtspreisen einer – wie es heißt – profitlosen Wirtschaft überein. Neoklassiker reden in einer solchen Situation (aus unerfindlichen Gründen) gelegentlich von einer ‚zeitlosen Ökonomie', eine Sprachverwirrung, die auf Mirrlees zurückgehen dürfte.[73] In Wahrheit ist weder der angeblich fehlende Faktor ‚Zeit' für ein Preissystem (III.40) bzw. (III.13) (vgl. S. 213) verantwortlich, noch eine spezielle Verteilungssituation. Wie gleich unterbreitet wird, darf diese Preisbildung keineswegs bloß für verteilungs- oder produktionstheoretische Spezialfälle Gültigkeit beanspruchen.

Der Gedanke, das einfache Non-Substitutionstheorem auf Situationen auszudehnen, die durch eine positive Profitrate charakterisiert sind, lag

---

[73] Vgl. Mirrlees, J. A., The Dynamic Nonsubstitution Theory Theorem, in: Review of Economic Studies, Bd. 36 (1969), S. 67-76. Es fehlt freilich nicht an Versuchen, das Vokabular zu rechtfertigen: „Die optimale Technik minimiert den Einsatz des primären Faktors Arbeit und gewährleistet dadurch Effizienz. Denn bei zeitloser Produktion verkörpert der Arbeitsaufwand die einzig wirklichen Kosten, und kostendeckende Produktionspreise und Arbeitswerte sind daher verständlicherweise identisch (bzw. bei anderer Normierung zueinander proportional)." Kesting, H., a.a.O., S. 141 f. In der Fußnote auf S. 141 behauptet Kesting gar: „Wegen der vorausgesetzten zeitlosen Produktion besteht das Nettosozialprodukt nur aus dem Konsum der Haushalte ..."

mehrere Jahre in der Luft[74], ehe analytisch verankert wurde, dass die Preisstruktur im Allgemeinen nicht mit der Nachfrage verkoppelt ist. Üblicherweise werden in diesem Zusammenhang die Arbeiten von Mirrlees
und Stiglitz[75] aus dem Ende der 60er Jahre zitiert. Allerdings hatte der
Samuelson-Schüler Levhari schon einige Jahre vorher bemerkt: „...in
each rate of interest *r* there exists a matrix *a* composed of pure activities
which will minimize prices in terms of wages, or rather, maximize real
wages."[76] Dieselbe Botschaft verkünden alle Beweise des ‚dynamischen'
Non-Substitutionstheorems. Ein weiteres Beispiel mag genügen: „The
nonsubstitution theorems assert that ... only one vector of relative prices
is possible for the economy ... In equilibrium, the price of each produced
commodity is equal to the *minimum cost of producing it* ..."[77]

   Das letzte Zitat wurde zum einen ausgesucht, um noch einmal – doppelt genäht hält besser – zu belegen, das allgemeine Non-Substitutionstheorem bescheinige, die Preisstruktur sei losgelöst von der Endnachfrage. Zum anderen enthüllt der Passus die der Ermittlung des Preisvek-
tors vorausgesetzte Funktionsweise einer Konkurrenzwirtschaft. Neoklassiker *und* Neoricardianer meinen, die Entscheidung zwischen den Verfahren „... will be exclusively grounded on cheapness ..."[78] Unter Wett-
bewerbsbedingungen gewinne die (vermeintlich) kostengünstigste Tech-

---

[74] Vgl. Bliss, J., C., a.a.O., S. 251 Fn.

[75] Vgl. Mirrlees, J. A., a.a.O. und Stiglitz, J. E., Non-Substitution Theorems With
Durable Capital Goods, in: Review of Economic Studies, Bd. 37 (1970), S. 543-
553.

[76] Levhari, D., A Nonsubstitution Theorem and Switching of Techniques, in: The
Quarterly Journal of Economics, Bd. 79 (1965), S. 98-105, S. 102. *a* entspricht der
Koeffizientenmatrix **A**. Anschließend brachte Levhari eine *falsche* Deduktion, wonach die Wiederkehr einer Technik bei geänderter Verteilung ausbleibe. Dies hat
die Debatte um ‚Reswitching' erst richtig in Schwung gebracht. Vgl. Morishima,
M., Refutation of the Nonswitching Theorem, in: Quarterly Journal of Economics,
Bd. 80 (1966), S. 520-525, Levhari, D., Samuelson, P. A., The Nonswitching Theorem is False, in: Quarterly Journal of Economics, Bd. 80 (1966), S. 518 f. Die Thematik wird gleich vertieft.

[77] Mirrlees, J. A., a.a.O., S. 67, eigene Hervorhebung. Siehe auch Weizsäcker, C. C.
v., Steady State Capital Theory, Berlin / Heidelberg / New York 1971, S. 53. Bliss
bevorzugt das Etikett „general non-substitution theorem": „This is to be greatly
preferred to Mirrlees' unfortunate terminology – dynamic non-substitution theorem.
There is nothing dynamic about these results." Bliss, C. J., a.a.O., S. 260 Fn.

[78] Sraffa, P., Production ..., a.a.O., S. 83.

nik die Oberhand. Für eine fixierte Profitrate sei das jene, welche die geringsten Preise hervorrufe. Hierdurch werde *uno actu* der Reallohn maximiert. Jedoch ist es nicht ausgeschlossen, dass bei einer *anderen* Profitrate eine *andere* Auswahl aus **T** niedrigere Sraffa-Preise nach sich zieht. Im Gegenteil.

Wenn sich mehrere Techniken auf der sog. Lohngrenze abwechseln, würden je nach Verteilungskonstellation unterschiedliche Verfahren angewandt. In Abbildung III.1 sind die Lohnkurven dreier Techniken T^A, T^B und T^C zu sehen, die sich gemäß (III.19) (vgl. S. 217) ergeben, wobei der Preis der Ware 1 zum Numéraire erhoben wurde. Die etwas dicker gezeichneten, am weitesten nord-östlich gelegenen Segmente der drei Lohnkurven bilden die Lohngrenze. Sie informiert für jede Profitrate über die höchstmögliche Vergütung, oder – was auf das Gleiche hinausläuft – sie ordnet den einzelnen Lohnsätzen die größte erzielbare Profitrate zu. Zwischen $0 \leq r < r_1$ werde also T^A eingesetzt, für $r_1 < r < r_2$ die Technik B, während in dem Intervall $r_2 < r < r_3$ wieder Technik A geringere Preise zuwege bringe: Es komme zu Reswitching. Schließlich schiebe sich für $r \geq r_3$ die Technik C nach vorne. Sie bleibe am Ruder, bis der in Ware 1 gemessene Lohnsatz null beträgt, d. h. bis zur maximalen Profitrate dieser Technik. In den Schnittpunkten zweier Lohnkurven, den Switchpunkten, könnten die benachbarten Techniken koexistieren. Das jedenfalls verbreitet die neoricardianische (Irr-)Lehre.

Abbildung III.1: Die Lohnkurven dreier Techniken

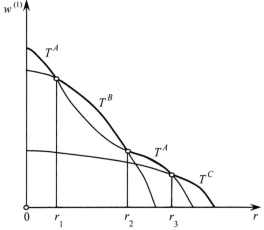

So sehr der Glaube verbreitet ist, wonach der Konkurrenzprozess zu den niedrigsten Preisen führe, sowenig zeigt das allgemeine Non-Substitutionstheorem, dass dies tatsächlich geschieht. Denn was lässt sich im Rahmen dieses Theorems wirklich demonstrieren? Ans Licht gebracht wird allein die Unabhängigkeit einer bestimmten Preisbildungs*hypothese* von der Endnachfrage – nichts weiter.[79] Keineswegs wird zutage gefördert, die auf der Lohngrenze erscheinende Technik sei wirklich immer die von den profitmaximierenden Unternehmern bevorzugte.

Man kann sich eigentlich nur wundern, dass das einfache um ein (angeblich) allgemeines Non-Substitutionstheorem erweitert wurde. Tatsächlich bedurfte es keiner Ausdehnung der ‚zeitlosen‘ Variante auf eine ‚profitable‘ Wirtschaft: Die Lösung des Programms (III.37) (vgl. S. 234) und die darauf aufbauende Herleitung des Non-Substitutionstheorems umfasst diesen Fall bereits. Sollte der ursprüngliche Nettooutputvektor y nur das Reallohnbündel enthalten haben, verursacht – wie der Kernsatz des Non-Substitutionstheorems besagt – ein anderer Outputvektor $y' \geq y$ keinen Technikwechsel. Nichts hindert einen daran, die semipositive Differenz $y' - y$ als Mehrprodukt zu interpretieren. Das Dual des Programms instruiert ferner, wie der Vektor des physischen Mehrprodukts zu bewerten ist, um die skalare Größe Profit zu berechnen: mit Preisen, die den Arbeitswerten entsprechen. *Das* sind die niedrigsten Preise, auf welche die freie Konkurrenz zusteuern kann, soll und wird.

Bei dieser Preisbildung wird automatisch – anders als bei den Sraffa-Preisen – das (optimale) Mengensystem berücksichtigt. Der Gewinn besteht ja nicht bloß aus dem Stückgewinn, sondern aus dessen Multiplikation mit dem Output.[80] Bei Sraffa blieb – wider Willen – der klassische

---

[79] Pasinetti deutet gleichfalls darauf hin, die im Non-Substitutionstheorem gezeigte Preisunabhängigkeit von dem Niveau der Produktion habe nichts mit Substitution zu tun: „...'non-variation of prices' and the 'possibility of variation of prices' are something quite different from 'non-substitution' and 'substitution'." Pasinetti, L., On 'non-substitution' in production models, in: Cambridge Journal of Economics, Bd. 1 (1977), S. 389-394, S. 390.

[80] In der Betriebswirtschaftslehre gilt diese Erkenntnis seit Längerem als gesichert: „Wir wissen, dass das Maximum des Stückgewinns mit dem Maximum des Periodengesamtgewinns nicht zusammenzufallen braucht ... der Unternehmer (disponiert) nur dann mit höchster Wirtschaftlichkeit, wenn er das Maximum des Periodengewinns erreicht, d. h. das Maximum des absoluten Gewinns der Vergleichsperiode."

Gedanke auf der Strecke, wonach der Überschuss den Profit beschränkt. Sicher, ein gewisses Mehrprodukt lässt sich mit verschiedenen Techniken erzeugen, darunter ist allerdings für die Entrepreneure jene am günstigsten, die den dafür nötigen Arbeitseinsatz minimiert; es gibt keine anderen originären Faktoren. Die Preisbildung *à la* Ricardo, Marx, Dmitriev, Bortkiewicz, Sraffa und wie sie alle heißen setzt – ohne Prüfung! – einfach voraus, eine höhere Profitrate impliziere ein höheres Unternehmereinkommen. Der Gewinnindikator einer falschen Kalkulationsvorschrift liefert jedoch niemals ein verlässliches Entscheidungskriterium.

Im Gegensatz zu dem am Anfang dieses Abschnitts referierten Dogma erfüllen Arbeitswerte eine zentrale Funktion in kapitalistischen Marktwirtschaften. Die analytisch gewonnenen Resultate werden im Weiteren mit Beispielen konfrontiert. Dabei bestätigt sich die inzwischen begründete Überlegenheit der Arbeitswertrechnung auch und gerade in Situationen, in denen die moderne Form der klassischen Werttheorie, die neoricardianische Doktrin, ein Fiasko erlebt.

Koch, H., Das Wirtschaftlichkeitsprinzip als betriebswirtschaftliche Maxime, in: Zeitschrift für handelswirtschaftliche Forschung, 3. Jg. (1951), S. 160-170, S. 166 f.

3.2 Paradoxa und Anomalien der Sraffa-Preisbildung bei Einzelproduktion

Ausgangspunkt der folgenden Betrachtungen ist eine schlichte, aber elementare Erkenntnis. Unter kapitalistischen Verhältnissen muss der Preis einer Ware mindestens ihre (variablen) Stückkosten decken, damit sie produziert wird:

$$p \geq pA + a_0 w \tag{III.41}$$

Dieses fundamentale Faktum ist, wie Dmitriev mit Recht konstatiert, „... not a result of a scientific analysis of the phenomena of economic life, but a simple statement of the self-evident fact that production cannot continue (at least for any appreciable length of time) if the price of the product does not cover the costs incurred."[1] Die spannende Frage lautet, wie die Lücke geschlossen wird, sofern in den obigen Gleichungen das Größerzeichen gilt.

Die Wirtschaftstheoretiker – angefangen von den Klassikern bis heute – haben darin niemals ein Problem erblickt: Stets scheint es in ihren Augen eine ebenso auf der Hand zu liegende Tatsache wie das System (III.41) selbst zu sein, dass der Profit in Proportion zum sektoralen *Materialaufwand* – nichts anderes ist **pA** – aufgeschlüsselt werden müsse. Dabei wird immer eine *vorhandene* unternehmensspezifische Arbeitsteilung *unterstellt*, ohne jemals dem Gedanken näherzutreten, dieses Verteilungsverfahren könne möglicherweise geradezu absurde Ergebnisse nach sich ziehen; Ergebnisse, welche die ‚diskriminierten‘ Unternehmer davon abhielten, sich in die gesellschaftliche Arbeitsteilung einzuschalten. Wie den zusammengetragenen Indizien zu entnehmen sein wird, eignet sich der Sraffa-Ansatz entweder grundsätzlich nicht als Preisbildungsvorschrift oder nur unter Verzicht auf die Gewinnmaximierung.

Gleichzeitig wird sich aus der Kritik ergeben, welche Preisgestaltung die ‚Unregelmäßigkeiten‘ von vornherein ausschließt: die Wertrechnung. Damit sind jene Kalkulationsmethoden gemeint, die zu Preisen führen, die proportional zu den Arbeitswerten sind bzw. – bei passender Normierung – mit ihnen übereinstimmen. Die Betrachtungen zum Non-Substitutionstheorem haben erwiesen, dass diese Form der Preispolitik mit der Wahl der gewinnmaximalen Technik korrespondiert. Des Weiteren

---

[1] Dmitriev, V. K., a.a.O., S. 39.

überwindet sie die als verfehlt einzustufende sukzessivistische Behandlung der Problemstellung im Rahmen einer simultanen Fertigung. Die Wertkalkulation harmoniert mit den für einen Produktionsprozess typischen Stromgrößen, während die Sraffa-Preise auf einer verkappten Beständerechnung beruhen.

Die obigen Überlegungen zur (Un-)Abhängigkeit der optimalen Technik von der Endnachfrage waren auf einem gesamtwirtschaftlichen Niveau angesiedelt. Die ‚unsichtbare Hand' koordiniert allerdings das *mikroökonomische* Verhalten. Wie müssen die Preise auf dieser Ebene ermittelt werden, um die angekündigten Unregelmäßigkeiten zu verhüten? Jawohl, das gesuchte Preissystem greift Platz, wenn der Profit in der einzelwirtschaftlichen Kalkulation nach Maßgabe des wirklichen, weil nicht reproduzierbaren Kostenfaktors, der Arbeit, anfällt:

$$\mathbf{p} = \mathbf{p}\mathbf{A} + \mathbf{a}_0 w\,(1 + \varepsilon) = \mathbf{p}\mathbf{A} + \mathbf{a}_0 we \qquad \text{(III.42)}$$

Das Symbol für den Lohnkostenaufschlag ist dasselbe, das bereits bei der Analyse des Vorschlags von Bortkiewicz zur Transformation von Werten in Preise benutzt wurde (vgl. S. 191). Als Lösung von (III.42) erhält man Preise, die den Arbeitswerten parallel sind:

$$\mathbf{p} = \mathbf{a}_0 \mathbf{L} we = \mathbf{v} we \qquad \text{(III.43)}$$

Dieses Preissetzungsverfahren verdankt seine Existenz keineswegs bloß einem Schuss ins Blaue. Wie später verdeutlicht wird, stellt es stattdessen die aus individueller Sicht einzig rationale Methode zur Produktionspreisbildung dar.

Man mag einwenden, bei einer Kalkulation *à la* (III.42) müsse der Unternehmer nichts mehr ‚vorschießen' und ‚verzinsen', denn auch der Lohn werde erst am Ende der Periode bezahlt. Dieser Protest verkennt den wahren Sachverhalt. Zunächst einmal tragen Zinsen für das investierte eigene oder fremde Geld den Charakter von *Fixkosten* und sie sind daher für die betrachtete Periode (und womöglich lange darüber hinaus) *entscheidungsirrelevant*. Vor diesem Hintergrund bietet es sich an, den ‚Gewinn', von dem hier fortwährend die Rede ist, als *Deckungsbeitrag* zu interpretieren. Dies passt außerdem zur betriebswirtschaftlichen korrekten Sichtweise.

Ferner räumen im modernen Wirtschaftsleben die Unternehmer einander ein Zahlungsziel ein und entrichten die Löhne oft erst nach vollbrachtem Werk. Die Teilnehmer am Rennen müssen jedoch als solvent gelten: Die Gewährung eines Zahlungsziels oder eines (Lieferanten-)Kredits setzt in der Regel *Bonität*, d. h. Vermögen des Schuldners voraus. *Insoweit* stellt die Verfügung über ‚Vertrauenskapital' die Bedingung dar, um als Unternehmer am Wirtschaftsleben partizipieren zu dürfen.

Die Produktion vollzieht sich naturgemäß in einem Zeitraum, die Begleichung hingegen erfolgt zu einem Zeit*punkt* nach Lieferung der Vorleistungen. Dem widerspricht nicht, dass für manche Projekte An- oder Teilzahlungen zu leisten sind. In solchen Fällen fungiert dieser Geldbetrag sozusagen als Eintrittspreis, der zur Beteiligung an der Veranstaltung berechtigt. Mag es im Einzelnen sein wie es will: Die Geld- und Kreditverflechtungen setzen die Gesetzmäßigkeiten der Produktionssphäre nicht außer Kraft.

So gesehen ist die Sraffa-Preisbildung vom Ansatz her realitäts*ferner* als das empfohlene Kontrastprogramm: Der Materialaufwand etablierter Unternehmen wird in den wenigsten Fällen vorfinanziert; zumindest nicht in voller Höhe. Im Übrigen dehnt sich die ex post-Abrechnung zunehmend auf die Endnachfrage aus, die Nennung des Stichworts Kreditkarte genügt.

Die Gleichungen (III.43) haben den Vorteil, mathematisch wesentlich einfacher zu sein als das System (III.16) $\mathbf{p} = \mathbf{a}_0 w \mathbf{S}$, immerhin ein Polynom n-ten Grades in r. Darüber hinaus funktionieren sie auch dann, wenn (III.16) versagt. Das System (III.43) liefert stets Qualitätserzeugnisse, wohingegen die Gleichungen (III.16), wie wir alsbald erleben, nur Ausschuss hervorbringen.

3.2.1 Basis- und Nichtbasiswaren

Die handfesten Probleme, unter gewissen Umständen die Sraffa-Preise zu bilden, wurden ziemlich rasch nach Erscheinen des Buches von Sraffa publik. In einem sich auf die Einzelproduktion beschränkenden Besprechungsartikel unterbreitete Peter Newman erstmals ein Zahlenbeispiel, in dem bei einer uniformen Profitrate ein Preis negativ wird.[2] In Anlehnung an Ricardos Kornökonomie figuriert im Newmanschen Zwei-Sektoren-

---

[2] Vgl. Newman, P., Production of Commodities by Means of Commodities, in: Schweizerische Zeitschrift für Volkswirtschaft und Statistik, 98. Jg. (1962), S. 58-75, S. 66 f.

Modell Weizen als Basisware, die in beiden Prozessen als Input auftritt, sei es als Produktionsmittel oder als Konsumgut der Arbeiter. Die andere Ware, Eisen, hat Luxusgutcharakter; als Nichtbasisware fließt sie lediglich in ihre eigene Erzeugung ein. Die Existenz von Nichtbasiswaren im Sinne Sraffas impliziert, dass durch eine geeignete Vertauschung von Zeilen und Spalten die Koeffizientenmatrix $\mathbf{A}$ zerlegbar ist, d. h. im Allgemeinen auf folgende Gestalt gebracht werden kann[3]:

$$\mathbf{A} = \begin{pmatrix} \mathbf{A}_{11} & \mathbf{A}_{12} \\ \mathbf{0} & \mathbf{A}_{22} \end{pmatrix} \qquad\qquad \text{(III.44)}$$

$\mathbf{A}_{11}$ und $\mathbf{A}_{22}$ sind quadratische Untermatrizen, die nicht unbedingt gleicher Ordnung sein müssen. Bei einer zerlegbaren Koeffizientenmatrix $\mathbf{A}$ verschwindet $\mathbf{A}_{21}$. Ihr entspricht im zweidimensionalen Fall der Koeffizient a_{21}. Die Ware 2, hier Eisen, wird demnach nicht zur Herstellung von Ware 1, Korn, gebraucht. Newman schlägt in seinem Beispiel den Reallohn der Koeffizientenmatrix zu; a_{11} und a_{12} repräsentieren über den Produktionsmittelinput von Weizen hinaus den jeweiligen Arbeitseinsatz pro Stück. Normiert man den Getreidepreis auf eins und schreibt für den Eisenpreis p, ergeben sich die beiden Preisbestimmungsgleichungen:

$$1 = a_{11}(1+r) \qquad\qquad \text{(III.45)}$$

$$p = (a_{12} + a_{22}p)(1+r) \qquad\qquad \text{(III.46)}$$

Aus (III.45) erhält man direkt die Profitrate als Netto-Reproduktionsrate der Feldfrucht:

$$r = \frac{1-a_{11}}{a_{11}} > 0 \quad \text{für} \quad 0 < a_{11} < 1 \qquad\qquad \text{(III.47)}$$

Die Profitrate wird, ganz im Stile Ricardos, allein von der Basisgüterindustrie vorgelegt. Für die anderen Sektoren ist sie ein Datum; im Gleichgewicht müssen sie die physisch determinierte Weizenprofitrate übernehmen. „The fact, however, that they *must* accept it, does not mean that

---

[3] Vgl. die klare Erläuterung des Permutationsverfahrens bei Takayama, A., Mathematical Economics, 2. Aufl., Cambridge u. a. 1985, S. 368 ff.

they *can* accept it."[4] Zur Ermittlung der Umstände, unter denen der Nicht-basiszweig die Profitrate des Weizensektors nicht anwenden kann, auch wenn er es wollte, berechnen wir aus (III.46) die Profitrate der Eisen-industrie:

$$r = \frac{(1 - a_{22})p - a_{12}}{a_{12} + a_{22}p} \qquad (III.48)$$

Geht der Weizenverbrauch pro Eiseneinheit a_{12} gegen null, strebt die Profitrate ihrem Spitzenwert $\left(r_{max}^{E}\right)$ zu. Für $a_{12} = 0$ verwandelt sich (III.48) in:

$$r_{max}^{E} = \frac{1 - a_{22}}{a_{22}} > 0 \qquad \text{für} \quad 0 < a_{22} < 1 \qquad (III.49)$$

Im Gleichgewicht sollten (III.47) und (III.48) übereinstimmen. Für $a_{11} < a_{22}$ ist aber selbst die maximale Profitrate des Nichtbasissektors (III.49) kleiner als die der Weizenindustrie (III.47): Der Preis des Eisens wird dann negativ. Setzt man nämlich (III.47) und (III.48) gleich, ge-winnt man nach kurzer Umformung für p[5]:

$$p = \frac{a_{12}}{a_{11} - a_{22}} \qquad (III.50)$$

Die Bedingung positiver Preise ist offenbar für $a_{11} < a_{22}$ verletzt.[6] Da dem keine ökonomischen Gründe entgegenstünden, resümiert Newman: „... 'non-basics' do not exist, if we are not to confine ourselves to a rather odd and restricted class of situations."[7] Dies widerspricht dem hohen

---

[4] Zaghini, E., On Non-Basic Commodities, in: Schweizerische Zeitschrift für Volkswirtschaft und Statistik, 103. Jg. (1967), S. 257-266, S. 261. Zaghini klassifi-ziert die einzelnen Typen von Nichtbasiswaren, die bei einer zerlegbaren Unter-matrix $\mathbf{A}_{22}$ auftauchen können.

[5] Eine Graphik der Entwicklung des Eisenpreises in Abhängigkeit von der Profitra-te bringt Kurz, H. D., Zur neoricardianischen ..., a.a.O., S. 67.

[6] Im Allgemeinen unterschreitet die maximale Profitrate des Nichtbasisbereichs die des Basissektors, wenn der maximale Eigenwert von $\mathbf{A}_{11}$ kleiner als der von $\mathbf{A}_{22}$ ist.

[7] Newman, P., Production ..., a.a.O., S. 67.

Rang, den Sraffa den Nichtbasiswaren in seinem Werk einräumt. Deshalb lehnt er die von Newman gezogene Konsequenz ab.

In einem Brief an Newman erwähnt Sraffa zunächst, er habe den fraglichen Sachverhalt durchaus kommentiert[8]: „Have you not overlooked my Appendix B, to which the reader was referred to by a footnote on p. 28?"[9] Des Weiteren bemerkt er, das Problem entstehe nur bei einer hinreichend kleinen Selbstreproduktionsrate der Nichtbasisware. Das trete in Wirklichkeit, wenn überhaupt, kaum auf: „I certainly failed to discover any faintly realistic example of this which I could use, and had to invent those 'beans'."[10]

Es ist instruktiv, wie Sraffa das zwar seines Erachtens exzeptionelle, aber nicht völlig von der Hand zu weisende Gebrechen zu verarzten vorschlägt. Sollte die Bohnenerzeugung durch eine relativ (zu) kleine Netto-Reproduktionsrate (III.49) gekennzeichnet sein, gibt es – laut Sraffa – dennoch eine Methode, die einheitliche Profitrate bei positiven Preisen zu retten: „The 'beans' could however still be produced and marketed so as to show a normal profit if the producer sold them at a higher price than the one which, in his book-keeping, he attributes to them as means of production."[11]

Allerdings vermag weder der Bezug auf die angeblich seltene Existenz solcher Phänomene in der Realität zu überzeugen, noch erscheint die

---

[8] Der Briefwechsel zwischen Sraffa und Newman ist bei Bharadwaj, K., On the Maximum Numbers of Switches Between Two Production Systems, in: Schweizerische Zeitschrift für Volkswirtschaft und Statistik, 106. Jg. (1970), S. 409-429, S. 425 ff. abgedruckt.

[9] Sraffa, P., Brief an Newmann, 4. Juni 1962, a.a.O., S. 425 f., S. 425.

[10] Ebenda, S. 426. Die Bohnen sind das von Sraffa gewählte hypothetische Beispiel im Anhang B seines Buches, um die Möglichkeit negativer Preise der Nichtbasiswaren zu illustrieren. Vgl. Sraffa, P., Production ..., a.a.O., S. 90 f. Newman teilt die Sicht, die Frage müsse empirisch behandelt werden: „It seems to me that more empirical considerations would have to be brought in." Newman, P., Brief an Sraffa, 8. Juni 1962, a.a.O., S. 426 f., S. 427. In seinem zweiten Brief wiederholt Sraffa seine Einschätzung, der Fall sei empirisch extrem unwahrscheinlich: „It has not been possible to find a reasonable case in reality in which the rate is smaller ..." Sraffa, P., Brief an Newman, 19. Juni 1962, a.a.O., S. 427 f., S. 428.

[11] Sraffa,, P., Production ..., a.a.O., S. 91. Man beachte die Formulierung: Ganz in der Art Ricardos wird von ‚normal profit' gesprochen, wo die ‚normal *rate* of profit' gemeint ist.

Art ihrer Behandlung, soweit sie denn auf den Plan treten, akzeptabel: Die Begebenheit *kann* vorkommen, obschon die Wahrscheinlichkeit dafür geringer wird, je mehr die Arbeiter am Überschuss partizipieren.[12] Vielmehr ist das Versagen einer Theorie in Grenz- und Extremfällen – die gleichwohl von ihr abgedeckt werden sollten – Symptom ihrer Schwäche. Die Ausnahme *widerlegt* die Regel und ist Vorbote einer neuen.

Auch die Bortkiewiczsche Korrektur der Wert-Preis-Transformation misslingt, falls das konstante Kapital der Abteilung II null beträgt. In dieser Konstellation, die der hier Gegebenen analog ist, stimmt die Profitrate mit der ausschließlich in Abteilung II determinierten Mehrwertrate überein. Jedoch sind die anderen Abteilungen unter gewissen Konditionen unfähig, diese Profitrate zu veranschlagen. Es ist dann ein vergebliches Bemühen, das Bortkiewicz-Preissystem, welches den Gleichungen (III.45) und (III.46) entspricht, aufzustellen. *Nur* die Wertrechnung hat sich in dieser zugespitzten Lage behaupten können.

Sraffas Vorschlag, die Krankheit zu heilen, gleicht einem Aderlass: Er schwächt den Patienten, ohne Linderung oder gar Heilung zu verschaffen. Keinem Bohnenproduzenten sei verwehrt, sich durch Manipulation der Buchhaltung etwas in die Tasche lügen zu wollen – Papier ist geduldig; ein Attribut, welches der ökonomischen Theorie im Verlauf ihrer Geschichte das Leben ebenfalls erleichtert hat. Trotzdem stößt die Umsetzung der Empfehlung Sraffas auf ungeahnte Schwierigkeiten: Angesichts zweier Unbekannter ist eine Gleichung eine zu wenig. Selbst bei Kenntnis von r genügt (III.46) nicht, um einen ‚Verkaufspreis' – links vom Gleichheitszeichen – und einen ‚Buchhaltungspreis' – rechts vom Gleichheitszeichen – zu ermitteln. Die Produktionsbedingungen allein sind in diesem Rahmen unzulänglich, um ein eindeutiges Preissystem abzuleiten. Doch die Aufgabe lässt sich bewältigen, ohne das Heil in der Nachfrage oder in der willkürlichen Besetzung des Freiheitsgrades (bzw. einschlägig vieler bei mehreren Eisen- und Bohnensorten) zu suchen.

Der Weg aus der Sackgasse bleibt so lange versperrt, wie man die verausgabte Arbeit in die Koeffizientenmatrix abschiebt. Um die Preise gemäß (III.42) (vgl. S. 241) zu bilden, sind die direkten Arbeitseinsätze a_{0j} sichtbar zu machen. Unter den gleichen Annahmen, die (III.45) und (III.46) zugrunde liegen, erhält man:

---

[12] Vgl. Kurz, H. D., Zur neoricardianischen ..., a.a.O., S. 69.

$$1 = a_{11} + a_{01}we \tag{III.51}$$

$$p = a_{12} + a_{22}p + a_{02}we \tag{III.52}$$

Die Umformung von (III.51) bringt:

$$e = \frac{1 - a_{11}}{a_{01}w} \tag{III.53}$$

Substitution in (III.52) liefert:

$$p = \frac{a_{12} + \dfrac{a_{02}(1 - a_{11})}{a_{01}}}{1 - a_{22}} \tag{III.54}$$

Aus (III.54) geht hervor, dass p jetzt stets positiv ist. Das Tauschverhältnis Eisen zu Weizen lässt sich zudem durch die Berücksichtigung des Wertsystems vereinfachen:

$$v_1 = v_1 a_{11} + a_{01} \tag{III.55}$$

$$v_2 = v_1 a_{12} + v_2 a_{22} + a_{02} \tag{III.56}$$

Die Lösungen lauten:

$$v_1 = \frac{a_{01}}{1 - a_{11}} \tag{III.57}$$

$$v_2 = \frac{v_1 a_{12} + a_{02}}{1 - a_{22}} \tag{III.58}$$

Mit (III.57) und (III.58) ergibt sich für p aus (III.54):

$$p = \frac{a_{12} + \dfrac{a_{02}}{v_1}}{1 - a_{22}} = \frac{v_2}{v_1} \tag{III.59}$$

Unabhängig von e bestimmen die Arbeitswerte die Tauschrelation zwischen Eisen und Weizen. Sie ist immer positiv; erneut werden die Sraffa-Preise von der Wertrechnung geschlagen.

Ferner deutet das Resultat an, welchen Waren in Wahrheit Basischarakter zuzuweisen ist: den Lohngütern. Dieser klassische Standpunkt wird weiter gefestigt, sobald der Gewinn in der Analyse explizit auftaucht. Das ist noch nicht geschehen. Bislang ging es erst einmal um den Nachweis, die Wertrechnung sei dort zu gebrauchen, wo man mit der Sraffa-Doktrin auf verlorenem Posten steht. Nun gilt es, zutage zu fördern, dass in Situationen, in denen seine Preisbildungshypothese formal anwendbar ist, Ergebnisse zustande kommen, die den Prämissen widersprechen.

3.2.2 Profitrate, Kapitalwert und Gesamtgewinn

In einer Hinsicht jedenfalls entfaltete das Werk Sraffas eine ‚sägensreiche' Wirkung: Dem *uneingeschränkten* Geltungsanspruch des ‚neoklassischen Postulats', das die gleichgerichtete Bewegung von Lohnsatz und Kapitalwert fordert[13], wurde der Boden entzogen. Hiermit war aber keineswegs die Auffassung ausgerottet, dieser Zusammenhang dominiere eben doch in der Realität. Die neoklassische ‚Faustformel', eine Lohnsatzsteigerung sei mit einer Substitution von Arbeit durch ‚Kapital' verknüpft, strahlt wie eh und je eine große Anziehungskraft auf die Ökonomen in Theorie und Praxis aus. Der *Modus vivendi* bestand für viele darin, die extremen Ausschläge von Kapitalwert und Pro-Kopf-Sozialprodukt, wie sie gemäß der Technikwahl *à la* Sraffa zu erwarten wären, als *theoretische* Möglichkeit nicht (mehr) anzuzweifeln. Im selben Atemzug wird den genannten Modelleigenschaften angesichts der Fakten die *empirische* Relevanz abgesprochen.

Im Endeffekt haben die mit dem ‚gesunden Menschenverstand' Gesegneten recht – wenngleich aus falschem Grund: Die Erkenntnisse der neoricardianischen Lehre sind nicht belanglos, weil die Wirklichkeit – warum auch immer – die den Neoklassikern ins Konzept passenden relativ stabilen Verhältnisse favorisiert. Die im Licht des Sraffa-Ansatzes nicht nur als denkbar, sondern sogar als äußerst wahrscheinlich einzustufenden Amplituden der Kapitalintensität lassen auf sich warten, da die Realität im Studierzimmer fabrizierte, vermeintliche Funktionsmechanismen kapitalistischer Marktwirtschaften ignoriert.

---

[13] Sprachprägend wirkte Sato, K., The Neoclassical Postulate and the Technology Frontier in Capital Theory, in: The Quarterly Journal of Economics, Bd. 88 (1974), S. 353-384.

Ein einfaches Mehrzweckmodell soll die These erhärten. Mit ihm wird die neoricardianische Theorie der Technikwahl sowie der Preisbildung illustriert und – *ad absurdum* geführt. Das Blaupausenbuch der betrachteten Wirtschaft beschränke sich auf zwei Techniken: A (T^A) und B (T^B). Beide erzeugen zwei gleiche Waren in jeweils zwei Einzelproduktionsprozessen. Die Koeffizienten der Technik A sind wie folgt spezifiziert:

$$a_{01} = 0,002 \qquad\qquad a_{02} = 0,01$$
$$a_{11} = 0,35 \qquad\qquad a_{12} = 0,1$$
$$a_{21} = 0,05 \qquad\qquad a_{22} = 0,1$$

Im Gegensatz zu dem gerade behandelten Fall sind beide Waren nun ‚Basics‘, jede geht in die Fertigung der anderen ein. Dasselbe gilt für Technik B, die von Technik A lediglich in den Koeffizienten des Sektors 1 differiert:

$$b_{01} = 0,001 \qquad\qquad b_{02} = 0,01 = a_{02}$$
$$b_{11} = 0,254542 \qquad\qquad b_{12} = 0,1 = a_{12}$$
$$b_{21} = 0,161435 \qquad\qquad b_{22} = 0,1 \;\; = a_{22}$$

Das System der Sraffa-Preise weist zwei Freiheitsgrade auf, von denen einer durch die Definition einer Zähleinheit beseitigt werden kann. Hier interessiert die Beziehung zwischen Lohnsatz und Profitrate. Gemäß (III.19) (vgl. S. 217) lassen sich für jede Technik zwei Lohnkurven ableiten, je nachdem, welcher Preis als Standard dient. Die umseitige Abbildung III.2 gibt die Lohnkurven der Techniken A und B wieder, wobei zunächst Ware 1 als Numéraire fungiert ($p_1 \equiv 1$). Deswegen wurde die Ordinate mit $w^{(1)}$ beschriftet. Die beiden Lohnkurven schneiden einander bei $r_{S1} = 0,11193$ und $r_{S2} = 1,10928$.

Im Kontext mit dem Non-Substitutionstheorem wurde skizziert, wie sich die neoricardianische Theorie die Technikentscheidung denkt: Sinkt z. B. der Lohnsatz ausgehend vom maximalen Lohnsatz der Technik B (w_{maxB}), werde zunächst T^B präferiert, denn sie ordnet anfänglich jedem Lohnsatz eine höhere Profitrate zu (und umgekehrt). Beim Lohnsatz w_{S1} gelten beide Techniken als gleich profitabel und man meint, sie könnten gemeinsam existieren: „The point of intersection … is where the two alternative methods of production are equally profitable …"[14] Sinkt der Lohnsatz weiter, schalte die Wirtschaft angeblich um: T^A liefert für $w_{S2} < w < w_{S1}$ eine höhere Profitrate. Wird der Lohnsatz w_{S2} unterschritten, folge Reswitching: Die Wirtschaft kehre zu der früher bereits benutzten und zwischendurch aufgegebenen, nun aber anscheinend lukrativeren Technik B zurück.

Abbildung III.2: Die $w^{(1)}$-r-Beziehungen der Techniken A und B

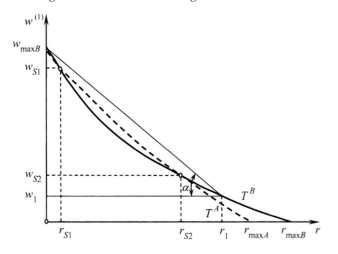

Generell berechnet man im Sraffa-System die gesamtwirtschaftliche Kapitalintensität (k) zu:

$$k = \frac{\mathbf{pAq}}{\mathbf{a}_0\mathbf{q}} \qquad (III.60)$$

Um etwas über k aussagen zu können, muss der Bruttoproduktionsvektor $\mathbf{q}$ bekannt sein. Tatsächlich wurden und werden Lohnkurven fast immer aufgetischt, ohne mitzuteilen, wie die n Freiheitsgrade des Mengensystems (III.25) $\mathbf{q} = \mathbf{L}\mathbf{y}$ besetzt worden sind. Nach Normierung der Gesamtarbeit auf eins bleiben im Mengensystem immer noch ($n - 1$) Freiheitsgrade übrig. Diese dürfen nach Gutdünken exogen fixiert werden: Änderungen der Endnachfrage beeinflussen die Preise nicht. Setzen wir alle Komponenten von $\mathbf{y}$ bis auf eine (y_i) gleich null, liefern die Gleichungen

---

[14] Sraffa, P., Production …, a.a.O., S. 85.

zur Berechnung des Ausstoßes die Anzahl der Einheiten, die im Subsystem der Ware i hergestellt werden.

Werfen wir einen genaueren Blick auf die integrierte Industrie der Ware 1. Der Nettooutputvektor wird als $\mathbf{y}_1$ geschrieben, ein Spaltenvektor, der außer y_1 nur Nullen birgt. Wir haben somit:

$$\mathbf{q} = \mathbf{L}\mathbf{y}_1 \qquad (III.61)$$

Linksmultiplikation mit $\mathbf{a}_0$ führt unter Berücksichtigung von (III.26) $\mathbf{a}_0\mathbf{q} \equiv 1$ zu:

$$1 = \mathbf{a}_0\mathbf{L}\mathbf{y}_1 = \mathbf{v}\mathbf{y}_1 = v_1 y_1 \qquad (III.62)$$

Daraus gewinnt man die gesuchte Menge y_1:

$$y_1 = \frac{1}{v_1} \qquad (III.63)$$

Im Allgemeinen ergibt sich der Nettooutput des Subsystems einer ausgewählten Ware als Quotient der Gesamtarbeit durch ihren Arbeitswert. Dieses Ergebnis wird gleich weiterverarbeitet. Vorher richten wir abermals den Blick auf Abbildung III.2.

Angenommen, die Modellwirtschaft bilde die integrierte Produktion der Ware 1 ab, deren Preis zur Recheneinheit erhoben wurde. Dann erzeugen die Techniken einen Nettooutput an Ware 1, der mit dem Ordinatenabschnitt der jeweiligen Lohnkurve übereinstimmt. In diesem Fall kann man aus dem Lohnsatz-Profitratendiagramm auf besonders einfache Weise den Kapitalwert – der wegen des auf eins normierten Arbeitseinsatzes mit der Kapitalintensität übereinstimmt – ablesen. Aus der Verteilungsgleichung $y = kr + w$ erhält man sofort $k = \frac{y - w}{r}$. Darin sind y und w physische Mengen der Ware 1, die den alleinigen Nettoausstoß bildet.[15] In der gegebenen Situation misst etwa $\tan \alpha$ den Kapitalwert der Technik B beim Lohnsatz w_1 und der Profitrate r_1.

---

[15] Diese Vereinbarung ist keineswegs restriktiv, wie man vielleicht *prima facie* meinen mag. Selbst bei einem heterogenen Nettooutput lässt sich dank des Non-Substitutionstheorems analytisch für jede einzelne Ware ihr Subsystem herausschälen. Die beobachtete Bruttoproduktion ist das Aggregat der Subsysteme mit entsprechendem Gewicht.

Wendet man dieses Verfahren auf die Lohngrenze an, also die am weitesten nordöstlich gelegenen Segmente der Lohnkurven, ermittelt man für $0 \leq r < r_{S1}$ eine negative Korrelation zwischen Profitrate und Kapitalintensität, die als ‚*positiver Preis*-Wicksell-Effekt' firmiert. Im Switchpunkt r_{S1} stelle sich durch den Übergang auf T^A ein ‚*positiver realer* Wicksell-Effekt' ein. Zwischen r_{S1} und r_{S2} bleibt der Preis-Wicksell-Effekt positiv. Bis hierher ist die neoklassische Welt in Ordnung.

Das ändert sich jetzt: Steigt die Profitrate auf r_{S2}, *erhöht* sich im Zuge des (angeblichen) Wechsels auf Technik *B* der Kapitalwert sprunghaft, es komme zu einem *negativen* realen Wicksell-Effekt. Mit diesem erneuten Einsatz von T^B sei ‚paradoxes Konsumverhalten' verbunden, da das Sozialprodukt mit der Profitrate wachse – ein Zusammenhang, der aus neoklassischer Sicht widersinnig erscheint.[16] Ist die Profitrate jedoch größer als r_{S2}, nehme die Kapitalintensität wieder ab, erneut trete ein positiver Preis-Wicksell-Effekt auf.

Der ‚backward switch' bei r_{S2} in der Abbildung III.2 zieht ‚Capital Reversing' nach sich, wie man – unabhängig von der Ursache – die gleichgerichtete Bewegung von Profitrate und Kapitalwert nennt. Reswitching ist demnach ein Unterfall von Capital Reversing. Angesichts dieser möglichen Phänomene haben Neoricardianer das Konzept als gescheitert bezeichnet, die Einkommensverteilung auf die entgegengesetzten Kräfte von Angebot und Nachfrage zu stützen.[17]

Wegen der konvexen Gestalt der beiden Lohnkurven weist jede Technik in Abbildung III.2 einen positiven Preis-Wicksell-Effekt auf. Dies erklärt das neoklassische Streben zu demonstrieren, die Lohnkurven verliefen in der Realität konvex und würden einander höchstens einmal schneiden.[18]

Bemerkenswerterweise liegt auch manchem Neoricardianer daran, Reswitching *auszuschließen*. Zunächst einmal muss man sich vor Augen

---

[16] Vgl. Burmeister, E., Capital Theory and Dynamics, Cambridge 1980, S. 116 f.

[17] Vgl. die auf diesem Gebiet Schule machende Arbeit von Garegnani, P., Heterogeneous Capital, the Production Function and the Theory of Distribution, in: Review of Economic Studies, Bd. 37 (1970), S. 407-436, deutsch in: Garegnani, P., Kapital ..., a.a.O., S. 77-124.

[18] Namentlich Krelle hat das in mehreren Arbeiten versucht. Vgl. nur Krelle, W., Die kapitaltheoretische Kontroverse, Test zum Reswitching-Problem, in: Zeitschrift für Wirtschafts- und Sozialwissenschaften, 98. Jg. (1978), S. 1-31.

halten, dass die Zahl denkbarer Switch- und Reswitchpunkte in der Praxis ungeheuer groß wäre. Wie man zeigen kann, unterscheiden sich Techniken, die einander in Switchpunkten ablösen, nur in der Produktion einer (Basis-)Ware; somit ist die maximale Zahl der Switchpunkte zweier Techniken durch die Anzahl der Basiswaren in beiden Systemen (ohne Doppelzählung) festgelegt.[19] In der Wirklichkeit stehen regelmäßig mehrere Verfahren zur Verfügung, eine in die Tausende gehende Zahl von Waren herzustellen. Man erhält dann *astronomische* Größenordnungen, was die Switch- und Reswitchgelegenheiten anbelangt[20]: „So that as the rate of profits rises", orakelt Sraffa, „there will be a *rapid succession* of switches in the methods of production of one or other of the commodities."[21]

Die Realität müsste selbst bei kleinsten Variationen der Profitrate oder des Lohnsatzes von gewaltigen Änderungen in der Produktionsweise geprägt sein – was offensichtlich nicht zutrifft. Vielmehr sprechen Ökonomen mit Recht von gewissen ,stylized facts', d. h. von über die Zeit hinweg ziemlich stabilen Relationen zwischen bestimmten ökonomischen Größen. Diese empirischen Tatsachen stehen in seltsamem Kontrast zur neoricardianischen Theorie, für die der permanente Switch eigentlich das Normale sein müsste. Es verblüfft deshalb nicht, wenn Sraffa-Anhänger – wie Neoklassiker – nach Motiven fahnden, warum Reswitching die Welt verschone: „One has to show that wage curves do, under realistic assumptions, not deviate to any considerable extent from straight lines, and if they intersect at all, they should intersect to the right of the actual rate of profit."[22]

Dieses Bemühen wurzelt darin, dass Reswitching die Theorie des technischen Fortschritts jeder materiellen Basis beraubt. Steuerte nämlich die Materialaufwandsrendite alias Profitrate die Verfahrenswahl, würde

---

[19] Vgl. Sraffa, P., Production ..., a.a.O., S. 82, Bharadwaj, K., On the Maximum ..., a.a.O. und Helmedag, F., Die Technikwahl ..., a.a.O., S. 212 ff. Darum differiert im Zahlenbeispiel die Technik *B* nur in den Produktionskoeffizienten der Ware 1 von Technik *A*.

[20] Vgl. Schefold, B., Capital, Growth, and Definitions of Technical Progress, in: Kyklos, Bd. 32 (1979), S. 236-250, S. 244.

[21] Sraffa, P., Production ..., a.a.O., S. 85, eigene Hervorhebung.

[22] Schefold, B., Capital ..., a.a.O., S. 244 f. Siehe auch Schefold, B., Different Forms of Technical Progress, in: The Economic Journal, Bd. 86 (1976), S. 806-819.

unter Umständen eine Technik benutzt, die einen *Rückgang* des Netto-ausstoßes heraufbeschwörte. Das ergäbe sich in Abbildung III.2, falls die Technik *A*, deren Ordinatenabschnitt unter dem der Technik *B* liegt, sich durchsetzte. Im Rahmen der Sraffaschen Theorie bleibt offen, „... ob technischer Wandel ein Fortschritt oder Rückschritt darstellt, weil eine von der Verteilung unabhängige technisch-physische Beurteilungsgrundlage entfällt."[23] Die neoricardianische Theorie wartet mit einer Komplexität auf, welche die der Wirklichkeit tief in den Schatten stellt:

> „Die Theorie erscheint daher wie ein Rasiermesser", urteilt Cogoy, „dessen Schärfe in keiner Beziehung zu den mit diesem Instrument zu bewältigenden praktischen Problemen steht; der theoretischen Schärfe, mit der neoklassische oder marxistische werttheoretische Ansätze kritisiert werden können, entsprechen keine parallelen Erfolge in der empirischen Analyse des technischen Wandels und die Schärfe des Instruments scheint die Erfordernisse der anvisierten praktischen Tätigkeit weit zu übersteigen."[24]

Das Forschungsziel, Ursachen für einen möglichst linearen Verlauf von Lohnkurven beizubringen, ist eine zweischneidige Angelegenheit: Sollte dies (wider Erwarten) gelingen, löschten die Neoricardianer eigenhändig das Feuer, das sie im neoklassischen Gebäude entfacht haben. Ohnehin hätte der Brand früher und effektiver bekämpft werden können. Denn eine gleichgerichtete Beziehung zwischen Profitrate und Kapitalintensität lässt sich bereits mittels einer geeigneten Recheneinheit knüpfen.

Die Definition des Zählgutes ist eine Entscheidung, die aus freien Stücken getroffen werden darf. In der Abbildung III.3 sind die Lohnkurven für T^A und T^B verzeichnet, wobei jetzt der Preis der Ware 2 zur Maßeinheit erhoben wurde. Die Ordinatenbeschriftung $w^{(2)}$ bringt dies zum Ausdruck. Ein erster Blick bestätigt, dass das Numéraire keinen Einfluss auf Reswitching ausübt; ohne Rücksicht auf den Standard rufen die Verfahren in den Switchpunkten r_{S1} und r_{S2} jeweils das gleiche Preissystem hervor.[25] Allerdings hat sich der absolute Wert des Lohnsatzes geändert, der mit einer bestimmten Profitrate korrespondiert. Ferner hat sich die *Ge-*

---

[23] Cogoy, M., Produktion, Markt und technischer Fortschritt, in: Analyse und Kritik, 4. Jg. (1982), S. 39-70, S. 59.

[24] Ebenda, S. 60.

[25] Vgl. Pasinetti, L., Vorlesungen ..., a.a.O., S. 181.

stalt beider Lohnkurven gegenüber Abbildung III.2 gravierend gewandelt. Sie verlaufen jetzt konkav, obwohl den Berechnungen dieselben technischen Koeffizienten zugrunde liegen.

Abbildung III.3: Die $w^{(2)}$-r-Beziehungen der Techniken A und B

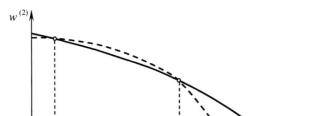

Untersucht man die Kapitalwertentwicklung, wie das bereits für die Abbildung III.2 geschehen ist, stellt sich heraus, dass die realen Wicksell-Effekte wie vorher auftreten: Bei r_{S1} ist er positiv, bei r_{S2} negativ. Im Gegensatz zu Abbildung III.2 sind die Preis-Wicksell-Effekte hingegen stets negativ. Damit kommt es im Fall von Verteilungsänderungen auch ohne Technikwechsel zu Capital Reversing.[26] Durch eine passende Zählgutwahl sind nach Belieben Preis-Wicksell-Effekte produzierbar.[27] Das willkürlich auszusuchende Numéraire wirkt sich auf die Ergebnisse der Analyse aus, da es das Erscheinungsbild der Lohnkurven und folglich den Zusammenhang zwischen Profitrate und Kapitalwert prägt.[28]

---

[26] Das Bemühen, solche unerwünschten Konsequenzen auszuschließen, gipfelt in dem Dogma, die freie Festlegung der Recheneinheit einfach zu verbieten. Vgl. dazu Helmedag, F., Kapitale Böcke in der Kapitaltheorie: Der Test zum Protest, in: Jahrbücher für Nationalökonomie und Statistik, Bd. 216 (1997), S. 744-760, S. 745 ff.

[27] Vgl. Burmeister, E., On the Social Significance of the Reswitching Controversy, in: Revue d'Economie Politique, 87. Jg. (1977), S. 335-350, S. 340. Unverständlich erscheint vor diesem Hintergrund die Behauptung, Preis-Wicksell-Effekte seien wichtiger als Reswitching. So Backhouse, R., A History of Modern Economic Analysis, Oxford / New York 1985, S. 450 Fn.

[28] In Sraffas Buch nimmt die Konstruktion einer Standardware als Zählgut einen hohen Rang ein. Drückt man die Lohnsatz-Profitratenbeziehung in ihr aus, wird die

Angesichts dessen bereitet nur das von der Recheneinheit losgelöste Reswitching Magenbeschwerden. Neoricardianer haben mehrfach beklagt, das Phänomen sei nicht gebührend gewürdigt worden: „... distinguished economists …, when coming across the reswitching phenomenon, instinctively shied away from it, by reacting with illogical exorcizing sentences – as if against the appearance of a dangerous demon."[29] Nun, die Verhaltensweise ist vielleicht einer gewissen kognitiven Dissonanz geschuldet: Einerseits ist die Analyse anscheinend logisch wasserdicht, andererseits meldet der gesunde Menschenverstand berechtigte Zweifel an; nicht zuletzt, weil praktisch keine empirischen Belege für die Wiederkehr einer Technik bekannt sind. Wird doch einmal versucht, eine Beobachtung entsprechend zu deuten, schirmt man dies mit erheblichen Vorbehalten ab.[30]

Das Problem ist aber nicht empirischer, sondern theoretischer Natur: Das Votum für eine Technik nach dem Kriterium der Maximierung der Profitrate darf nicht mit Profitmaximierung gleichgesetzt werden. Unbeeindruckt von der Höhe des Lohnsatzes wirft stets diejenige Technik den höchsten Gewinn ab, die den größeren Nettooutput ermöglicht. Der Profit ergibt sich in den Abbildungen III.2 und III.3 als Differenz zwischen dem maximalen Lohnsatz, d. h. dem Pro-Kopf-Produkt, und der tatsächlichen

---

Lohnkurve zu einer Geraden. Freilich besitzt jede Technik im Allgemeinen eine eigene Standardware, so dass mit ihr die einzelnen Techniken nicht verglichen werden können. Tatsächlich wartet die Standardware nicht mit den Eigenschaften auf, die ihr Sraffa zuschreibt. Vgl. im Einzelnen Helmedag, F., Die verteilungsinvariante Messung von Produktionspreisen, in: das wirtschaftsstudium (wisu), 27. Jg. (1998), S. 266-274, 284 f. Sraffa selbst bezeichnet die Standardware als reine Hilfskonstruktion: „The Standard system is a purely auxiliary construction. It should therefore be possible to present the essential elements of the mechanism under consideration without having recourse to it." Sraffa, P., Production …, a.a.O., S. 31. Vgl. ferner Flaschel, P., Sraffa's Standard Commodity: No Fulfillment of Ricardo's Dream of an „Invariable Measure of Value", in: Journal of Theoretical and Institutional Economics, Bd. 142 (1986), S. 588-602, Schefold, B., The Standard Commodity as a Tool of Economic Analysis: A Comment on Flaschel, ebenda, S. 603-622 und Flaschel, P., The Standard Commodity as a Tool of Economic Analysis: A Reply to Schefold, ebenda, S. 623-625.

[29] Pasinetti, L., The Unpalatability of the Reswitching of Techniques, in: Revue d'Economie Politique, 89. Jg. (1979), S. 637-642, S. 638.

[30] Vgl. Albin, P. S., Reswitching: An Empirical Observation, a Theoretical Note, and an Environmental Conjecture, in: Kyklos, Bd. 28 (1975), S. 149-153.

Vergütung: Im Beispiel ist Technik B für *jeden* (zulässigen) Lohnsatz mit einem höheren Profit verknüpft. Trotzdem liefert T^A bei allen Entlohnungen $w_{S2} < w < w_{S1}$ eine höhere Profitrate als T^B. Wie lässt sich dies mit der Tatsache vereinbaren, dass T^B immer zu einem höheren Gewinn verhilft?

Formal gesehen sollte die Antwort nicht schwerfallen: Weil der Profit aus der Multiplikation von Kapitalwert und Profitrate resultiert, geht eine höhere Profitrate mit einem geringeren Gewinn einher, sofern die Bemessungsgrundlage eben niedrig genug ausfällt. Der Kapitalwert ist ja keine vorgeschossene Größe, vielmehr wird er in der Sraffa-Wirtschaft *uno actu* mit den Preisen determiniert. Es genügt schon, einen Switchpunkt unter die Lupe zu nehmen, um die Repräsentation der Gewinnhöhe durch die Profitrate als Etikettenschwindel zu entlarven.

Angeblich können in einem Switchpunkt beide Verfahren koexistieren, da die Profitrate und das Preissystem übereinstimmen. Jedoch unterscheidet sich der Kapitalwert beider Techniken. Wendet man die bereits benutzte Methode zur graphischen Ermittlung der Kapitalintensität an, stellt sich heraus, das T^B zu einem höheren Kapitalwert führt. Offensichtlich erzielen die Unternehmer, die für T^B plädieren, *bei gleicher Profitrate mehr Profit* als jene, die T^A einsetzen. Die Techniken sind also – entgegen der Meinung Sraffas und seiner Schüler – in einem Switchpunkt *nicht* gleich profitabel. Wie sich weiterhin zeigen lässt, weist T^A trotz höherer Profitrate zwischen den Switchpunkten einen geringeren Gesamtgewinn als T^B auf.[31] Sraffas Theorie der Technikwahl muss falsch sein.

Zu klären ist, ob der höhere Gesamtgewinn allein ausreicht, um die Technikwahl abschließend zu beurteilen. Den einzelnen Kapitalisten interessiert gemäß dem methodologischen Individualismus keineswegs, wie hoch der Überschuss insgesamt ist. Vielmehr orientiert er sich an dem, was ihm persönlich zufließt. Ist es dann vielleicht doch sinnvoll, auf die Profitrate zu achten? Diesem Problemkreis widmen wir uns nun.

---

[31] Vgl. ausführlich Helmedag, F., Die Technikwahl ..., a.a.O., S. 226 ff.

3.2.3 Der individuelle Gewinn

Erstaunlicherweise wurden die vorangegangenen Gedanken in Bezug auf den Gesamtprofit nicht früher geäußert. Obwohl Lohnkurven zu den verbreitetsten Diagrammen in der ökonomischen Literatur gehören dürften, wurden die sehr einfach zu erkennenden Kapitaleinkünfte der Techniken übersehen oder übergangen. Anstandslos wurde die Profitrate als Gewinnindikator akzeptiert, womit die Aufmerksamkeit von den Ordinatenabschnitten ferngehalten wurde. Das unendliche Vertrauen in die Materialaufwandsrendite verhinderte überdies die Prüfung, welche sektoralen Gewinnverteilungen durch einheitliche Profitraten zustande kommen (können).

Die Minimierung der Stückkosten im Zuge des Konkurrenzprozesses erscheint dermaßen plausibel, dass alle Lager darin in sonst selten anzutreffender Einmütigkeit das Kriterium der Technikwahl erblickt haben. Die entscheidende Frage sollte sich allerdings vorher aufdrängen: Kosten sind bewertete Mengen; aber *wie* werden sie bewertet? Niemals wurde der Beweis erbracht, dass die Sraffa-Kalkulation Preise erzeuge, die mit den Prinzipien einer arbeitsteiligen Konkurrenzwirtschaft kompatibel sind. Stets wurde ohne weitere Begründung angenommen, alle Unternehmen akzeptierten eine Profitverteilung proportional zum Materialaufwand als ‚gerechten' Anteil am Überschuss.[32]

Der richtige Weg, die Stichhaltigkeit der Minimierung der Sraffa-Preise als Kriterium der Technikwahl zu belegen, hätte darin bestanden, nicht bloß verbale Versicherungen abzugeben, sondern explizit individuelle Gewinnfunktionen herzuleiten, um an ihnen den Profit des einzelnen Sektors direkt abzulesen. Selbstverständlich ist es korrekt, dass die Unternehmer unter Konkurrenzverhältnissen nicht bewusst als Klasse agieren und kollektive Gewinnmaximierung betreiben. Der einzelne Entrepreneur bekundet am Einkommen anderer kein Interesse, er persönlich möchte möglichst viel einstreichen. Obwohl zweifelsfrei ausfindig ge-

---

[32] Mit dieser Sichtweise können sich Neoklassiker leicht anfreunden, da die passende Sprachregelung auf der Hand zu liegen scheint: „By pure profits I understand the difference between receipts and costs where the latter include the opportunity cost of investment by r times the value of the investment." Hahn, F., The neo-Ricardians, a.a.O., S. 306 Fn. Doch beim Materialaufwand handelt es sich nicht um „investment", und die nächstbeste Alternative hat für den Profit lediglich die Funktion einer Untergrenze.

macht werden kann, welche Technik das Unternehmereinkommen *in toto* maximiert, zieht eine bestimmte Sparte unter Umständen ein anderes Verfahren vor. Unser Mehrzweckmodell ist erwartungsgemäß daraufhin zugeschnitten, das Studium einer solchen Situation zu erlauben. Im ersten Schritt fahnden wir nach den sektoralen Gewinngleichungen. Begonnen sei mit dem Mengensystem der zweisektoralen Wirtschaft. Angenommen, die Ware 1 wäre ein zum Verzehr geeigneter Artikel und Ware 2 ein Produktionsmittel. Der Nettoausstoß soll sich ausschließlich auf das Konsumgut beschränken, d. h. wir wenden die Subsystem-Methode an.[33]

$$q_1 - (a_{11}q_1 + a_{12}q_2) = y_1 \qquad \text{(III.64)}$$

$$q_2 - (a_{21}q_1 + a_{22}q_2) = 0 \qquad \text{(III.65)}$$

Der Arbeitseinsatz der integrierten Industrie wird auf eins normiert[34]:

$$a_{01}q_1 + a_{02}q_2 \equiv 1 \qquad \text{(III.66)}$$

(III.64), (III.65) und (III.66) bringen nach kurzer Rechenarbeit:

$$q_1 = \frac{1 - a_{22}}{a_{01}(1 - a_{22}) + a_{02}a_{21}} \qquad \text{(III.67)}$$

$$q_2 = \frac{a_{21}q_1}{1 - a_{22}} \qquad \text{(III.68)}$$

$$y_1 = \frac{(1 - a_{11})(1 - a_{22}) - a_{12}a_{21}}{a_{01}(1 - a_{22}) + a_{02}a_{21}} \qquad \text{(III.69)}$$

(III.63) (vgl. S. 251) lehrt zudem, dass y_1 der Kehrwert des Arbeitswerts der Ware 1 ist; jene Technik beschert einen höheren Nettoausstoß, die pro Einheit weniger Arbeit – die einzig nicht produzierte Ressource –

---

[33] Vgl. zum Folgenden Helmedag, F., Technikwahl, Profitstruktur und Arbeitsproduktivität, in: Jahrbücher für Nationalökonomie und Statistik, Bd. 203 (1987), S. 408-421, S. 411 ff.

[34] Diese Konvention impliziert keine Vollbeschäftigungsannahme. Das Beschäftigungsniveau wirkt sich bei linearer Technik auf die hier zu erörternden Sachverhalte nicht aus. Vgl. näher Helmedag, F., Profit-Raten mittels Profitraten, in: Jahrbücher für Nationalökonomie und Statistik, Bd. 207 (1990), S. 67-83, S. 80 f.

verbraucht. Das Sozialprodukt verteilt sich auf die Unternehmer der Branchen 1 (G_1) und 2 (G_2) sowie auf die Arbeiter. Wegen (III.66) entspricht die Lohnsumme dem Lohnsatz w. Zweckmäßigerweise deklariert man den Preis des Konsumguts zur Zähleinheit. Hierdurch fallen nominale und reale Größen von Lohn und Profit zusammen. Der Gesamtgewinn (GG) ergibt sich mithin zu:

$$GG = G_1 + G_2 = y_1 - w \qquad \text{(III.70)}$$

Die Subtraktion der sektoralen Kosten von den jeweiligen Erlösen informiert über die einzelnen Gewinne:

$$G_1 = q_1(1 - a_{11} - p_2 a_{21} - a_{01}w) \qquad \text{(III.71)}$$

$$G_2 = q_2(p_2 - a_{12} - p_2 a_{22} - a_{02}w) \qquad \text{(III.72)}$$

Es wäre ein vergebliches Unterfangen, aus den Gleichungen (III.70), (III.71) und (III.72) die Unbekannten G_1, G_2 und p_2 ermitteln zu wollen: Die Gleichsetzung der Summe von (III.71) und (III.72) mit (III.70) mündet in $p_2 = \dfrac{0}{0}$, ein unbestimmter Ausdruck. Man entflieht dieser Sackgasse, sobald eine Hypothese hinsichtlich des Profitverteilungsmodus eingeführt wird. Gemäß der allgemein verbreiteten Mutmaßung muss sich im Gleichgewicht das Gewinn-Kapitalverhältnis aller Zweige decken:

$$\frac{G_1}{q_1(a_{11} + p_2 a_{21})} = \frac{G_2}{q_2(a_{12} + p_2 a_{22})} \qquad \text{(III.73)}$$

Gleichung (III.73) reflektiert die Annahme einer einheitlichen Profitrate r auf die mit dem Kapitalwert identifizierten Kosten. Deswegen werden die so gebildeten Profite in Anlehnung an die dabei beachtete Kalkulationsvorschrift künftig ,Sraffa-Gewinne' genannt. Aus (III.70), (III.71) und (III.73) lässt sich G_1 berechnen. Nach einigen Zwischenschritten erhält man die Lösung einer quadratischen Gleichung:

$$G_1 = -\frac{z}{2} \pm \sqrt{\left(\frac{z}{2}\right)^2 - u} \qquad \text{(III.74)}$$

mit

$$z = q_1 \left\{ a_{11} - a_{22} - 2 + w[a_{01}(2 - a_{22}) + a_{02}a_{21}] \right\}$$

und

$$u = q_1(1 - a_{22})(y_1 - w)(1 - a_{01})$$

Ferner ist in (III.74) die Wurzel negativ zu nehmen, da $\left(-\dfrac{z}{2}\right)$ für alle w größer ist als der Gesamtgewinn. Wenige Umformungen bestätigen dies. Offensichtlich handelt es sich bei z um eine steigende Funktion von w. Daher trifft die Aussage bereits zu, wenn $\left(-\dfrac{z}{2}\right)$ für $w = 0$ größer als y_1 ist. Also muss

$$\frac{(1 - a_{22})(2 + a_{22} - a_{11})}{2[a_{01}(1 - a_{22}) + a_{02}a_{21}]} > \frac{(1 - a_{11})(1 - a_{22}) - a_{12}a_{21}}{a_{01}(1 - a_{22}) + a_{02}a_{21}} \qquad (III.75)$$

stimmen. Über

$$(1 - a_{22})(2 + a_{22} - a_{11}) > 2(1 - a_{22})(1 - a_{11}) - 2a_{12}a_{21} \qquad (III.76)$$

gelangt man zu:

$$(1 - a_{22})(a_{11} + a_{22}) > -2a_{12}a_{21} \qquad (III.77)$$

Die Bedingung (III.77) gilt immer: In (III.74) ist nur das negative Vorzeichen vor der Wurzel zu berücksichtigen. Nun lassen sich aus (III.70) und (III.73) p_2 und G_2 in Erfahrung bringen.

Abbildung III.4 gibt die Sraffa-Gewinnfunktionen des Sektors 1, der allein eine Verfahrensalternative kennt, in Abhängigkeit vom Lohnsatz wieder. Die Techniken wurden so gewählt, dass diese Profitkurven einander schneiden. Für Lohnsätze, die $\overline{w}$ übertreffen, erweist sich – bei Gültigkeit der Sraffa-Preisbildung – die zum höheren Gesamtgewinn führende Technik B als vorteilhaft für den Sektor 1. Beim Lohnsatz $\overline{w} = 104{,}13$ sind aus dessen Sicht die beiden Verfahren gleichwertig, der Gewinn beträgt in beiden Fällen $G_1 = 143{,}349$.

Für einen geringeren Lohnsatz als $\overline{w}$ scheint sich ein Widerspruch zwischen der Technik, welche den Sektoren- und jener, die den Gesamtgewinn maximiert, aufzutun: Der Profit des Sektors 1 bei T^A liegt über dem von T^B. Kommt es also doch zu einem Switch? Durch die Orientierung am Gewinn statt an der Profitrate ist zwar nun – trotz identischer technischer Koeffizienten – von *Re*switching keine Spur mehr; dennoch entsteht der Eindruck, als bliebe im konkurrenzwirtschaftlichen Kapitalismus die gesamtwirtschaftlich produktivste Technik eventuell in der Schublade.

Abbildung III.4: Die Sraffa-Gewinne des Sektors 1

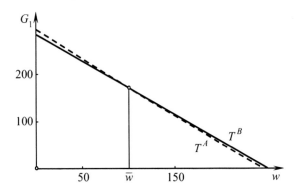

Abbildung III.5: Die Sraffa-Gewinne des Sektors 2

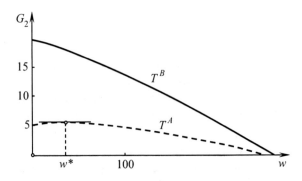

Ehe ein so weitreichender Schluss gezogen wird, sollte die Gewinnsituation des Sektors 2 betrachtet werden. Wie die Abbildung III.5 verdeutlicht, wirft für diesen Sektor die Technikentscheidung keine Frage auf: T^B liefert für jeden Lohnsatz einen mehr oder weniger deutlich höheren Profit als T^A. Ein Vergleich im Einzelnen ergibt, dass bei Umschalten auf Technik *A*, sofern der Lohnsatz entsprechend niedrig ist, der Gewinnrückgang des Sektors 2 größer wäre als der Überschusszuwachs des Sektors 1. [35] Da der Fabrikant des Sektors 2 ebenfalls als Profitmaximierer agiert, eröffnet sich ihm die Alternative, mittels einer Abstandzahlung an den Unternehmer des Sektors 1 einen Technikwechsel zu verhindern. Unter diesen Umständen würde sich – zum Vorteil beider Akteure – die gesamtgewinnmaximale Technik durchsetzen. Von einer uniformen Profitrate in den verschiedenen Zweigen der Wirtschaft könnte allerdings nicht die Rede sein.

In diese Richtung weisende Gedankengänge wurden vorgetragen. [36] Solche Plausibilitätsüberlegungen greifen aber nicht, wenn eine einheitliche ‚Verwertungsrate' als konstitutive Eigenschaft eines Gleichgewichts der vollständigen Konkurrenz im klassischen Sinn verlangt wird. Dann bleibt zu klären, welche Grundlage eine Aufschlüsselung des Profits in der geforderten Manier bewerkstelligt.

In Wahrheit steht die These, aufgrund von Seitwärtszahlungen (oder Preisnachlässen) gewinne die gesamtprofitmaximale Technik zum Nutzen *aller* Unternehmer die Oberhand, auf wackligem Podest. In ihr äußert sich der unerschütterte Glaube an das Dogma, die Sraffa-Kalkulation sei das *Nonplusultra* der Gewinnverteilung unter Konkurrenzbedingungen. Anscheinend hatte die Häufung paradoxer Ergebnisse und Anomalien nicht zu bewirken vermocht, die auf der ersten Seite platzierte Standardprämisse kritisch zu prüfen, auf der die ganze weitere Analyse beruht: die Profitausschüttung gemäß des Materialaufwands. Vielmehr wurde – verbindliche Empfehlung von der Epizyklentheorie – durch Spezialbehandlungen versucht, die widerspenstigen Querulanten zu bändigen.

Die Sraffa-Preisbildung kann mit einem weiteren Effekt aufwarten, der selbst bei bestem Willen nicht mehr zu rationalisieren ist. Die Technik *A* wurde zusätzlich so austariert, dass ein außerordentlich verblüffendes Kuriosum demonstriert werden kann. Nehmen wir einmal an, es gäbe nur dieses Verfahren; das Problem der Technikwahl stellt sich also (noch) nicht.

Die Abbildung III.6 zeigt in der Vergrößerung ein Phänomen, das in Abbildung III.5 bereits angedeutet wurde: die Existenz eines *absoluten*

---

[35] Vgl. die Tabellen 2 und 3 des (geringfügig abweichenden) Zahlenbeispiels bei Helmedag, F., Technikwahl ..., a.a.O., S. 415 f.

[36] Vgl. ebenda, S. 417 f.

sektoralen Profitmaximums bei einem *positiven* Lohnsatz.[37] Wegen der besonderen Wichtigkeit sind in der Tabelle III.1 einige ausgesuchte Werte aufgeführt, die der Abbildung III.6 zugrunde liegen. Ferner sind andere interessierende Größen wiedergegeben.

Abbildung III.6: Der Sraffa-Gewinn des Sektors 2 bei Einsatz von T^A in Abhängigkeit des Lohnsatzes

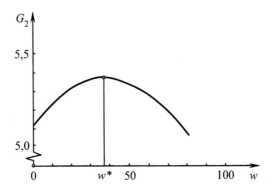

Der Nettooutput der betrachteten Wirtschaft umfasst bei Einsatz der Technik A 252,174 Einheiten der Ware 1, die vereinbarungsgemäß als Zählgut dient. Beim Lohnsatz null deckt sich dieser Nettoausstoß mit dem Gesamtgewinn. Wird der Lohn angehoben, stürzt das neoricardianische Weltbild zusammen: Zwar nimmt – wie vermutet – der Profit des Sektors 1 mit dem Gesamtgewinn ab – doch wie verändert sich der Überschuss des Sektors 2? Er *steigt* zunächst, um erst nach Erreichen eines Maximums zu fallen! Bis $w^* = 36,87$ *wächst* der Gewinn des Sektors 2 mit *sinkender* Profitrate, d. h. die gegenläufige Entwicklung von Lohnsatz und Gesamtgewinn wird auf der sektoralen Ebene in ihr Gegenteil verkehrt. Für diesen Bereich ‚trägt' der Sektor 1 sogar einen Einkommensrückgang, der *größer* ist als die Verminderung des Gesamtgewinns. Ja, bei einem Lohnsatz kleiner als w^* könnte der Sektor 2 durch eine

---

[37] Die Untersuchung, ob bei der Sraffa-Kalkulation – angesichts ihrer zahlreichen sonstigen ‚Unregelmäßigkeiten' – ein sektorales Gewinnmaximum bei positivem Lohnsatz denkbar sei, initiierte eine Aachener Studentin namens Rosi Schings, die in einer Spezialveranstaltung eine dahingehende Frage formulierte.

freiwillige Lohnerhöhung, die unter Konkurrenzbedingungen auf den Sektor 1 überschwappte, seinen Ertrag *vermehren*.[38]

Tabelle III.1: Ausgewählte Lohnsätze, Sraffa-Gewinne
und Profitraten von T^A

w	GG	G_1	G_2	r
0,00	252,174	247,064	5,110	1,71286
10,00	242,174	236,937	5,237	1,61686
20,00	232,174	226,854	5,320	1,52457
30,00	222,174	216,810	5,364	1,43568
36,87	215,304	209,932	5,372	1,37643
40,00	212,174	206,803	5,370	1,34992
50,00	202,174	196,831	5,343	1,26707
60,00	192,174	186,890	5,284	1,18692

Das Fiasko der Profitrate neoricardianischer Provenienz als Indikator der Höhe des Gewinns und seiner Entwicklung ist vollkommen: Was soll man mit dieser Profitrate anfangen, wenn definitiv feststeht, dass sie trotz eines zurückgehenden sektoralen Gewinns eventuell steigt? Mit dem Nachweis dieser nicht auszuschließenden ‚Perversität' hängt der produktionspreistheoretische *Ansatz* von Ricardo, Marx, Dmitriev, Bortkiewicz, Sraffa und wie sie alle heißen völlig in der Luft. Dem letzten Rest an Vertrauen, das – ungeachtet der hier aufgedeckten, vorgelagerten Schwächen der (einzelnen) Lehrmeinung(en) – vielleicht noch bestanden hat, ist jeder Boden weggebrochen: Die Distribution des Mehrprodukts im Verhältnis zu den variablen Stückkosten ist kein Kennzeichen klassischer Konkurrenz; auch dieser Kaiser ist nackt.

Tatsächlich hätte in der Realität – wäre sie in der Reinheit wie auf dem Reißbrett anzutreffen – die nunmehr zertrümmerte Sraffa-Kalkulation nie eine ernsthafte Chance gehabt. Bei den gegebenen Verhältnissen – Arbeit als einzig nicht produzierter Input sowie konstante Skalenerträge – ver-

---

[38] Nach Kenntnis der *sektoralen* Profitfunktion *à la* (III.74) lassen sich *nach Belieben* einschlägige Techniken konstruieren. Die Koeffizienten sind lediglich so zu wählen, dass die erste Ableitung der Gewinnkurve nach dem Lohnsatz bei einem positiven Lohnsatz verschwindet.

fügt *jeder* Unternehmer über ein Referenzsystem, an dem er testen kann, ob sich die arbeitsteilige Produktion für ihn auszahlt: ‚sein' Subsystem.

Gesellschaftliche Arbeitsteilung ist eben nicht, wie die herrschende Theorie glauben machen möchte, einfach als vorhanden zu unterstellen; stattdessen sind die konkreten Bedingungen freizulegen, deren Erfüllung eine sektorale Spezialisierung in der Wirtschaft erst hervorbringt. Die horizontale Differenzierung darf keinesfalls zu einem schlechteren Ergebnis führen als die vertikale Integration. Ein Unternehmen ordert bei einem Zulieferer nur, falls es dabei mindestens so gut fährt wie bei vollständig integrierter Eigenfertigung seiner Ware.

Studieren wir die sich unseren Modellunternehmern stets bietende Alternative näher. Dafür ist es zweckmäßig, zwei Fälle zu unterscheiden. Begonnen wird mit einer Situation, in der es nur *eine* Technik gibt. Jedem Unternehmer stünde es bei linearen Produktionsprozessen frei, den in seinem Sektor beschäftigten Teil der Gesamtarbeit so einzusetzen, dass im Nettoprodukt lediglich Konsumgüter auftauchen. Als sektorale Gewinnfunktionen erhält man demzufolge:

$$G_1 = a_{01}q_1(y_1 - w) \tag{III.78}$$

$$G_2 = a_{02}q_2(y_1 - w) \tag{III.79}$$

Selbstverständlich addieren sich die einzelnen Gewinne zum selben Gesamtgewinn wie vorher. Welcher Preisbildung muss man sich bedienen, damit bei arbeitsteiliger Produktion jeder Sparte der durch (III.78) und (III.79) festgelegte Gewinn zufließt? Aufgrund unserer obigen Untersuchungen drängt sich auf, wie die richtige Antwort lauten muss: Jawohl, Bemessungsbasis des Profits kann nur die jeweilige Lohnsumme $a_{0j}q_jw$ ($j = 1, 2$) sein. Wie man aus der Lösung (III.43) von (III.42) (vgl. S. 241) weiß, sind in diesem Fall die Preise parallel zu den Arbeitswerten. Betrachten wir die Normierung für den Preis des Konsumguts:

$$p_1 = v_1w(1 + \varepsilon) \equiv 1 \tag{III.80}$$

Hieraus errechnet sich unter Berücksichtigung von (III.63) (vgl. S. 251) die ‚neue' Profitrate zu:

$$\varepsilon = \frac{y_1 - w}{w} \tag{III.81}$$

In beiden Sektoren fällt nun als Stückgewinn $a_{0j}w\varepsilon = a_{0j}(y_1 - w)$ an. Nach Multiplikation mit der jeweiligen Menge q_j resultieren die durch (III.78) und (III.79) bestimmten Gewinne. Kein Unternehmer schaltete sich in die gesellschaftliche Arbeitsteilung ein, hätte er weniger Profit zu verbuchen. Ferner ist erkennbar, dass bei Anwendung dieser Preisbildungsvorschrift die sektoralen Gewinnkurven *Geraden* sind. Deswegen gibt es kein Maximum einer Profitfunktion bei einem positiven Lohnsatz. Überdies garantiert diese Kalkulationsmethode – losgelöst von der Höhe des Lohnsatzes – die *Konstanz* der Gewinn*verhältnisse*. Bei der Sraffa-Preisbildung variiert der prozentuale Anteil der Sektoren am Gesamtüberschuss mit der Vergütung der Arbeit.[39] Schon dieses Faktum für sich genommen weckt massive Zweifel, ob alle Unternehmer ein Verfahren akzeptieren, das ihnen so etwas zumutet.

Spannender wird es, wenn *mehrere* Techniken bekannt sind. Im ersten Anlauf mag man glauben, bei einer Aufschlüsselung des Profits nach Maßgabe der Beschäftigung bestünde das einzelwirtschaftlich rationale Kalkül darin, den sektoralen Arbeitsinput möglichst groß zu gestalten. Dadurch stiege die Proportion am Gesamtgewinn $(y_1 - w)$, die ein Sektor beanspruchen darf. Diese Hypothese hält einer Prüfung nicht stand.

Unser Mehrzweckmodell ist ebenfalls in der Lage, die jetzige Situation zu illustrieren. In der umseitigen Abbildung III.7 finden sich die Gewinne des Sektors 1 für die Techniken A und B als Funktionen des Lohnsatzes. $G_{1\max}^A$ und $G_{1\max}^B$ stellen den jeweiligen maximalen Gewinn des Sektors 1 für Technik A bzw. Technik B dar. Wie ersichtlich, schneiden die Gewinngeraden einander. Es wäre aber voreilig, hieraus zu schließen, es gäbe bei der Wertrechnung einen verteilungsabhängigen Technikwechsel.

Unter der Voraussetzung, die Unternehmer kalkulieren gemäß den Arbeitswerten, bringt die Technik A dem Sektor 1 für $0 \le w < \hat{w}$ einen höheren Gewinn als die gesamtgewinnmaximierende Technik B. Verständlicherweise würde daher der Sektor 1 in diesem Bereich T^A bevorzugen. Anders der Sektor 2. Ihm gewährt die Produktion mit Technik B einen Gewinn, der durchwegs den von T^A übertrifft. Wieder würde die Differenz genügen, den Sektor 1 zu entschädigen, falls er T^A ruhen lässt.

---

[39] Vgl. die Spalten der relativen Gewinne in den Tabellen 2 und 3 bei Helmedag, F., Technikwahl …, a.a.O., S. 415 f.

Abbildung III.7: Gewinnkurven des Sektors 1 für T^A und T^B

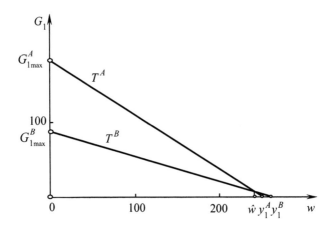

Die Ursache für das gute Abschneiden des Sektors 1 bei Gebrauch von T^A rührt indes einfach daher, dass die mit ihr verbundene Inanspruchnahme der Gesamtarbeit gegenüber T^B wesentlich höher ist. Die jeweilige Bruttoproduktion der Abteilung j bei T^A oder T^B sei mit $q_j{}^A$ bzw. $q_j{}^B$ symbolisiert. Für die Technik A beläuft sich die Beschäftigung des Sektors 1 auf $a_{01}q_1{}^A = 0{,}782608$, d. h. beinahe achtzig Prozent der Gesamtarbeit. Hingegen ist der Anteil bei Technik B wesentlich geringer: $b_{01}q_1{}^B = 0{,}357945$. Jetzt wissen wir, warum der Sektor 1 die Technik A favorisierte, würde der Profit allein nach Maßgabe des Arbeitseinsatzes von den Zweigen absorbiert: Der mehr als doppelt so hohe (prozentuale) Beschäftigungsstand überkompensiert für Lohnsätze bis $\hat{w}$ den (etwas) höheren Gesamtgewinn, den T^B abwirft.

Der Vergleich ist in dieser Form jedoch verfehlt. Die Abteilung 2 würde dem Sektor 1 gewiss nicht nachgeben, sollte dieser auf den Einsatz von T^A pochen. Bei ausbleibender Arbeitsteilung produzierte auch der Sektor 1 mit der gewinnmaximierenden Technik B. Somit käme es zwangsläufig in beiden Abteilungen zu einer integrierten Herstellung des Konsumguts. Die arbeitsminimierende Methode machte überall das Rennen. Im Gleichgewicht wäre die Übereinstimmung des Profits *pro Arbeitseinheit* in beiden Sektoren gesichert. Arbeitsteilung erfordert die ‚Konkurrenzbeständigkeit‘ der Techniken; der Ausstoß darf lediglich die beim erreichten Niveau des technischen Wissens *gesellschaftlich notwendige* Arbeit binden. Freilich verhält sich jeder Unternehmer *indifferent* gegenüber einer betrieblichen Arbeitsteilung, solange er davon nicht mehr profitiert als bei einer Ausdifferenzierung der innerbetrieblichen Arbeitsteilung.

Einzelwirtschaftlich lohnt sich die Eigenfertigung von Produktionsmitteln immer, wenn das zugängliche Verfahren eine Kostenbelastung mit sich bringt, die niedriger ist als jene bei Fremdbezug. Unter solchen Umständen ginge mit der Beschaffung von einem anderen Unternehmen ein Verzicht auf die Bestallung profitbringender Arbeit einher. Interindustrielle Wertschöpfungsketten bilden sich erst heraus, sofern der Zukauf Vorteile bietet, die über die integrierte Fabrikation hinausgehen: Der Marktpreis des Inputs muss die Lohnkosten der vollständigen Selbsterzeugung unterschreiten. Zwischenlösungen, also die Auswahl aus einem Spektrum mehr oder weniger fertiggestellter Vorprodukte, sind möglich und realistisch.

Der Profit des Lieferanten beruht auf der von ihm benutzbaren günstigeren Technik, etwa wegen Massenproduktionsvorteilen. Die Spezialisierung beschert ihm eine Produktivität der Arbeit, die seinen Kunden versagt ist. Der Wettbewerb zwischen den Produktionsmittel- und Vorleistungsherstellern ruft Anstrengungen zur weiteren Arbeitsproduktivitätssteigerung hervor. Dasselbe gilt für ihre Abnehmer. Sie erzielen im Konkurrenzkampf dadurch einen Vorsprung, dass sie über den Hebel Kostensenkung die notwendige Arbeit zur Erzeugung ihrer Ware verringern. Das erhellt, welche Energiequelle den Motor der Prozessinnovationen in kapitalistischen Marktwirtschaften speist.

Diese Überlegungen sollten einer sich vielleicht im Hinterkopf befindlichen Vorstellung entgegenwirken, die Unternehmer könnten, indem sie den Personalaufwand über das gesellschaftlich notwendige Maß hinaus künstlich nach oben schrauben, nach Belieben ihren Gewinn vergrößern. Das Umgekehrte trifft zu: Sie sind nur in der Lage, preislich mitzuhalten, falls sie sich für die aus gesamtwirtschaftlicher Sicht *arbeitsminimierende* Technik entscheiden. Auf Firmenebene tritt diese Technik als die kostengünstigste in den Vordergrund. Bei der Sraffa-Kalkulation vermag ein Sektor ebenso wenig durch Aufblähung der Inputkoeffizienten seinen Profit zu vermehren: Die freie Konkurrenz erzwingt die denkbar geringsten Preise. Doch die niedrigsten Preise sind nicht die, in welchen der Überschuss im Verhältnis zum Materialaufwand aufgeschlüsselt wird, sondern jene, die den Gewinn den minimalen Arbeitskosten zuschlagen. Abermals erringt die Wertkalkulation die Oberhand, wobei die der Sraffa-

Vorschrift geschuldeten, der Profitmaximierung widersprechenden Paradoxa ausbleiben.

Ehe die Umrisse der Konsequenzen skizziert werden, welche die neue alte Theorie fordern, wird die Tragfähigkeit dieses Ansatzes einer weiteren Belastungsprobe unterzogen. Bewährt sich die Konzeption im Fall der Kuppelproduktion? Die Ahnung trügt nicht: Die Wertkalkulation ist *in jeder Hinsicht* leistungsfähiger als die Sraffa-Preisbildung.

3.3 Wert und Preis im Allgemeinen: Die Kuppelproduktion

Sraffa billigt der Option, in einem Herstellungsprozess mehr als ein Erzeugnis hervorbringen zu können, einen hohen Rang zu: Den zweiten Teil seiner Schrift, der über die Hälfte des Buches ausmacht, widmet er der Kuppelproduktion. Meist wird diesem Gebiet der Werttheorie nicht dieselbe Aufmerksamkeit geschenkt wie der Einzelfabrikation. Im Gegensatz zu Ricardo finden sich zwar bei Marx einige verstreute Notizen zur simultanen Anfertigung mehrerer Güter, allerdings griff er sie bei der analytisch-formalen Erörterung der Produktionspreisbildung nicht auf.[1] Sraffa betrat mit der Ausdehnung seiner Untersuchung auf Verfahren, die einen gemischten Ausstoß generieren, ein Feld, das zuvor kaum beackert worden war.

Die Erweiterung des Problemhorizonts schien freilich dringend geboten. Die Kuppelproduktion sei nämlich kein Spezialfall der Produktionstheorie, sondern der allgemeine: „... these cases of joint production", bemerkte Jevons im Zuge seiner Kritik an Mills Darstellung der Kuppelproduktion, „far from being 'some peculiar cases' form the general rule, to which it is difficult to point out any clear or important exceptions."[2]

Es wäre wirklichkeitsfremd, Kuppelproduktionsprozesse ausschließlich im sekundären Sektor anzusiedeln, etwa in der chemischen Industrie. Zahlreiche in der Literatur genannte Beispiele, die sich auf Ackerbau und Viehzucht betreibende Gesellschaften beziehen, schärfen das Bewusstsein, dass auch in solchen Wirtschaften die gemeinsame Erzeugung an der Tagesordnung ist, wenn sie nicht sogar dominiert. In dem von Adam Smith ins Auge gefassten Wildbeutervolk geschieht die Jagd nach den Tieren Hirsch und Biber keineswegs ausschließlich zur Deckung des Fleischbedarfs:

> „Felle und Häute dienen der Bekleidung und dem Zeltbau, Knochen, Zähne und Sehnen finden Verwendung in der Herstellung von Jagdwaffen und Schmuck, usw. Bei jedem der genannten Objekte handelt es sich daher um ein *compositum mixtum* verschiedener Gebrauchswerte

---

[1] Vgl. zur Geschichte der Kuppelproduktionstheorie Kurz, H. D., Classical and Early Neoclassical Economists on Joint Production, in: Metroeconomica, Bd. 36 (1986), S. 1-37.

[2] Jevons, W. St., a.a.O., S. 215.

oder Güter (und daneben möglicherweise auch einiger Ungüter), die
bei der Zerlegung des Tieres als Kuppelprodukte anfallen."[3]

Die Bedeutung der Kuppelproduktion für die Werttheorie wird nicht von
der Häufigkeit solcher Prozesse in der Realität beeinflusst. Die Existenz
eines Verfahrens, das mehr als ein Gut hervorbringt, genügt bereits, um
die Eigenschaften einer sonst vielleicht nur aus Einzelproduktionszwei-
gen bestehenden Wirtschaft zu verändern.[4]

Die generelle formale Beherrschung der Kuppelproduktion gestattet es
selbstverständlich, weniger komplexe Aufgaben zu bewältigen. So kann
fixes Kapital als Verbundprodukt begriffen werden: Mit dem Einsatz
einer neuen Maschine und anderer Inputs wird nicht nur ein bestimmter
Output erzeugt, sondern zugleich eine benutzte Maschine. Die Preise der
gebrauchten Maschinen der einzelnen Altersstufen und folglich ihre *ökonomische* Lebensdauer sind in der Sraffaschen Theorie verteilungsabhän-
gig.[5] Schließlich erlaubt die Kuppelproduktion, neben der Arbeit weitere
originäre Inputs zu integrieren. Hierzu gehören natürliche Ressourcen
wie Grund und Boden, die in die Herstellung eingehen und sie wieder
verlassen.[6] Vor diesem Hintergrund thematisieren wir im Weiteren die
Verbundproduktion in allgemeiner Form und diskutieren die Teilfragen
fixes Kapital und Boden nicht gesondert.

Zunächst wird Sraffas Lösung vorgestellt und gewürdigt. Dabei interessiert vor allem, wie die mit seinem Erklärungsschema verbundenen
‚Unregelmäßigkeiten' beurteilt und verarbeitet worden sind. Allerdings
begnügen wir uns nicht damit, die Defizite von Sraffas Theorie der Kup-

---

[3] Kurz, H. D., Adam Smith, die Regel der freien Güter und die „vent for surplus"-
Begründung des Außenhandels, in: Kurz, H., D. (Hrsg.), Adam Smith (1723-1790),
Marburg 1990, S. 237-260, S. 239 f.

[4] Vgl. z. B. Steedman, I., Joint Production and the Wage-Rent Frontier, in: The
Economic Journal, Bd. 92 (1982), S. 377-385.

[5] Vgl. Sraffa, P., Production …, a.a.O., S. 63 ff., Varri, P., Prices, Rate of Profit and
Life of Machines in Sraffa's Fixed-Capital Model, in: Pasinetti, L. (Hrsg.), a.a.O.,
S. 55-87, Baldone, S., Fixed Capital in Sraffa's Theoretical Scheme, in: Pasinetti, L.
(Hrsg.), a.a.O., S. 88-137 und Schefold, B., Fixed Capital as a Joint Product and the
Analysis of Accumulation with Different Forms of Technical Progress, in: Pasinetti,
L. (Hrsg.), a.a.O., S. 138-217.

[6] Vgl. Sraffa, P., Production …, a.a.O., S. 74 ff. und Kurz, H. D., Rent Theory in a
Multisectoral Model, in: Oxford Economic Papers, Bd. 36 (1978), S. 16-37.

pelproduktion zu schildern. Vielmehr werden die wesentlichen Defekte des Entwurfs gerade an dem konkreten Modell veranschaulicht, mit dessen Hilfe versucht wurde, der Arbeitswerttheorie jeden Sinn abzusprechen. Trotz der Schwächesymptome der Sraffaschen Doktrin schien sie dem ein oder anderen robust genug, um mit ihrem Beistand zu zeigen, dass sich in der Kuppelproduktion ein negativer Mehrwert ergeben könne, obwohl die Preise und der Profit positiv seien.

Jedoch wird sich unter dem Mikroskop bestätigen, was wir nach dem Erlebten schon vermuten: Unheilbar krank ist in Wahrheit die neoricardianische Produktionspreistheorie; die vermeintliche Leiche Arbeitswertlehre zuckt hingegen nicht nur. Die nähere Durchforstung des erwähnten Beispiels kräftigt vielmehr aufs Neue den Eindruck, wonach die Scheintote die Anlagen besitzt, sich als Prinzessin zu entpuppen.

3.3.1 Sraffas Ansatz, seine Mängel und ihr Echo

Anders als in der Einzelfabrikation, wo Neoricardianer (irrtümlich) keine Hindernisse erkennen, die Sraffa-Preiskalkulation anzuwenden, wimmelt es in der Literatur von Kuriositäten, die unter Kuppelproduktionsbedingungen vorkommen können. Daher sind wir nicht gezwungen, das Idyll wie im Fall der isolierten Herstellung systematisch zu entzaubern; stattdessen genügt es jetzt manchmal schon, die von Neoricardianern selbst mitunter eingestandene Skepsis hinsichtlich des Erreichten zu referieren. Dementsprechend liest man in Pasinettis Einleitung zu der von ihm herausgegebenen einschlägigen Aufsatzsammlung folgende Einschätzung:

> „… on the wave of enthusiasm and mathematical elegance, there has been a tendency to concentrate efforts on the most general possible case of joint production. Unfortunately, this case is so general as to allow too many possibilities, and these have indeed led to many negative conclusions and to very few positive ones."[7]

---

[7] Pasinetti, L., Introductory Note: Joint Production, in: Pasinetti, L. (Hrsg.), a.a.O., S. xii-xvii, S. xv. Vgl. außerdem die nüchternen Vorbemerkungen von Steedman zum Band „Sraffian Economics II", in dem ausgewählte Artikel zur Kuppelproduktion abgedruckt sind. Dort heißt es „… it is only especially restricted forms of fixed capital system that are free from the general complexities of joint production …"

Wird beabsichtigt, die Tauschrelationen unter Kuppelproduktionsverhältnissen zu ermitteln, begegnet man fürs Erste der Schwierigkeit, dass die Zahl der Gleichungen gegenüber der Anzahl der zu bestimmenden Preise ins Hintertreffen geraten kann. Bei der Einzelproduktion ist dem ein Riegel vorgeschoben: Die einzelnen Prozesse lassen sich mit ‚ihrer' Ware identifizieren.

Wenn z. B. in einem Verfahren sowohl Eisen als auch Weizen erzeugt werden, ist es verwehrt, von der Eisen- oder Weizenindustrie zu sprechen. Wie hilft sich Sraffa in dieser Situation? „In these circumstances", beschwichtigt er, „there will be room for a second, parallel process which will produce the two commodities by a different method and, as we shall suppose at first, in different proportions."[8]

Das Modell Sraffas zur Preisbestimmung erzwingt notwendigerweise ein ‚quadratisches' System, die Zahl der Waren muss gleich der der Prozesse sein. Vor diesem Hintergrund *nimmt Sraffa einfach an*, hinreichend viele Verfahren würden tatsächlich benutzt werden: „… the number of processes should be equal to the number of commodities."[9] Mit diesem, ökonomisch völlig unmotivierten Postulat wurde bereits hier der Weg verbaut, das anstehende Pensum erfolgversprechend in Angriff zu nehmen. Die in der Sraffaschen Konzeption ausschlaggebende, aber freischwebende Prämisse hat etliche Vorschläge initiiert, die ihr ein solides Fundament bieten sollte. Insbesondere Schefold hat in zahlreichen Arbeiten versucht, diese, wie er selbst sagt, „strange and crucial assumption"[10] durch Plausibilitäts- und Wahrscheinlichkeitsbetrachtungen zu rechtfertigen.[11]

Am ehesten überzeugen solche Behelfe noch, wenn unterstellt wird, die als Verbundprodukte anfallenden ‚bads' würden in Entsorgungsprozessen beseitigt, mit denen das System zu vervollständigen sei. Freilich vermag das Räsonnement nur denjenigen zu beeindrucken, der seinen

---

Steedman, I., Introduction, in: Steedman, I. (Hrsg.), Sraffian Economics II, Aldershot 1988, S. 1-7, S. 5.

[8] Sraffa, P., Production …, a.a.O., S. 43.

[9] Ebenda, S. 44.

[10] Schefold, B., Sraffa and Applied Economics: Joint Production, in: Political Economy, Bd. 1 (1985), S. 17-40, S. 23.

[11] Vgl. Schefold, B., Mr Sraffa on Joint Production and Other Essays, London 1989 und die dort genannten Artikel.

Glauben bestärkt sehen möchte. Wie sattsam bekannt sein dürfte, sind Übel des Öfteren recht zählebig; ganz zu schweigen davon, dass nicht alle Nebenerzeugnisse als ‚Schader' einzustufen sind und neutralisiert werden (müssen). Tut man den Neoricardianern dennoch den Gefallen und schützt vor, das System sei quadratisch, steckt man sofort in neuen Turbulenzen.

Es ist üblich, für die quadratische Outputmatrix **B** zu schreiben. Ihre Spalten, die den Ausstoß des jeweiligen Verfahrens enthalten, können mehr als ein positives Element aufweisen. Jeder Zeilenvektor dieser Matrix ist semipositiv, denn jedes Gut wird in mindestens einem Prozess produziert. **B** rückt an die Position der aus der Einzelproduktion vertrauten Einheitsmatrix **I**. Für die Produktionspreise erhält man

$$\mathbf{p}\mathbf{A}(1+r) + \mathbf{a}_0 w = \mathbf{p}\mathbf{B} \qquad (\text{III.82})$$

woraus

$$\mathbf{p} = \mathbf{a}_0 w\big[\mathbf{B} - (1+r)\mathbf{A}\big]^{-1} \qquad (\text{III.83})$$

folgt. Eine Lösung setzt voraus, dass $\big[\mathbf{B} - (1+r)\mathbf{A}\big]$ regulär ist, die Determinante dieser Matrix muss also existieren. Hiermit sind jedoch keineswegs ökonomisch brauchbare Ergebnisse garantiert. In dieser Hinsicht bahnbrechend wirkte eine Arbeit von Manara[12], der den zweiten Teil des Sraffaschen Buches mathematisch präzise formulierte, ähnlich wie seinerzeit Newman die erste Hälfte. Manara erbringt den Beweis, wonach die Sraffasche Standardware neben negativen Warenmengen – was Sraffa wusste[13] –, sogar *komplexe* Elemente beherbergen kann.[14] Es bedarf keines langen Plädoyers, die angesichts dieses Ergebnisses aufkeimenden, ernsthaften Zweifel zu begründen, der Standardware und der mit ihr gewonnenen linearen Lohnsatz-Profitratenbeziehung irgendeinen besonderen Stellenwert einzuräumen.

Selbst wenn man – wie das hier im Rahmen der Einzelproduktion schon geschehen ist – auf das Standardsystem als reiner Hilfskonstruktion kei-

---

[12] Vgl. Manara, C. F., Sraffa's Model for the Joint Production of Commodities by Means of Commodities (italienisch 1968), in: Pasinetti, L. (Hrsg.), a.a.O., S. 1-15.

[13] Vgl. Sraffa, P., Produktion ..., a.a.O., S. 47 ff.

[14] Vgl. Manara, C. F., a.a.O., S. 9 f.

nen gesteigerten Wert legt, tauchen in Sraffas Theorie der Kuppelproduktion weitere, schwer interpretierbare Kuriosa auf: Wie wir gleich im Konkreten erleben, können die den einzelnen Waren zuzurechnenden Arbeitsmengen und mit ihnen die Sraffa-Preise negativ sein. Ferner sind ‚bumps' in der Lohnsatz-Profitratengrafik denkbar. In einem solchen Fall bewegen sich die Verteilungsgrößen in einem bestimmten Intervall in dieselbe Richtung.[15] Die Höcker der Lohnkurven bei Kuppelproduktion führen dazu, dass gewissen Vergütungen jeweils mehrere Profitraten entsprechen. Mithin wirbt die Sraffa-Welt mit attraktiven Möglichkeiten: Im Kontrast zu Ricardos Kredo mündet ein gesteigertes Salär unter Umständen in einer Erhöhung der Profitrate.

Im Rahmen der Einzelproduktion fiel das Kriterium der Technikwahl, Kostenminimierung, mit der Maximierung des Reallohns bei einer gegebenen Profitrate zusammen. Jene Technik, welche auf der Lohnfront am weitesten nordöstlich gelegen ist, liefert die geringsten Sraffa-Preise. Im Fall einer Verbundfabrikation stimmt das nicht mehr. Die Sraffa-Kalkulation zeichnet eventuell ein System als kostenminimal aus, in dem der Reallohn *nicht* am höchsten ist. Weiterhin kann es sein, dass die kostenminimierende Technik bei bestimmten Profitraten mit negativen Preisen verbunden ist. Und – um das Fass zum Überlaufen zu bringen – die Existenz eines kostenminimalen Systems ist keineswegs garantiert[16]: Ausgehend von den Sraffa-Preisen einer Technik *A* erscheint die Technik *B* kostengünstiger, während von Technik *B* aus gesehen die Technik *A* lukrativer eingeschätzt wird!

Zusätzlich zu den formalen Kalamitäten des Sraffaschen Kuppelproduktionsansatzes bestehen die für die Einzelfabrikation herausgearbeiteten Schwächen fort. Das kostenminimierende Sraffa-System scheitert an der Gewinnmaximierung und verteilt den Überschuss anders als es die Konkurrenzannahme fordert. Vor diesem Hintergrund sollte man den

---

[15] Dies darf nicht mit der vorher beschriebenen Möglichkeit verwechselt werden, der zufolge in Einzelproduktionssystemen ein *sektoraler* Profit mit der Lohnhöhe positiv korreliert ist. Auf der gesamtwirtschaftlichen Ebene verändern sich dort Lohnsatz und Profitrate stets gegenläufig.

[16] Vgl. Salvadori, N., Existence of Cost-Minimizing Systems within the Sraffa Framework, in: Zeitschrift für Nationalökonomie, Bd. 42 (1982), S. 281-298. In einer anderen Arbeit hat Salvadori Zahlenbeispiele für die genannten Phänomene gegeben. Vgl. Salvadori, N., Switching in Methods of Production and Joint Production, in: The Manchester School, Bd. 53 (1985), S. 156-178.

konstruierten Irrationalitäten des Kapitalismus kein allzu hohes Gewicht beimessen: Da die neoricardianische Theorie im Allgemeinen versagt, werden die Unternehmer im Besonderen gewiss nicht von dem Alptraum gepeinigt, die Technikwahl arte in eine dem Wettlauf zwischen Hase und Igel ähnelnde Veranstaltung aus.

Trotz der sich auftürmenden Absonderlichkeiten der Einzel- und Kuppelproduktion scheute man vor der naheliegenden Konsequenz zurück. Statt die auf den ersten Seiten eingeschlagenen Eckpfeiler der Sraffaschen Preistheorie auf ihre Tragfähigkeit hin zu kontrollieren, wurde messerscharf geschlossen, dass nicht sein kann, was nicht sein darf. Der Meister hat auf diesem Gebiet desgleichen einschlägiges Übungsmaterial bereitgestellt. Werden aufgrund einer Lohnänderung manche Preise negativ, ist das nach Sraffas Meinung nichts Aufsehenerregendes:

„All that it implies is that, although in actual fact all prices were positive, a change in the wage might create a situation the logic of which required some of the prices to turn negative: and this being unacceptable, those among the methods of production that gave rise to such a result would be discarded to make room for others which in the new situation were consistent with positive prices."[17]

Im Prinzip wurde diese Methode von den Anhängern Sraffas niemals aus dem Verkehr gezogen. Lässt die Doktrin Resultate zu, die mit bestem Willen keiner stichhaltigen Rechtfertigung mehr zugänglich sind, wird die Schwierigkeit beseitigt, indem man den Problemverursacher verbannt: Weil das Erklärungsmuster negative Preise nicht ausgrenze, diese in der Realität aber unbeobachtbar seien, gebe es infolgedessen keine Prozesse, die negative Preise erzeugten. Sollte solches doch einmal ins Haus stehen, zaubert man eben andere Verfahren mit den passenden Eigenschaften herbei, die – welch ein Glück! – zur rechten Zeit am rechten Ort verfügbar sind.

Die ‚dominante Technik' ist also jene, die gerade ins Konzept passt. Daher verblüfft es nicht, wenn Charakterisierungen dieses Wunschkindes unwillkürlich zu einer Karikatur geraten. So meint Schefold gezeigt zu haben, dass

---

[17] Sraffa, P., Production ..., a.a.O., S. 59.

„… the dominant technique, *appropriately defined*, exists in the *relevant range*, … that it is unique, 'square', and that the wage curve is *essentially* monotonically falling."[18]

Im Klartext ist diese Feststellung ein Offenbarungseid der Sraffaschen Theorie der Kuppelproduktion: Lediglich die „geeignet definierte" Technik hat allein im „relevanten Bereich" die erwünschten Merkmale, und die Lohnkurve fällt nur „im Grunde genommen", d. h. falls sie nicht steigt. Immerhin wird diese bittere Medizin nicht ohne eine Beruhigungspille verabreicht. Trotz nicht leugbarer Fehler des Entwurfs verdiene er Vertrauen:

> „The important assertions have been proved; it is of interest only to the specialist that some details have turned out to be incorrect, especially regarding Sraffa's description of the choice of technique in the joint production case. We are now free to turn to new tasks like the analysis of the social forces defining the socially necessary technique …"[19]

Obschon die Spezialisten bislang keineswegs Beeindruckendes geleistet haben, wird dem erteilten Ratschlag Beachtung geschenkt: Mögen sich manche Fachleute den Detailfragen des Sraffaschen Denkmodells (weiterhin) widmen; das Studium der Kräfte hingegen, welche die gesellschaftlich notwendige Technik determinieren, stellt für andere nicht in jedem Fall eine neue Aufgabe dar – sie ist seit langem ein Gegenstand dieser Untersuchung. Fortsetzung folgt.

3.3.2 Kuppelproduktion ohne Fundamentaltheorem: Negativer Mehrwert

Es kommt einem Treppenwitz der Geschichte der ökonomischen Theorie gleich, dass Sraffas Werk, das als Grundlage einer Kritik der neoklassischen Wert- und Verteilungslehre gedacht war, nicht nur im Rahmen des Transformationsproblems gegen die Arbeitswerttheorie gewandt wurde, sondern auch dazu herhalten sollte, die (vermeintlich) letzte Bastion der Arbeitswertlehre zu schleifen: das Fundamentaltheorem. Mitte der 70er

---

[18] Schefold, B., The dominant technique in joint production systems, in: Cambridge Journal of Economics, Bd. 12 (1988), S. 97-123, S. 102, eigene Hervorhebungen.
[19] Ebenda, S. 111.

Jahre hat Ian Steedman das Feuer auf die anscheinend einzige gesicherte Aussage der Werttheorie eröffnet, gemäß der Ausbeutung und Profit positiv miteinander korreliert seien. Mittels eines Zahlenbeispiels versuchte er, die Ungültigkeit des Fundamentaltheorems im Fall der Verbundfertigung nachzuweisen: „In brief, in the presence of joint production, the existence of positive surplus value is neither a necessary nor a sufficient condition for the existence of positive profits and prices."[20]

Da Steedman gewiss um die erheblichen Nöte des Sraffaschen Kuppelproduktionsansatzes wusste, kann man seine Verwegenheit nur bewundern, sich bei seinem Angriff auf einen solchen Bundesgenossen zu verlassen. Wenngleich die Sache zu seinen Ungunsten ausgeht, hat er sich dennoch um die Weiterentwicklung der Werttheorie verdient gemacht: Steedmans Attacke unterstreicht in Wahrheit die Stärke der Arbeitswertlehre im Generellen. Die Analyse des von ihm präsentierten Exempels dient als Nagelprobe der umfassenden Überlegenheit der Wertrechnung gegenüber der Sraffa-Preisbildung, die für die Einzelproduktion bereits begründet wurde.[21]

Tabelle III.2 gibt das Zahlenbeispiel wieder, mit dem Steedman der Arbeitswerttheorie den letzten Schlag versetzen wollte. Er betrachtet eine Situation, in der zwei Prozesse je zwei Waren produzieren können. Links von den Pfeilen steht der Input und rechts der Output. In beiden Verfah-

---

[20] Steedman, I., Positive Profits With Negative Surplus Value, in: The Economic Journal, Bd. 85 (1975), S. 114-123, S. 114.

[21] In seinem Buch „Marx After Sraffa" verficht Steedman die These, die Wertrechnung sei prinzipiell – also nicht nur unter Kuppelproduktionsbedingungen – überflüssig. So heißt es mit Bezug auf die Einzelfertigung: „What have any value magnitudes to contribute to this analysis? Nothing. The labour values of commodities, or of any aggregates of commodities, are known only when it is known which methods of production are in use. The choice of production methods is itself determined, however, only in the process of determining the maximum achievable rate of profit … The determination of the profit rate is thus *logically prior* to any determination of value magnitudes – it is hardly surprising, then, that the latter have nothing to contribute to the former." Steedman, I., Marx …, a.a.O., S. 64 f. Da die Sraffa-Profitrate, wie gesehen, kein brauchbarer Indikator für die Ermittlung des maximalen Gewinns und seiner Verteilung bei Einzelproduktion ist, gehen wir auf diesen Teil der Steedmanschen Kritik nicht detailliert ein. Gleichwohl läge der ein oder andere Kommentar zu Steedmans Text auf der Zunge. Eine kritische Besprechung des Buches liefert Kurz, H. D., Sraffa After Marx, in: Australien Economic Papers, Bd. 18 (1979), S. 52-70.

ren wird eine Arbeitseinheit verrichtet. Ferner unterliegen beide Prozesse linearen Skalenerträgen, d. h. die Input-Koeffizienten variieren nicht mit der erzeugten Menge.[22]

Tabelle III.2: Steedmans Beispiel

	Ware 1		Ware 2		Arbeit		Ware 1		Ware 2
Prozess 1	5	+	0	+	1	→	6	+	1
Prozess 2	0	+	10	+	1	→	3	+	12

Aus den Daten der Tabelle III.2 lassen sich die Bestimmungsgleichungen der Größen l_1 und l_2 formulieren, die Steedman als Arbeitswerte interpretiert:

$$5l_1 + 1 = 6l_1 + l_2 \tag{III.84}$$

$$10l_2 + 1 = 3l_1 + 12l_2 \tag{III.85}$$

Daraus gewinnt man die Sraffa-Steedman-Werte:

$$l_1 = -1 \tag{III.86}$$

$$l_2 = 2 \tag{III.87}$$

Demnach ‚enthält' die Ware 1 eine *negative* Menge insgesamt zu ihrer Herstellung aufgewandter Arbeit; fürwahr ein überraschender und grotesker Fund.[23] Sraffa hätte das Phänomen freilich anders gesehen; zwar räumte er zunächst ein: „This looks at first as if it were a freak result of abstraction-mongering that can have no correspondence in reality."[24] Doch wer meint, aufgrund dieses (richtigen) Eindrucks würden endlich die Prämissen gemustert, welche die Verantwortung für dieses bizarre Ergebnis tragen, hat sich zu früh gefreut. Schon wenig später erfährt der

---

[22] Vgl. zum Weiteren Steedman, I., Positive ..., a.a.O., S. 115 ff. Das gleiche Beispiel findet sich in Steedman, I., Marx ..., a.a.O., S. 150 ff.

[23] So Kurz, H. D., Zur neoricardianischen ..., a.a.O., S. 185.

[24] Sraffa, P., Production ..., a.a.O., S. 60.

geneigte Leser: „… nothing abnormal will be noticeable …"[25] Wie das?
Das Absurde dringt nicht bis zur ‚Oberfläche' vor, weil die Sraffa-Preise
beider Waren *ab* einer gewissen Profitrate positiv werden. Die von
Steedman kalkulierten Werte (**l**) sind ja nichts anderes als die arbeits-
kommandierenden Sraffa-Preise (vgl. (III.83), S. 275 mit $w \equiv 1$) bei einer
Profitrate von null. Allgemein:

$$\mathbf{l} = \mathbf{a}_0 (\mathbf{B} - \mathbf{A})^{-1} \tag{III.88}$$

Wie wir wissen, hat Sraffa negative Preise einfach durch die Behauptung
eliminiert, es würden rechtzeitig, d. h. bei (von ihm) unerwünscht kleiner
Profitrate, Verfahrensalternativen ohne diese peinliche Nebenwirkung
benutzt werden. Hält man diese Konstruktion für ein Luftschloss, ließe
sich die Auffassung vertreten, sowohl die negativen Werte als auch die
negativen Preise deuteten auf ein Desaster der neoricardianischen Theorie hin. Zumindest hätte man fairerweise als toleranter Sraffianer – der
anderen das gleiche Recht gewährt, das er selbst in Anspruch nimmt –
die These erwägen können, irgendwelche neue Verfahren oder Änderungen in der Struktur des Arbeitseinsatzvektors brächten negative Werte
und somit negative Preise zum Verschwinden.

Diesen Weg beschreitet Steedman nicht; er verlässt sich darauf, die
Technikwahl orientiere sich an den Sraffa-Preisen, deren Berechnung,
wie er zu beteuern nicht müde wird, ohne Arbeitswerte auskommt. Vielmehr möchte er mit der schon von Sraffa erwähnten Möglichkeit negativer Arbeitswerte dem Fundamentaltheorem den Boden entziehen. Folglich hat der *Mehrwert* negativ zu sein. Das zu bewerkstelligen ist kein
Hexenwerk: Man muss nur postulieren, die Kapitalisten eigneten sich
hauptsächlich die Waren an, die einen negativen Sraffa-Steedman-Arbeitswert aufweisen.

Dementsprechend fixiert Steedman einen Reallohn, der dazu führt,
dass der den Unternehmern zufließende Rest des Nettoprodukts mehr als
das Doppelte an Ware 1 umfasst als an Ware 2. Nach seinen Annahmen
werden in Prozess 1 fünf Arbeitseinheiten und in Verfahren 2 eine Arbeitseinheit geleistet. Das Nettoprodukt beziffert sich dann auf acht Einheiten an Ware 1 und sieben der Ware 2. Laut Steedman verdienen die
sechs Arbeiter insgesamt drei Einheiten von Ware 1 und fünf der Ware 2.

---

[25] Ebenda.

Die restlichen fünf Einheiten der Ware 1 und die verbleibenden zwei der Ware 2 gehen an die Kapitalisten. In diesem Aggregat überwiegt der Steedman-Arbeitswert der Ware 1. Ergo wird der Mehrwert negativ; das erste Etappenziel scheint erreicht.

Bemerkenswerterweise wurde im Verlauf der anschließend nachgezeichneten, intensiven Diskussion das zu einem negativen Mehrwert duale Paradoxon nicht erörtert: Der Wert der Arbeitskraft, also die im Reallohn ‚verkörperte' Arbeitszeit, beträgt sieben Einheiten und ist damit *größer* als die Gesamtbeschäftigung von sechs Einheiten. Dieses Resultat ist desgleichen kaum dazu angetan, das Vertrauen in Steedmans Argumentation zu stärken.

Selbstverständlich konnte der Coup nur erfolgreich beendet werden, falls in dieser Konstellation die Preise und die Profitrate positiv sind. Zur Bestimmung der arbeitskommandierenden Preise, d. h. für $w \equiv 1$, erhält man aus den Daten der Tabelle III.2 die beiden Gleichungen:

$$(1+r)5p_1 + 1 = 6p_1 + p_2 \tag{III.89}$$

$$(1+r)10p_2 + 1 = 3p_1 + 12p_2 \tag{III.90}$$

Das von Steedman geschnürte Reallohnbündel liefert ferner die Bedingung:

$$3p_1 + 5p_2 = 6 \tag{III.91}$$

Aus dem System (III.89), (III.90) und (III.91) lassen sich eine Profitrate von 20 %[26] sowie $p_1 = \frac{1}{3}$ und $p_2 = 1$ berechnen. Der Übungszweck ist erfüllt: positiver Profit bei negativem Mehrwert. „Marxists should therefore concentrate on developing the materialist account of why production conditions and real wages are what they are", schreibt Steedman den Anhängern des Fundamentaltheorems ins Stammbuch, „leaving the discussion of ‚value magnitudes' to those concerned only with the development of a new Gnosticism."[27]

---

[26] Es existiert eine zweite Lösung für r, die aber mit einem negativen Preis der Ware 1 verbunden ist: „The negative price p_1 makes this solution economically insignificant." Steedman, I., Positive ..., a.a.O., S. 115 Fn.

[27] Steedman, I., Marx ..., a.a.O., S. 162.

Erwartungsgemäß bleibt Steedman keine Erklärung schuldig, warum ein negativer Arbeitswert unter Kuppelproduktionskonditionen nichts Besonderes sei. Bei solchen Verhältnissen ist es generell nicht möglich, *genau* eine Ware zu erzeugen und so ihren Arbeitswert aufzuspüren. Der richtige Weg, die Werte zu ermitteln, bestünde aufgrund dieser Tatsache darin, die Beschäftigungs*veränderung*, die von einer Zunahme des Nettooutputs um exakt eine Einheit einer Ware herrührt, als deren Wert zu interpretieren.

In Steedmans Exempel kommt die Erhöhung des Ausstoßes der Ware 1 um eine Einheit durch die *Verringerung* des Arbeitsinputs um eine Einheit zustande. Setzt man in Prozess 1 drei statt fünf Arbeitseinheiten und in Verfahren 2 zwei anstelle einer ein, fällt *summa summarum* ein Nettoausstoß von neun Einheiten der Ware 1 und sieben der Ware 2 an. Obwohl gegenüber der Ausgangssituation die Gesamtbeschäftigung um eine Einheit *zurück*geht, *steigt* der Nettooutput um eine Einheit der Ware 1: „This is the meaning of the result that commodity 1 has a value of − 1 ... there is nothing at all strange about a negative value. It follows that there is nothing strange about negative surplus value."[28] Mit Recht riefen die provozierenden Thesen Steedmans ein starkes Echo in der ökonomischen Literatur hervor. Mehrere Autoren haben die Ursache der dem gesunden Menschenverstand zuwiderlaufenden Ergebnisse Steedmans in den Prämissen lokalisiert. Dreh- und Angelpunkt dieser Betrachtungen sind deshalb die von Steedman präsentierten Daten seines Zahlenbeispiels.

Ein Blick auf die Tabelle III.2 genügt, um zu erkennen, dass dort Verfahren verzeichnet sind, die in einer eigenartigen Proportion zueinander stehen: Die in Prozess 2 realisierte Arbeit ist weitaus produktiver als die in Verfahren 1 verwirklichte. Dieser direkte Vergleich ist möglich, weil beide Verfahren mehr als ihren notwendigen Input selbst herstellen; sie sind für sich alleine lebensfähig und nicht – wie bei der Einzelproduktion – aufeinander angewiesen. Der Nettoausstoß des Prozesses 1 pro Arbeitseinheit beläuft sich auf jeweils eine Einheit der beiden Waren, während aus Verfahren 2 drei Einheiten an Ware 1 und zwei Einheiten an Ware 2 hervorgehen.

Somit erhebt sich die Frage, ob in beiden Prozessen die gleiche homogene Arbeit verausgabt wird und wenn ja, ob dann überhaupt der Prozess 1

---

[28] Steedman, I., Positive ..., a.a.O., S. 119.

eine reelle Chance hat, sich gegenüber Prozess 2 zu behaupten. In der Tat lässt ein negativer Arbeitswert einer Ware stets auf die Zerlegbarkeit des entsprechenden Subsystems in zwei Unterabteilungen mit verschiedener Produktivität schließen:

> „... der Arbeitswert einer Ware wird nur dann negativ sein, wenn in dem Subsystem, das die fragliche Ware isoliert herstellt, mehr Arbeit in den Prozessen aufgewendet wird, die zur isolierten Produktion der Ware kontrahiert werden müssen, als in denen, die dabei expandieren."[29]

Vor diesem Hintergrund liegt es nicht allzu weit, die in den beiden Verfahren des Steedmanschen Exempels jeweils vollbrachte Arbeit mit einem Produktivitätsindex $\pi_i (i = 1, 2)$ zu multiplizieren, der den Arbeitsinput gewichtet. Die kalkulierten Werte in ‚einfacher Arbeit' sind positiv, sofern die Relation der Gewichtungsfaktoren (π_1/π_2) aus dem Intervall $\left(\dfrac{1}{3}, \dfrac{1}{2}\right)$ gewählt wird, das durch die Produktivitäten der beiden Prozesse abgesteckt wird.[30]

Die Schwäche solcher Konzepte zur Modifikation der Arbeitseinsätze liegt auf der Hand: Trotz Übereinstimmung der Zahl der Waren und der Prozesse hängen die Werte von dem aus dem Bereich willkürlich herausgreifbaren Verhältnis der Produktivitätsindizes ab. Will man dagegen eine theoretisch fundierte Entscheidung fällen, befindet man sich im Zentrum der Reduktionsproblematik, ebenfalls kein besonders schöner Flecken der ökonomischen Theorie.[31] Der Kasus sollte (er)klärbar sein, ohne das Heil in heterogener Arbeit zu suchen, deren Berücksichtigung letztlich

---

[29] Schefold, B., Sraffas Theorie der Kuppelproduktion, in: Zeitschrift für Wirtschafts- und Sozialwissenschaften, Jg. 103 (1983), S. 315-340, S. 323. Vgl. auch Cogoy, M., Wertstruktur ..., a.a.O., S. 160 ff.

[30] Vgl. Kurz, H. D., Sraffa ..., a.a.O., S. 66 f. Siehe zum ‚Dogma homogener Arbeit' Krause, U., Elemente einer multisektoralen Analyse der Arbeit, in: Gesellschaft, Beiträge zur Marxschen Theorie 13, Frankfurt a. M. 1979, S. 15-53. Differierende Arbeitsqualitäten spielen eine zentrale Rolle in der ‚realen' Außenwirtschaftstheorie, vgl. Helmedag, F., Komparative Kostenvorteile ..., a.a.O.

[31] Vgl. zur Kritik an dem Beitrag von Kurz Fujimori, Y., Modern Analysis of Value Theory, Berlin / Heidelberg / New York 1982, S. 154 Fn.

nur zu einer Verlagerung der Problemstellung auf ein anderes Feld führt, nicht aber zu ihrer Lösung.

3.3.3 Kuppelproduktion mit Fundamentaltheorem: Wahre Werte

Der am anderen Ende ansetzende Einwand wurde erstmals von Morishima ausgesprochen: Darf das weniger produktive Verfahren 1 grundsätzlich zur Bestimmung der Werte herangezogen werden? Er war besonders berufen, den Vorstoß Steedmans zu kommentieren: In einer 1974 veröffentlichten Antrittsvorlesung hatte Morishima eine Verallgemeinerung des Fundamentaltheorems unterbreitet und propagierte daran anknüpfend eine ‚neue' Arbeitswertlehre.[32] Diese rekurriert allerdings nicht auf tatsächlich zu beobachtende Werte, sondern auf ‚optimale', welche die Schattenpreise eines Arbeitsminimierungsprogramms sind:

> „As soon as joint production and choice of techniques are admitted, we must discard the labour theory of value, at least in the form Marx formulated it ... There is an alternative way to formulate the labour theory of value, not as the theory of 'actual values' calculating the embodied-labour contents of commodities on the basis of the prevailing production coefficients as Marx did, but as the theory of 'optimum values' considering values as shadow prices determined by a linear programming problem that is dual to another linear programming problem for the efficient utilisation of labour."[33]

Morishima definiert die ‚notwendige' Arbeit als *Minimum* der Arbeitszeit, die beim anzutreffenden Stand des technischen Wissens aufgewandt werden müsste, um die Güter zu erzeugen. Die Mehrarbeit resultiert aus der Differenz der wirklich geleisteten Arbeit abzüglich der so interpretierten notwendigen Arbeit. Darauf aufbauend zeigt er, dass Ausbeutung vorliegen müsse, damit die betrachtete Wirtschaft wachsen könne und den Kapitalisten Profite zuflössen. Diese Sicht der Dinge widerspricht dem Steedmanschen Beispiel völlig. Daher ergriff Morishima das Wort, um die Diskrepanz zu erläutern.

---

[32] Vgl. Morishima, M., Marx in the Light of Modern Economic Theory, in: Econometrica, Bd. 42 (1974), S. 611-632.

[33] Ebenda, S. 615 f.

Der Hauptvorwurf gegenüber Steedman lautet, dieser drücke die relevanten Beziehungen in *Gleichungs*form aus, statt sie, wie es Kuppelproduktionssystemen angemessen wäre, in *Ungleichungen* zu gießen:

> „... Steedman simply extends the value equations so as to include joint outputs and calls formal solutions to them 'values' with a wrong justification ... As far as his example is concerned, these Steedman values have nothing to do with the labour values of commodities, nor with Marxian values, because the latter should be non-negative by definition, while the former contain negative ones. Thus the Steedman equations fail to determine the labour values. Nevertheless, he continues his mathematical exercise and calculates the 'surplus value' at a negative amount on the basis of his 'values' or pseudo-values. It is clear, however, that the pseudo-surplus value obtained from the pseudo-values has nothing to do with Marx's surplus value ..."[34]

Morishimas Werte werden ermittelt, indem man einen Aktivitätsvektor q sucht, der den zur Produktion eines Nettoausstoßbündels y notwendigen Arbeitseinsatz minimiert[35]:

$$a_0 q \rightarrow \text{Min} \quad \text{u. d. N.} \quad Bq \geq Aq + y \qquad \text{(III.92)}$$

Nach Morishima liefert der Wert der Zielfunktion den ‚wahren' Arbeitswert des Güter*bündels* y.[36] Der optimale Aktivitätsvektor ist dabei nicht notwendigerweise eindeutig, der Zielwert jedoch immer. Unter Umständen ist der Nettooutput einer Ware größer als es y vorsieht.

Wie man ohne große Rechenarbeit bemerkt, lässt sich der von Steedman vorgegebene Nettoausstoß von acht Einheiten Ware 1 und sieben der Ware 2 statt mit sechs schon von dreieinhalb Arbeitseinheiten erzeugen. Diese werden ausschließlich in Verfahren 2 beschäftigt; der Prozess 1 wird überhaupt nicht mehr gebraucht. Der Nettooutput besteht nun aus zehneinhalb Einheiten der Ware 1 und sieben der Ware 2. Von Ware 1

---

[34] Morishima, M., Positive Profits With Negative Surplus Value – A Comment, in: The Economic Journal, Bd. 86 (1976), S. 599-603, S. 600.

[35] Vgl. ebenda, S. 601 f.; die Symbolik wurde an die hier eingeführte angepasst. Zur detaillierten Erläuterung des Modells siehe Morishima, M., Catephores, G., Value, Exploitation and Growth, London 1978, S. 22 ff.

[36] Morishimas „true values" unterscheiden sich geringfügig von seinen etwas früher vorgeschlagenen „optimum values", die das Programm $vy \rightarrow$ Max u. d. N. $vB \leq vA + a_0$ abwirft. Vgl. Morishima, M., Positive ..., a.a.O., S. 601 f.

werden also zweieinhalb Einheiten *mehr* geschaffen als Steedman fordert: Das Ungleichheitszeichen der Nebenbedingung in (III.92) kommt zur Geltung. Entsprechend kann man die notwendige Arbeit zur Herstellung des Reallohns im Sinne Morishimas ausfindig machen; die so kalkulierte Ausbeutungsrate ist stets positiv.

Tatsächlich werden Kuppelproduktionssysteme in eine Zwangsjacke gesteckt, sofern man verlangt, ein bestimmter Output müsse *exakt*, d. h. ohne Hervorbringung auch nur eines weiteren Gutes, angefertigt werden. Hiermit wird die prinzipiell höhere Ergiebigkeit solcher Techniken durch eine ökonomisch unbegründete Restriktion wieder zunichte gemacht, wenn nicht gar ins Gegenteil verkehrt. Die Eigenschaft eines Prozesses, *mehrere* Waren zu erzeugen, verhindert die Erfüllung der Auflage, genau eine Einheit davon auszustoßen.

Im Sraffaschen Kuppelproduktionsansatz führt die universelle Produktivkraft eines Verfahrens zu einem negativen Wert, weil zur Komplettierung des Systems (mindestens) ein weiterer, aber inferiorer Prozess betrieben werden muss. In Steedmans Exempel wird das Verfahren 1, welches gegenüber Prozess 2 auf allen Gebieten benachteiligt ist, *nur* benutzt, um den exogen festgelegten Nettooutput *ohne Überschuss* zu produzieren.

So gesehen beruht Steedmans Räsonnement auf einer Prämisse, „... die letztlich auf das kaum kreditwürdige Saysche Gesetz hinausläuft ...“[37] Statt die einzelwirtschaftlich fundierte Gewinnmaximierung zur Ermittlung der Aktivitäten heranzuziehen, orientiert sich Steedman an der aus der Luft gegriffenen Bedingung, die hergestellten Mengen müssten sich vollkommen und ohne Ausnahme mit einem beliebig fixierten Endnachfragevektor decken. Diese Vorschrift widerspricht theoretisch und empirisch der Funktionsweise einer kapitalistischen Marktwirtschaft.

Allerdings vermengen sich bei Morishima normative und positive Aussagen. Einerseits plädiert er dafür, wahre Werte als Maß der notwendigen Arbeit anzuerkennen; andererseits konstatiert er, Steedmans Verfahren 1 werde nicht angewandt. Freilich behauptet Morishima nicht, seine wahren Werte seien die in der Wirklichkeit zu beobachtenden; ebenso wenig übt er eine grundsätzliche Kritik an Sraffas Konzeption der Technikwahl und nirgends hält er die Sraffasche Preisbildungshypothese für verfehlt. Die aktuelle Arbeitsleistung muss auch nach der Auffassung

---

[37] Kurz, H. D., Zum Problem ..., a.a.O., S. 178.

Morishimas nicht die minimale sein. Sein Ausbeutungskonzept besagt somit im Endeffekt nur, die Arbeiter müssten unter kapitalistischen Verhältnissen in der Regel mehr Arbeit verrichten als bei der arbeitsminimierenden Technik. Für Anhänger der Sraffaschen Preistheorie ist diese Botschaft eine Zeitung von gestern.

Vor diesem Hintergrund konnte Steedman es sich in seiner Antwort auf Morishimas Kommentar leicht machen.[38] Ohne die Frage Gleichungen versus Ungleichungen zu erörtern, wies er darauf hin, Marx erachte den minimalen Arbeitsaufwand lediglich an *einer* Stelle – und das in einer Frühschrift – als maßgebend zur Wertbestimmung.[39] Später begegnet man dieser Auffassung im Werk von Marx nicht mehr.

Zwar akzeptiert Steedman die Logik des generellen Fundamentaltheorems ebenso wie Morishimas Konzept der wahren Werte, doch diese Kreationen hätten sich, wie Steedman betont, weit von Marx entfernt. Da die Verfahren, welche in der Praxis die Oberhand gewinnen, im Normalfall nicht die arbeitsminimierenden seien[40], musste sich die Wertrechnung *à la* Morishima den Vorwurf gefallen lassen, dass sie „... in keiner Weise die Funktionsmechanismen des kapitalistischen Systems widerspiegelt ..."[41]

Eine solche Sichtweise lässt sich indes nur rechtfertigen, falls die Sraffasche Theorie der Kuppelproduktion wirklich korrekt ist. Und in dieser Hinsicht wurde Protest laut. Dahingehend äußerte sich etwa Wolfstetter in einem Diskussionsbeitrag zu Steedmans Aufsatz:

> „... the possibility of negative labour value, and the more extreme possibility of a negative surplus value coexisting with positive prices and profits, indicate a fundamental weakness in Sraffa's (1960) theory of

---

[38] Vgl. Steedman, I., Positive Profits With Negative Surplus Value: A Reply (künftig als „A Reply" zitiert), in: The Economic Journal, Bd. 86 (1976), S. 604-608.

[39] „Es ist wichtig, den Umstand im Auge zu behalten, dass, was den Wert bestimmt, nicht die Zeit ist, in welcher eine Sache produziert wurde, sondern das *Minimum* von Zeit, in welchem sie produziert werden kann, und dieses Minimum wird durch die Konkurrenz festgestellt." Marx, K., Das Elend der Philosophie (französisch 1847), in: Marx Engels Werke, Bd. 4, Berlin 1977, S. 63-182, S. 95.

[40] Vgl. Steedman, I., A Reply, a.a.O., S. 607. Siehe außerdem Steedman, I., Marx ..., a.a.O., S. 192 ff.

[41] Cogoy, M., Traditionelle und neue Arbeitswerttheorie, in: Gesellschaft, Beiträge zur Marxschen Theorie 13, Frankfurt a. M. 1979, S. 115-139, S. 132.

joint production, which deprives that theory of valid economic meaning. Thus we hope both to comment on Steedman, and to contribute to a comparative evaluation of Sraffa's and von Neumann's (1937) theories of joint production."[42]

Wie Wolfstetter darlegt, unterscheiden sich die Arbeitswerte im Vorzeichen, sofern ein Verfahren – hier Prozess 1 des Steedmanschen Beispiels – als ‚absolut inferior' eingestuft werden kann, d. h. es ist dem anderen Verfahren in keiner Hinsicht gewachsen.[43] Daran anknüpfend bemängelt Wolfstetter, die Sraffasche Kuppelproduktionstheorie sei unzulänglich, weil sie mit Gleichungen anstelle von Ungleichungen operiere. Dem Sraffaschen Entwurf fehle es an einem Entscheidungskriterium für die Technikwahl: „... the formulation of the restrictions in terms of equalities prevents the application of any choice criterion to determine how the activity vector is chosen."[44] Deswegen sei der v. Neumann-Ansatz fruchtbarer. Wolfstetter greift folglich nicht nur die Gleichungsmethode Sraffas zur Berechnung der *Werte* an, sondern überdies die Behandlung der Verbundfertigung in Gleichungen *per se*. Gehen wir diesem Fingerzeig nach.

3.3.4 Sraffa und v. Neumann

Die Problematik, die v. Neumann in seinem berühmt gewordenen Artikel bearbeitet, ist so allgemein gehalten, dass auch die Kuppelproduktion abgedeckt wird. Einleitend bemerkt er, Güter würden in erster Linie „auseinander" erzeugt und es könnten mehr technische Produktionsprozesse als Güter existieren. Im Gegensatz zu Sraffa postuliert v. Neumann jedoch kein quadratisches Gleichungssystem: „Die landläufige Methode des ‚Gleichungen-Abzählens' versagt ... Unsere Fragestellung führt zwingend zu einem System von Ungleichheiten ..."[45]

---

[42] Wolfstetter, E., Positive Profits With Negative Surplus Value: A Comment, in: The Economic Journal, Bd. 86 (1976), S. 864-872, S. 864.

[43] Vgl. ebenda, S. 867.

[44] Ebenda, S. 870.

[45] Neumann, J. v., Über ein ökonomisches Gleichungssystem und eine Verallgemeinerung des Brouwerschen Fixpunktsatzes (1937), wieder in: Mathematische Wirtschaftstheorie, hrsg. v. Beckmann, M. J., Sato, R., Köln 1975, S. 172-181, S. 172.

Nach Steedman sind die Theorien Sraffas und v. Neumanns trotz dieser prinzipiellen Diskrepanz miteinander vereinbar: „... a particular piece of analysis which is very much in the 'spirit' of von Neumann (1945-6) yields certain results which are perfectly compatible with those of Sraffa's analysis, the implication for Wolfstetter's remarks will be clear."[46] Vor dem Urteil, inwieweit Steedmans Analysestück wirklich im Geiste v. Neumanns ist, steht die Beweisaufnahme. Inspizieren wir zu diesem Zweck den Quellentext.

Da v. Neumann annimmt, dass „... jedes über das Lebensminimum hinausgehende Einkommen vollkommen reinvestiert wird"[47], figuriert der Subsistenzlohn wie die anderen Produktionsmittel als Input; die in den Prozessen direkt eingesetzte Arbeit ist nicht wahrnehmbar:

> „Wage costs are not considered as such, for labourers are not seperately considered any more than are farm animals. It is supposed that they will do their work in return for rations of shelter, fuel, food and clothing, just as a horse works when it is fed and cared for ... The essential point about v. Neumann's theory of prices is that goods are made out of goods *alone* and that the cost price of any good or collection of goods consists of the value of the goods from which they are made plus an interest charge."[48]

Der Abdruck leidet unter einigen Fehlern, die in der englischen Version nicht auftreten. Vgl. Neumann, J. v., A Model of General Economic Equilibrium (1945/6), wieder in: Readings in the Theory of Growth, hrsg. v. Hahn, F., London / Basingstoke 1971, S. 1-9.

[46] Steedman, I., Positive Profits With Negative Surplus Value: A Reply to Wolfstetter (künftig als „A Reply to Wolfstetter" zitiert), in: The Economic Journal, Bd. 86 (1976), S. 873-876, S. 873.

[47] Neumann, J. v., Über ..., a.a.O., S. 173.

[48] Champernowne, D. G., A Note on J. v. Neumann's Article on „A Model of Economic Equilibrium" (1945/6), wieder in: Readings in the Theory of Growth, hrsg. v. Hahn, F., London / Basingstoke 1971, S. 10-18, S. 12, eigene Hervorhebung. In der ersten Fußnote dieses Kommentars dankt Champernowne unter anderem Sraffa „for instruction in subjects discussed in this article". Sraffa war laut Vorwort seines Buches während der dreißiger und frühen vierziger Jahre – also ungefähr zur gleichen Zeit – mit der Abfassung seiner Theorie der Kuppelproduktion beschäftigt. Allerdings ist die Vertrautheit Sraffas mit dem Ansatz v. Neumanns in der „Warenproduktion mittels Waren" nicht zu erkennen.

Unter Rückgriff auf die schon bekannten Kürzel – **M** symbolisiert die um die Lebensmittel der Arbeiter angereicherte Koeffizientenmatrix und **B** die Outputmatrix einer Verbundproduktion –, lassen sich die zentralen Gleichungen (7) und (8) des v. Neumannschen Ansatzes[49] wie folgt zu Papier bringen:

$$\alpha \mathbf{M}\mathbf{q} \leq \mathbf{B}\mathbf{q} \tag{III.93}$$

$$\beta \mathbf{p}\mathbf{M} \geq \mathbf{p}\mathbf{B} \tag{III.94}$$

Die Matrizen **M** und **B** verzeichnen in den Spalten die einzelnen Verfahrensalternativen, die Zeilen beziehen sich auf die Güter. Das System ist nicht notwendigerweise quadratisch. Selbstverständlich sind **q** und **p** geeignet angepasst. Die Größe α fungiert im Mengenschema (III.93) als ‚Expansionskoeffizient‘, β dient in den Preistermen (III.94) als ‚Zinsfaktor‘, d. h. $\beta = 1 + \dfrac{z}{100}$. Dabei ist z laut v. Neumann der Zinsfuß in Prozent pro Zeiteinheit. Entscheidende Bedeutung erlangt das Prinzip, wonach bei Gültigkeit des Kleinerzeichens in (III.93) der Preis des fraglichen Produkts null wird. Formal ist diese ‚Regel der freien Güter‘ einsehbar: In dieser Situation übersteigt die Produktion eines Gutes den Bedarf, es liegt im Überschuss vor.[50] Ganz analog verfährt man im Preisteil (III.94). Die ‚profitability rule‘ besagt, ein Prozess werde nicht aktiviert, sofern die Kosten inklusive Zinsaufschlag nicht von den Erlösen gedeckt werden.

Mit diesen Vorschriften gewinnt man die beiden Gleichungsgruppen

$$\mathbf{p}(\mathbf{B} - \alpha \mathbf{M})\mathbf{q} = 0 \tag{III.95}$$

und

$$\mathbf{p}(\mathbf{B} - \beta \mathbf{M})\mathbf{q} = 0 \tag{III.96}$$

Zusätzlich lässt sich ein positiver Wert des Outputs fordern:

$$\mathbf{p}\mathbf{B}\mathbf{q} > 0 \tag{III.97}$$

---

[49] Vgl. Neumann, J. v., Über …, a.a.O., S. 174.

[50] Eine andere Frage ist es, ob der Preis einer überproduzierten Ware tatsächlich auf null sinken muss. Wir kommen darauf noch zu sprechen.

Mittels topologischer Konzepte beweist v. Neumann, dass seine Auf-
gabenstellung (mindestens) eine Lösung besitzt, welche durch die Übereinstimmung des Zinsfaktors und des Expansionskoeffizienten charakterisiert ist.[51]
Was ist aus v. Neumanns Modell in der Diskussion geworden? Steedman tischt (wie zahlreiche andere Autoren) ein lineares Programm auf,
das dem Duktus v. Neumanns entsprechen soll.[52] In unserer Notation
lautet das Steedmansche Primal:

$$\mathbf{pd} \rightarrow \text{Max} \quad \text{u. d. N.} \quad \mathbf{pB} \leq (1+r)\mathbf{pA} + \mathbf{a}_0, \quad \mathbf{p} \geq \mathbf{0} \qquad \text{(III.98)}$$

Das Konsumgüterbündel der Arbeiter ist wieder in $\mathbf{d}$ aufgeführt, der Vektor $\mathbf{p}$ enthält die arbeitskommandierenden Preise. Zunächst einmal fällt
der Wandel der Methode gegenüber der von v. Neumann verwandten auf;
die lineare Programmierung wurde erst später entwickelt, woran dieser
freilich maßgeblich beteiligt war.[53] Zweifellos wäre der Gebrauch des
moderneren Kalküls nicht zu beanstanden, wenn es zur Beantwortung
des gleichen ökonomischen Fragenkatalogs benutzt werden würde. Dem
ist jedoch nicht so.
    Das System (III.94) korrespondiert nur auf den ersten Blick mit den
Nebenbedingungen des Programms (III.98). In diesem ist der direkte
Arbeitseinsatz explizit ausgewiesen und die Profitrate wird nur auf die
Produktionsmittel berechnet. Bei v. Neumann gehen demgegenüber die
Subsistenzmittel in die Koeffizientenmatrix ein und werden ebenfalls
verzinst. Im Zuge der Analyse des Vorschlags von Bortkiewicz, wie die
Transformation der Werte in Preise zu vollziehen sei, wurde dargelegt,
dass die beiden Kalkulationsverfahren in qualitativ verschiedenen Ergeb-
nissen enden. Gemeinsam teilen sie indes die Eigenschaft, falsch zu sein.
Dazu tritt ein weiterer Gesichtspunkt.
    Wie im Zusammenhang mit dem Fundamentaltheorem verdeutlicht
wurde, ist es dem Studium der Prämissen einer gesellschaftlichen Arbeits-

---

[51] Mit seiner Verallgemeinerung des Brouwerschen Fixpunktsatzes hat v. Neumann
den Kern von Kakutanis Theorem aus dem Jahr 1941 vorweggenommen. Vgl. statt
vieler Nikaido, H., Introduction to Sets and Mappings in Modern Economics, Amsterdam / London 1970, S. 309 ff.

[52] Vgl. Steedman, I., A Reply to Wolfstetter, a.a.O., S. 874.

[53] Vgl. Dantzig, G. B., linear programming, in: The New Palgrave, Bd. 3, London /
New York / Tokyo 1987, S. 203-206.

teilung abträglich, den direkten Arbeitseinsatz in der um den Reallohn erweiterten Koeffizientenmatrix **M** unterzubringen. Nur wegen einer solchen Vorgehensweise war es möglich, den Überschuss aus der ‚Ausbeutung' einer Ware, z. B. Stahl, abzuleiten. Des Weiteren verbaut man sich so die Gelegenheit zu prüfen, ob die Ausschüttung des Mehrprodukts in Form einer einheitlichen ‚Verzinsung' der Stückkosten überhaupt generell akzeptiert wird: Zumindest für die Einzelproduktion gilt dies *nicht*. Da die allgemeine Theorie v. Neumanns der speziellen Situation gerecht werden sollte, wissen wir aufgrund dessen definitiv, dass die von ihm favorisierte Preisbildungsmethode den Erfordernissen einer unternehmensspezifischen Arbeitsteilung unter Konkurrenzverhältnissen zuwiderläuft. Auch das v. Neumannsche System ist keineswegs der Weisheit letzter Schluss.

Durch die ‚geschickte' Überführung der v. Neumannschen Ungleichungen in das Steedman-Programm glückte es ferner, diese, ohne Aufsehen zu erregen, wieder zur Hintertüre hinauszukomplimentieren. Die Zielfunktion der Optimierung (III.98) postuliert, die arbeitskommandierenden Preise des Lohngüterbündels zu maximieren. Bei einem normierten Nominallohn $w \equiv 1$ heißt das nichts anderes, als den Reallohn zu minimieren: „… the primal problem thus determines the *lowest* real wage rate and the associated prices consistent with the given value of r, under competitive conditions."[54] Gleichzeitig *diktiert* die Nebenbedingung, die Preise laut der Sraffaschen Hypothese zu kalkulieren: Die Erlöse dürfen nicht größer sein als der mit einer *vorgegebenen* Rendite (alias Profitrate r) verzinste Sachaufwand plus den Lohnkosten. Das Kleinerzeichen erlangt jedoch keine Geltung, weil im Gleichgewicht (angeblich) in jedem zum Zuge kommenden Verfahren die einheitliche Materialaufwandsrendite r veranschlagt werde.

Die Nebenbedingungen entpuppen sich letzten Endes als die Preisbestimmungs*gleichungen* Sraffas (III.82) (vgl. S. 275) für die Kuppelproduktion. Dabei ist das Rennen schon gelaufen, sofern – wie das Steedman macht – die Profitrate exogen fixiert wird. Um ja nichts anbrennen zu lassen, kam die Nichtnegativitätsbedingung der Preise hinzu. Wir sind also wieder beim System Sraffas gelandet: Die Zielfunktion des Primals (III.98) ist redundant, das Drama spielt sich hinter den Kulissen der Nebenbedingung ab. Nun begreift man, warum Steedman von keinen

---

[54] Steedman, I., A Reply to Wolfstetter, a.a.O., S. 874.

Zweifeln angekränkelt ist, die Leistungsfähigkeit dieses Ansatzes anzu-erkennen, der seiner Meinung nach den Geist v. Neumanns ausstrahlt: „The most powerful analysis available of a capitalist, joint production economy is that due to von Neumann …"[55]

Allerdings entsteht für die neoricardianische Theorie durch die Auf-opferung der (in Wahrheit entbehrlichen) Zielfunktion, die Steedman über sein lineares Programm geschrieben hat, ein Dilemma. Wenn der Reallohn im Stile von v. Neumann ein Datum ist, verursachte die Maxi-mierung des Wertes des Konsumgüterbündels der Arbeiter bei festem nominalem Lohnsatz einen Rückgang des Reallohns. Das darf annahme-gemäß nicht sein. Nach Schefold münde das Programm in einer Technik-wahl, welche die Profitrate *minimiere*:

> „This minimisation of the rate of profits is usually interpreted as the re-sult of a competitive process … It appears to be paradoxically opposed to the classical principle of a maximisation of the rate of profit (given the real wage)."[56]

Schefold tadelt deshalb die Zuflucht Steedmans zur ‚minimum real-wage frontier'[57] und fügt hinzu, diese Bezugnahme sei überflüssig:

> „Steedman has succumbed to the temptation of introducing a minimum wage curve in the Sraffa approach in order to make it comparable with von Neumann, but it turns out that this is not necessary. We can prove that the processes which are activated and the commodities which are produced but not overproduced according to the solution of the linear programme define the *same* Sraffa system in a simultaneous determi-nation as would be chosen according to the Sraffa approach in a finite number of successive comparisons of different Sraffa systems, taking

---

[55] Steedman, I., Marx …, a.a.O., S. 186.

[56] Schefold, B., Von Neumann and Sraffa: Mathematical Equivalence and Concep-tual Difference, in: The Economic Journal, Bd. 90 (1980), S. 140-156, S. 144.

[57] „The analysis referred to is that embodied in Burmeister and Kuga's Minimum Real-Wage Frontier (1970), as modified by Fujimoto (1975) in his discussion of von Neumann equilibria." Steedman, I., A Reply to Wolfstetter, a.a.O., S. 873. Gemeint sind die Arbeiten von Burmeister, E., Kuga, K., The Factor-Price Frontier, Duality and Joint Production, in: Review of Economic Studies, Bd. 37 (1970), S. 11-19 und Fujimoto, T., Duality and the Uniqueness of Growth Equilibrium, in: Inter-national Economic Review, Bd. 16 (1975), S. 781-791.

into account processes which could be used but which are ultimately discarded in the final solution."[58]

Da Schefold von demselben Primal wie Steedman ausgeht, sind wir im Bilde, was die Kraft der Nebenbedingungen zu bewirken vermag; die Zielfunktion wird funktionslos, die Erklärungsnöte verschwinden:

> „The apparent contradiction between the maximisation of the real wage according to Sraffa and its minimisation according to von Neumann is thus resolved: if we compare systems which are technically feasible … the real wage is maximised, whereas the rule 'Max **d'p**' of the primal plays no rôle whatsoever in this comparison."[59]

Dem Publikum wird demnach zum Beweis der Richtigkeit einer Theorie ein lineares Programm präsentiert, dessen Nebenbedingungen die Anwendung der fraglichen Lehre voraussetzen, wodurch die Probleme eben dieser Doktrin nicht auftreten. Die *Petitio principii* lässt herzliche Glückwünsche ausrichten. Doch der Zweck heiligt die Mittel: Die Zielfunktion muss weichen. Ihr weinen Neoricardianer sowieso keine Träne nach. Denn zum Primal gehört ein Dual, das es in sich hat:

$$\mathbf{a_0 q} \to \text{Min} \quad \text{u. d. N.} \quad \mathbf{Bq} \geq (1+g)\mathbf{Aq} + \mathbf{d}, \quad \mathbf{q} \geq 0 \qquad \text{(III.99)}$$

Wie erwartet, sichern hier die Nebenbedingungen gleichfalls, dass bei steady-state Wachstum gemäß der Goldenen Regel, d. h. Profit- gleich Wachstumsrate *(g)*, die Sraffasche Welt („flukes apart", wie es immer so schön an dieser Stelle heißt) ein Reich des Friedens bleibt. Aber die Zielfunktion des Duals: Minimierung des Arbeitseinsatzes … – gelobt seien die Nebenbedingungen. Nachdem Neoricardianer demonstriert zu haben glauben, das v. Neumann-Modell entziehe sich nicht ihrer Sicht der Dinge, darf ein Plädoyer für die Überlegenheit des eigenen Standpunktes nicht fehlen.

> „It is clear", wirbt Schefold, „that the two approaches are *conceptually* different in that the Sraffa method allows one to view the adoption of a preferred method as a transition, facilitated by surplus profits accruing

---

[58] Schefold, B., Von Neumann …, a.a.O., S. 144.

[59] Ebenda, S. 145. Schefold definiert **d** und **p** als Spaltenvektoren. Daher lautet die Zielfunktion seines Primals **d'p**, was inhaltlich unserem **pd** entspricht.

to innovating entrepreneurs, from one system to another, with the preferred system yielding a *higher* real wage, given the rate of profit.“[60]

Damit ist der Prüfstein angesprochen, an dem sich bestätigen muss, ob Sraffas Kuppelproduktionskonzept Anerkennung verdient. Wie sieht es mit den Profiten aus, die bei den einzelnen Verfahren anfallen? Welchen Einfluss hat eine variierende Profitrate auf den Gewinn und seine Verteilung? Kurz: Genügt Sraffas Entwurf den Prämissen einer arbeitsteiligen, kapitalistischen Konkurrenzwirtschaft? Entgegen der weitverbreiteten Gepflogenheit sollte man indes den zweiten Schritt nicht vor dem ersten tun: Ehe über Extragewinne dynamischer Unternehmer spekuliert wird, lohnt es sich, den Profiten der Steedman-Wirtschaft Aufmerksamkeit zu schenken.

3.3.5 Die Probe aufs Exempel

Das große Thema Sraffas war die Kritik jener Ansätze, die suggerieren, man könne das Kapital ohne Kenntnis der Preise bestimmen. Wegen der offenen Reaktion der Sraffa-Preise auf Verteilungsänderungen lässt sich *a priori* nicht sagen, in welche Richtung sich der Wert der aggregierten Produktionsmittel bewegt. Mit seiner Analyse versuchte Sraffa, die gängige Vorstellung einer zwangsläufigen Substitution von Arbeit durch Kapital nach einer Lohnerhöhung zu unterminieren. Allerdings erfolgte die Diskussion dieser Thematik praktisch ausschließlich im Rahmen der Einzelproduktion. Dies ist kein Wunder: Betrachtet man unter Verbundfertigungsbedingungen die Entwicklung der Sraffa-Preise in Abhängigkeit von der funktionellen Einkommensverteilung, wird die neoricardianische Scheu verständlich, dem Argument mittels solcher Modelle eine breitere Basis zu bieten. Wie bereits geschildert, geizt Sraffas Kuppelproduktionstheorie nicht mit exotischen Seltsamkeiten, die den Zweifel schüren, ob sie sich in unseren Breiten behaupten kann. Der Steedman-Wirtschaft wurde einiges davon in die Wiege gelegt.

Steedman ermittelte die beiden Preise und die Profitrate seines Beispiels durch die Vorgabe des Reallohns. Möchte man hingegen den Einfluss einer variierenden Profitrate auf die Preise studieren, ist es zweck-

---

[60] Ebenda, S. 143.

mäßig, (III.91) (vgl. S. 282) durch die Normierung $w \equiv 1$ zu ersetzen. Für die arbeitskommandierenden Preise erhält man aus (III.89) und (III.90):

$$p_1 = \frac{1 - 10r}{50r^2 - 20r - 1} \tag{III.100}$$

$$p_2 = p_1(5r - 1) + 1 \tag{III.101}$$

Abbildung III.8 gibt die Graphen der beiden Preise als Funktion der Profitrate wieder. Wie man sieht, ist Steedmans Beispiel, mit dem er die Arbeitswerttheorie *ad absurdum* führen wollte, auch geeignet, die früher erwähnten ‚unangenehmen' Situationen für Sraffas Preistheorie zu veranschaulichen.

Abbildung III.8: Profitrate und Sraffa-Preise
im Steedman-Beispiel

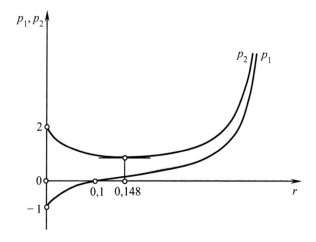

Es fällt schwer zu entscheiden, welche Gestalt der beiden Kurven den höheren Kuriositätsgrad beanspruchen darf: Für $0 \leq r < 0{,}1$ ist der Preis der Ware 1 negativ, aber wenigstens steigt er mit der Profitrate. Der Preis der Ware 2 ist immerhin stets positiv, doch er fällt zunächst, erreicht ein Minimum bei $r \approx 14{,}8\,\%$, um sich erst daraufhin zu erhöhen. Drückt man den Lohn in Einheiten der Ware 2 aus, ruft dieses Phänomen anfangs eine ‚Beule' der $w^{(2)}$-r-Beziehung hervor: Die Lohnkurve hat ein absolutes Maximum bei einer positiven Profitrate; Steedmans Exempel krankt an den Gerbrechen, die einer ‚dominanten' Technik fremd sein sollten.

Selbstverständlich wusste Steedman, was mit den Sraffa-Preisen in seinem Beispiel geschehen kann, er bringt sogar gegen Ende seines Aufsatzes eine einschlägige Abbildung.[61] Allerdings geht Steedman auf das Außergewöhnliche der Kurvenverläufe nicht näher ein, sondern er begnügt sich mit der bloßen Aufzählung ihrer Eigentümlichkeiten. Anscheinend haben Neoricardianer die jede ökonomische Norm sprengenden Besonderheiten ihrer Theorie dermaßen verinnerlicht, dass ihnen ein Kommentar redundant erscheint: *Credo, quia absurdum.*

Stattdessen heizt Steedman gleich anschließend nach und versucht, die Aufmerksamkeit wieder auf die in seinem Modell auftretenden negativen *Werte* zu lenken: Wenn man seine beiden Prozesse als Basissystem interpretiere, seien zahlreiche Ökonomien denkbar, die zusätzlich Nichtbasiswaren erzeugten, welche einen negativen Arbeitswert aufwiesen. Analog zur Konstruktion eines negativen Mehrwerts müsse dafür nur der Verbrauch der Ware 1 in der entsprechenden Nichtbasisware genügend hoch sein.[62]

Steedman misst jedoch mit zweierlei Maß: Die ökonomisch irrwitzigen Resultate der Sraffa-Theorie werden einfach ausgeschlossen, indem behauptet wird, sie kämen nicht zustande. Sinke die Profitrate unter 10 %, werde eben ein anderer Prozess aktiviert – wie praktisch. Die Wertlehre darf sich solche Grillen nicht erlauben. Ein negativer Sraffa-Steedman-Arbeitswert bedeutet freilich *stets*, dass der zugehörige Sraffa-Preis gleichfalls bis zu einer mehr oder weniger hohen Profitrate negativ ist. Sind die Sraffa-Preise über dem gesamten Intervall $0 \leq r < R$ positiv, sind es die Werte ebenso. Die Stoßrichtung hätte umgekehrt werden müssen: Mit einer Abschaffung der Anomalien der Preise verschwinden die der Arbeitswerte.

Wie im Rahmen der Einzelproduktion demonstriert wurde, eignet sich die Profitrate Sraffascher Manier weder als Indikator des Gesamtgewinns noch gelingt es mit ihr, eine annehmbare Verteilung des Überschusses

---

[61] Vgl. Steedman, I., Positive…, a.a.O., S. 122 f. Steedman stellt die Zusammenhänge unter Verwendung des Standard-Nettoprodukts als Recheneinheit dar. Daher sehen seine Kurven auf den ersten Blick etwas anders aus; sie zeigen gleichwohl dieselben Effekte.

[62] Vgl. ebenda, S. 123.

auf die Sektoren zu bewerkstelligen. Dasselbe trifft für die Kuppelproduktionsprozesse zu. In Abbildung III.9 sind die Sraffa-Roherträge E_1 und E_2 beider Steedmanschen Musterverfahren in Abhängigkeit der Profitrate verzeichnet. Sie ergeben sich als Differenz zwischen den mit den jeweiligen Sraffa-Preisen bewerteten Outputs und Inputs. Vom Rohertrag sind die Lohnkosten abzuziehen, um den Gewinn beim Einsatz der einzelnen Methoden zu beziffern. Der Personalaufwand stimmt allerdings in beiden Steedman-Prozessen überein, da in ihnen jeweils eine Arbeitseinheit verrichtet wird. Weil jedes Verfahren für sich gesehen lebensfähig ist – sofern der Reallohn nicht zu üppig gerät –, ist ein Vergleich auf dieser Basis ökonomisch sinnvoll. Bereits bei der Einzelproduktion hat sich dieses Konzept bewährt.

Abbildung III.9: Profitrate und Sraffa-Roherträge
im Steedman-Beispiel

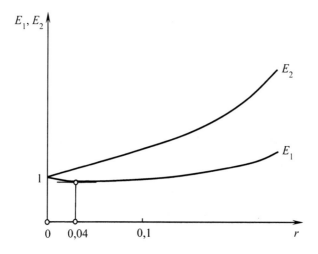

So abwegig die Ergebnisse der Sraffa-Kalkulation sonst sind, diesmal wird die ökonomische Grundtatsache der deutlich höheren Produktivität des Prozesses 2 nicht zugedeckt. Bei *jeder* positiven Profitrate ist der Rohertrag des superioren Verfahrens 2 größer als der des Verfahrens 1. Infolgedessen liegt der Gewinn des Prozesses 2 *immer* über dem des Verfahrens 1. Bei einem hinreichend hohen Lohnsatz brächte Prozess 1 sogar einen Verlust, während mit Verfahren 2 noch Gewinn verbucht werden könnte. Hübsch ist ferner der Effekt, dass sich der Gewinn des Prozesses 1 zunächst mit wachsender Profitrate *verringert*, um erst ab einer kritischen Grenze (bei $r \approx 4$ %) zu steigen. Für uns ist das nichts Neues: Das Pendant dazu haben wir bei der Einzelproduktion als Rosi-Schings-Kuriosum (vgl. S. 264 Fn.) kennengelernt.

Gibt es unter diesen Umständen überhaupt einen Unternehmer, der sich bereitfindet, das Verfahren 1 einzusetzen? Selbst wenn man Steedman und den anderen Neoricardianern die Freude macht und akzeptiert, aus irgendwelchen Gründen betrage die Profitrate genau 20 %, wäre ein nach Gewinnmaximierung strebender Entrepreneur, der Verfahren 1 gegenüber dem Prozess 2 präferierte, offenkundig ein nicht repräsentativer Vertreter der Gattung *Homo oeconomicus*.

Neoricardianer begegnen der Abbildung III.9 voraussichtlich mit Skepsis: Sie beruht – so lautet aller Wahrscheinlichkeit nach die Gegenrede – auf der Annahme, der mit den Sraffa-Preisen bewertete Nettoausstoß könne verkauft werden. Sei aber die Endnachfrage so fixiert, dass die alleinige Anwendung des Verfahrens 2 von einer Ware mehr erzeuge als nachgefragt werde, müsse der Prozess 1 mithelfen, eine Überproduktion zu unterbinden.

An dieser Stelle ist es wichtig, sich eine wesentliche Divergenz zwischen Einzel- und Kuppelproduktion erneut ins Gedächtnis zu rufen. Im Rahmen der Einzelfertigung liegt es nahe, einen Sektor der Wirtschaft durch seine Ware und sein Herstellungsverfahren zu charakterisieren. Diese Identifikation ist bei der Erzeugung im Verbund nicht länger aufrecht zu erhalten. Dennoch suggeriert die Entscheidung zwischen mehreren Verfahren, in jedem Zweig der Wirtschaft werde nur *ein* Prozess betrieben. Um die Endnachfrage exakt decken zu können, trifft dementsprechend einen Unternehmer das Los, mit Verfahren 1 wirtschaften zu müssen, wohingegen der andere das Glück hat, den profitableren Prozess 2 benutzen zu dürfen.

Diese Lesart ist keineswegs verständlich. Das zu lösende Problem besteht – wenn überhaupt – nicht bloß darin, jene Aktivitätsniveaus der Prozesse zu eruieren, die eine gegebene Nachfrage ohne Überschuss bedienen. Was wirklich fehlt, ist die Kenntnis, welche Preiskalkulation mit einer sektoral ausdifferenzierten Wirtschaft verträglich ist. Die willkürliche Zuweisung von Aktivitätsniveaus einzelner Verfahren auf die Sparten stillt diesen Wissensdurst nicht.

Stattdessen ist davon auszugehen, die Unternehmer könnten zwischen den bekannten Prozessen nach Belieben wählen; eine Anschauung, die bei konstanten Skalenerträgen leicht fällt. Ist Überproduktion – koste es, was es wolle – untersagt, wird in der Steedman-Wirtschaft in *jedem* Unternehmen eine geeignete *Kombination* der *beiden* Verfahren realisiert. Dann existiert ausschließlich eine Technik, die sich eben aus zwei Prozessen zusammenfügt. Die Fabrikation geschieht in allen Betrieben auf gleiche Weise und vollständig integriert. Unter anderen Umständen ist gesellschaftliche Arbeitsteilung auch in Steedmans Beispiel nicht möglich.

Im Rahmen der Einzelproduktion leistete die sich jedem Unternehmer prinzipiell eröffnende Alternative, seine Ware *ab ovo* zu fertigen, die entscheidende Hilfe, um das Rätsel der Technikwahl zu entschlüsseln: Als gewinnmaximal offenbarten sich jene Verfahren, welche die Arbeitskosten minimieren. Eine konkurrenzfähige Preisbildung muss diese Eigenschaft der Prozesse an die Gesellschaft weitergeben; die Preise sind folglich den Werten parallel.

Diese Optimierungsoption bietet sich unter Kuppelproduktionskonditionen ebenso wie in der Einzelfertigung. Ein Unternehmer wirkt an der sektoralen Spezialisierung nur mit, sofern er dadurch gegenüber der Errichtung seines eigenen Subsystems nicht schlechter gestellt wird. Die einzig nichtproduzierte Ressource ist Arbeit.[63] Darum bedeutet Gewinnmaximierung, einerlei ob Kuppel- oder Einzelproduktion: Arbeitsminimierung. Erfüllt man Steedmans (unbegründete) Forderung und verbietet einen Outputüberschuss, erhält man das Programm zur Bestimmung der gewinnmaximalen Aktivitätsniveaus:

$$\mathbf{a}_0\mathbf{q} \to \text{Min} \quad \text{u. d. N.} \quad \mathbf{Bq} = \mathbf{Aq} + \mathbf{y} \qquad \text{(III.102)}$$

Das Gleichheitszeichen in den Nebenbedingungen bringt zum Ausdruck, dass y den *exakt* auszubringenden Nettooutput vorschreibt. Hierfür können in einem Sektor mehrere Prozesse zum Zuge kommen. Auf das Exempel Steedmans übertragen verhindert dies, den einzelnen Bestandteilen der in ihrer Struktur unveränderlichen Endnachfrage Arbeitswerte zuzurechnen, schon gar keine negativen. Vielmehr ist das fixe Güterbündel y als *Mischprodukt* zu interpretieren, dessen Wert aus der Zielfunktion von (III.102)

---

[63] Sobald man den Boden bzw. natürliche Ressourcen als Produktionsfaktoren berücksichtigt, lassen sich die Rentensätze – ganz im Stile Ricardos – als Kompensation der differierenden Arbeitsproduktivitäten auf den verschiedenen fruchtbaren Böden deuten. Am Schluss darüber mehr.

bzw. deren Dual resultiert. Wegen des Fortfalls der isolierten Verfahrens-
anwendung in den Sektoren weiß man nur noch, wie viele Arbeitseinheiten sich in y *insgesamt* verkörpern, die Aufspaltung auf die Komponenten bleibt im Dunkeln – eine Gleichung genügt nicht, um zwei Unbekannte zu determinieren.

Jedoch ist die Bedingung des Konkurrenzgleichgewichts zu beachten:
Extragewinne gegenüber anderen Sparten sind unzulässig. Im Kontrast
zum Sraffaschen Erklärungsschema bereitet die Einhaltung dieser Vorschrift jetzt keine Schwierigkeiten. Das Preissystem muss lediglich dafür
sorgen, dass in allen Zweigen der Wirtschaft die Verwertungsrate der
Arbeit übereinstimmt. Wird das in einem Verfahren erzeugte Mischprodukt einzeln in klingende Münze verwandelt, steht damit das Preisverhältnis der Bestandteile fest. In der Praxis dürfte allerdings die Zahl absolut superiorer Prozesse recht gering sein: Typischerweise werden Kuppelproduktionsprozesse kaum wegen der abfallenden Nebenerzeugnisse
durchgeführt: „… the more conspicuous part consists of the marketable
commodity that is the primary object of the process.“[64]

Man steckt die Analyse ohne Grund in eine Zwangsjacke, falls man
verlangt, die Endnachfrage sei ohne Rest herzustellen. Die Substitution
der Sraffaschen Theorie durch die hier propagierte gestattet es, diese Fes-
selung abzustreifen. Ein Angebotsüberhang ist ein realistisches Merkmal
kapitalistischer Marktwirtschaften. Fasst man Steedmans Beispiel so auf,
als stünde hinter jedem Prozess ein Fabrikant, der sich ausschließlich für
ein Verfahren zu entscheiden habe, wird das Postulat der Gleichheit von
Produktion und Absatz besonders dubios. *Kein* gewinnmaximierender
Unternehmer votierte, selbst auf die Gefahr eines partiellen Absatzman-
gels, für Prozess 1:

> „Since the battle of competition is fought by the cheapening of com-
> modities", bemerkt Kurz zur Analyse Steedmans, „the capitalists that
> use process II will drive their competitors that use the inferior process I
> out of the market. This can lead to an overproduction and hence wast-
> age of one of the commodities that may be compared, for example, to
> the wastage of energy in connection with fast breeders as it is observa-
> ble in terms of the heating up of rivers whose water is used for cooling
> purposes … Competition weeds out any potential method of produc-

---

[64] Sraffa, P., Production …, a.a.O., S. 63.

tion that is inferior and that endangers the survival of the individual capitalist, who uses it."[65]

Sofern man Überproduktion nicht von vornherein ausklammern möchte, sind die Nebenbedingungen von (III.102) zu lockern:

$$\mathbf{a}_0\mathbf{q} \to \text{Min} \quad \text{u. d. N.} \quad \mathbf{Bq} \geq \mathbf{Aq} + \mathbf{y}, \quad \mathbf{q} \geq \mathbf{0} \qquad \text{(III.103)}$$

Das Dual dieses Programms wirft die den Werten parallelen arbeitskommandierenden Preise ab:

$$\mathbf{py} \to \text{Max} \quad \text{u. d. N.} \quad \mathbf{pB} \leq \mathbf{pA} + \mathbf{a}_0, \quad \mathbf{p} \geq \mathbf{0} \qquad \text{(III.104)}$$

Was geschieht mit den Preisen der zu viel erzeugten Waren? Bei Gültigkeit der Regel der freien Güter fallen sie auf null. Doch man muss nicht immer so radikal antworten. Tatsächlich bildet z. B. der Exportpreis eine untere Schranke für den Rückgang. Ferner ist es denkbar, Verwertungsalternativen für die zunächst unveräußerlichen Güter zu suchen und zu finden. Im Übrigen darf man die Möglichkeit nicht über Gebühr dramatisieren: Kuppelproduktionsprozesse sind vielfach durch eine gewisse Variabilität hinsichtlich der Struktur des Outputs gekennzeichnet; Anpassungsspielräume erlauben öfters die Synchronisation von Produktion und Absatz.

Man kann es drehen und wenden wie man will: Unter der Regentschaft der freien Konkurrenz behauptet sich die arbeitsminimierende Technik – sie allein maximiert die Gewinne. Darüber hinaus erzwingt die unternehmensspezifische Arbeitsteilung im Fall konstanter Skalenerträge, dass die sektoralen Profite im Verhältnis der jeweiligen Arbeitskosten ausgeschüttet werden. Keine andere Preiskalkulation ist mit den gemachten Annahmen vereinbar. Von negativen Arbeitswerten keine Spur; es ist nicht die Wertlehre, die über Bord zu werfen ist, sondern das Konzept der Produktionspreise und damit die Hypothesen Sraffas. Die Vermutung von Kurz hat sich bewahrheitet:

„Many people have maintained that the labour theory of value is dead. However, as is the case with Nietzsche and God, after a while the critics die, whereas the labour theory of value lives on. On the basis of

---

[65] Kurz, H. D., Sraffa ..., a.a.O., S. 68.

overwhelming historical evidence in support of this fact I presume that Steedman will not be the exception to the rule."[66]

Im Licht der erzielten Ergebnisse sollte es nicht gänzlich ausgeschlossen sein, auch Kritiker vom Format Steedmans zu beeindrucken. Nach dessen Dafürhalten stellt die Kuppelproduktionsproblematik das *Experimentum crucis* zur Gewinnung einer hieb- und stichfesten Argumentation dar: „The challenge is, of course, to create an alternative and superior theory, able to take the fact of joint production in its stride."[67] Die alternative und überlegene Lehre muss jedoch nicht erst geschaffen werden – schon gar nicht durch Revitalisierungsbemühungen des Sraffaschen Modells. Vielmehr bewältigt bereits der originäre Entwurf, richtig gehandhabt, all das, was einer Produktionspreistheorie zu erfüllen aufgegeben ist.

---

[66] Ebenda, S. 58.

[67] Steedman, I., Joint Production and Technical Progress, in: Political Economy, Bd. 1 (1985) S. 41-52, S. 52. Steedman münzt diesen Satz auf die neoklassische Theorie, deren Leistungskraft als bescheiden eingestuft wird.

3.4 Zum Wert des Wertgesetzes

Im Verlauf dieser Schrift hat sich eine ebenso einfache wie folgenreiche Aussage zunehmend profiliert: In arbeitsteiligen, durch ökonomischen Tausch integrierten Wirtschaften fallen im Gleichgewicht die sektoralen Brutto-Profite inklusive Zinsen und Renten proportional zu den Lohnkosten an, die somit die Tauschrelationen der Waren determinieren. Dies ist das *einzige* Kalkulationsverfahren, das der Profitmaximierung unter den Bedingungen freier Konkurrenz, konstanter Skalenerträge und Arbeit als einzigem Originärfaktor gerecht wird. Nicht die Kandidatin Arbeitswertlehre hat sich als unqualifiziert entpuppt, sondern die Maßstäbe, die zu ihrer Bewertung herangezogen wurden. Die seit Längerem vorherrschende und stets aufs Neue beschworene Auffassung, das Wertgesetz als Produktionspreistheorie erleide Schiffbruch, ist zu revidieren.[1]

Ein ökonomisches Gesetz muss einerseits logisch richtig und darf andererseits faktisch nicht widerlegt sein, sofern ihm eine Funktion zuerkannt werden soll, die über eine akademische Fingerübung hinausreicht. Wie im ersten Teil dieses Buches bemerkt wurde, dient der Blick auf die Realität der Überprüfung, in welchem Grad die Analyse einen relevanten Ausschnitt der Wirklichkeit widerspiegelt.

Was die Arbeitswerttheorie anbelangt, befinden wir uns (bisher) in der ungewöhnlichen Situation, dass sie, obwohl (angeblich) theoretisch falsch, an der Realität (zumindest) nicht scheitert. Dies unterstreichen die früher erwähnten, recht aktuellen Publikationen, die eine weitgehende Kongruenz der Tauschverhältnisse der bei freien Kapazitäten in beliebiger Menge erzeugbaren Güter mit dem jeweiligen Arbeitsaufwand ermitteln (vgl. S. 141 Fn.). Demnach ist die Arbeitswertlehre im Wettbewerb keineswegs so konditionsschwach, wie man aufgrund ihrer Papierform urteilen müsste. Vor diesem Hintergrund wächst das Gewicht des Nachweises, das Wertgesetz bringe die Logik des ökonomischen Warentau-

---

[1] „Marx's labour theory of value, one can thus conclude, no longer serves a useful purpose ... Having had a function in the past, it must no longer confuse us today, and it now can be disposed of." Weizsäcker, C. C. v., On Ricardo and Marx, in: Paul Samuelson and Modern Economic Theory, hrsg. v. Brown, E. C., Solow, R. M., New York u. a. 1983, S. 203-210, S. 208. Desgleichen forderte Haberler, „als erste Aufgabe die Ausschaltung der Arbeitswertlehre" beim Einbau der Theorie des internationalen Handels in die moderne Theorie des wirtschaftlichen Gleichgewichts. Vgl. Haberler, G., Der internationale Handel, Berlin 1933, S. 132.

sches in einer arbeitsteiligen, erwerbswirtschaftlich orientierten Konkurrenzwirtschaft zum Ausdruck.

Der Kredit, den man der Arbeitswerttheorie einzuräumen geneigt ist, hängt neben ihrer logischen und faktischen Bestätigung davon ab, inwieweit sie verspricht, ‚besser‘ als andere Konzepte über ökonomische Sachverhalte, Zusammenhänge und Handlungsalternativen aufzuklären. Diese Studie soll daher mit einigen knappen Thesen abgerundet werden, welcher Status dem Wertgesetz im Hinblick auf die Interpretation der Realität und ihrer Gestaltung beizulegen ist.

3.4.1 Der Unternehmer, der Kapitalist und die Rendite

Bemerkenswerterweise fand zu Beginn der 60er Jahre in der deutschsprachigen betriebswirtschaftlichen Literatur eine Kontroverse statt, die mit der in dieser Untersuchung aufgegriffenen Fragestellung verwandt ist. In jener Debatte wurde darüber gestritten, ob das Unternehmensziel Gewinnmaximierung mit der Maximierung der Rentabilität Hand in Hand gehe. Formal gesehen handelt es sich um die Abwägung zwischen der Optimierung einer Differenz – dem Gewinn als Spanne zwischen Erlösen und Kosten – und der eines Quotienten – der Relation Gewinn zu Kapital.[2]

Wie im Gesamtwirtschaftlichen hier, hat im Einzelwirtschaftlichen dort die Quotientenmaximierung den Kürzeren gezogen: „Das Rentabilitätsmaximum kann vom Gewinnmaximum abweichen", hat Hax seinerzeit mit Recht konstatiert, „wenn durch die zu treffende Entscheidung nicht nur der Gewinn, sondern auch die jeweilige Bezugsgröße, also Kapitaleinsatz bzw. Umsatz beeinflusst werden."[3] Dementsprechend stuft er die Zielsetzung der Rentabilitätsmaximierung „als weniger bedeutsam für die praktische Betriebspolitik" ein.[4]

---

[2] Eine Würdigung der vielfältigen Unternehmensziele, die in der Literatur genannt werden, bietet Helmedag, F., Indikatoren erwerbswirtschaftlichen Erfolgs, in: das wirtschaftsstudium (wisu), 35. Jg. (2006), S. 1294-1299, S. 1318, S. 1320.

[3] Hax, H., Rentabilitätsmaximierung als unternehmerische Zielsetzung, in: Zeitschrift für handelswissenschaftliche Forschung, Jg. 13 (1963), S. 337-344, S. 338. In diesem Aufsatz werden weitere einschlägige betriebswirtschaftliche Veröffentlichungen genannt. Vgl. ebenda, Fn.

[4] Vgl. ebenda, S. 344.

Die Diskrepanz zwischen Rentabilitäts- und Gewinnmaximierung spiegelt einen tieferen Unterschied zwischen zwei Wirtschaftssubjekten wider, auf den früher hingewiesen wurde, der jedoch erst jetzt auf den Punkt gebracht werden kann: die Trennung zwischen dem Unternehmer und einem Kapitalisten (vgl. S. 98). Im Kern ist die Identifikation dieser beiden Akteure für den Kollaps der klassischen Produktionspreistheorie verantwortlich.

Das Klischee, im Gleichgewicht müsse die Materialaufwandsrendite alias Profitrate in allen Abteilungen der Wirtschaft dieselbe sein, entspricht der Denkweise eines *Kapitalisten*, der eine *Geldsumme* anlegt und dafür eine gewisse *Verzinsung* erwartet. Von Smith bis Sraffa hat man stets darauf gebaut, dieses Kalkül sei auch für den Unternehmer charakteristisch.

In dieser Arbeit ist ausgebreitet worden, zu welch absonderlichen Effekten es käme, falls die *Gewinnmaximierer* die Preise ,kapitalistisch' bildeten. Um zu demonstrieren, dass die Wertkalkulation diese Paradoxa ausschließt, wurde seinerzeit vorausgesetzt, es bestünden Kreditverflechtungen zwischen den Betrieben, welche die Vorfinanzierung des Materialaufwands nicht erforderlich machten. Hierdurch sollte der Investoren-Mentalität entgegengewirkt und die unternehmerische veranschaulicht werden: Gleichgewicht stiftet *allein* die Kalkulation des Profits als Lohnzuschlag. Das Wertgesetz wird den typischen Verhaltensmustern der als Unternehmer agierenden Kapitalisten gerecht.

Völlig aus der Luft gegriffen war die Arbeitshypothese nicht, im Gegenteil: Zweifellos trifft sie eine Eigenart moderner Marktwirtschaften. Schumpeter z. B. meint, eine Kredittheorie des Geldes sei eventuell einer Geldtheorie des Kredits vorzuziehen: „Es könnte vorteilhafter sein, ... das kapitalistische Geldwesen als Clearingsystem zu betrachten, in dem Forderungen und Schulden gegeneinander aufgerechnet und die Differenzen vorgetragen werden – so dass ,Geld'-Zahlungen nur als Sonderfall ohne grundlegende Bedeutung auftreten."[5]

Schon von daher ist die Wertrechnung wirklichkeitsnäher als die Sraffa-Preistheorie. Weder stimmen Materialaufwand und ,Kapital' miteinander quantitativ überein, noch sind die Vorleistungen – zumindest nicht in

---

[5] Schumpeter, J. A., Geschichte ..., a.a.O., S. 876. In die gleiche Richtung geht das ,Wall Street-Paradigma' zur Analyse einer kapitalistischen Wirtschaft bei Minsky, H. P., John Maynard Keynes (amerikanisch 1975), Marburg 1990, S. 99 f.

voller Höhe – sofort zu vergüten. Trotzdem muss Vermögen oder Kreditwürdigkeit als Sprungbrett unternehmerischen Handelns vorhanden sein. Ein Obdachloser wird seinen Plan, ein Stahlwerk zu eröffnen, mit an Sicherheit grenzender Wahrscheinlichkeit begraben müssen.

Es ist kein Zufall, dass die großen Anbieter heute fast ausnahmslos Kapitalgesellschaften sind. Mit den vereinigten Finanzmitteln werden die Investitionen bestritten, die sozusagen als Eintrittskarte fungieren, um auf bestimmten Märkten mit Erfolgschancen agieren zu können, d. h. als Podest einer im Schumpeterschen Sinne unternehmerischen Aktivität. In dessen Augen sind Unternehmer

„... die Wirtschaftssubjekte, deren Funktion die Durchsetzung neuer Kombinationen ist und die dabei das aktive Element sind ... auch wenn sie, wie gegenwärtig immer häufiger, ‚unselbständige' Angestellte einer Aktiengesellschaft – aber auch Privatfirma –, wie Direktoren, Vorstandsmitglieder usw. sind ... Eigentum am Betrieb – oder überhaupt irgendwelches ‚Vermögen' – ist für uns kein wesentliches Merkmal – Nicht nur Bauern, Handwerker, Angehörige freier Berufe – die man *mitunter* einschließt –, sondern auch ‚Fabrikherren' oder ‚Industrielle' oder ‚Kaufleute' – die man *immer* einschließt – brauchen nicht notwendig ‚Unternehmer' zu sein."[6]

In der Perspektive des Unternehmers stellt die Kapitalrendite einen Kostenfaktor dar, der in Kauf zu nehmen ist, damit ein Gewinn erst möglich wird. Zinsen für Fremdkapital bzw. die (nicht unbedingt auszahlungswirksamen) kalkulatorischen Eigenkapitalzinsen sind *Fix*kosten. Soll das Unternehmen Bestand haben, dürfen sie langfristig nicht über dem Deckungsbeitrag liegen. Dieser fällt in einer gleichgewichtigen Wirtschaft, wie gezeigt, in Relation zum Arbeitseinsatz an, keineswegs im Verhältnis zum vorgeschossenen Geld. Vor einem solchen Hintergrund lässt sich der Zins als eine Art Steuer auf den Unternehmensgewinn deuten[7], wenngleich die Abgabe nicht vom Fiskus, sondern von den Eigentümer-Financiers erhoben wird.

---

[6] Schumpeter, J. A., Theorie der wirtschaftlichen Entwicklung (1912), 6. Aufl., Berlin 1964, S. 111 f.

[7] Vgl. ebenda, S. 317. Allerdings hinkt der Vergleich, da die Fremdkapitalzinsen unabhängig von der Gewinnhöhe zu entrichten sind.

Der entscheidende Mangel der klassischen Produktionspreistheorie besteht darin, den auf Verwertung des *Geldes* erpichten Kapitalisten mit dem nach Verwertung der *Arbeit* trachtenden Unternehmer zu verquicken. Aus analytischer Sicht sind beide streng voneinander zu scheiden, obwohl in der Praxis die zwei Bestrebungen öfter von einer Person verfolgt werden.

Die *Conditio sine qua non*, einen Herstellungsprozess längerfristig zu betreiben, verlangt, dass der Preis einer Ware im Mittel mindestens gleich den vollen Stückkosten ist. Der den einzelnen Zweigen in Proportion zum Arbeitsaufwand zufließende Profit muss ausreichen, um die Einlage der Eigentümer zu verzinsen.

Deshalb beeinflusst der Finanzmarktzins, dessen Niveau maßgeblich durch die Geldpolitik gesteuert wird[8], in erheblichem Umfang die Beträge, die von den Unternehmen an die Fremd- oder Eigenkapitalgeber abzuführen sind. Eine gegenüber der Verwertungsrate der Produktion höhere Rendite bei Geldanlagen übt einen stärkeren Reiz aus als das Engagement in Unternehmen. In diesem Sinne gängelt der monetäre Bereich die Realsphäre: Die Investition in Sachanlagen wird gezügelt, weil es profitablere Verwendungen pekuniärer Mittel gibt. Die Verwertung und Verwendung des allgemeinen Gutes, des Geldes, ist *zugleich Bedingung und Beschränkung* der Erzeugung besonderer Waren, der unternehmerischen Verwertung der Arbeit.

3.4.2 Prozessinnovationen, vertikale Integration und Renten

Gesellschaftliche Arbeitsteilung setzt unter den gegebenen Umständen voraus, den Profit im Gleichgewicht als Lohnkostenaufschlag statt in Gestalt einer Verzinsung des Materialaufwands zu kalkulieren. Diese Einsicht erlaubt es, eine Frage aufzurollen, der sich Ronald Coase bereits in den 30er Jahren gewidmet hat: „… why the allocation of resources is

---

[8] Vgl. dazu Helmedag, F., Getrennt marschieren, vereint schlagen: Nationale Geldpolitik im Euro-Raum, in: Ohr, R. (Hrsg.), Internationalisierung der Wirtschaftspolitik, Berlin 2009, S. 39-51 und Helmedag, F., Europäische Geldpolitik in der Krise, in: Finanzkrise und Divergenzen in der Wirtschaftsentwicklung als Herausforderungen für die Europäische Währungsunion, hrsg. v. Chaloupek, G., Kromphardt, J., Schriften der Keynes-Gesellschaft, Bd. 3, Marburg 2009, S. 108-121.

not done directly by the price mechanism."[9] – Warum gibt es Unternehmen? Als Antwort präsentiert Coase „... a cost of using the price mechanism."[10] Seines Erachtens begründen Transaktionskostenersparnisse die
Unternehmung als eine dauerhafte ökonomische Institution. Innerhalb
der Neuen Institutionenökonomik rangiert diese Thematik ganz oben.[11]

Selbst wenn man die Tragfähigkeit des Ansatzes prinzipiell hoch einschätzen sollte, knickt er unweigerlich ein, sofern die vertikale Integration
ausschließlich auf Marktbenutzungskosten gestützt wird. Auch Oliver E.
Williamson als einer der namhaftesten Vertreter der Neuen Institutionenökonomik berücksichtigt zusätzlich Produktionskostenunterschiede bei
der Erörterung der Faktoren, welche die Ausdehnung der vertikalen Integration determinieren.[12]

Dabei baut der im Jahr 2009 mit dem Preis der Zentralbank Schwe-
dens für die ökonomische Wissenschaft (vulgo: Nobelpreis) bedachte
Laureat – wie zahlreiche andere Autoren – auf Plausibilitätsüberlegungen
auf, deren neoklassische Provenienz nicht zu leugnen ist. Die in dieser
Arbeit gewonnenen Resultate gestatten es, die Argumentation auf einer
festeren Plattform zu errichten.

In einer Welt, in der alle Unternehmen die gleiche lineare Technik
einsetzen könnten, machten interindustrielle Lieferverflechtungen keinen
Sinn: Sämtliche Endprodukte würden völlig integriert gefertigt werden.
Jedes Unternehmen benutzte die arbeitsminimierende Technik zur Erzeu-
gung der Produktionsmittel auf dem erforderlichen Niveau, ohne einen
Zulieferer einzuspannen.

Das widerspricht den wirklichen Verhältnissen: Es *bringt* offenbar
Vorteile, bestimmte Inputs von anderen Unternehmen zu beziehen. In
dieser Studie wurde die Bedingung formuliert, die eine vertikale Arbeitsteilung hervorruft. In einer zweistufigen Wirtschaft, die sich in eine Vor-

---

[9] Coase, R., The Nature of the Firm, in: Economica, Bd. 4 (1937), S. 386-405,
S. 393.

[10] Ebenda, S. 390.

[11] Vgl. als Überblick Richter, R., Sichtweise und Fragestellung der Neuen Institutionenökonomik, in: Zeitschrift für Wirtschafts- und Sozialwissenschaften, 110. Jg.
(1990), S. 571-591 sowie ausführlich Erlei, M., Leschke, M., Sauerland, D., Institutionenökonomik, 3. Aufl., Stuttgart 2016.

[12] Vgl. Williamson, O. E., Die ökonomischen Institutionen des Kapitalismus (amerikanisch 1985), Tübingen 1990, S. 104 ff.

und eine Endproduktindustrie schichtet, rentiert sich der Fremdbezug, falls der Marktpreis der zugekauften Leistungen die Arbeitskosten bei völlig integrierter Eigenfertigung im Konsumgutsektor unterschreitet. Der Lieferant wendet dann eine arbeitssparendere Technik an als jene, über die der Weiterverarbeiter verfügt. Dies gilt *mutatis mutandis* ebenso für tiefer gegliederte Ökonomien. Die Prämisse konstanter Skalenerträge über den ganzen Bereich alternativer Outputs muss daher aufgegeben werden.

Außerdem konfligieren durchgängig lineare Skalenerträge aus einem weiteren Grund mit der Funktionsweise moderner Wirtschaften. Genau besehen dürfte bei solchen Verhältnissen keine unfreiwillige Arbeitslosigkeit auftauchen: Alle Einkommensuchenden könnten in ihrer eigenen Mini-Fabrik werkeln, um anschließend die Früchte ihres Tuns zu den herrschenden Wettbewerbspreisen abzusetzen: „Involuntary unemployment is logically impossible in a strict constant-returns-to-scale-world of one-person firms."[13] Stünde es jedem frei, sich auf *beliebiger* Skala der arbeitsminimierenden Technik zu bedienen, fiele die Geschäftsbasis der Trennung von Lohnarbeit und Kapital weg: Jedermann wäre in der Lage, seine Arbeitskraft selbstständig zu realisieren. Auf die Bereitstellung von Produktionsmitteln durch andere wäre er nicht angewiesen; es gäbe keine ‚doppelt freien' (vgl. S. 169) Lohnarbeiter.

Das Motiv für die Prozessinnovationen ist in der Steigerung der Arbeitsproduktivität zu vermuten – und zu erkennen. Zu dem empirischen Befund gesellt sich nun die theoretische Fundierung: Überlegenes Knowhow, wirksame Anreizsysteme, geringerer Verwaltungsaufwand, Skalen- und Verbundvorteile usw. schlagen sich in einer Erhöhung der Arbeitsproduktivität und somit im individuellen Gewinn nieder. Die Wertrechnung gewährleistet einerseits die temporäre Aneignung von Produktivitätsvorsprüngen, andererseits verlangt diese Kalkulationsweise im Zuge des Konkurrenzprozesses die permanente Steigerung der Arbeitseffizienz.

Die von der Jagd nach Profiten angespornte Konkurrenz zwischen den Unternehmern hebt, soweit die neuen Kombinationen den Produktionsprozess berühren, *notwendigerweise* die Arbeitsergiebigkeit. Gerade dieses Antriebsmoment zur Entfaltung der Produktivkräfte bremst man ab,

---

[13] Weitzmann, M. L., Increasing Returns and the Foundations of Unemployment Theory: Rejoinder, in: The Economic Journal, Bd. 98 (1988), S. 172-174, S. 173.

wenn die Arbeitswertlehre, die *genuin* eine Theorie kapitalistischer Wett-
bewerbswirtschaften ist, einer zentralen Verwaltungswirtschaft bloß be-
grifflich übergestülpt wird. Von dieser Warte betrachtet war das ökonomische Scheitern programmiert, den Kapitalismus in seinen Stammlanden
überflügeln zu wollen, ohne dessen Energiequellen anzuzapfen: Arbeits-
produktivitätszuwächse lassen sich nur beschränkt per Dekret verordnen;
den stärksten Druck erzeugen die ökonomischen Zwänge der Konkurrenz.

Der Kapitalismus hat das seit jeher mehr oder weniger ausgeprägte
Erwerbsstreben legitimiert, kanalisiert und institutionalisiert: Auch *darum* gibt es Unternehmen. Das Ausmaß der vertikalen Integration orientiert sich weniger an Marktbenutzungskosten, sondern hauptsächlich an
der Arbeitsproduktivität beim Zulieferer im Vergleich zu der bei Eigenfertigung. Solange eine Differenz gegenüber der gesellschaftlich (sonst)
notwendigen Arbeit (noch) vorliegt, fährt die spezialisierte Produktion
Extragewinne ein, die den Charakter einer *Rente* tragen. Es hängt von der
Wettbewerbsintensität und vom Zugang zur produktiveren Technik ab,
ob und wie schnell diese Rente abgeschmolzen wird.

In der Wirklichkeit existieren neben der Arbeit weitere originäre, d. h.
nicht kapitalistisch produzierte Inputs wie Boden und Rohstoffe. Nachdem
in der Modellanalyse das Rätsel gelöst wurde, welche Technik in einem
Szenario gewählt wird, in dem lediglich Arbeit und produzierte Produktionsmittel in die Herstellungsprozesse eingehen, lassen sich die Renten
der natürlichen Ressourcen ermitteln. Dazu bedarf es der Kategorien Angebot und Nachfrage: Auf diesem Gebiet verschafft sich das Gesetz der
Knappheit Geltung.

Ganz im Stil der klassischen Rententheorie markiert die nächstbeste
Alternative, die sich dem Käufer bietet, das obere Limit des Preises einer
natürlichen Hilfsquelle. Senkt z. B. ein bestimmtes Rohmaterial die Arbeitskosten, ist der Höchstpreis, den ein Nachfrager für es zu zahlen bereit
ist, gleich der Kostenersparnis gegenüber dem Verfahren, das ohne diesen
Rohstoff betrieben wird. Da die Natur der menschlichen Arbeit stärker
oder schwächer unter die Arme greift, können jene, denen ihre Kräfte
gehören, eine Rente beanspruchen.

An diesem Ort verfrachtet, erfüllt die Allgemeine Gleichgewichtstheorie ihre Funktion. Die fehlende Integration der Reproduktion der Produktionsmittel und die Prämisse exogener Erstausstattungen prädestinieren
sie als *Ergänzung* der Arbeitswerttheorie: Die Allgemeine Gleichgewichts-

theorie ist im Kern eine Verallgemeinerung der klassischen Theorie nichtreproduzierbarer Ressourcen.[14]

Rentenphänomene treten nicht nur in Unternehmen und in Verbindung mit natürlichen Beständen auf den Plan. Auch die einzelne Arbeitsleistung kennzeichnet sich vielfach durch nicht beliebig produzierbare Attribute. In dieser Studie wurde, wie es gang und gäbe ist, mit homogener Arbeit operiert. Tatsächlich sind zahlreiche verschiedene Arbeitsqualitäten und Entlohnungssätze zu beobachten. Allerdings wird die Reduktion auf einfache Arbeit durch das Faktum erschwert, dass keineswegs immer die höhere Ergiebigkeit oder die umfassendere Ausbildung als Wägungsschema geeignet sind. So versagen solche Ansätze bei der Erklärung der geschlechtsspezifischen Einkommensdiskriminierung.[15]

Aus diesem Grund wurde hier häufig mit Arbeitskosten und nicht mit Arbeitsmengen argumentiert. Dennoch springt die längerfristig ziemlich konstante Lohn*struktur* ins Auge. Die wesentlichen Erkenntnisse der vorgetragenen Analyse bleiben daher bewahrt, obwohl sie unter der Voraussetzung eines einheitlichen Vergütungssatzes abgeleitet worden sind.

3.4.3 Lohnsatz, Technikwahl und Beschäftigung

Dem oft anzutreffenden Glauben, ein Lohnzuwachs führe zu einer Substitution von Arbeit durch ‚Kapital' und bereits *deshalb* zu einem Rückgang der Beschäftigung, muss angesichts der erzielten Ergebnisse mit Skepsis begegnet werden. Die gewinnmaximale Technik ist – unabhängig vom Lohnsatz – jene, welche die Arbeitsproduktivität maximiert oder, was auf dasselbe hinausläuft, die notwendige Arbeit minimiert. Aus einzelwirtschaftlicher Perspektive wird eine alte Anlage, beispielsweise ein Wasserrad, von einer neuen Technik, etwa einer Dampfmaschine, abgelöst, falls die vollen Stückkosten der neuen Anlage die variablen Durchschnittskosten der alten unterschreiten.

Ein Lohnanstieg *beschleunigt* höchstens den technischen Fortschritt, denn die variablen Stückkosten des überholten Verfahrens nehmen stärker zu als die gesamten Durchschnittskosten der progressiveren Technik.

---

[14] Vgl. ebenso Huth, Th., a.a.O., S. 238.

[15] Siehe als Überblick Lorenz, W., Wright, R., Die Messung geschlechtsspezifischer Einkommensdiskriminierung, in: Wirtschaftswissenschaftliches Studium (WiSt), 19. Jg. (1990), S. 573-577.

Aber die Prozessinnovationen gewännen früher oder später selbst ohne Lohnerhöhung die Oberhand. Jedenfalls ist ihre Wirkungsrichtung niemals umkehrbar: Sobald die Zeit reif ist, verdrängt die Dampfmaschine das Wasserrad. In dem seit Ricardo immer wieder aufgeflammten Disput, welchen Beschäftigungseffekt die Mechanisierung verursacht[16], lässt sich Stellung beziehen: „Bleibt das Gesamtquantum des maschinenmäßig produzierten Artikels gleich dem Gesamtquantum des von ihm ersetzten handwerks- oder manufakturmäßig produzierten Artikels, so vermindert sich die Gesamtsumme der angewandten Arbeit."[17]

Dieser Gesetzmäßigkeit gehorchend haben sich, wie erwähnt, im Laufe der kapitalistischen Entwicklung die arbeitskommandierenden Preise der Güter, ihre Realpreise, teilweise drastisch verringert (vgl. S. 116 Fn.). Die dominierende Inflationsmessung anhand der Kaufkraft des Geldes statt mittels der Kaufkraft der Lohnminute verstellt den Blick auf diese empirische Tatsache. Abermals drängt das vom Geld beherrschte, kapitalistische Denken das auf die Arbeits- und Unternehmerleistung bezogene in den Hintergrund.

Die ‚wage unit' ist weit mehr als eine alternative Methode zur Inflationsmessung. Im modernen Wirtschaftsleben werden Reichtum und seine Mehrung selten am Besitz von Gebrauchswerten beurteilt, sondern meist am Eigentum an Tauschwerten. Der Wert des Geldes beruht indes letzten Endes darauf, welche Menge der Urform der Ware – Arbeitskraft – für eine Währungseinheit erworben werden *kann*.[18] Mithin ist es sinnvoll, wie das hier manchmal geschehen ist, die Preise im Lohnstandard auszu-

---

[16] Vgl. Mettelsiefen, B., Technischer Wandel und Beschäftigung, Rekonstruktion der Freisetzungs- und Kompensationsdebatten, Frankfurt a. M. / New York 1981.

[17] Marx, K., Das Kapital, 1. Bd., a.a.O., S. 466. Freilich gilt nach Marx dieses „absolute" Gesetz im Kapitalismus nur beschränkt: „Für das Kapital wird diese Produktivkraft gesteigert, nicht wenn überhaupt an der lebendigen Arbeit, sondern nur, wenn an dem *bezahlten* Teil der lebendigen Arbeit mehr erspart als an vergangener Arbeit zugesetzt wird ..." Marx, K., Das Kapital, 3. Bd., a.a.O., S. 272. Auch nach Ricardo macht die Arbeitsersparnis das Wesen der Maschinerie aus: „... these mute agents are always the produce of much less labour than that which they displace ..." Ricardo, D., On the Principles ..., a.a.O., S. 42. Siehe außerdem Wicksell, K., Vorlesungen ..., a.a.O., S. 196.

[18] Die Idee, Reichtum als Verfügungs*möglichkeit* über die Arbeitskraft anderer zu deuten, stammt von Adam Smith. Vgl. Rosner, P., Arbeit und Reichtum, Ein Beitrag zur Geschichte ökonomischer Theorie, Frankfurt a. M. / New York 1982, S. 87 ff.

drücken, d. h. den Lohnsatz zur Zähleinheit zu erheben. Aber das Geld ist heute kein Produkt der Arbeit mehr.[19] Kasse verkörpert lediglich eine *potenzielle* Mobilisierung von Arbeitskraft; ihre *realisierte* Ausübung bestimmt die Beschäftigung. Diese Überlegung lässt sich in die makroökonomische Analyse einbringen.

In der ersten Annäherung mögen die Löhne völlig ausgegeben werden. Die Geldvermögensbildung speist sich dann ausschließlich aus den Profiten. Daraufhin determiniert die ‚Luxusgüterproduktion‘, also die Nachfrage aus diesen Einkommen, die Gesamtbeschäftigung einer geschlossenen Konkurrenzwirtschaft ohne ökonomische Aktivität des Staates.[20] Der Arbeitseinsatz in der Lohngüter- oder ‚Basisindustrie‘ wird sich nämlich gerade so einpendeln, dass bei der gegebenen Mehrproduktion eines dort Erwerbstätigen über seinen Eigenverbrauch hinaus das Personal in der Überschussbranche versorgt werden kann.[21]

In diesem Licht verliert eine Beschäftigungspolitik, die hauptsächlich auf eine Investitionsankurbelung baut, ihren Glanz. Ausschlaggebend für den Einsatz von Arbeitskraft ist der Bedarf letzterer Verwendung, vor allem seine autonomen Komponenten: Früher oder später muss der Konsum die Erweiterungsinvestitionen ‚bestätigen‘. Mit einer wachsenden Endnachfrage gehen notwendigerweise Investitionen einher, sie bedürfen keiner zusätzlichen Stimulation.

Eine erfolgreiche Bekämpfung unfreiwilliger Arbeitslosigkeit staatlicherseits – wird sie denn wirklich angestrebt – sollte in erster Linie die

---

[19] Vgl. Helmedag, F., Geld: Einführung und Überblick, in: Knapps Enzyklopädisches Lexikon des Geld-, Bank- und Börsenwesens, Artikel-Nr. 4390, Frankfurt am Main 2007 und Helmedag, F., Monetäre (Un-)Ordnung ..., a.a.O, S. 187 ff.

[20] Die Verwandtschaft dieses Ansatzes mit dem physiokratischen Klassenmodell ist offenkundig. Dort ist die Arbeit der sterilen Klasse zwar Einkommen schaffend, erzeugt jedoch kein Mehrprodukt. Vgl. Quesnay, F., Tableau economique (französisch 1759), hrsg. v. Kuczynski, M., Berlin 1963. Die Bedeutung des Konsums der von abhängiger Arbeit befreiten Schichten zur Entfaltung des Kapitalismus, namentlich den Lebensstil des Adels, hebt Sombart hervor. Vgl. Sombart, W., Liebe, Luxus und Kapitalismus, Über die Entstehung der modernen Welt aus dem Geist der Verschwendung (1922), Berlin o. J.

[21] Eine entsprechende Modellierung bietet Helmedag, F., Principles of capitalistic commodity production, in: European Journal of Economics and Economic Policies: Intervention, Bd. 9 (2012), S. 23-34 sowie Helmedag, F., Principles of capitalistic commodity production: a rejoinder, in: European Journal of Economics and Economic Policies: Intervention, Bd. 10 (2013), S. 282-285.

beschäftigungsunabhängigen Bestandteile des Verbrauchs stärken bzw. das Angebot öffentlicher Güter ausweiten. Gegebenenfalls sind diese Maßnahmen um eine individuelle Arbeitszeitverkürzung zu ergänzen, damit die beschäftigungssenkende Wirkung von Prozessinnovationen kompensiert wird.[22] Tatsächlich lassen theoretische und empirische Indizien den Schluss zu, eine pauschale Subventionierung von Sachanlagen fördere das Gegenteil der verkündeten Absicht: Rationalisierung mündet in einer Reduktion gesellschaftlich notwendiger Arbeit. Unbeschadet dessen können Investitionshilfen selbstverständlich aus *anderen* Gründen sinnvoll sein.

Sosehr sich die Arbeitswertlehre als Theorie der Bedingungen gesellschaftlicher Arbeitsteilung bewährt hat und sosehr sie als Fundament einer Beschäftigungstheorie taugt, sowenig eignet sie sich für gewisse Zwecke, die traditionell mit ihr verknüpft werden. Das Konzept des ökonomischen Tausches bringt es mit sich, dass Ausbeutung als *analytischer* Begriff der Wirtschaftstheorie wenig hergibt. Der ökonomische Tausch ist freiwillig, jeder Mitwirkende stellt sich durch ihn besser. Dies gilt auch für den abhängig Beschäftigten, der seine Arbeitskraft zu Markte trägt. Dabei beeinflusst die ‚Anfangsausstattung‘, wozu die Einbettung in ein mehr oder weniger eng geflochtenes soziales Netz gehört, die Untergrenze der Tauschbereitschaft.

Eine andere Frage ist, wie sich der Wohlfahrtsgewinn zwischen den Partnern aufschlüsselt.[23] Nach den hier erlangten Erkenntnissen sind die Aussichten der Werktätigen jedoch trübe, bei *gegebener* Arbeitsproduktivität ihren Reallohn zu steigern. Die Tarifparteien verhandeln über Nominallöhne.[24] Wird der Lohnaufschlag voll weitergewälzt – wogegen zunächst nichts spricht –, dann führen wachsende Nominallohnsätze zu höheren absoluten Preisen. Infolgedessen bleiben die arbeitskommandierenden Preise unverändert. Die Kaufkraft des Geldes vermindert sich

---

[22] Vgl. Helmedag, F., Nur mehr Stundenlohn ..., a.a.O.

[23] Ein Vorschlag ‚gerechter‘ Entlohnung findet sich in Helmedag, F., Fair Wages and Social Welfare, in: Journal of Income Distribution, Bd. 19 (2010), No. 3-4, S. 3-8.

[24] Die realen Lohnstückkosten ergeben sich im Basissektor, der den Warenkorb für die Belegschaften liefert. Vgl. Helmedag, F., Möglichkeiten und Grenzen einer beschäftigungsfördernden Lohnpolitik, in: Zur aktuellen Finanz-, Wirtschafts- und Schuldenkrise, hrsg. v. Kromphardt, J., Schriften der Keynes-Gesellschaft, Bd. 6, Marburg 2013, S. 145-158.

aber um den Preisniveauanstieg. So gesehen besteht ein Interessenkon-
flikt zwischen vermögenbesitzenden Kapitalisten einerseits sowie den
Unselbstständigen und Unternehmern andererseits.

Der in diesem Abschnitt entworfene Umriss der Anwendungsmög-
lichkeiten der Arbeitswerttheorie weist noch einige weiße Flecken auf.[25]
Immerhin ist der Skizze zu entnehmen, dass sich einer ökonomischen
Theorie, die sich auf das Wertgesetz verlassen darf, weiterführende Perspektiven eröffnen.

---

[25] Die tiefere Untersuchung der gesamtwirtschaftlichen Zusammenhänge, insbesondere die Rolle des Staates, erfordert eine eigenständige Darstellung. Auf die
Kompatibilität der Arbeitswerttheorie mit der ‚echten' Keynesschen Lehre wurde
früher (vgl. S. 106 Fn.) schon hingewiesen: „I sympathise, therefore, with the ...
doctrine that everything is *produced* by *labour*, aided by what used to be called art
and is now called technique, by natural resources which are free or cost a rent according to their scarcity or abundance, and by the results of past labour, embodied
in assets, which also command a price according to their scarcity or abundance."
Keynes, J. M., a.a.O., S. 213. Vgl. auch Helmedag, F., Die Beschäftigungstheorie
..., a.a.O.

Literaturverzeichnis

Albert, H., Ökonomische Ideologie und politische Theorie, Göttingen 1954

Albin, P. S., Reswitching: An Empirical Observation, a Theoretical Note, and an Environmental Conjecture, in: Kyklos, Bd. 28 (1975), S. 149-153

Andreae, W., Geld und Geldschöpfung, Stuttgart / Wien 1953

Arni, J.-L., Die Kontroverse um die Realitätsnähe der Annahmen in der Oekonomie, Grüsch 1989

Backhouse, R., A History of Modern Economic Analysis, Oxford / New York 1985

Bairoch, P., Die Landwirtschaft und die Industrielle Revolution 1700-1914, in: Cipolla, C. M., Borchardt, K. (Hrsg.), Europäische Wirtschaftsgeschichte, Bd. 3, Die Industrielle Revolution, Stuttgart / New York 1985, S. 297-332

Baisch, H., Wert, Preis und Allokation, Eine Verallgemeinerung des Marxschen Reproduktionsmodells, Meisenheim am Glan 1976

Balassa, B. A., Karl Marx and John Stuart Mill, in: Weltwirtschaftliches Archiv, Bd. 83 (1959), S. 147-165

Baldone, S., Fixed Capital in Sraffa's Theoretical Scheme, in: Pasinetti, L. (Hrsg.), Essays on the Theory of Joint Production, London / Basingstoke 1980, S. 88-137

Bartels, H. G., Was ist dran am Rationalprinzip?, in: das wirtschaftsstudium (wisu), 17. Jg. (1988), S. 135-137

Baudin, L., Der sozialistische Staat der Inka, Reinbek bei Hamburg 1956

Baumol, W. J., The Transformation of Values: What Marx „Really" Meant (An Interpretation), in: Journal of Economic Literature, Bd. 12 (1974), S. 51-62

Bellofiore, R., Carter, S., Introduction, in: Towards a New Understanding of Sraffa, Insights from Archival Research, hrsg. v. Bellofiore, R., Carter, S., Palgrave Macmillan 2014, S. 1-8

Belshaw, C. S., Traditional Exchange and Modern Markets, Englewood Cliffs 1965

Bharadwaj, K., Classical Political Economy and Rise to Dominance of Supply and Demand Theories, 2. Aufl., London 1986

——, On the Maximum Numbers of Switches Between Two Production Systems, in: Schweizerische Zeitschrift für Volkswirtschaft und Statistik, 106. Jg. (1970), S. 409-429

Blaich, F., Die Epoche des Merkantilismus, Wiesbaden 1973

Blaug, M., Economic Theory in Retrospect, 5. Aufl., Cambridge 1997

Bliss, C. J., Capital Theory and the Distribution of Income, Amsterdam / Oxford / New York 1975

Böhm-Bawerk, E. v., Zum Abschluß des Marxschen Systems (1896), wieder in: Eberle, F. (Hrsg.), Aspekte der Marxschen Theorie 1, Zur methodischen Bedeutung des 3. Bandes des „Kapital", Frankfurt a. M. 1973, S. 25-129

Boos, M., Die Wissenschaftstheorie Carl Mengers, Graz / Wien 1986

Bortis, H., Structure and Change Within the Circular Theory of Production, in: Baranzini, M., Scazzieri, R. (Hrsg.), The Economic Theory of Structure and Change, Cambridge u. a. 1990, S. 64-92

Bortkiewicz, L. v., Wertrechnung und Preisrechnung im Marxschen System, Erster Artikel, in: Archiv für Sozialwissenschaft und Sozialpolitik, Bd. 23 (1906), S. 1-50 (Erster Artikel); Bd. 24 (1907), S. 10-51 (Zweiter Artikel) und S. 445-488 (Dritter Artikel)

——, Zur Berichtigung der grundlegenden theoretischen Konstruktion von Marx im dritten Band des „Kapital", in: Jahrbücher für Nationalökonomie und Statistik, Bd. 34 (1907), S. 319-335

Brems, H., An Attempt at an Rigorous Restatement of Ricardo's Long-Run Equilibrium, in: The Canadian Journal of Economics and Political Science, Bd. 26 (1960), S. 74-86

Bronstein, I. N., Semendjajew, K. A., Taschenbuch der Mathematik, 20. Aufl., Leipzig 1981

Brunner, O., Die alteuropäische „Ökonomik", in: Zeitschrift für Nationalökonomie, Bd. 13 (1950), S. 114-139

——, Hausväterliteratur, in: Handwörterbuch der Staatswissenschaften, Bd. 5, Stuttgart / Tübingen / Göttingen 1956, S. 92 f.

Buchanan, J. M., The Limits of Liberty, Between Anarchy and Leviathan, Chicago 1975

Burmeister, E., Synthesizing the Neo-Austrian and Alternative Approaches to Capital Theory: A Survey, in: Journal of Economic Literature, Bd. 12 (1974), S. 413-456

——, On the Social Significance of the Reswitching Controversy, in: Revue d'Economie Politique, 87. Jg. (1977), S. 335-350

——, Capital Theory and Dynamics, Cambridge 1980

Burmeister, E., Kuga, K., The Factor-Price Frontier, Duality and Joint Production, in: Review of Economic Studies, Bd. 37 (1970), S. 11-19

Caravale, G. A. (Hrsg.), The Legacy of Ricardo, Oxford 1985

Casarosa, C., A New Formulation of the Ricardian System, in: Oxford Economic Papers, Bd. 30 (1978), S. 38-63

Cassel, G., Theoretische Sozialökonomie (1918), 5. Aufl., Leipzig 1932

Champernowne, D. G., A Note on J. v. Neumann's Article on "A Model of Economic Equilibrium" (1945/6), wieder in: Readings in the Theory of Growth, hrsg. v. Hahn, F., London / Basingstoke 1971, S. 10-18

Coase, R., The Nature of the Firm, in: Economica, Bd. 4 (1937), S. 386-405

――, The Problem of Social Cost, in: The Journal of Law and Economics, Bd. 3 (1960), S. 1-44

Coddington, A., Keynesian Economics: The Search for First Principles, in: Journal of Economic Literature, Bd. XIV (1976), S. 1258-1273

Codere, H., Verteilungsmodus und Gesellschaftsform, in: Schlicht, E. (Hrsg.), Einführung in die Verteilungstheorie, Reinbek bei Hamburg 1976, S. 73-84

Cogoy, M., Wertstruktur und Preisstruktur, Die Bedeutung der linearen Produktionstheorie für die Kritik der politischen Ökonomie, Frankfurt a. M. 1977

――, Traditionelle und neue Arbeitswerttheorie, in: Gesellschaft, Beiträge zur Marxschen Theorie 13, Frankfurt a. M. 1979, S. 115-139

――, Produktion, Markt und technischer Fortschritt, in: Analyse und Kritik, 4. Jg. (1982), S. 39-70

Cournot, A., Recherches sur les principes mathématiques de la théorie des richesses, Paris 1838

Dantzig, G. B., linear programming, in: The New Palgrave, Bd. 3, London / New York / Tokyo 1987, S. 203-206

De Quincey, Th., Dialogues of Three Templars on Political Economy (1824), in: De Quincey's Collected Writings, Bd. IX, London 1897, S. 37-112

De Vivo, G., Robert Torrens and Ricardo's ,corn-ratio' theory of profits, in: The Cambridge Journal of Economics, Bd. 9 (1985), S. 89-92

――, Ricardo, David, in: The New Palgrave, Bd. 4, London / New York / Tokyo 1987, S. 183-198

Dmitriev, V. K., Economic Essays on Value, Competition and Utility (russisch 1904), hrsg. v. Nuti, M. D., Cambridge 1974

Dobb, M., Wert- und Verteilungstheorien seit Adam Smith, Frankfurt a. M. 1977

Dorfman, R., Samuelson, P. A., Solow, R. M., Linear Programming and Economic Analysis, New York / Toronto / London 1958

Duden, Deutsches Universalwörterbuch, hrsg. v. Drosdowski, G., Mannheim / Wien / Zürich 1983

Duménil, G., Lévy, D., The dynamics of competition: a restoration of the classical analysis, in: Cambridge Journal of Economics, Bd. 11 (1987), S. 133-164

Eatwell, J., own rates of interest, in: The New Palgrave, Bd. 3, London / New York / Tokyo 1987, S. 786 f.

Eberle, F., (Hrsg.), Aspekte der Marxschen Theorie 1, Zur methodischen Bedeutung des 3. Bandes des „Kapital", Frankfurt a. M. 1973

——, Methodisches zur Wert-Preis-Transformation, in: Gesellschaft, Beiträge zur Marxschen Theorie 13, Frankfurt a. M. 1979, S. 140-173

Eckstein, G., Die vierfache Wurzel des Satzes vom unzureichenden Grunde der Grenznutzentheorie. Eine Robinsonade, in: Die neue Zeit, XX. Jg. (1902), Bd. II, S. 810-816, (Neudruck Glashütten 1973)

Ehnts, D. H., Helmedag, F., The Present State of Economics: Errors and Omissions Excepted, in: Feraboli, O., Morelli, C. (Hrsg.), Post-Crash Economics, Plurality and Heterodox Ideas in Teaching and Research, Palgrave Macmillan 2018, S. 149-172

Einzig, P., Primitive Money, Its Ethnological, Historical and Economic Aspects, 2. Aufl., Oxford u. a. 1966

Engels, F., Rezension des Ersten Bandes „Das Kapital" für die „Düsseldorfer Zeitung" (16.11.1867), in: Marx Engels Werke, Bd. 16, Berlin 1975, S. 216-218

——, Vorwort zu Marx, K., Das Kapital, 2. Bd., Der Zirkulationsprozeß des Kapitals (1885), hrsg. v. Engels, F., in: Marx Engels Werke, Bd. 24., Berlin 1975, S. 7-27

Erlei, M., Leschke, M., Sauerland, D., Institutionenökonomik, 3. Aufl., Stuttgart 2016

Eucken, W., Die Grundlagen der Nationalökonomie, 5. Aufl., Godesberg 1947

Faber, M., Manstetten, R., Der Ursprung der Volkswirtschaftslehre als Bestimmung und Begrenzung ihrer Erkenntnisperspektive, in: Schweizerische Zeitschrift für Volkswirtschaft und Statistik, 124. Jg. (1988), S. 97-121

Farmer, K., Kubin, I., Marktpreise und natürliche Preise: Adam Smiths Konzeption und ihre gegenwärtige Bedeutung aus neoricardianischer und neowalrasianischer Sicht, in: Kurz, H. D. (Hrsg.), Adam Smith (1723-1790), Marburg 1990, S. 203-236

Fees-Dörr, E., Die Redundanz der Mehrwerttheorie, Ein Beitrag zur Kontroverse zwischen Marxisten und Neoricardianern, Marburg 1989

Flaschel, P., Sraffa's Standard Commodity: No Fulfillment of Ricardo's Dream of an „Invariable Measure of Value", in: Journal of Theoretical and Institutional Economics, Bd. 142 (1986), S. 588-602

——, The Standard Commodity as a Tool of Economic Analysis: A Reply to Schefold, in: Journal of Theoretical and Institutional Economics, Bd. 142 (1986), S. 623-625

Forstmann, A., Geld und Kredit, I. Teil, Göttingen 1952

Fourastie, J., Schneider, J., Warum die Preise sinken, Produktivität und Kaufkraft seit dem Mittelalter, Frankfurt a. M. 1989

Frey, B. S., Stroebe, W., Ist das Modell des Homo Oeconomicus „unpsychologisch"?, in: Zeitschrift für die gesamte Staatswissenschaft, Bd. 136 (1980), S. 82-97

——, Der Homo Oeconomicus ist entwicklungsfähig, in: Zeitschrift für die gesamte Staatswissenschaft, Bd. 137 (1981), S. 293-294

Fröhlich, N., Die Aktualität der Arbeitswertlehre, Theoretische und empirische Aspekte, Marburg 2009

Fujimori, Y., Modern Analysis of Value Theory, Berlin / Heidelberg / New York 1982

Fujimoto, T., Duality and the Uniqueness of Growth Equilibrium, in: International Economic Review, Bd. 16 (1975), S. 781-791

Furness, W. H., The Island of Stone Money: Uap of the Carolines, Philadelphia / London 1910

Galbraith, J. K., Wirtschaft, Friede und Gelächter (amerikanisch 1971), München / Zürich 1974

Gale, D., The Theory of Linear Economic Models, New York / Toronto / London 1960

Galtung, J., Violence, Peace and Peace Research, in: Journal of Peace Research, Bd. 6 (1969), S. 167-191

Garegnani, P., Heterogeneous Capital, the Production Function and the Theory of Distribution, in: Review of Economic Studies, Bd. 37 (1970), S. 407-436

——, On a Change in the Notion of Equilibrium in Recent Work on Value and Distribution, in: Brown, M., Sato, K., Zarembka, P. (Hrsg.), Essays in Modern Capital Theory, Amsterdam / New York / Oxford 1976, S. 25-45

——, Value and Distribution in the Classical Economists and Marx, in: Oxford Economic Papers, Bd. 36 (1984), S. 291-325

——, surplus approach to value and distribution, in: The New Palgrave, Bd. 4, London / New York / Tokyo 1987, S. 560-574

——, Kapital, Einkommensverteilung und effektive Nachfrage, hrsg. v. Kurz, H. D., Marburg 1989

Georgescu-Roegen, N., The Aggregate Linear Production Function and Its Applications to von Neumann's Economic Model, in Koopmans, T. C. (Hrsg.), Activity Analysis of Production and Allokation, New York / London / Sydney 1951, S. 98-115

Gerloff, W., Die Entstehung des Geldes und die Anfänge des Geldwesens, 3. Aufl., Frankfurt a. M. 1947

——, Geld und Gesellschaft, Frankfurt a. M. 1952

324 Literaturverzeichnis

Gossen, H., Entwicklung der Gesetze des menschlichen Verkehrs und der daraus fließenden Regeln für menschliches Handeln, Braunschweig 1854

Graf, H. G., „Muster-Voraussagen" und „Erklärungen des Prinzips" bei F. A. von Hayek, Tübingen 1978

Grözinger, G., Konkurrenzpreise und Arbeitswerte, Ein Input-Output-Modell für die Bundesrepublik Deutschland 1960-1984, Marburg 1989

Haberler, G., Der internationale Handel, Berlin 1933

Hagemann, H., Kurz, H. D., Schäfer, W. (Hrsg.), Die Neue Makroökonomik, Marktungleichgewicht, Rationierung und Beschäftigung, Frankfurt a. M. / New York 1981

Hahn, F., Revival of Political Economy: The Wrong Issues and the Wrong Argument, in: Economic Record, Bd. 51 (1975), S. 360-364

——, The neo-Ricardians, in: Cambridge Journal of Economics, Bd. 6 (1982), S. 353-374

Harcourt, G. C., The Rate of Profits in Equilibrium Growth Models: A Review Article, in: Journal of Political Economy, Bd. 81 (1973), S. 1261-1277

Hart, K., barter, in: The New Palgrave, Bd. 1, London / New York / Tokyo 1987, S. 196-198

Hartfield, G., Wissenschaftliche und soziale Rationalität, Stuttgart 1968

Hax, H., Rentabilitätsmaximierung als unternehmerische Zielsetzung, in: Zeitschrift für handelswissenschaftliche Forschung, Jg. 13 (1963), S. 337-344

Hayek, F. A. v., The Pure Theory of Capital (1941), 2. Aufl., London 1950

——, Three Elucidations of the Ricardo Effect (1969), wieder in: Hayek, F. A. v., New Studies in Philosophy, Politics, Economics and the History of Ideas, Chicago 1978, S. 165-178

——, The Fatal Conceit, The Errors of Socialism, in: The Collected Works of F. A. Hayek, Bd. 1, hrsg. v. Bartley III, W. W. London 1988

Heckscher, E. F., Der Merkantilismus, Bd. 2, Jena 1932

Heilbronner, R. L., Die Entstehung von Märkten und Produktionsfaktoren, in: Schlicht, E., Einführung in die Verteilungstheorie, Reinbek bei Hamburg 1976, S. 85-99

Helmedag, F., Die Technikwahl bei linearer Einzelproduktion oder Die dritte Krise der Profitrate, Frankfurt a. M. / Bern / New York 1986

——, Technikwahl, Profitstruktur und Arbeitsproduktivität, in: Jahrbücher für Nationalökonomie und Statistik, Bd. 203 (1987), S. 408-421

——, (Rezension des Sammelbandes) Postkeynesianismus, Ökonomische Theorie in der Tradition von Keynes, Kalecki und Sraffa, Marburg 1987, in: Zeitschrift für Wirtschafts- und Sozialwissenschaften, 109. Jg. (1989), S. 148-154

——, Profit-Raten mittels Profitraten, in: Jahrbücher für Nationalökonomie und Statistik, Bd. 207 (1990), S. 67-83

——, Lohn- und Profitkurven, in: Wirtschaftswissenschaftliches Studium (WiSt), 20. Jg. (1991), S. 408-412

——, Zur Berechtigung der grundlegenden theoretischen Konstruktion von Marx im ersten Band des „Kapital", in: Jahrbücher für Nationalökonomie und Statistik, Bd. 212 (1993), S. 442-450

——, Ohne Fleiß kein Preis: Nochmals zur Erklärungskraft der Arbeitswertlehre, in: Jahrbücher für Nationalökonomie und Statistik, Bd. 214 (1995), S. 470-482

——, Geldfunktionen, in: das wirtschaftsstudium (wisu), 24. Jg. (1995), S. 711-717, 729

——, Die arbeitsteilungskompatible Kalkulation von Produktionspreisen, in: das wirtschaftsstudium (wisu), 26. Jg. (1997), S. 573-582

——, Kapitale Böcke in der Kapitaltheorie: Der Test zum Protest, in: Jahrbücher für Nationalökonomie und Statistik, Bd. 216 (1997), S. 744-760

——, Die verteilungsinvariante Messung von Produktionspreisen, in: das wirtschaftsstudium (wisu), 27. Jg. (1998), S. 266-274, 284 f.

——, Ohne Werte und kreislaufschwach: Zum Status der Allgemeinen Gleichgewichtstheorie, in: Helmedag, F., Reuter, N. (Hrsg.), Der Wohlstand der Personen, Festschrift zum 60. Geburtstag von Karl Georg Zinn, Marburg 1999, S. 43-68

——, Zur Vermarktung des Rechts: Anmerkungen zum Coase-Theorem, in: Wolf, D., Reiner, S., Eicker-Wolf, K. (Hrsg.), Auf der Suche nach dem Kompaß, Politische Ökonomie als Bahnsteigkarte fürs 21. Jahrhundert, Köln 1999, S. 53-71

——, Indikatoren erwerbswirtschaftlichen Erfolgs, in: das wirtschaftsstudium (wisu), 35. Jg. (2006), S. 1294-1299, S. 1318, 1320

——, Geld: Einführung und Überblick, in: Knapps Enzyklopädisches Lexikon des Geld-, Bank- und Börsenwesens, Artikel-Nr. 4390, Frankfurt a. M. 2007

——, Getrennt marschieren, vereint schlagen: Nationale Geldpolitik im Euro-Raum, in: Ohr, R. (Hrsg.), Internationalisierung der Wirtschaftspolitik, Berlin 2009, S. 39-51

——, Europäische Geldpolitik in der Krise, in: Finanzkrise und Divergenzen in der Wirtschaftsentwicklung als Herausforderungen für die Europäische Währungsunion, hrsg. v. Chaloupek, G., Kromphardt, J., Schriften der Keynes-Gesellschaft, Bd. 3, Marburg 2009, S. 108-121

——, Fair Wages and Social Welfare, in: Journal of Income Distribution, Bd. 19 (2010), No. 3-4, S. 3-8

——, Fortschrittsillusionen in der Ökonomik: Die Neue Handelstheorie, in: Zur Zukunft des Wettbewerbs, In memoriam Karl Brandt (1923-2010) und Alfred E. Ott (1929-1994), hrsg. v. Enke, H., Wagner, A., Marburg 2012, S. 39-55

——, Principles of capitalistic commodity production, in: European Journal of Economics and Economic Policies: Intervention, Bd. 9 (2012), S. 23-34

——, Kapitalistischer Kommunismus, in: Ökonomie und Gesellschaft, Jahrbuch 24: Entfremdung – Ausbeutung – Revolte, Karl Marx neu verhandelt, Marburg 2012, S. 111-126

——, Die Beschäftigungstheorie von Keynes: Dichtung und Wahrheit, in: Jenseits der Orthodoxie, Ansätze für einen Paradigmenwechsel in der Wirtschaftstheorie, zusammengestellt von Busch, U., Berliner Debatte Initial, 23. Jg. (2012), Heft 3, S. 63-76

——, Individuelle und kollektive Gewinnmaximierung auf homogenen Märkten, in: Private und öffentliche Kartellrechtsdurchsetzung, hrsg. v. Oberender, P., Berlin 2012, S. 9-38

——, Möglichkeiten und Grenzen einer beschäftigungsfördernden Lohnpolitik, in: Zur aktuellen Finanz-, Wirtschafts- und Schuldenkrise, hrsg. v. Kromphardt, J., Schriften der Keynes-Gesellschaft, Bd. 6, Marburg 2013, S. 145-158

——, Principles of capitalistic commodity production: a rejoinder, in: European Journal of Economics and Economic Policies: Intervention, Bd. 10 (2013), S. 282-285

——, Monetäre (Un-)Ordnung als Ursache von Finanzmarktkrisen, in: Theorieentwicklung im Kontext der Krise, hrsg. v. Busch, U., Krause, G., Abhandlungen der Leibniz-Sozietät der Wissenschaften, Bd. 35, Berlin 2013, S. 179-193

——, Mit der Schuldenbremse zum Systemcrash, in: Perspektiven der Wirtschaftswissenschaften, hrsg. v. Gesmann-Nuissl, D., Hartz, R., Dittrich, M., Wiesbaden 2014, S. 123-137

——, Über Kapital im „Kapital": Einige elementare Überlegungen, in: Wirtschaft und Gesellschaft, 40. Jg. (2014), S. 405-415

——, Nur mehr Stundenlohn oder auch weniger Arbeitsstunden? Gewerkschaftsforderungen im Widerstreit, in: Keynes, Schumpeter und die Zukunft der entwickelten kapitalistischen Volkswirtschaften, hrsg. v. Hagemann, H., Kromphardt, J., Schriften der Keynes-Gesellschaft, Bd. 9, Marburg 2016, S. 273-287

——, Komparative Kostenvorteile, fairer Handel und Beschäftigung, in: Die Krise der europäischen Integration aus keynesianischer Sicht, hrsg. v. Hagemann, H., Kromphardt, J., Schriften der Keynes-Gesellschaft, Bd. 10, Marburg 2017, S. 167-183

Helmedag, F., Weber, U., Die Zig-Zag-Darstellung des Tableau Économique, in: das wirtschaftsstudium (wisu), 31. Jg. (2002), S. 115-121, 135 f.

——, Die Kreislaufdarstellung des Tableau Économique, in: das wirtschaftsstudium (wisu), 31. Jg. (2002), S. 1128-1133, 1155

——, Entwicklungslinien und Schwankungen des Sozialprodukts im Überblick, in: Wirtschaftswissenschaftliches Studium (WiSt), 33. Jg. (2004), S. 80-87

Helmreich, Th., Das Geldwesen in den deutschen Schutzgebieten, 1. Teil, Neu-Guinea, Fürth 1912

——, Das Geldwesen in den deutschen Schutzgebieten, 2. Teil, Mikronesien, Fürth 1913

Hennings, K. H., The Exchange Paradigm and the Theory of Production and Distribution, in: Foundations of Economics, hrsg. v. Baranzini, M., Scazzieri, R., Oxford 1986, S. 221-243

Herskovits, M. J., Economic Anthropology – A Study in Comparative Economics, New York 1952

Hicks, J. R., Value and Capital (1939), 2. Aufl., Oxford 1946

——, Linear Theory (1960), wieder in: Surveys of Economic Theory, Bd. III (Resource Allocation), London u. a. 1966, S. 75-113

Hildenbrand, K., Hildenbrand, W., Lineare ökonomische Modelle, Berlin / Heidelberg / New York 1975

Hödl, E., Müller, G. (Hrsg.), Die Neoklassik und ihre Kritik, Frankfurt a. M. 1986

Hofmann, W. (Hrsg.), Wert- und Preislehre, 2. Auflage, Berlin 1971

Homans, G. C., Social Behavior as Exchange, in: Homans, G. C., Sentiments and Activities, London 1962, S. 278-293

——, Elementarformen sozialen Handelns, Köln / Opladen 1968

Huth, Th., Kapital und Gleichgewicht, Zur Kontroverse zwischen neoklassischer und neoricardianischer Theorie des allgemeinen Gleichgewichts, Marburg 1989

Hüther, M., Die „Sattelzeitgerechte" Entstehung der Nationalökonomie, Ein Beitrag zur Dogmengeschichte, in: Jahrbücher für Nationalökonomie und Statistik, Bd. 205 (1988), S. 150-162

Hymer, S., Robinson Crusoe and the secret of primitive accumulation, in: Monthly Review, Bd. 23 (1971), S. 11-36, wieder abgedruckt in: Grapard, U., Hewitson, G. (Hrsg.), Robinson Crusoe's Economic Man, A construction and deconstruction, London / New York 2011, S. 42-61

Immler, H., Natur in der ökonomischen Theorie, Teil 1: Vorklassik – Klassik – Marx, Opladen 1985

Issing, O., Einführung in die Geldtheorie, 7. Aufl., München 1990

Jevons, W. St., The Theory of Political Economy, 2. Aufl., London 1879

Kaldor, N., Alternative Theories of Distribution, in: Review of Economic Studies, Bd. 23 (1955/56), S. 83-100

Kant, I., Prolegomena zu einer jeden künftigen Metaphysik, die als Wissenschaft wird auftreten können (1783), hrsg. v. Schmid, R., Leipzig 1944

Kaufmann, F.-X., Wirtschaftssoziologie I: Allgemeine, in: Handwörterbuch der Wirtschaftswissenschaft, Bd. 9, Stuttgart / Tübingen / Göttingen 1982, S. 239-267

Kesting, H., Produktionspreise, Wachstum und Verteilung, Marburg 1990

Keynes, J. M., The General Theory of Employment, Interest and Money (1936), in: The Collected Writings of John Maynard Keynes, Bd. VII, Cambridge 1978

Kirsch, G., Zwang, Tausch und Geschenk, in: das wirtschaftsstudium (wisu), 17. Jg. (1988), S. 221-226

Knapp, G. F., Staatliche Theorie des Geldes (1905), 2. Aufl., München / Leipzig 1918

——, Staatliche Theorie des Geldes (1905), 3. Aufl., München / Leipzig 1921.

Knie, A., Das Konservative des technischen Fortschritts – Zur Bedeutung von Konstruktionstraditionen, Forschungs- und Konstruktionsstilen in der Technikgenese, Wissenschaftszentrum Berlin 1989 (FS II 89-101)

Knight, F. H., The Ricardian Theory of Production and Distribution, in: The Canadian Journal of Economics and Political Science, Bd. 1 (1935), S. 171-196

Koch, H., Das Wirtschaftlichkeitsprinzip als betriebswirtschaftliche Maxime, in: Zeitschrift für handelswirtschaftliche Forschung, 3. Jg. (1951), S. 160-170

Köhler, M., Akkulturation in der Südsee, Die Kolonialgeschichte der Karolinen-Inseln im pazifischen Ozean und der Wandel ihrer sozialen Organisation, Frankfurt a. M. / Bern 1982

Koopmans, J. G., Zum Problem des „neutralen" Geldes, in: Beiträge zur Geldtheorie, hrsg. v. Hayek, F. A. v., Wien 1933, S. 211-359

Koopmans, T. C. (Hrsg.), Activity Analysis of Production and Allocation, New York / London / Sydney 1951

Kratena, K., Produktion, Umweltpolitik und Einkommensverteilung, in: Jahrbücher für Nationalökonomie und Statistik, Bd. 207 (1990), S. 417-431

Krause, U., Geld und abstrakte Arbeit, Über die analytischen Grundlagen der Politischen Ökonomie, Frankfurt a. M. / New York 1979

——, Elemente einer multisektoralen Analyse der Arbeit, in: Gesellschaft, Beiträge zur Marxschen Theorie 13, Frankfurt a. M. 1979, S. 15-53

Krelle, W., Die kapitaltheoretische Kontroverse, Test zum Reswitching-Problem, in: Zeitschrift für Wirtschafts- und Sozialwissenschaften, 98. Jg. (1978), S. 1-31

Kromphardt, J., Wirtschaftswissenschaft II: Methoden und Theoriebildung in der Volkswirtschaftslehre, in: Handwörterbuch der Wirtschaftswissenschaft, Bd. 9, Stuttgart / Tübingen / Göttingen 1982, S. 904-936

——, Analysen und Leitbilder des Kapitalismus von Adam Smith bis zum Finanzmarktkapitalismus, Marburg 2015

Krüger, St., Allgemeine Theorie der Kapitalakkumulation, Hamburg 1986

Kubin, J., Neoricardianische Gleichgewichtsmodelle und Änderungen in der Zusammensetzung der Nachfrage, Marburg 1989

Kurz, H. D., Adam Smiths Komponententheorie der relativen Preise und ihre Kritik, in: Zeitschrift für die gesamte Staatswissenschaft, Bd. 132 (1976), S. 691-709

——, Zur neoricardianischen Theorie des Allgemeinen Gleichgewichts der Produktion und Zirkulation, Berlin 1977, S. 21 ff.

——, Rent Theory in a Multisectoral Model, in: Oxford Economic Papers, Bd. 36 (1978), S. 16-37

——, Sraffa After Marx, in: Australien Economic Papers, Bd. 18 (1979), S. 52-70

——, Zum Problem der Rente in der Wert- und Produktionspreistheorie, in: Gesellschaft, Beiträge zur Marxschen Theorie 13, Frankfurt a. M. 1979, S. 174-200

——, Classical and Early Neoclassical Economists on Joint Production, in: Metroeconomica, Bd. 36 (1986), S. 1-37

——, capital theory: debates, in: The New Palgrave, Bd. 1, London / New York / Tokyo 1987, S. 357-363

——, Adam Smith, die Regel der freien Güter und die „vent for surplus"-Begründung des Außenhandels, in: Kurz, H., D. (Hrsg.), Adam Smith (1723-1790), Marburg 1990, S. 237-260

——, Don't treat too ill my Piero! Interpreting Sraffa's papers, in: Cambridge Journal of Economics, Bd. 36 (2012), S. 1535-1569

Kurz, H. D., Kalmbach, P., Elemente einer neuklassischen Analyse von Verteilung, Wert, Akkumulation und Beschäftigung: eine Skizze, in: Wirtschaftstheorie und Wirtschaftspolitik, Gedenkschrift für Erich Preiser, hrsg. v. Mückl, W. J., Ott, A. E., Passau 1981, S. 283-311

Lancaster, K., Mathematical Economics, New York 1968

Landshut, S., Historische Analyse des Begriffs des „Ökonomischen" (1969), in: Wehler, H.-U. (Hrsg.), Geschichte und Ökonomie, Köln 1973, S. 40-53

Laum, B., Heiliges Geld, Eine historische Untersuchung über den sakralen Ursprung des Geldes, Tübingen 1924

Leach, J. W., Leach, E. (Hrsg.), The Kula, New Perspectives on Massim Exchange, Cambridge u. a. 1983

Lehner, H., Meran, G., Möller, J., De Statu Corruptionis, Entscheidungslogische Einübungen in die Höhere Amoralität, Konstanz / Litzelstetten 1980

Leontief, W., The Structure of the American Economy 1919-1935, An Empirical Application of Equilibrium Analysis, 2. Aufl., New York 1960

Levhari, D., A Nonsubstitution Theorem and Switching of Techniques, in: The Quarterly Journal of Economics, Bd. 79 (1965), S. 98-105

Levhari, D., Samuelson, P. A., The Nonswitching Theorem is False, in: Quarterly Journal of Economics, Bd. 80 (1966), S. 518-519

Lilley, S., Technischer Fortschritt und die Industrielle Revolution 1700-1914, in: Cipolla, C. M., Borchardt, K. (Hrsg.), Europäische Wirtschaftsgeschichte, Bd. 3, Die Industrielle Revolution, Stuttgart / New York 1985, S. 119-163

Lorenz, W., Wright, R., Die Messung geschlechtsspezifischer Einkommensdiskriminierung, in: Wirtschaftswissenschaftliches Studium (WiSt), 19. Jg. (1990), S. 573-577

Luhmann, N., Knappheit, Geld und die bürgerliche Gesellschaft, in: Jahrbuch für Sozialwissenschaft, Bd. 23 (1972), S. 186-210

Mainwaring, L., Value and Distribution in Capitalist Economies, Cambridge 1984

Malinowski, B., Argonauten des westlichen Pazifik, Ein Bericht über Unternehmungen und Abenteuer der Eingeborenen in den Inselwelten von Melanesisch-Neuguinea (englisch 1922), Frankfurt a. M. 1979

Malthus, Th. R., Brief an Ricardo, 5. August 1814, in: The Works and Correspondence of David Ricardo, hrsg. v. Sraffa, P., Bd. VI, Cambridge 1973, S. 115-118

——, Brief an Ricardo, 10. März 1815, in: The Works and Correspondence of David Ricardo, hrsg. v. Sraffa, P., Bd. VI, Cambridge 1973, S. 181-183

——, Brief an Ricardo, 12. März 1815, in: The Works and Correspondence of David Ricardo, hrsg. v. Sraffa, P., Bd. VI, Cambridge 1973, S. 185 f.

——, Brief an Horner, 14. März 1815, in: The Works and Correspondence of David Ricardo, hrsg. v. Sraffa, P., Bd. VI, Cambridge 1973, S. 186-188

Manara, C. F., Sraffa's Model for the Joint Production of Commodities by Means of Commodities (italienisch 1968), in: Pasinetti, L. (Hrsg.), Essays on the Theory of Joint Production, London / Basingstoke 1980, S. 1-15

Marglin, S., Was tun die Vorgesetzten? Ursprünge und Funktionen der Hierarchie in der kapitalistischen Produktion, in: Duve, F. (Hrsg.), Technologie und Politik, Bd. 8, Die Zukunft der Arbeit 1, Reinbeck bei Hamburg 1977, S. 148-203

Marshall, A., Principles of Economics (1890), 8. Aufl., London 1952

——, Handbuch der Volkswirtschaftslehre, Stuttgart / Berlin 1905

Marx, K., Das Elend der Philosophie (französisch 1847), in: Marx Engels Werke, Bd. 4, Berlin 1977, S. 63-182

——, Zur Kritik der Politischen Ökonomie (1859), in: Marx Engels Werke, Bd. 13, Berlin 1978, S. 1-160

——, Das Kapital, 1. Bd., Der Produktionsprozeß des Kapitals (1867), in: Marx Engels Werke, Bd. 23, Berlin 1977

——, Das Kapital, 2. Bd., Der Zirkulationsprozeß des Kapitals (1885), hrsg. v. Engels, F., in: Marx Engels Werke, Bd. 24, Berlin 1975

——, Das Kapital, 3. Bd., Der Gesamtprozeß der kapitalistischen Produktion (1894), hrsg. v. Engels, F., in: Marx Engels Werke, Bd. 25, Berlin 1976, englisch: Capital, Vol. III, Chicago 1909

——, Theorien über den Mehrwert, 1. Teil, in: Marx Engels Werke, Bd. 26.1, Berlin 1974

——, Theorien über den Mehrwert, 2. Teil, in: Marx Engels Werke, Bd. 26.2, Berlin 1974

——, Theorien über den Mehrwert, 3. Teil, in: Marx Engels Werke, Bd. 26.3, Berlin 1976

Mathes, M. (Hrsg.), Geschichte der Technik, Düsseldorf 1983

Mathias, P., Wer entfesselte Prometheus?, Naturwissenschaft und technischer Wandel von 1600-1800, in: Industrielle Revolution, hrsg. v. Braun, R. u. a., Köln 1972, S. 121-138

Matschoss, C., Die Entwicklung der Dampfmaschine, 2 Bände, Berlin 1908

Mauss, M., Die Gabe (französisch 1923/24), 2. Aufl., Frankfurt a. M. 1984

McKenzie, R. B., Tullock, G., The New World of Economics – Explorations Into Human Experience, 2. Aufl., Homewood 1978, deutsch: Homo Oeconomicus, Ökonomische Dimensionen des Alltags, Frankfurt a. M. / New York 1984

Menger, C., Geld, in: Handwörterbuch der Staatswissenschaften, Bd. IV, 3. Aufl., Jena 1909, S. 555-610

——, Grundsätze der Volkswirtschaftslehre (1871), 2. Aufl., hrsg. v. Menger, K., Wien / Leipzig 1923

——, Untersuchungen über die Methode der Socialwissenschaften und der Poltischen Ökonomie insbesondere (1883), in: Gesammelte Werke, hrsg. v. Hayek, F. A. v., Bd. 2, Tübingen 1969

Mettelsiefen, B., Technischer Wandel und Beschäftigung, Rekonstruktion der Freisetzungs- und Kompensationsdebatten, Frankfurt a. M. / New York 1981

Mill, J., Brief an Ricardo, 23. August 1815, in: The Works and Correspondence of David Ricardo, hrsg. v. Sraffa, P., Bd. VI, Cambridge 1973, S. 250-254

——, Brief an Ricardo, 22. Dezember 1815, in: The Works and Correspondence of David Ricardo, hrsg. v. Sraffa, P., Bd. VI, Cambridge 1973, S. 337-341

——, Elements of Political Economy, London 1821

Mill, J. St., Einige ungelöste Probleme der politischen Ökonomie, hrsg. v. Nutzinger, H. G., Frankfurt a. M. 1976 (Neuauflage Marburg 2008)

——, Über die Definition der politischen Ökonomie und die ihr angemessene Forschungsmethode, in: Mill, J. St., Einige ungelöste Probleme der politischen Ökonomie (englisch 1844), hrsg. v. Nutzinger, H. G., Frankfurt a. M. 1976, S. 146-184

Minsky, H. P., John Maynard Keynes (amerikanisch 1975), Marburg 1990

Mirrlees, J. A., The Dynamic Nonsubstitution Theory Theorem, in: Review of Economic Studies, Bd. 36 (1969), S. 67-76

Morel, J. u. a., Soziologische Theorie, Abriß der Ansätze ihrer Hauptvertreter, München / Wien 1989

Morishima, M., Refutation of the Nonswitching Theorem, in: Quarterly Journal of Economics, Bd. 80 (1966), S. 520-525

——, Marx's Economics: A Dual Theory of Value and Growth, Cambridge 1973

——, Marx in the Light of Modern Economic Theory, in: Econometrica, Bd. 42 (1974), S. 611-632

——, Positive Profits With Negative Surplus Value – A Comment, in: The Economic Journal, Bd. 86 (1976), S. 599-603

Morishima, M., Catephores, G., Value, Exploitation and Growth, London 1978

Morishima, M., Seton, F., Aggregation in Leontief Matrices and the Labour Theory of Value, in: Econometrica, Bd. 29 (1961), S. 203-220

Napoleoni, C., Ricardo und Marx, hrsg. V. Pennavaja, C., Frankfurt a. M. 1974

Needham, J., Science and Civilization in China, 7 Bände, Cambridge 1954 ff. (Reprint 1972 ff.)

Neumann, J. v., Über ein ökonomisches Gleichungssystem und eine Verallgemeinerung des Brouwerschen Fixpunktsatzes (1937), wieder in: Mathematische Wirtschaftstheorie, hrsg. v. Beckmann, M. J., Sato, R., Köln 1975, S. 172-181, englisch: A Model of General Economic Equilibrium (1945/6), wieder in: Readings in the Theory of Growth, hrsg. v. Hahn, F., London / Basingstoke 1971, S. 1-9

Neumann, J. v., Morgenstern, O., Spieltheorie und wirtschaftliches Verhalten (amerikanisch 1943), 2. Aufl., Würzburg 1967

Neumann, M., Theoretische Volkswirtschaftslehre II, Produktion, Nachfrage und Allokation, München 1982

Newman, P., Production of Commodities by Means of Commodities, in: Schweizerische Zeitschrift für Volkswirtschaft und Statistik, 98. Jg. (1962), S. 58-75

——, Brief an Sraffa, 8. Juni 1962, abgedruckt bei: Bharadwaj, K., On the Maximum Numbers of Switches Between Two Production Systems, in: Schweizerische Zeitschrift für Volkswirtschaft und Statistik, 106. Jg. (1970), S. 409-429, S. 426 f.

Nikaido, H., Introduction to Sets and Mappings in Modern Economics, Amsterdam / London 1970

Nobel, K., Außenhandelseffekte in linearen Wachstumsmodellen, Berlin 1982

North, D. C., Structure and Change in Economic History, New York / London 1981

Nowoshilow, W., Arbeitswerttheorie und Mathematik, in: Sowjetwissenschaften, 1965, S. 1029-1047

Nutzinger, H. G., Concepts of Value in Linear Economic Models, in: Operations Research Verfahren, Bd. 26 (1977), S. 717-724

Okishio, N., A Mathematical Note on Marxian Theorems, in: Weltwirtschaftliches Archiv, Bd. 91 (1963) S. 287-299, deutsch in: Nutzinger, H. G., Wolfstetter, E. (Hrsg.) Die Marxsche Theorie und ihre Kritik, Bd. II, Frankfurt a. M. / New York 1974, S. 39-53

Ott, A. E., Wirtschaftstheorie, Eine erste Einführung, Göttingen 1989

Pareto, V., Manual of Political Economy (Übersetzung der französischen Ausgabe von 1927), London / Basingstoke 1971

Pasinetti, L., A Mathematical Formulation of the Ricardian System, in: Review of Economic Studies, Bd. 27 (1960), S. 78-98

——, On "non-substitution" in production models, in: Cambridge Journal of Economics, Bd. 1 (1977), S. 389-394

——, The Unpalatability of the Reswitching of Techniques, in: Revue d'Economie Politique, 89. Jg. (1979), S. 637-642

——, The Notion of Vertical Integration in Economic Analysis, wieder in: Pasinetti, L. (Hrsg.), Essays on the Theory of Joint Production, London / Basingstoke 1980, S. 16-43

——, Introductory Note: Joint Production, in: Pasinetti, L. (Hrsg.), Essays on the Theory of Joint Production, London / Basingstoke 1980, S. xii-xvii

——, Structural Change and Economic Growth, Cambridge u. a. 1981

——, Vorlesungen zur Theorie der Produktion (italienisch 1975), Marburg 1988

Patinkin, D., Money, Interest and Prices, 2. Aufl., New York u. a. 1965

Paulinyi, A., Die industrielle Revolution, in: Troitzsch, U., Weber, W. (Hrsg.), Die Technik, Stuttgart 1987, S. 232-281

Peter, H., Einführung in die politische Ökonomie, Stuttgart / Köln 1950

Petrovic, P., The deviation of production of production prices from labour values: some methodology and empirical evidence, in: Cambridge Journal of Economics, Bd. 11 (1987), S. 197-210

Petry, F., Der soziale Gehalt der Marxschen Werttheorie, Jena 1916. Teilweise wiederabgedruckt in: Nutzinger, H. G., Wolfstetter, E. (Hrsg.), Die Marxsche Theorie und ihre Kritik, Bd. I, Frankfurt a. M. / New York 1974, S. 197-228

Pichler, E., Vollautomatische Güterproduktion, Marburg 1990

Pigou, A. C., The Economics of Welfare (1920), 4. Aufl., London 1952

Polanyi, K., The Great Transformation, New York / Toronto 1944

——, The Economy as Instituted Process, in: Polanyi, K., Arensberg, C. M., Pearson, H. W. (Hrsg.), Trade and Market in the Early Empires, Glencoe 1957, S. 243-270

——, Reziprozität, Redistribution und Tausch, wieder in: Schlicht, E. (Hrsg.), Einführung in die Verteilungstheorie, Reinbeck bei Hamburg 1976, S. 66-72

——, Ökonomie und Gesellschaft, Frankfurt a. M. 1979

Polanyi, K., Arensberg, L. M., Pearson, H. W. (Hrsg.), Trade and Market in the Early Empires, Glencoe 1957

Preiser, E., Wachstum und Einkommensverteilung, 3. Aufl., Heidelberg 1970

Quesnay, F., Tableau economique (französisch 1759), hrsg. v. Kuczynski, M., Berlin 1963

Quiggin, A. H., A Survey of Primitive Money, The Beginning of Currency (1949), New York / London 1970

Radwitzky, G., Bernholz, P. (Hrsg.), Economic Imperialism, The Economic Approach Applied Outside the Field of Economics, New York 1987

Recktenwald, H. C., Würdigung des Werkes, in: Smith, A., Der Wohlstand der Nationen, Eine Untersuchung seiner Natur und seiner Ursachen, aus dem Englischen von Recktenwald, H. C., München 1978, S. XV-LXXIX

Ricardo, D., Brief an Malthus, 17. August 1813, in: The Works and Correspondence of David Ricardo, hrsg. v. Sraffa, P., Bd. VI, Cambridge 1973, S. 94-95

——, Brief an Trower, 8. März 1814, in: The Works and Correspondence of David Ricardo, hrsg. v. Sraffa, P., Bd. VI, Cambridge 1973, S. 103-105

——, An Essay on the Influence of a low Price of Corn on the Profits of Stock (1815), in: The Works and Correspondence of David Ricardo, hrsg. v. Sraffa, P., Bd. IV, Cambridge 1951, S. 9-41

——, Brief an Malthus, 14. März 1815, in: The Works and Correspondence of David Ricardo, hrsg. v. Sraffa, P., Bd. VI, Cambridge 1973, S. 188-190

——, Brief an Malthus, 17. März 1815, in: The Works and Correspondence of David Ricardo, hrsg. v. Sraffa, P., Bd. VI, Cambridge 1973, S. 192-194

——, Brief an Mill, 30. August 1815, in: The Works and Correspondence of David Ricardo, hrsg. v. Sraffa, P., Bd. VI, Cambridge 1973, S. 261-265

——, Brief an Trower, 29. Oktober 1815, in: The Works and Correspondence of David Ricardo, hrsg. v. Sraffa, P., Bd. VI, Cambridge 1973, S. 314-317

——, Brief an Mill, 30. Dezember 1815, in: The Works and Correspondence of David Ricardo, hrsg. v. Sraffa, P., Bd. VI, Cambridge 1973, S. 347-349

——, Brief an Malthus, 7. Februar 1816, in: The Works and Correspondence of David Ricardo, hrsg. v. Sraffa, P., Bd. VII, Cambridge 1973, S. 18-20

——, Brief an Mill, 14. Oktober 1816, in: The Works and Correspondence of David Ricardo, hrsg. v. Sraffa, P., Bd. VII, Cambridge 1973, S. 82-84

——, On the Principles of Political Economy and Taxation (1817), in: The Works and Correspondence of David Ricardo, hrsg. v. Sraffa, P., Bd. I, Cambridge 1970, deutsch: Grundsätze der politischen Ökonomie und der Besteuerung, hrsg. v. Neumark, F., Frankfurt a. M. 1972

——, Brief an Mill, 28. Dezember 1818, in: The Works and Correspondence of David Ricardo, hrsg. v. Sraffa, P., Bd. VII, Cambridge 1973, S. 376-383

——, Brief an McCulloch, 2. Mai 1820, in: The Works and Correspondence of David Ricardo, hrsg. v. Sraffa, P., Bd. VIII, Cambridge 1973, S. 178-183

——, Brief an McCulloch, 13. Juni 1820, in: The Works and Correspondence of David Ricardo, hrsg. v. Sraffa, P., Bd. VIII, Cambridge 1973, S. 191-197

——, Brief an Malthus, 9. Oktober 1820, in: The Works and Correspondence of David Ricardo, hrsg. v. Sraffa, P., Bd. VIII, Cambridge 1973, S. 276-280

——, Absoluter Wert und Tauschwert, in: Ökonomische Klassik im Umbruch, hrsg. v. Schefold, B., Frankfurt a. M. 1986, S, 15-33

Richter, R., Sichtweise und Fragestellung der Neuen Institutionenökonomik, in: Zeitschrift für Wirtschafts- und Sozialwissenschaften, 110. Jg. (1990), S. 571-591

Robbins, L., An Essay on the Nature and Significance of Economic Science (1932), 2. Aufl., London 1952

Robertson, D. H., Das Geld, Berlin 1924

Robinson, J., The Production Function and the Theory of Capital, in: The Review of Economic Studies, Bd. 21 (1953/54), S. 81-106

——, Ideology and Analysis, wieder in: The Subtle Anatomy of Capitalism, hrsg. v. Schwartz, J., Santa Monica 1977, S. 364-370

——, Introduction, in: Walsh, V., Gram, H., Classical and Neoclassical Theories of General Equilibrium New York / Oxford 1980, S. xi-xvi

Roemer, J. E., Analytical Foundations of Marxian Economic Theory, Cambridge 1981

——, Value, Exploitation and Class, Chur u. a. 1986

Roncaglia, A., Sraffa and the Theory of Prices, Chichester u. a. 1978

Rosner, P., Arbeit und Reichtum, Ein Beitrag zur Geschichte ökonomischer Theorie, Frankfurt a. M. / New York 1982

Rothschild, K. W., Wie nützlich ist der Homo Oeconomicus?, Bemerkungen zu einem Aufsatz von Bruno S. Frey und Wolfgang Stroebe, in: Zeitschrift für die gesamte Staatswissenschaft, Bd. 137 (1981), S. 289-292

Salvadori, N., Existence of Cost-Minimizing Systems within the Sraffa Framework, in: Zeitschrift für Nationalökonomie, Bd. 42 (1982), S. 281-298

——, Switching in Methods of Production and Joint Production, in: The Manchester School, Bd. 53 (1985), S. 156-178

Salvadori, N., Signorino, R., From stationery state to endogenous growth: international trade in the mathematical formulation of the Ricardian system, in: Cambridge Journal of Economics, Bd. 40 (2016), S. 895-912

Samuelson, P. A., Abstract of a Theorem Concerning Substitutability in Open Leontief Models, in: Koopmans, T. C. (Hrsg.), Activity Analysis of Production and Allocation, New York / London / Sydney 1951, S. 142-146

——, A New Theorem on Nonsubstitution, in: Money, Growth and Methodology and Other Essays in Economics in Honor of Johan Åkerman, hrsg. v. Hegeland, H., Lund 1961, S. 407-423

——, Zum Verständnis des Marxschen Begriffs „Ausbeutung": Ein Überblick über die sogenannte Transformation von Werten in Produktionspreise (amerikanisch 1971), wieder in: Nutzinger, H. G., Wolfstetter, E. (Hrsg.), Die Marxsche Theorie und ihre Kritik, Bd. I, Frankfurt a. M. / New York 1974, S. 237-295

——, Maximum Principles in Analytical Economics, in: Samuelson, P. A., Collected Scientific Papers, Bd. 3, Cambridge (Mass.) 1972, S. 2-17

——, The Canonical Classical Model of Political Economy, in: Journal of Economic Literature, Bd. 16 (1978), S. 1415-1434.

——, Foundations of Economic Analysis (1947), erweiterte Ausgabe, Cambridge (Mass.) / London 1983

——, Volkswirtschaftslehre, Bd. 1, 7. Aufl., Köln 1981

Sato, K., The Neoclassical Postulate and the Technology Frontier in Capital Theory, in: The Quarterly Journal of Economics, Bd. 88 (1974), S. 353-384

Schaaff, H., Kritik der eindimensionalen Wirtschaftstheorie: Zur Begründung einer ökologischen Glücksökonomie, Thun / Frankfurt a. M. 1991

Schefold, B., Different Forms of Technical Progress, in: The Economic Journal, Bd. 86 (1976), S. 806-819

——, Capital, Growth, and Definitions of Technical Progress, in: Kyklos, Bd. 32 (1979), S. 236-250

——, Fixed Capital as a Joint Product and the Analysis of Accumulation with Different Forms of Technical Progress, in: Pasinetti, L. (Hrsg.), Essays on the Theory of Joint Production, London / Basingstoke 1980, S. 138-217.

——, Von Neumann and Sraffa: Mathematical Equivalence and Conceptual Difference, in: The Economic Journal, Bd. 90 (1980), S. 140-156

——, Nachfrage und Zufuhr in der klassischen Ökonomie, in: Studien zur Entwicklung der ökonomischen Theorie I, hrsg. v. Neumark, F., Berlin 1981, S. 53-91

——, Sraffas Theorie der Kuppelproduktion, in: Zeitschrift für Wirtschafts- und Sozialwissenschaften, Jg. 103 (1983), S. 315-340

——, Cambridge Price Theory: Special Model or General Theory of Value?, in: The American Economic Review, Bd. 75 (1985), S. 140-145

——, Sraffa and Applied Economics: Joint Production, in: Political Economy, Bd. 1 (1985), S. 17-40

——, The Standard Commodity as a Tool of Economic Analysis: A Comment on Flaschel, in: Journal of Institutional and Theoretical Economics, Bd. 142 (1986), S. 603-622

——, Über Änderungen in der Zusammensetzung des Endprodukts, in: Postkeynesianismus, Ökonomische Theorie in der Tradition von Keynes, Kalecki und Sraffa, Marburg 1987, S. 119-164

——, (unter Mitarbeit von Weihrauch, P.), Ricardo – Marshall – Sraffa, Ökonomische Theorie als Geschichte der Ricardo-Interpretation, in: das wirtschaftsstudium (wisu), 16. Jg. (1987), S. 383-387 und S. 462-467

——, The dominant technique in joint production systems, in: Cambridge Journal of Economics, Bd. 12 (1988), S. 97-123

——, Mr Sraffa on Joint Production and Other Essays, London 1989

Schilcher, R., Geldfunktionen und Buchgeldschöpfung, 2. Aufl., Berlin 1973

Schlicht, E., Einleitung, in: Schlicht, E. (Hrsg.), Einführung in die Verteilungstheorie, Reinbek bei Hamburg 1976, S. 12-64

Schmölders, G., Geldpolitik, 2. Aufl., Tübingen / Zürich 1968

Schneider, D., Geschichte betriebswirtschaftlicher Theorie, München / Wien 1981

——, Allgemeine Betriebswirtschaftslehre, 2. Aufl. der Geschichte betriebswirtschaftlicher Theorie, München / Wien 1985

Schneider, E., Einführung in die Wirtschaftstheorie, I. Teil, Theorie des Wirtschaftskreislaufs, 14. Aufl., Tübingen 1969

——, Einführung in die Wirtschaftstheorie, II. Teil, Wirtschaftspläne und wirtschaftliches Gleichgewicht in der Verkehrswirtschaft, 13. Aufl., Tübingen 1972

——, Einführung in die Wirtschaftstheorie, IV. Teil, Ausgewählte Kapitel der Geschichte der Wirtschaftstheorie, 1. Bd., Tübingen 1962

Schneider, J., Der Beitrag der Arbeitswertlehre zur Theorie der kapitalistischen Warenproduktion, Frankfurt a. M. / New York 1980

——, Die Fortsetzung eines Irrwegs, Replik, in: Arbeit für alle ist möglich, hrsg. v. Matzner, E., Kregel, J., Roncaglia, A., Berlin 1987, S. 35-38

Schneider, O., Muschelgeld-Studien, Dresden 1905

Schopenhauer, A., Parerga und Paralipomena (1851), 2. Bd., 1. Teilband, Zürich 1977

Schumpeter, J. A., Wesen und Hauptinhalt der theoretischen Nationalökonomie (1908), Neudruck Berlin 1970

——, Theorie der wirtschaftlichen Entwicklung (1912), 6. Aufl., Berlin 1964

——, Geschichte der ökonomischen Analyse, Bd. 1., Göttingen 1956

Schütte, F., Die ökonomischen Studien von V. K. Dmitriev, http://monarch. qucosa.de/fileadmin/data/qucosa/documents/5136/data/start.html (2002)

Shaikh, A., Neo-Ricardian Economics, A Wealth of Algebra, A Poverty of Theory, in: Review of Radical Political Economics, Bd. 14 (1982), S. 67-83

Siegenthaler, H., Industrielle Revolution, in: Handwörterbuch der Wirtschaftswissenschaft, Bd. 4., Stuttgart / Tübingen / Göttigen 1978, S. 142-159

Simmel, G., Philosophie des Geldes (1907), 5. Aufl., München / Leipzig 1930

Singer, K., Oikonomia: An Inquiry Into Beginnings of Economic Thought and Language, in: Kyklos, Bd. 11 (1958), S. 29-57

Skourtos, M., Der "Neoricardianismus", V. K. Dmitriev und die Kontinuität in der klassischen Tradition, Pfaffenweiler 1985

Smith, A., An Inquiry Into the Nature and Causes of the Wealth of Nations (1776), Bd. I, Indianapolis 1981, deutsch: Der Wohlstand der Nationen, Eine Untersuchung seiner Natur und seiner Ursachen, aus dem Englischen von Recktenwald, H. C., München 1978

Solow, R. M., Review of „Capital and Time" by J. Hicks, in: The Economic Journal, Bd. 84 (1974), S. 189-192

Sombart, W., Der moderne Kapitalismus, Bd. 1, 2. Aufl., München / Leipzig 1916

——, Liebe, Luxus und Kapitalismus, Über die Entstehung der modernen Welt aus dem Geist der Verschwendung (1922), Berlin o. J.

Sraffa, P., Introduction, in: The Works and Correspondence of David Ricardo, hrsg. v. Sraffa, P., Bd. I, Cambridge 1970, S. xiii-lxii

——, Note on ‚Essay on Profits', in: The Works and Correspondence of David Ricardo, hrsg. v. Sraffa, P., Bd. IV, Cambridge 1951, S. 1-8

——, Note on Fragments on Torrens, in: The Works and Correspondence of David Ricardo, hrsg. v. Sraffa, P., Bd. IV, Cambridge 1951, S. 305-308

——, Production of Commodities by Means of Commodities, Prelude to a Critique of Economic Theory, Cambridge 1960, deutsch: Warenproduktion mittels Waren, Frankfurt a. M. 1976

——, Brief an Newman, 4. Juni 1962, abgedruckt bei: Bharadwaj, K., On the Maximum Numbers of Switches Between Two Production Systems, in: Schweizerische Zeitschrift für Volkswirtschaft und Statistik, 106. Jg. (1970), S. 409-429, S. 425 f.

——, Brief an Newman, 19. Juni 1962, abgedruckt bei: Bharadwaj, K., On the Maximum Numbers of Switches Between Two Production Systems, in: Schweizerische Zeitschrift für Volkswirtschaft und Statistik, 106. Jg. (1970), S. 409-429, S. 427 f.

——, Manuskript, http://trin-sites-pub.trin.cam.ac.uk/manuscripts/Sraffa_D3_12_5/manuscript.php?fullpage=1&startingpage=1

Stamatis, G., Zur Entmythologisierung Sraffas, in: Staatsgrenzen, Argument-Sonderband AS 89, Berlin 1982, S. 168-182

——, Sraffa und sein Verhältnis zu Ricardo und Marx, Göttingen 1984

Stanger, M., Krisentendenzen der Kapitalakkumulation, Berlin 1988

Starbatty, J., Die englischen Klassiker der Nationalökonomie, Lehre und Wirkung, Darmstadt 1985

Steedman, I., Positive Profits With Negative Surplus Value, in: The Economic Journal, Bd. 85 (1975), S. 114-123

——, Positive Profits With Negative Surplus Value: A Reply, in: The Economic Journal, Bd. 86 (1976), S. 604-608

—, Positive Profits With Negative Surplus Value: A Reply to Wolfstetter, in: The Economic Journal, Bd. 86 (1976), S. 873-876

—, Marx after Sraffa, London 1977

—, Joint Production and the Wage-Rent Frontier, in: The Economic Journal, Bd. 92 (1982), S. 377-385

—, Joint Production and Technical Progress, in: Political Economy, Bd. 1 (1985), S. 41-52

—, (Hrsg.), Sraffian Economics II, Aldershot 1988

—, Introduction, in: Steedman, I. (Hrsg.), Sraffian Economics II, Aldershot 1988, S. 1-7

Stigler, G. J., Ricardo and the 93% Labor Theory of Value, in: The American Economic Review, Bd. 48 (1958), S. 357-367

Stiglitz, J. E., Non-Substitution Theorems With Durable Capital Goods, in Review of Economic Studies, Bd. 37 (1970), S. 543-553

Stobbe, A., Volkswirtschaftslehre II, Mikroökonomik, Berlin u. a. 1983

Stollberg, G., Zur Geschichte des Begriffs „Politische Ökonomie", in: Jahrbücher für Nationalökonomie und Statistik, Bd. 192 (1977/78), S. 1-35

Stoltenberg, H. L., Zur Geschichte des Wortes Wirtschaft, in: Jahrbücher für Nationalökonomie und Statistik, Bd. 148 (1938), S. 555-561

Streißler, E., Adam Smith – Der Adam oder nur Wachstum? Paradoxa einer wissenschaftlichen Revolution, in: Studien zur Entwicklung der ökonomischen Theorie I, hrsg. v. Neumark, F., Berlin 1980, S. 9-52

Takayama, A., Mathematical Economics, 2. Aufl., Cambridge u. a. 1985

Thünen, J. H. v., Der isolierte Staat in Beziehung auf Landwirtschaft und Nationalökonomie (1842), 3. Aufl., Berlin 1875, neu hrsg. v. Breuer, W., Gerhardt, E., Darmstadt 1966

Troitzsch, U., Ansätze technologischen Denkens bei den Kameralisten des 17. und 18. Jahrhunderts, Berlin 1966

Trower, H., Brief an Ricardo, 21. September 1815, in: The Works and Correspondence of David Ricardo, hrsg. v. Sraffa, P., Bd. VI, Cambridge 1973, S. 278-281

Tucker, G. S. L., The Origin of Ricardo's Theory of Profits, in: Economica, Bd. 21 (1954), S. 320-331

Varri, P., Prices, Rate of Profit and Life of Machines in Sraffa's Fixed-Capital Model, in: Pasinetti, L. (Hrsg.), Essays on the Theory of Joint Production, London / Basingstoke 1980, S. 55-87

Veblen, Th., Theorie der feinen Leute (amerikanisch 1899), München 1971

Veit, O., Reale Theorie des Geldes, Tübingen 1966

Vogel, G., Die Ökonomik des Xenophon, eine Vorarbeit für die Geschichte der griechischen Ökonomik, Erlangen 1895

Vogt, W., Die Angst des kritischen Ökonomen vor der Neoklassik, in: Hickel, R. (Hrsg.), Radikale Neoklassik, Opladen 1986, S. 103-113

Wagner, A., Mikroökonomik, 5. Aufl., Marburg 2009

Walras, L., Elemente of Pure Economics, übersetzt nach der Edition Définitive (1926) von Jaffé, W., 2. Aufl., Homewood 1965

Weber, M., Die protestantische Ethik und der Geist des Kapitalismus (1904/05), in: Die protestantische Ethik I, hrsg. v. Winckelmann, J., 4. Aufl., Hamburg 1975, S. 27-277

——, Wirtschaftsgeschichte, München / Leipzig 1923

——, Kritische Studien auf dem Gebiet der kulturwissenschaftlichen Logik (1906), in: Weber, M., Gesammelte Aufsätze zur Wissenschaftslehre, hrsg. v. Winckelmann, J., 3. Aufl., Tübingen 1968, S. 215-290

Weitzman, M., On Choosing an Optimal Technology, in: Management Science, Bd. 19 (1967), S. 413-428

Weitzmann, M. L., Increasing Returns and the Foundations of Unemployment Theory: Rejoinder, in: The Economic Journal, Bd. 98 (1988), S. 172-174

Weizsäcker, C. C. v., Steady State Capital Theory, Berlin / Heidelberg / New York 1971

——, On Ricardo and Marx, in: Paul Samuelson and Modern Economic Theory, hrsg. v. Brown, E. C., Solow, R. M., New York u. a. 1983, S. 203-210

Whately, R., Introductory Lectures on Political Economy, London 1831

Wicksell, K., Vorlesungen über Nationalökonomie auf Grundlage des Marginalprinzips (1913), 1. Bd., Neudruck Aalen 1969

Wiese, L. v., Mill, John Stuart, in: Handwörterbuch der Staatswissenschaften, Bd. 7, Stuttgart / Tübingen / Göttingen 1961, S. 343-346

Wieser, F. v., Geld (Theorie des Geldes), in: Handwörterbuch der Staatswissenschaften, Bd. IV, 4. Aufl., Jena 1927, S. 681-717

Wilken, F., Die Phänomenologie des Geldwertbewußtseins, in: Archiv für Sozialwissenschaft und Sozialpolitik, 56. Bd. (1926), S. 417-469

Williamson, O. E., Die ökonomischen Institutionen des Kapitalismus (amerikanisch 1985), Tübingen 1990

Winch, D., Das Aufkommen der Volkswirtschaftslehre als Wissenschaft 1750-1870, in: Cipolla, C. M., Borchardt, K. (Hrsg.), Europäische Wirtschaftsgeschichte, Bd. 3, Die Industrielle Revolution, Stuttgart / New York 1985, S. 333-377

Winternitz, J., Values and Prices: A Solution of the So-Called Transformation Problem, in: The Economic Journal, Bd. 58 (1948), S. 276-280

Wöhe, G., Einführung in die Allgemeine Betriebswirtschaftslehre, 21. Aufl., München 2002

Wolfstetter, E., Wert, Mehrwert und Produktionspreis, in: Jahrbuch für Sozialwissenschaft, Bd. 24 (1973), S. 117-144

——, Positive Profits With Negative Surplus Value: A Comment, in: The Economic Journal, Bd. 86 (1976), S. 864-872

——, Wert, Profitrate und Beschäftigung, Frankfurt a. M. 1977

Woll, A., Volkswirtschaftslehre, 15. Aufl., München 2007

Xenophon, Die sokratischen Schriften, Stuttgart 1956

——, Ökonomische Schriften, Berlin 1992

Zaghini, E., On Non-Basic Commodities, in: Schweizerische Zeitschrift für Volkswirtschaft und Statistik, 103. Jg. (1967), S. 257-266

Zinn, K. G., Wirtschaft und Wissenschaftstheorie, Herne / Berlin 1976

——, Politische Ökonomie, Apologien und Kritiken des Kapitalismus, Opladen 1987

——, Kanonen und Pest, Über die Ursprünge der Neuzeit im 14. und 15. Jahrhundert, Opladen 1989

Zorn, W., Wirtschaftsgeschichte, in: Handwörterbuch der Wirtschaftswissenschaft, Bd. 9, Stuttgart / Tübingen / Göttingen 1980, S. 55-82

Symbolverzeichnis

Skalare

a_{0j}, b_{0j}	direkte Arbeit zur Herstellung einer Einheit der Ware j bei Einsatz von Technik A bzw. B
a_{ij}, b_{ij}	Einsatzmenge einer Ware i in eine Einheit der Ware j bei Einsatz von Technik A bzw. B
c	konstantes Kapital
c_i	konstantes Kapital des Sektors i
C	Summe aller sektoralen konstanten Kapitalien
e	Profitfaktor $(1 + \varepsilon)$
E	Eisen
f_i	v_i/c_i
f_N	Grenzertrag der Arbeit in der Weizenwirtschaft
g	Wachstumsrate
g_i	$(v_i + c_i + m_i)/c_i$
G	Geld
G'	$G + \Delta G$, wobei $\Delta G > 0$
GG	Gesamtgewinn
G_i	Gewinn des Sektors i
$G_{1\max}^A$	maximaler Gewinn des Sektors 1 bei Einsatz von Technik A
$G_{1\max}^B$	maximaler Gewinn des Sektors 1 bei Einsatz von Technik B
i	ganzzahliger, nicht-negativer Index
j	ganzzahliger, nicht-negativer Index
k	Kapitalintensität
K	Kapital

l_i	Arbeitsmenge, um i herzustellen bzw. Sraffa-Steedman Arbeitswert der Ware i
m	Mehrwert bzw. Zahl der Aktivitäten
m_i	Mehrwert des Sektors i
m'	Mehrwertrate
M	Summe aller sektoralen Mehrwerte
n	Zahl der Waren bzw. der Prozesse
N	Arbeitseinsatz
N^*	Beschäftigung, welche die Summe von Löhnen und Profiten maximiert
N_S	Beschäftigung im stationären Zustand ($f_N = w_S$)
p	Eisenpreis in Weizeneinheiten
p_i	Preis der Ware i
p_E, p_S, p_W	Eisen-, Schweine- oder Weizenpreis
p'	Profitrate (Marx)
P	Profit
q	sektorale organische Zusammensetzung des Kapitals (c/v)
q_j^A, q_j^B	Bruttoproduktion des Sektors j bei Einsatz von Technik A bzw. Technik B
Q	Summe von Löhnen und Profiten bzw. gesamtwirtschaftliche Zusammensetzung des Kapitals
r	Profitrate
$r_{\max A}$	maximale Profitrate der Technik A
$r_{\max B}$	maximale Profitrate der Technik B
$r_{\max}^E$	maximale Profitrate der Eisenherstellung
r_P	Profitrate im Gewinnmaximum
R	Rente bzw. maximale Profitrate
s	Profitfaktor $(1 + r)$
S	Schwein(e)

t_{0j}	direkte Arbeit in Aktivität j
T^A, T^B, T^C	Technik A, B oder C
v	variables Kapital
v_i	variables Kapital im Sektor i
V	Summe aller sektoralen variablen Kapitalien
w	Lohnsatz
$w^{(j)}$	Lohnsatz, gemessen in Einheiten der Ware j
w_{max}	Maximallohn
w_{min}	Minimallohn
w_{maxB}	maximaler Lohnsatz der Technik B
w_S	Subsistenzlohn
w_W	lohnsummenmaximaler Lohnsatz
W	Ware, Wert des Warenaggregats oder Weizen
X	Weizenausstoß ($X = f(N)$)
x	Preis-Wert-Verhältnis in Sektor 1
y	Preis-Wert-Verhältnis in Sektor 2
y_1	Nettooutput an Ware 1
z	Preis-Wert-Verhältnis in Sektor 3
α	Expansionskoeffizient im v. Neumann-Modell
β	Zinsfaktor im v. Neumann-Modell
ε	‚Profitrate' im Rahmen der Wertkalkulation
λ	Eigenwert einer Matrix
λ_{max}	maximaler Eigenwert einer Matrix
π_i	Produktivitätsindex der Arbeit in Sektor i
Π	Preis einer Wareneinheit
ρ	Profitrate (Bortkiewicz)
σ	Profitfaktor ($1 + \rho$)

Vektoren und Matrizen

$\mathbf{a}_0$	Arbeitsinputvektor mit den Elementen a_{0j}, die den direkten Arbeitseinsatz pro Einheit einer Ware j angeben
$\mathbf{A}$	Koeffizienten- oder Direktbedarfsmatrix mit den Elementen a_{ij}, welche die Einsatzmenge einer Ware i in eine Einheit der Ware j angeben; $i, j = 1, 2, \dots n$
$\mathbf{B}$	Outputmatrix bei Kuppelproduktion
$\mathbf{d}$	Reallohnvektor
$\mathbf{e}$	Summationsvektor, dessen Elemente ausschließlich aus Einsen bestehen
$\mathbf{e}_j$	Einheitsvektor, dessen j-tes Element Eins ist und der sonst nur Nullen enthält
$\mathbf{H}$	Pasinetti-Matrix $\mathbf{AL}$, welche die gesamten in die Herstellung der Produktionsmittel eingehenden Waren enthält
$\mathbf{l}$	Vektor der Sraffa-Steedman Werte
$\mathbf{L}$	Gesamtbedarfsmatrix oder Leontief- Inverse $(\mathbf{I} - \mathbf{A})^{-1}$
$\mathbf{I}$	Einheitsmatrix
$\mathbf{M}$	um den Arbeiterkonsum angereicherte Direktbedarfsmatrix $\mathbf{A} + \mathbf{da}_0$
$\mathbf{p}$	Preisvektor
$\mathbf{p}^*$	Vektor der arbeitskommandierenden Preise, d. h. der Lohnsatz dient als Numéraire
$\mathbf{q}$	Vektor der Bruttoproduktion
$\mathbf{S}$	Sraffa-Inverse $\left[\mathbf{I} - (1 + r)\mathbf{A}\right]^{-1}$
$\mathbf{t}_0$	zur Technologiematrix passender Arbeitseinsatzvektor
$\mathbf{T}$	$n \times m$ Technologiematrix, wobei m Aktivitäten zur Herstellung von n Waren zur Verfügung stehen; $m \geq n$
$\mathbf{v}$	Vektor der Arbeitswerte
$\mathbf{y}$	Nettoausstoßvektor
$\mathbf{y}_1$	Nettooutputvektor des Subsystems der Ware 1, der außer y_1 nur Nullen enthält

Personen- und Sachregister